日建学院 編著

FP
2級 AFP
過去問題集

実技
試験編

'24/'25 年版
ファイナンシャル・プランニング技能検定

JN071407

日建学院

はしがき

　ファイナンシャル・プランナー（以下「FP」という）は、私たちが日常生活を送るうえで大切なお金に関する相談に応え、より良いライフプランを提案するための知識を備えた資格者です。銀行・証券・保険などの金融業界をはじめ、住宅・不動産業界、医療・福祉・介護サービス、官公庁、一般企業など、幅広い分野でその知識が活用されています。

　また、一般の方が資格の取得を目指すことで、世の中のお金の流れや社会・経済の動向を知ることができ、賢くお金と向き合えるようになります。将来の人生設計においても、備えておくべき貯蓄や保険などの金融商品の知識を得ることができるでしょう。

　FP の資格には、1 級から 3 級まで等級が設けられた国家資格の「ファイナンシャル・プランニング技能士」と、NPO 法人日本ファイナンシャル・プランナーズ協会（以下「日本 FP 協会」という）が認定する「CFP®・AFP」があります。資格を取得するためには、日本 FP 協会と一般社団法人金融財政事情研究会が実施する FP 技能検定の学科試験と実技試験に合格しなければなりません。

　なお、2 級 FP 技能検定は AFP 資格審査試験を兼ねて実施されています。

　本書は、日本 FP 協会が実施する 2 級 FP 技能検定の実技試験（資産設計提案業務）対策用の問題集です。2024 年 4 月 1 日現在で施行されている法令に基づいて編集しております。

　FP 技能検定は出題範囲が 6 分野と広いため、受検対策として効率的な学習が必要になります。そのため本書では、出題傾向から分析した「重要度」を問題ごとにランク表示しております。重要な過去問を数多く反復演習して、合格に必要な知識を身につけましょう。

「合格には過去問の繰り返しが最良」

　この問題集は、2022 年 5 月から 2024 年 5 月に実施された過去 7 回分の試験問題を収録しています。2022 年 5 月から 2024 年 1 月までの 6 回分は分野別、項目別に編集し、2024 年 5 月実施分については、再現問題として本試験形式で掲載しました。

　学習段階の問題集は、「できた、できない」を判断するものではなく、読み込むための学習ツールです。問題文と解説文を何度も繰り返し読み込んでいくうちに、覚えなければならない項目も自然と身についていきます。試験までの間、常にこの問題集を携帯し、ちょっとした空き時間にも開く習慣をつけてください。

　皆様が本書を活用して、短期間で試験に合格されることを心よりお祈りいたします。

2024 年 7 月　日建学院

目　次

1　ライフプランニングと資金計画

2　リスク管理

3　金融資産運用

4　タックスプランニング

5　不動産

6　相続・事業承継

7　事例総合問題

2024年5月実施試験

２級 FP 技能検定受検案内（抄）

▼**受検資格**：次のいずれかに該当する者
①日本 FP 協会が認定する AFP 認定研修を修了した者、②３級 FP 技能検定、または金融渉外技能審査３級合格者、③ FP 業務に関し２年以上の実務経験を有する者

▼**試験日**
毎年１月、５月、９月の３回実施

▼**出題形式**
①学科試験：筆記（４肢択一・マークシート形式）60 問（120 分）
②実技試験
　日本 FP 協会：筆記（記述式）40 問（90 分）
　金融財政事情研究会：事例形式５題（90 分）

▼**受検手数料**（非課税）
学科試験と実技試験　11,700 円
学科試験　　　　　　5,700 円
実技試験　　　　　　6,000 円

▼**試験科目**

学科試験の科目

A　ライフプランニングと資金計画
1. ファイナンシャル・プランニングと倫理
2. ファイナンシャル・プランニングと関連法規
3. ライフプランニングの考え方・手法
4. 社会保険
5. 公的年金
6. 企業年金・個人年金等
7. 年金と税金
8. ライフプラン策定上の資金計画
9. 中小法人の資金計画
10. ローンとカード
11. ライフプランニングと資金計画の最新の動向

B　リスク管理
1. リスクマネジメント
2. 保険制度全般
3. 生命保険
4. 損害保険
5. 第三分野の保険
6. リスク管理と保険
7. リスク管理の最新の動向

C　金融資産運用
1. マーケット環境の理解
2. 預貯金・金融類似商品等
3. 投資信託
4. 債券投資
5. 株式投資
6. 外貨建商品
7. 保険商品
8. 金融派生商品
9. ポートフォリオ運用
10. 金融商品と税金
11. セーフティネット
12. 関連法規
13. 金融資産運用の最新の動向

D　タックスプランニング
1. わが国の税制
2. 所得税の仕組み
3. 各種所得の内容
4. 損益通算
5. 所得控除
6. 税額控除
7. 所得税の申告と納付
8. 個人住民税
9. 個人事業税
10. 法人税
11. 法人住民税
12. 法人事業税

13. 消費税
14. 会社、役員間および会社間の税務
15. 決算書と法人税申告書
16. 諸外国の税制度
17. タックスプランニングの最新の動向

E 不動産

1. 不動産の見方
2. 不動産の取引
3. 不動産に関する法令上の規制
4. 不動産の取得・保有に係る税金
5. 不動産の譲渡に係る税金
6. 不動産の賃貸
7. 不動産の有効活用
8. 不動産の証券化
9. 不動産の最新の動向

F 相続・事業承継

1. 贈与と法律
2. 贈与と税金
3. 相続と法律
4. 相続と税金
5. 相続財産の評価（不動産以外）
6. 相続財産の評価（不動産）
7. 不動産の相続対策
8. 相続と保険の活用
9. 事業承継対策
10. 事業と経営
11. 相続・事業承継の最新の動向

実技試験の科目

日本 FP 協会：資産設計提案業務（1．関連業法との関係及び職業上の倫理を踏まえたファイナンシャル・プランニング、2．ファイナンシャル・プランニングのプロセス、3．顧客のファイナンス状況の分析と評価、4．プランの検討・作成と提示）

金融財政事情研究会：1．個人資産相談業務、2．中小事業主資産相談業務、3．生保顧客資産相談業務、4．損保顧客資産相談業務

▼今後の試験日程（予定）

2024 年 9 月 8 日（日）実施
受検申請期間：2024 年 7 月 2 日
〜 7 月 23 日
2025 年 1 月 26 日（日）実施
受検申請期間：2024 年 11 月 13 日
〜 12 月 3 日

▼試験免除制度

学科試験と実技試験（両方）の合格者には、合格証書が発行され、学科試験あるいは実技試験の一部合格者には一部合格証を発行します。

学科試験あるいは実技試験の一部合格者には、合格した試験が免除される制度があります。ただし、試験免除には期限がありますので、ご注意ください。

▼問合せ先（試験に関する詳細については試験実施機関のホームページ等を参照してください）

日本 FP 協会
https：//www.jafp.or.jp/exam/
試験業務部　試験事務課
電話 03-5403-9890
金融財政事情研究会
https：//www.kinzai.or.jp/
検定センター　電話 03-3358-0771

2級FP技能検定実技試験—最近の傾向と試験攻略法—

—合格ラインは6割正解—

実技試験では、学科試験と同じような知識問題も出題されてきますが、「実技」ということで、事例に沿った問題、各種計算問題、資料の読み取り問題など、実務的な出題が多く見受けられます。これだけを聞くと、敷居の高い印象を受けるかもしれませんが、いずれも「定番問題」であり、事前に繰り返し演習を行うことで十分対応することができます。一般的に実技試験のほうが学科試験より合格率が高いのは、試験対策がしやすいということの表れです。

ポイントとしては、「ライフプランニングと資金計画」からの出題が占める割合が非常に高いことから、この分野の学習に重点を置くことを意識するとよいでしょう。また、計算問題では、毎回のように出題されてくるものも数多くあるので、何度も反復演習を重ね、出題されたら確実に得点することができるようになること、自分にとってサービス問題化することを心がけてください。

試験自体は、配点が異なるものもありますが、**合計得点6割が合格ライン**です。定番問題は確実に正解する、ということが鉄則です。最優先で仕上げましょう。

とにかく、「何度も繰り返す」。これが合格への近道です。

▼ ライフプランニングと資金計画

実技試験の中心となる分野です。特に「事例総合問題」として様々な論点が横断的に出題されていますが、出題傾向は偏っており、定番問題となるものも多いです。

業際問題と関連業法は得点源です。**個人情報保護法や著作権、消費者契約法や金融サービス提供法**(旧金融商品販売法)、**クーリングオフ制度**も重要です。その他の頻出問題は、FPのプロセス、住宅ローンでは、**ペアローンや連帯債務などの特徴、一部繰上げ返済**、教育資金からは**奨学金と国の教育ローンの特徴**などがあります。

キャッシュフロー表の穴埋め、係数を利用した計算問題、個人バランスシートの作成は毎回出題されます。

社会保障分野からは、**出産・育児・介護**に関連する分野は重要です。協会けんぽの被扶養者の要件についても出題されています。しっかりと押さえてください。**退職後の公的医療保険、高額療養費計算、失業給付、後期高齢者医療制度、介護保険制度**などは制度の概要を押さえましょう。また、**傷病手当金**は計算問題としても出題されています。

公的年金からは、**老齢給付**の基本的事項から**繰上げ・繰下げの支給額の計算や在職老齢年金の計算、遺族年金の仕組みから併給**まで広く出題されていますが、問われる内容は繰り返し出題されており、過去問の研究が功をなします。

▼ リスク管理

生命保険分野、損害保険分野ともに保険証券の読み取り問題が定番です。

生命保険分野からは、「死亡」「入院」で支払われる保険金の算定や課税問題、生命保険料控除（新旧）、契約の責任開始日や失効と復活などが重要です。攻略ポイントは、死亡のケースで「特定疾病保障」、入院のケースで「4日免責」および「1入院の取扱い」などです。生命保険の解約返戻金のイメージ図や収入保障保険も繰り返し出題されています。ハーフタックスプランも出題されています。

損害保険分野からは、火災保険・地震保険・傷害保険・自動車保険（自賠責・任意）・個人賠償特約等から支払われる事故についての基礎知識を試す出題が主です。ファミリーバイク特約は要注意です。簡単な計算による補償額の算定もあります。

資料から算定させる退職金の計算や地震保険料を算定させる計算が出題されています。

▼ 金融資産運用

経済指標や預金保険制度、格付け、財形貯蓄、NISA、個人向け国債、外貨預金（計算）、確定拠出年金等が繰り返し出題されています。改正事項の NISA は要注意です。シャープレシオ（ポートフォリオ理論）や先物取引の仕組み、金投資が出題され、出題傾向の変化も見られます。実際の株式購入手続きや株式の取得費計算、特定口座年間取引報告書からの読み取り、投資信託の分配金の仕組みなどは押さえてください。投資指標は計算問題としても出題されます。会社四季報が読み取れるようしてください。その他の出題は、学科試験の学習で十分に対応できます。

▼ タックスプランニング

各種所得の内容や総所得金額の計算、損益通算、退職所得、事業所得計算では、特に減価償却費（月割計算）が出題されます。短期退職手当等は要注意です。生命保険の満期保険金への課税（一時所得）も重要です。所得控除からは、社会保険料控除や配偶者控除・配偶者特別控除、扶養控除、公的年金等控除の計算は必須です。医療費控除の出題もあります。ふるさと納税（寄付金控除）もチェックしてください。税額控除からは、住宅ローン控除や配当控除が出題されています。過去問を解くことで、計算に慣れれば確実に得点源に繋がります。源泉徴収票からの読み取り問題や確定申告、住民税の基礎知識についても出題されています。

▼ 不動産

学科試験対策で十分に対応できる出題です。不動産登記事項証明書の資料や不動産広告からの読み取りは押さえてください。マンションにおける管理組合や集会の決議の効力は確認してください。不動産の価格（公的土地評価）をはじめ、取引にかかわる注意点、借地借家法はしっかり押さえましょう。計算問題として、建蔽率および容積率の問題は毎回出題されます。建蔽率の緩和やセットバックについては注意してください。角

地における2つの道路幅員による容積率制限を算定する知識も必要です。譲渡所得については概算取得費が重要です。不動産所得や不動産投資利回り、修繕積立金の計算なども出題されます。消費税から建物価額を求める出題もあります。不動産取得税や固定資産税についても再確認が必要です。

▼　相続・事業承継

　事例による相続人と法定相続については定番問題で、代襲相続は相続放棄者がいる場合も含めてしっかり押さえてください。相続の手続きも頻出されています。遺言書についても改正事項を押さえてください。「直系尊属から住宅取得等資金の贈与を受けた場合の非課税」や「贈与税の配偶者控除」、「小規模宅地等の評価減の特例」も頻出事項です。相続税の課税価格の合計額（死亡保険金の非課税）や基礎控除の計算も繰り返し出題されています。相続人各人の相続税の課税価格の計算も出題されています。その他、改正事項である「相続時精算課税制度」は重要です。財産評価の計算式、特に路線価を用いた計算はしっかり押さえなければなりません。また、配偶者居住権も押さえましょう。学習方法は、学科対策と過去問演習を重ねることで十分に対応できます。

▼　本書の利用法　―見やすい項目表示 重要度 A ―

　本書では、問題ごとに"大きくて見やすい"項目表示にしました。一目で出題されやすい項目が確認できます。また、A・B・Cの重要度も表示しました。Aは「必ず得点する問題」、Bは「できれば得点したい問題」、そしてCは「正解しなくても合否に影響しない問題」です。

　攻略するための優先順位を考えて、取り組みましょう。

● 法改正・正誤等の情報について ●

　本書は、2024年4月1日現在で施行されている法令に基づいて編集されています。本書編集時点以後に発生しました法改正等により、受検に影響がある場合は、下記ホームページ内でお知らせいたします。
　なお、ホームページでの情報掲載期間は、本書の販売終了時、または本書の改訂版が発行されるまでとなりますので、あらかじめご了承ください。

HPにアクセス！ ▶ https://www.kskpub.com ➡ 訂正・追録

1

ライフプランニングと
資金計画

FPとコンプライアンス

関連業法の順守

2024年1月出題

問 1 ファイナンシャル・プランナー（以下「FP」という）は、ファイナンシャル・プランニング業務を行ううえで関連業法等を順守することが重要である。FPの行為に関する次の（ア）～（エ）の記述について、適切なものには○、不適切なものには×を解答欄に記入しなさい。

（ア）弁護士または司法書士の登録を受けていないFPが、顧客から報酬を受け取り、相続財産である不動産の登記申請を代行した。

（イ）税理士の登録を受けていないFPが、参加費有料の相続セミナーを開催し、一般的な相続税の計算方法の説明と仮定の事例に基づく相続税の計算手順について解説した。

（ウ）社会保険労務士の登録を受けていないFPが、参加費無料の年金セミナーを開催し、一般的な社会保障制度に関する説明と年金相談に応じた。

（エ）金融サービス仲介業または生命保険募集人、保険仲立人の登録を受けていないFPが、保険募集を目的として生命保険商品の説明を行い、具体的な保険設計書を用いて顧客に保険の加入を促した。

（ア）×　専門資格を有しない者が、業務として登記申請手続を代理して行うことはできない（司法書士法・土地家屋調査士法）。ただし、同居している親族に、既に作成した申請書等を法務局へ提出することを依頼した場合や会社の従業員が自社の登記申請書の作成や提出を行う場合などは、その親族や従業員が法令違反に問われることはないものと考えられている。（法務局 HP から作成）

（イ）○　税理士資格を有しない FP は、営利目的の有無、有償・無償にかかわらず、税務書類の作成または税務相談（例えば、顧客の個別具体的な相続税納付額の計算）を反復継続して行うことはできないが、仮定の事例に基づき、一般的な税の解説を行うことには税理士資格は問われない。

（ウ）○　社会保険労務士の資格が必要となる業務（社会保険労務士の独占業務）は、原則として、報酬を得て労働社会保険諸法令に基づく申請書等の作成や届出、労働社会保険諸法令に基づく帳簿書類の作成などの業務である。

　　　顧客の公的年金の受給見込み額の計算を行うことや、年金制度改正、社会保障制度など一般的な事例の説明を行うことには社会保険労務士資格は不要である。

（エ）×　記述のとおりである。生命保険の募集には、所定の資格並びに登録が必要である。ただし、顧客に一般的な生命保険商品の説明、必要保障額の試算やその結果に基づき保険商品を組み入れたライフプランの提案等を行うことについて、有償・無償に係らず資格要件は不要である。なお、変額保険の募集には更に、生命保険協会に変額保険を募集する者として登録が必要である。

参考

・弁護士法

　弁護士資格を有しないFPは、一般的な法令などの説明を行うにとどめ、個別具体的な法律事務の取扱いについては、弁護士等司法の専門家に委ねなければならない。報酬を得る目的で法律判断に基づく判断を伴う業務は、原則として弁護士のみに限定された業務（弁護士の独占業務）である。

・宅地建物取引法

　宅地建物取引業とは、宅地または建物を自ら「売買」「交換」する取引や他人の宅地建物の売買・交換・貸借の「代理」「媒介」をする取引を言う。貸借の媒介は、宅地建物取引業の免許を受けなければできないが、自ら貸主になる不動産賃貸業は、宅地建物取引業に該当しない。

・金融商品取引法

　投資助言・代理の登録をしていないFPが、顧客に対し、特定企業について具体的な株式の投資時期の判断や金額について助言を行うことはできない。ただし、過去の有価証券の価値に関するデータ等を提供する業務については、登録を受ける必要はない。

・任意後見人の資格要件

　任意後見人には、弁護士資格や司法書士資格などの資格要件は不要である。ただし、法律で定められた制限がある。

・公正証書遺言の証人

　公正証書遺言の証人になるために弁護士資格や司法書士資格などの資格要件は不要である。また、手数料や報酬の収受は認められている。なお、資格の制限については、未成年者や利害関係者は証人になることはできないなど、法律で定められた制限がある。

正解　（ア）×　（イ）○　（ウ）○　（エ）×

FPとコンプライアンス

関連業法の順守

問 2 ファイナンシャル・プランナー（以下「FP」という）は、ファイナンシャル・プランニング業務を行ううえで関連業法等を順守することが重要である。FPの行為に関する次の（ア）～（エ）の記述について、適切なものには○、不適切なものには×を解答欄に記入しなさい。

（ア）生命保険募集人・保険仲立人の登録を受けていないFPが、生命保険契約を検討している顧客のライフプランに基づき、有償で具体的な必要保障額を試算した。

（イ）税理士の登録を受けていないFPが、公民館主催の無料相談に訪れた相談者に対し、相続人の具体的な相続税額を計算した。

（ウ）投資助言・代理業の登録を受けていないFPが、顧客に対し有償で、特定企業の公表されている決算報告書を用いて、具体的な株式の投資時期等の判断や助言を行った。

（エ）社会保険労務士の登録を受けていないFPが、顧客が持参した「ねんきん定期便」を基に、有償で公的年金の受給見込み額を計算した。

（ア）○　顧客に一般的な生命保険商品の説明、必要保障額の試算やその結果に基づき保険商品を組み入れたライフプランの提案等を行うことについて、有償・無償に係らず資格要件は不要である。なお、生命保険を募集するには、金融庁に生命保険募集人の登録が必要である。また、変額保険の募集には更に、生命保険協会に変額保険を募集する者として登録が必要である。

（イ）✕　税理士の登録を受けていないFPは、営利目的の有無、有償・無償にかかわらず、税務書類の作成または税務相談（例えば、顧客の個別具体的な相続税納付額の計算）を反復継続して行うことはできない。ただし、仮定の事例に基づき、一般的な税の解説を行うことには税理士資格は問われない。

（ウ）✕　投資助言・代理の登録をしていないFPが、顧客に対し、特定企業について具体的な株式の投資時期の判断や金額について助言を行うことはできない。ただし、過去の有価証券の価値に関するデータ等を提供する業務については、登録を受ける必要はない。

（エ）○　報酬を得て労働社会保険諸法令に基づく申請書等の作成や届出、労働社会保険諸法令に基づく帳簿書類の作成などの業務は、社会保険労務士の資格が必要となる業務（社会保険労務士の独占業務）である。ただし、顧客の公的年金の受給見込み額の計算を行うことや、年金制度改正、社会保障制度など一般的事例の説明を行うことには社会保険労務士資格は不要である。

参考

・弁護士法

　　弁護士資格を有しないFPは、一般的な法令などの説明を行うにとどめ、個別具体的な法律事務の取扱いについては、弁護士等司法の専門家に委ねなければならない。報酬を得る目的で法律判断に基づく判断を伴う業務は、原則として弁護士のみに限定された業務（弁護士の独占業務）である。

・宅地建物取引法

　　宅地建物取引業とは、宅地または建物を自ら「売買」「交換」する取引や他人の宅地建物の売買・交換・貸借の「代理」「媒介」をする取引を言う。貸借の媒介は、宅地建物取引業の免許を受けなければできないが、自ら貸主になる不動産賃貸業は、宅地建物取引業に該当しない。

・任意後見人の資格要件

　　任意後見人には、弁護士資格や司法書士資格などの資格要件は不要である。ただし、法律で定められた制限がある。

・公正証書遺言の証人

　　公正証書遺言の証人になるために弁護士資格や司法書士資格などの資格要件は不要である。また、手数料や報酬の収受は認められている。なお、資格の制限については、未成年者や利害関係者は証人になることはできないなど、法律で定められた制限がある。

正　解　（ア）○　（イ）✕　（ウ）✕　（エ）○

FPとコンプライアンス

関連業法の順守

2023年5月出題

問 3 ファイナンシャル・プランナー（以下「FP」という）は、ファイナンシャル・プランニング業務を行ううえで関連業法等を順守することが重要である。FPの行為に関する次の（ア）〜（エ）の記述について、適切なものには○、不適切なものには×を解答欄に記入しなさい。

（ア）税理士資格を有していないFPが、相続対策を検討している顧客に対し、有料の相談業務において、仮定の事例に基づいて、相続税額を計算する手順について説明を行った。

（イ）社会保険労務士資格を有していないFPが、顧問先企業の雇用保険に関する申請書を作成して手続きの代行を行い、報酬を受け取った。

（ウ）生命保険募集人・保険仲立人・金融サービス仲介業者の登録を受けていないFPが、生命保険契約を検討している顧客のライフプランに基づき、具体的な必要保障額を試算した。

（エ）弁護士資格を有していないFP（遺言者や公証人と利害関係はない成年者）が、顧客から依頼されて公正証書遺言の証人となり、顧客から適正な報酬を受け取った。

（ア）〇　税理士資格を有しない FP は、営利目的の有無、有償・無償にかかわらず、税務書類の作成または税務相談（例えば、顧客の個別具体的な相続税納付額の計算）を反復継続して行うことはできないが、仮定の事例に基づき、一般的な税の解説を行うことには税理士資格は問われない。

（イ）×　報酬を得て労働社会保険諸法令に基づく申請書等の作成や届出、労働社会保険諸法令に基づく帳簿書類の作成などの業務は、社会保険労務士の資格が必要となる業務（社会保険労務士の独占業務）である。ただし、顧客の公的年金の受給見込み額の計算を行うことや、年金制度改正、社会保障制度など一般的事例の説明を行うことには社会保険労務士資格は不要である。

（ウ）〇　顧客に一般的な生命保険商品の説明、必要保障額の試算やその結果に基づき保険商品を組み入れたライフプランの提案等を行うことについて、有償・無償に係らず資格要件は不要である。なお、生命保険を募集するには、金融庁に生命保険募集人の登録が必要である。また、変額保険の募集にはさらに、生命保険協会に変額保険を募集する者として登録が必要である。

（エ）〇　公正証書遺言の証人になるために、弁護士資格や司法書士資格などの資格要件は不要である。手数料や報酬の収受は認められている。ただし、未成年者や利害関係者は証人になることはできないなど、法律で定められた制限がある。

参考

・弁護士法
　弁護士資格を有しない FP は、一般的な法令などの説明を行うにとどめ、個別具体的な法律事務の取扱いについては、弁護士等司法の専門家に委ねなければならない。報酬を得る目的で法律判断に基づく判断を伴う業務は、原則として弁護士のみに限定された業務（弁護士の独占業務）である。

・宅地建物取引法
　宅地建物取引業とは、宅地または建物を自ら「売買」「交換」する取引や他人の宅地建物の売買・交換・貸借の「代理」「媒介」をする取引を言う。貸借の媒介は、宅地建物取引業の免許を受けなければできないが、自ら貸主になる不動産賃貸業は、宅地建物取引業に該当しない。

・金融商品取引法
　投資助言・代理の登録をしていない FP が、顧客に対し、特定企業について具体的な株式の投資時期の判断や金額について助言を行うことはできない。ただし、過去の有価証券の価値に関するデータ等を提供する業務については、登録を受ける必要はない。

・任意後見人の資格要件
　任意後見人には、弁護士資格や司法書士資格などの資格要件は不要である。ただし、法律で定められた制限がある。

正　解　（ア）〇　（イ）×　（ウ）〇　（エ）〇

FPとコンプライアンス

関連業法の順守

重要度 **A**

2023年1月出題

問 4 ファイナンシャル・プランナー（以下「FP」という）は、ファイナンシャル・プランニング業務を行ううえで関連業法等を順守することが重要である。FPの行為に関する次の（ア）〜（エ）の記述について、適切なものには○、不適切なものには×を解答欄に記入しなさい。

（ア）生命保険募集人・保険仲立人の登録を受けていないFPが、顧客が持参したパンフレットの変額個人年金保険について商品説明を行った。

（イ）弁護士資格を有していないFP（遺言者や公証人と利害関係はない成年者）が、顧客から依頼されて公正証書遺言の証人となり、顧客から適正な報酬を受け取った。

（ウ）税理士資格を有していないFPが、参加費有料の相続対策セミナーを開催し、仮定の事例に基づく一般的な相続税対策について解説した。

（エ）投資助言・代理業の登録を受けていないFPが、顧客の相談を有償で受け、顧客自身が持参した投資信託の運用報告書の内容を確認し、この投資信託の価値等の分析に基づいて、解約するよう助言した。

（ア）○　顧客に一般的な生命保険商品の説明、必要保障額の試算やその結果に基づき保険商品を組み入れたライフプランの提案等を行うことについて、有償・無償に係らず資格要件は不要である。なお、生命保険を募集するには、金融庁に生命保険募集人の登録が必要である。また、変額保険の募集には更に、生命保険協会に変額保険を募集する者として登録が必要である。

（イ）○　公正証書遺言の証人になるために、弁護士資格や司法書士資格などの資格要件は不要である。手数料や報酬の収受は認められている。ただし、未成年者や利害関係者は証人になることはできないなど、法律で定められた制限がある。

（ウ）○　税理士資格を有しないFPは、営利目的の有無、有償・無償にかかわらず、税務書類の作成または税務相談（例えば、顧客の個別具体的な相続税納付額の計算）を反復継続して行うことはできないが、仮定の事例に基づき、一般的な税の解説を行うことには税理士資格は問われない。

（エ）×　投資助言・代理の登録をしていないFPが、顧客に対し、特定企業について具体的な株式の投資時期の判断や金額について助言を行うことはできない。ただし、過去の有価証券の価値に関するデータ等を提供する業務については、登録を受ける必要はない。

参考

・弁護士法

　弁護士資格を有しないFPは、一般的な法令などの説明を行うにとどめ、個別具体的な法律事務の取扱いについては、弁護士等司法の専門家に委ねなければならない。報酬を得る目的で法律判断に基づく判断を伴う業務は、原則として弁護士のみに限定された業務（弁護士の独占業務）である。

・社会保険労務士法

　社会保険労務士の資格が必要となる業務（社会保険労務士の独占業務）は、原則として、報酬を得て労働社会保険諸法令に基づく申請書等の作成や届出、労働社会保険諸法令に基づく帳簿書類の作成などの業務である。

　顧客の公的年金の受給見込み額の計算を行うことや、年金制度改正、社会保障制度など一般的事例の説明を行うことには社会保険労務士資格は不要である。

・宅地建物取引業法

　宅地建物取引業とは、宅地または建物を自ら「売買」「交換」する取引や他人の宅地建物の売買・交換・貸借の「代理」「媒介」をする取引を言う。貸借の媒介は、宅地建物取引業の免許を受けなければできないが、自ら貸主になる不動産賃貸業は、宅地建物取引業に該当しない。

・任意後見人の資格要件

　任意後見人には、弁護士資格や司法書士資格などの資格要件は不要である。ただし、法律で定められた制限がある。

正　解　（ア）○　（イ）○　（ウ）○　（エ）×

関連業法の順守

2022年9月出題

問5 ファイナンシャル・プランナー（以下「FP」という）が、ファイナンシャル・プランニング業務を行ううえで関連業法等を順守することが重要である。FP の行為に関する次の（ア）〜（エ）の記述について、適切なものには○、不適切なものには×を解答欄に記入しなさい。

（ア）社会保険労務士資格を有していない FP が、顧客が持参した「ねんきん定期便」を基に、有償で公的年金の受給見込み額を計算した。

（イ）弁護士資格を有していない FP が、報酬を得て顧客の離婚問題における交渉代理人となり、FP 業務の一環として法律的な判断に基づいて相手方との交渉を代行した。

（ウ）投資助言・代理業の登録を受けていない FP が、独自の景気見通しを基に、有償で具体的な投資時期等を判断し、助言を行った。

（エ）税理士資格を有していない FP が、相続対策を検討している顧客に対し、有料の相談業務において、仮定の事例に基づく一般的な解説を行った。

（ア）〇　社会保険労務士の資格が必要となる業務（社会保険労務士の独占業務）は、原則として、報酬を得て労働社会保険諸法令に基づく申請書等の作成や届出、労働社会保険諸法令に基づく帳簿書類の作成などの業務である。

　　顧客の公的年金の受給見込み額の計算を行うことや、年金制度改正、社会保障制度など一般的事例の説明を行うことに社会保険労務士資格は不要である。

（イ）✕　報酬を得る目的で法律判断に基づく判断を伴う業務は、原則として弁護士のみに限定された業務（弁護士の独占業務）である。弁護士資格を有しないFPは、一般的な法令などの説明を行うにとどめ、個別具体的な法律事務の取扱いについては、弁護士等司法の専門家に委ねなければならない。

（ウ）✕　投資助言・代理の登録をしていないFPが、顧客に対し、特定企業について具体的な株式の投資時期の判断や金額について助言を行うことはできない。ただし、過去の有価証券の価値に関するデータ等を提供する業務については、登録を受ける必要はない。

（エ）〇　税理士資格を有しないFPは、営利目的の有無、有償・無償にかかわらず、税務書類の作成または税務相談（顧客の個別具体的な相続税納付額の計算）を反復継続して行うことはできないが、仮定の事例に基づき、一般的な税の解説を行うことには税理士資格は問われない。

参考
・生命保険の募集
　　生命保険を募集するには、金融庁に生命保険募集人の登録が必要である。また、変額保険の募集にはさらに、生命保険協会に変額保険を募集する者として登録が必要である。ただし、顧客に一般的な生命保険商品の説明、必要保障額の試算やその結果に基づき保険商品を組み入れたライフプランの提案等を行うことについて、有償・無償に係らず資格要件は不要である。

・宅地建物取引業法
　　宅地建物取引業とは、宅地または建物を自ら「売買」「交換」する取引や他人の宅地建物の売買・交換・貸借の「代理」「媒介」をする取引をいう。貸借の媒介は、宅地建物取引業の免許を受けなければできないが、自ら貸主になる不動産賃貸業は、宅地建物取引業に該当しない。

・任意後見人の資格要件
　　任意後見人には、弁護士資格や司法書士資格などの資格要件は不要である。ただし、法律で定められた制限がある。

・公正証書遺言の証人
　　公正証書遺言の証人になるために弁護士資格や司法書士資格などの資格要件は不要である。また、手数料や報酬の収受は認められている。ただし、未成年者や利害関係者は証人になることはできないなど、法律で定められた制限がある。

正解　（ア）〇　（イ）✕　（ウ）✕　（エ）〇

FP とコンプライアンス

関連業法の順守

重要度 **A**

2022年5月出題

問 6 ファイナンシャル・プランナー（以下「FP」という）は、ファイナンシャル・プランニング業務を行ううえで関連業法等を順守することが重要である。FPの行為に関する次の（ア）～（エ）の記述について、適切なものには○、不適切なものには×を解答欄に記入しなさい。

（ア）社会保険労務士資格を有していないFPが、顧客である個人事業主が受ける雇用関係助成金申請の書類を作成して手続きを代行し、顧客から報酬を受け取った。

（イ）生命保険募集人・保険仲立人の登録を受けていないFPが、生命保険契約を検討している顧客のライフプランに基づき、具体的な必要保障額を試算した。

（ウ）税理士資格を有していないFPが、参加費無料の相談会で、相談者が持参した資料に基づき、具体的な納税額を計算した。

（エ）弁護士資格を有していないFP（遺言者や公証人と利害関係はない成年者）が、顧客から依頼されて公正証書遺言の証人となり、顧客から適正な報酬を受け取った。

ライフプランニングと資金計画

1

（ア）✕　顧客である個人事業主が受ける雇用関係助成金申請の書類を作成して手続きの代行を行い、報酬を受け取る行為は、社会保険労務士の独占業務であり、社会保険労務士資格を有しないFPは当該行為を行うことはできない。

　　なお、公的年金の受給見込み額の計算を行うことや、年金制度改正、社会保障制度など一般的な事例の説明を行うことに社会保険労務士資格は不要である。

　　社会保険労務士の資格が必要となる業務（社会保険労務士の独占業務）は、原則として、報酬を得て労働社会保険諸法令に基づく申請書等の作成や届出、労働社会保険諸法令に基づく帳簿書類の作成などの業務である。

（イ）〇　顧客に一般的な生命保険商品の説明や、必要保障額を具体的に試算したり、その結果に基づき保険商品を組み入れたライフプランの提案等を行うことについて、有償・無償に係らず資格要件は不要である。なお、生命保険を募集するには、生命保険募集人または保険仲立人の登録が必要である。

（ウ）✕　税理士資格を有しないFPは、営利目的の有無、有償・無償にかかわらず、税務書類の作成または税務相談（顧客の個別具体的な相続税納付額の計算）を反復継続して行うことはできない。

（エ）〇　公正証書遺言の証人になるために、弁護士資格や司法書士資格などの資格要件は不要である。また、手数料や報酬の収受は認められている。なお、資格の制限については、未成年者や利害関係人は証人になることはできないなど、法律で定められた制限がある。

参考

・弁護士法
　　弁護士資格を有しないFPは、一般的な法令などの説明を行うにとどめ、個別具体的な法律事務の取扱いについては、弁護士等司法の専門家に委ねなければならない。報酬を得る目的で法律判断に基づく判断を伴う業務は、原則として弁護士のみに限定された業務（弁護士の独占業務）である。

・宅地建物取引業法
　　宅地建物取引業とは、宅地または建物を自ら「売買」「交換」する取引や、他人の宅地建物の売買・交換・貸借の「代理」「媒介」をする取引を業として行うものをいう。貸借の媒介は、宅地建物取引業の免許を受けなければできないが、自ら貸主になる不動産賃貸業は、宅地建物取引業に該当しない。

・金融商品取引法
　　投資助言・代理業の登録をしていないFPが、顧客に対し、特定企業について具体的な株式の投資時期の判断や金額について助言を行うことはできない。ただし、過去の有価証券の価値に関するデータ等を提供する業務については、登録を受ける必要はない。

正　解　（ア）✕　（イ）〇　（ウ）✕　（エ）〇

FP とコンプライアンス 重要度 C

顧客本位の業務運営に関する原則 2022年5月出題

問 7 フィデューシャリー・デューティー（受託者責任）を遂行する軸として金融庁が公表した「顧客本位の業務運営に関する原則」（以下「本原則」という）に関する次の記述のうち、**最も不適切なもの**はどれか。

1. 本原則では、金融事業者は顧客の資産状況、取引経験、知識等を把握し、当該顧客にふさわしい金融商品の販売、推奨等を行うべきだとしている。
2. 本原則は、金融庁が原則のみを示し、金融事業者が各々の置かれた状況に応じて自主的に方針の策定に取り組むように促すものである。
3. 本原則を採択する場合、金融事業者が策定した業務運営に関する方針は、一貫して継続する必要があるため、定期的な見直しは不要である。
4. 金融事業者が、本原則を採択したうえで、自らの状況等に照らし、本原則の一部を実施しない場合は、その理由や代替策を十分に説明することが求められる。

1. **適切**。金融事業者は、顧客の資産状況、取引経験、知識及び取引目的・ニーズを把握し、当該顧客にふさわしい金融商品・サービスの組成、販売・推奨等を行うべきである。（原則6）
2. **適切**。記述のとおりである。本原則は、金融事業者がとるべき行動について詳細に規定する「ルールベース・アプローチ」ではなく、金融事業者が各々の置かれた状況に応じて、形式ではなく実質において顧客本位の業務運営を実現することができるよう、「プリンシプルベース・アプローチ」を採用している。金融事業者は、本原則を外形的に遵守することに腐心するのではなく、その趣旨・精神を自ら咀嚼した上で、それを実践していくためにはどのような行動をとるべきかを適切に判断していくことが求められる。（顧客本位の業務運営に関する原則（本原則の採用するアプローチ）から抜粋）
3. **最も不適切**。金融事業者が策定した業務運営に関する方針は、より良い業務運営を実現するため、定期的に見直されるべきである。（原則1）
4. **適切**。金融事業者が本原則を採択する場合には、顧客本位の業務運営を実現するための明確な方針を策定し、当該方針に基づいて業務運営を行うことが求められる。自らの状況等に照らして実施することが適切でないと考える原則があれば、一部の原則を実施しないことも想定しているが、その際には、それを「実施しない理由」等を十分に説明することが求められる。（顧客本位の業務運営に関する原則（本原則の採用するアプローチ）から抜粋）

ワンポイント

顧客本位の業務運営に関する原則は次の7原則で構成される。

原則1. 顧客本位の業務運営に関する方針の策定・公表等

原則2. 顧客の最善の利益の追求

原則3. 利益相反の適切な管理

原則4. 手数料等の明確化

原則5. 重要な情報の分かりやすい提供

原則6. 顧客にふさわしいサービスの提供

原則7. 従業員に対する適切な動機づけの枠組み等

FP とコンプライアンス 重要度 **A**

金融サービス提供法 　　2024 年 1 月出題

問 8　「**金融サービスの提供に関する法律（金融サービス提供法）**」に関する次の記述のうち、**最も不適切なもの**はどれか。

1．金融サービス仲介業を行う場合、内閣総理大臣の登録を受けなければならない。
2．金融商品販売業者等が重要事項の説明義務を怠ったことにより顧客に損害が生じた場合、金融商品販売業者等が損害賠償責任を負う。
3．デリバティブ取引や外国為替証拠金取引（FX）は、金融サービス提供法が適用される。
4．金融サービス提供法による保護の対象は個人に限られ、原則として、事業者は保護の対象とならない。

解　説　　　　　　　　　　チェック☐☐☐

1．**適切**。記述のとおりである。
2．**適切**。記述のとおりである。金融商品販売業者等は、顧客に対し重要事項について説明をしなければならない場合において当該重要事項について説明をしなかったとき、又は断定的判断の提供等を行ったときは、これによって生じた当該顧客の損害を賠償する責めに任ずる。（同法第6条）
　　賠償する金額は元本欠損額と推定される。
3．**適切**。記述のとおりである。対象商品の主なものは、預貯金、定期積金、国債、地方債、社債、株式、投資信託、金銭信託、保険、抵当証券、デリバティブ取引、有価証券オプション取引、外国為替証拠金取引（FX）、海外商品先物取引（国内の商品先物取引は対象外）。
4．**最も不適切**。金融サービス提供法による保護の対象は、個人だけでなく、事業者も含まれる。

ワンポイント
　消費者契約法の保護の対象は、個人に限られる。

参考
　「金融サービスの提供及び利用環境の整備等に関する法律」
　2024 年 2 月 1 日より「金融サービスの提供に関する法律」が改正され名称変更された。

正解　4

1
ライフプランニングと資金計画

問 **9** 「金融サービスの提供に関する法律（以下「金融サービス提供法」という）」に関する次の記述のうち、**最も不適切なもの**はどれか。

1. 金融サービス提供法は、金融商品販売業者等が金融商品の販売またはその代理もしくは媒介に際し、顧客に対し説明すべき事項等を定めること等により、顧客の保護を図る法律である。
2. 金融サービス提供法は、「金融商品の販売等に関する法律（金融商品販売法）」が改称された法律である。
3. 投資信託等の売買の仲介を行う IFA（Independent Financial Advisor ＝独立系ファイナンシャル・アドバイザー）は、金融サービス提供法が適用される。
4. 投資は投資者自身の判断と責任において行うべきであり、金融サービス提供法では、金融商品販売業者等が重要事項の説明義務を怠ったことで顧客に損害が生じたとしても、金融商品販売業者等は損害賠償責任を負うわけではない。

解　説
チェック□□□

1. **適切**。金融サービスの提供に関する法律第1条（目的）この法律は、金融商品販売業者等が金融商品の販売等に際し顧客に対して説明をすべき事項、金融商品販売業者等が顧客に対して当該事項について説明をしなかったこと等により当該顧客に損害が生じた場合における金融商品販売業者等の損害賠償の責任その他の金融商品の販売等に関する事項を定めるとともに、金融サービス仲介業を行う者について登録制度を実施し、その業務の健全かつ適切な運営を確保することにより、金融サービスの提供を受ける顧客の保護を図り、もって国民経済の健全な発展に資することを目的とする。
2. **適切**。記述のとおりである。令和2年の法改正により改称された。
3. **適切**。投資信託等の売買の仲介を行う IFA は、金融商品仲介業者であり、金融サービス提供法が適用される。
4. **最も不適切**。金融商品販売業者等は、顧客に対し重要事項について説明をしなければならない場合において当該重要事項について説明をしなかったとき、又は断定的判断の提供等を行ったときは、これによって生じた当該顧客の損害を賠償する責めに任ずる。（同法第6条）

正 解 4

FP とコンプライアンス

重要度 **A**

消費者契約法

2023年5月出題

問10 「消費者契約法」に関する次の記述のうち、最も不適切なものはどれか。

1. 事業者が消費者に重要事項について事実と異なることを告げ、消費者がそれを事実と信じて締結した契約は、取り消すことができる。
2. 消費者の判断力が著しく低下し、過大な不安を抱いている状況に付け込んで、事業者の不当性の高い行為により消費者が困惑した状況で契約を締結した場合、当該契約は取り消すことができる。
3. 消費者契約法の保護の対象となる消費者とは、個人（事業としてまたは事業のために契約の当事者となる場合におけるものを除く）とされており、法人は対象外とされている。
4. 消費者が、商品を買わずに帰りたいと言っても帰らせてもらえずに困惑して商品購入の契約をした場合で、購入場所が事業者の店舗であるときは、当該契約は取り消すことができない。

解 説

チェック□□□

1. **適切**。事業者が消費者に重要事項について事実と異なることを告げ、消費者がそれを事実と信じて締結した契約は、取り消すことができる。（同法4条1項1号）
2. **適切**。消費者の判断力が著しく低下し、過大な不安を抱いている状況に付け込んで、事業者の不当性の高い行為により消費者が困惑した状況で契約を締結した場合、当該契約は取り消すことができる。（同法4条3項7号）
3. **適切**。消費者契約法の保護の対象となる消費者とは、個人（事業としてまたは事業のために契約の当事者となる場合におけるものを除く）とされており、法人は対象外とされている。（同法2条1項）
4. **最も不適切**。消費者が、商品を買わずに帰りたいと言っても帰らせてもらえずに困惑して商品購入の契約をした場合は退去妨害となり、取消ができる。（同法4条3項2号）

ワンポイント

【取消の対象となる契約行為】

　・不実告知（重要事項について事実と異なることを告げること）
　・断定的判断の提供（絶対に儲かる）
　・不利益事実の不告知（不利益となる事実を故意又は重大な過失によって告げなかったこと）
　・不退去（お願いしたのに帰らない）
　・退去妨害（帰りたいのに帰してもらえない）

・不安を煽る告知（就職セミナー商法等）

・好意の感情の不当な利用（デート商法等）

・判断力の低下の不当な利用（高齢者等が不安を煽られる）

・霊感等による知見を用いた告知（霊感商法等）

・契約締結前に債務の内容を実施等（契約前なのに強引に代金を請求される等）

・過量契約（通常の量を著しく超える物の購入を勧誘された）

【2023 年改正による追加事項】

・勧誘をすることを告げずに、退去困難な場所へ同行し勧誘する行為

・威迫する言動を交え、相談の連絡を妨害する行為

・契約前に目的物の現状を変更し、原状回復を著しく困難にする行為

【無効の対象となる契約条項】

・事業者は責任を負わない条項

・消費者はいかなる理由でもキャンセルできない条項

・成年後見制度を利用すると契約が解除さてしまう条項

・平均的な損害の額を超えるキャンセル料条項

・消費者の利益を一方的に害する条項

【2023 年改正による追加事項】

・免責範囲が不明確（軽過失による行為にのみ適用されることを明確にしていない）な条項は無効

【取消権の時効】

　契約の申込み等に係る取消権は、消費者が追認することができる時から 1 年間（霊感商法は 3 年間）行わないとき、または当該消費契約締結の時から 5 年（霊感商法は 10 年）を経過したときは、時効によって消滅する。（同法 7 条）

正解　4

FP とコンプライアンス 重要度 **A**

消費者契約法

問 **11** 「消費者契約法」に関する次の記述のうち、最も不適切なものはどれか。

1. 消費者が、商品を購入せずに退去したい旨を申し出たが、認められずに困惑して契約した場合で、購入場所が事業者の店舗であるときは、当該契約は取り消すことができる。
2. 「販売した商品は、いかなる理由があっても、後から返品・キャンセルはできません」とした契約条項は無効である。
3. 消費者契約法では、個人および法人を保護の対象としている。
4. 消費者の努力義務として、契約に際して事業者から提供された情報を活用し、契約内容を理解することが求められている。

1．**適切**。退去妨害に該当し、取り消すことができる。（同法4条3項2号）
2．**適切**。「消費者はいかなる理由でもキャンセルできない」条項は無効である。（同法8条の2）
3．**最も不適切**。消費者契約法の保護の範囲は、個人（事業としてまたは事業のために契約の当事者となる場合におけるものを除く）のみであり、法人は対象外である（定義。同法2条）。
4．**適切**。記述のとおりである。

ワンポイント

【取消の対象となる契約行為】

・断定的判断の提供（絶対に儲かる）

・不実告知（重要事項について事実と異なることを告げること）

・不利益となる事実を故意又は重大な過失によって告げなかったこと

・不退去（お願いしたのに帰らない）

・退去妨害（帰りたいのに帰してもらえない）

・不安を煽る告知（就職セミナー商法等）

・好意の感情の不当な利用（デート商法等）

・判断力の低下の不当な利用（高齢者等が不安を煽られる）

・霊感等による知見を用いた告知（霊感商法等）

・契約締結前に債務の内容を実施等（契約前なのに強引に代金を請求される等）

・過量契約（通常の量を著しく超える物の購入を勧誘された）

【2023年改正による追加事項】

・勧誘をすることを告げずに、退去困難な場所へ同行し勧誘する行為

・威迫する言動を交え、相談の連絡を妨害する行為

・契約前に目的物の現状を変更し、原状回復を著しく困難にする行為

【無効の対象となる契約条項】

・事業者は責任を負わない条項

・消費者はいかなる理由でもキャンセルできない条項

・成年後見制度を利用すると契約が解除されてしまう条項

・平均的な損害の額を超えるキャンセル料条項

・消費者の利益を一方的に害する条項

【2023年改正による追加事項】

・免責範囲が不明確（軽過失による行為にのみ適用されることを明確にしていない）な条項は無効

正解 3

FP とコンプライアンス

重要度 A

著作権・個人情報保護法

2023年9月出題

問12 「個人情報の保護に関する法律（個人情報保護法）」および著作権法に関する次の記述のうち、最も適切なものはどれか。

1．個人情報とは、生存する個人が特定できる情報のことをいい、原則として、死者の情報は個人情報とされない。

2．顧客との電話による会話を録音したデータは、個人情報とされない。

3．自身が記事中で紹介された新聞紙面をコピーし、生活者向け講演会の資料として配布する場合、当該新聞社の許諾は必要ない。

4．公表された他人の著作物を自分の著作物に引用する場合、引用部分が「主」となる内容で、自ら作成する部分が「従」でなければならない。

1．最も適切。個人情報保護法が対象とする個人情報は、生存する個人の情報である（個人情報保護法2条）。死亡者の個人情報には個人情報保護法の適用はないが、その情報が生存する個人の情報になることもあり、慎重に対処が求められる。また、個人情報保護については地方自治体等で定義等が異なるため、その取扱いは慎重にならざるを得ない。現在統一化の方向で進められている。

2．不適切。通話内容から特定の個人を識別することが可能な場合には個人情報に該当する。なお、録音していることについて伝える義務までは負っていない。

3．不適切。自身が紹介された記事であっても、新聞の記事には著作権があるため、著作権の侵害に該当しない例外となる私的使用（自分自身や家族など限られた範囲内での使用）や学校教育での利用以外での利用については、当該新聞社の許諾が必要。

4．不適切。公表された他人の著作物を自分の著作物に引用する場合、自ら作成する部分が「主」となる内容で、引用部分が「従」でなければならない。

ワンポイント

【個人情報保護法】

　対象となる情報は、氏名、生年月日、住所、顔写真などにより特定の個人を識別できる情報。情報単体では特定の個人を識別できないような情報でも複数の情報を組み合わせることで特定の個人を識別できる場合は、個人情報に該当する場合があるので注意が必要。

【著作権】

　新聞の一般記事には、著作権があるが、単なる事実の報道には著作権は発生しない。

・著作権がない事例（著作権法13条）

　憲法そのほかの法令（地方公共団体の条例、規則も含む）。

　国や地方公共団体または独立行政法人の告示、訓令、通達など。

　裁判所の判決、決定、命令など。

正　解　　1

キャッシュフロー表

2024年1月出題

下記の 問13 ～ 問15 について解答しなさい。

＜杉田家の家族データ＞

氏名	続柄	生年月日	備考
杉田　康人	本人	1973 年 10 月 14 日	会社員
志津子	妻	1974 年 8 月 24 日	パートタイマー
圭太	長男	2008 年 5 月 10 日	高校生
ひな	長女	2010 年 11 月 22 日	中学生

＜杉田家のキャッシュフロー表＞　　　　　　　　　　　　　　　（単位：万円）

経過年数			基準年	1 年	2 年	3 年	4 年
西暦（年）			2023 年	2024 年	2025 年	2026 年	2027 年
家族構成 年齢	杉田　康人	本人	50 歳	51 歳	52 歳	53 歳	54 歳
	志津子	妻	49 歳	50 歳	51 歳	52 歳	53 歳
	圭太	長男	15 歳	16 歳	17 歳	18 歳	19 歳
	ひな	長女	13 歳	14 歳	15 歳	16 歳	17 歳
ライフイベント		変動率	ひな 中学入学	圭太 高校入学	自動車の 買替え	ひな 高校入学	圭太 大学入学
収入	給与収入（本人）	1 %	572				（ア）
	給与収入（妻）	－	180				
	収入合計	－	752		763		
支出	基本生活費	2 %	257	262	267		
	住居費	－	163		163		
	教育費	－	48		80		
	保険料	－	72		72		
	一時的支出	－			201		
	その他支出	1 %	39		40		
	支出合計	－	579		823		
年間収支		－	173				
金融資産残高		1 %	605	781	（イ）		

※年齢および金融資産残高は各年 12 月 31 日現在のものとする。

※給与収入は可処分所得で記載している。

※記載されている数値は正しいものとする。また、問題作成の都合上、一部を空欄としている。

給与収入

問 13 杉田家のキャッシュフロー表の空欄（ア）にあてはまる数値を計算しなさい。なお、計算過程においては端数処理をせず計算し、計算結果については万円未満を四捨五入すること。

解 説　　　　　　　　チェック☐☐☐

キャッシュフロー表の金額は、次のように求めるのが原則である。

給与収入＝基準年の給与収入×（1＋変動率）^{経過年数}

基準年の給与収入＝572万円　変動率＝0.01

経過年数＝4年

給与収入＝572万円×（1＋0.01)^4

　　　　＝595.22……万円　→　**595万円**（問題の指示により万円未満四捨五入）

正 解　595（万円）

金融資産残高

問 14 杉田家のキャッシュフロー表の空欄（イ）にあてはまる数値を計算しなさい。なお、計算過程においては端数処理をせず計算し、計算結果については万円未満を四捨五入すること。

解 説　　　　　　　　チェック☐☐☐

金融資産残高の金額は、次のように求めるのが原則である。

金融資産残高＝前年の金融資産残高×（1＋変動率）±年間収支

前年の金融資産残高＝781万円　変動率＝0.01

年間収支＝収入合計－支出合計＝763万円－823万円＝▲60万円

金融資産残高＝781万円×（1＋0.01)－60万円

　　　　　　＝728.81万円　→　**729万円**（問題の指示により万円未満四捨五入）

正 解　729（万円）

教育費（奨学金）

問15 康人さんは、教育費の負担が心配になり、奨学金について調べることにした。日本学生支援機構の奨学金に関する次の記述のうち、最も適切なものはどれか。

1. 給付型奨学金の収入基準の判定は、申込人と父母の3人家族の場合、父母のどちらか収入の高い方1名を生計維持者として、判定を行う。
2. 給付型奨学金の「予約採用」は、学力基準である「高等学校等における全履修科目の評定平均値が一定以上」という要件を満たしていない場合、申し込むことができない。
3. 貸与型奨学金には、利息が付く「第一種」と利息が付かない「第二種」がある。
4. 貸与型奨学金は、「第一種」と「第二種」を併用することができる。

解　説　　　　　　チェック□□□

1. **不適切**。給付型奨学金の収入基準の判定は、申込人と父母の3人家族の場合、原則として父母が生計維持者となる。
2. **不適切**。給付型奨学金の「予約採用」は、下記のいずれかに該当すれば申し込むことができる。
   ・高等学校等における全履修科目の評定平均値が、5段階評価で3.5以上であること。
   ・将来、社会で自立し、及び活躍する目標をもって、進学しようとする大学等における学修意欲を有すること。学修意欲等の確認は、高等学校等において面談の実施又はレポートの提出等により行う。
3. **不適切**。貸与型奨学金には、利息が付かない「第一種」と利息が付く「第二種」がある。
4. **最も適切**。記述のとおりである。

正解 4

キャッシュフロー表

2023年9月出題

下記の 問16 ～ 問18 について解答しなさい。

＜福岡家の家族データ＞

氏名	続柄	生年月日	備考
福岡　洋司	本人	1979 年 11 月 2 日	会社員
美緒	妻	1979 年 4 月 10 日	会社員
結奈	長女	2009 年 8 月 24 日	中学生
健太	長男	2011 年 6 月 21 日	小学生

＜福岡家のキャッシュフロー表＞

（単位：万円）

経過年数			基準年	1 年	2 年	3 年	4 年
西暦（年）			2022 年	2023 年	2024 年	2025 年	2026 年
家族構成 年齢	福岡　洋司	本人	43 歳	44 歳	45 歳	46 歳	47 歳
	美緒	妻	43 歳	44 歳	45 歳	46 歳	47 歳
	結奈	長女	13 歳	14 歳	15 歳	16 歳	17 歳
	健太	長男	11 歳	12 歳	13 歳	14 歳	15 歳
ライフイベント			結奈 中学校入学		健太 中学校入学	結奈 高校入学	結婚 20 周年 旅行
		変動率					
収入	給与収入（本人）	1 %	（ア）				
	給与収入（妻）	1 %					
	収入合計	－			1,001		
支出	基本生活費	2 %	373			（イ）	
	住居費	－	205	205	205	205	205
	教育費	－	180				200
	保険料	－	54	54	54		60
	一時的支出	－					130
	その他支出	2 %	50				
	支出合計	－	862	893	921		
年間収支		－					
金融資産残高		1 %		1,046	（ウ）		1,196

※年齢および金融資産残高は各年 12 月 31 日現在のものとし、2022 年を基準年とする。
※給与収入は可処分所得で記載している。
※記載されている数値は正しいものとする。また、問題作成の都合上、一部を空欄としている。

※各項目の計算に当たっては端数を残し、表中に記入の際は万円未満四捨五入したものを使用すること。ただし、金融資産残高は各年ごとに端数を残さず、万円未満四捨五入のうえ計算すること。

給与収入

問 16 福岡家のキャッシュフロー表の空欄（ア）は洋司さんの可処分所得である。下表のデータに基づいて、空欄（ア）にあてはまる数値を計算しなさい。なお、2022年における洋司さんの収入は給与収入のみである。

2022 年分の洋司さんの給与収入（額面）	684 万円

2022 年に洋司さんの給与から天引きされた支出の年間合計金額					
厚生年金保険料	63 万円	健康保険料・介護保険料	41 万円	雇用保険料	3 万円
所得税	25 万円	住民税	34 万円	財形貯蓄	60 万円
社内預金	36 万円	従業員持株会	12 万円	社内あっせん販売	12 万円

解　説

チェック□□□

可処分所得＝収入金額（給与収入の額面）－税金－社会保険料
データから
収入金額：684 万円・・・①
税金：所得税＋住民税＝25 万円＋34 万円＝59 万円・・・②
社会保険料：厚生年金保険料＋健康保険料・介護保険料＋雇用保険料
　　　　　＝63 万円＋41 万円＋3 万円
　　　　　＝107 万円・・・③
以上から
可処分所得＝①－②－③
　　　　　＝**518 万円**

正　解 518（万円）

基本生活費

問17 福岡家のキャッシュフロー表の空欄（イ）にあてはまる数値を計算しなさい。なお、計算に当たっては、キャッシュフロー表中に記載の整数を使用し、計算結果については万円未満を四捨五入すること。

チェック□□□

解　説

キャッシュフロー表の金額は、次のように求めるのが原則である。

基本生活費＝基準年の基本生活費×（1＋変動率）^{経過年数}

基準年の基本生活費＝373万円　変動率＝0.02

経過年数＝3年

給与収入＝373万円×（1＋0.02）^{3}

　　　　＝395.83……万円　→　**396万円**（問題の指示により万円未満四捨五入）

（注）＜福岡家のキャッシュフロー表＞下※から、各項目の計算に当たっては端数を残し、表中に記入の際は万円未満四捨五入したものを使用。

正解　396（万円）

金融資産残高

問 18 福岡家のキャッシュフロー表の空欄（ウ）にあてはまる数値を計算しなさい。なお、計算に当たっては、キャッシュフロー表中に記載の整数を使用し、計算結果については万円未満を四捨五入すること。

解 説　　　　チェック□□□

金融資産残高の金額は、次のように求めるのが原則である。

金融資産残高＝前年の金融資産残高×（1＋変動率）±年間収支

2024 年の年間収支＝収入合計－支出合計

　　　　　　　＝ 1,001 万円－ 921 万円

　　　　　　　＝ 80 万円

前年の金融資産残高＝ 1,046 万円　変動率＝ 0.01　年間収支＝ 80 万円

金融資産残高＝ 1,046 万円×（1 ＋ 0.01）＋ 80 万円

　　　　　　＝ 1136.46 万円　→　**1,136 万円**（問題の指示により万円未満四捨五入）

（注）＜福岡家のキャッシュフロー表＞下※から、金融資産残高の計算に当たっては各年ごとに端数を残さず、万円未満四捨五入のうえ計算する。

正解　1,136（万円）

キャッシュフロー表

下記の 問19 ～ 問21 について解答しなさい。

<谷口家の家族データ>

氏名	続柄	生年月日	備考
谷口　英男	本人	1975 年 10 月 14 日	会社員
美奈	妻	1974 年 8 月 24 日	パートタイマー
憲人	長男	2007 年 5 月 10 日	高校生
菜穂	長女	2009 年 11 月 22 日	中学生

<谷口家のキャッシュフロー表>

(単位：万円)

経過年数			基準年	1 年	2 年	3 年	4 年
西暦 （年）			2022 年	2023 年	2024 年	2025 年	2026 年
家族構成／年齢	谷口　英男	本人	47 歳	48 歳	49 歳	50 歳	51 歳
	美奈	妻	48 歳	49 歳	50 歳	51 歳	52 歳
	憲人	長男	15 歳	16 歳	17 歳	18 歳	19 歳
	菜穂	長女	13 歳	14 歳	15 歳	16 歳	17 歳
ライフイベント		変動率	菜穂 中学校入学	憲人 高校入学	自動車の 買替え	菜穂 高校入学	憲人 大学入学
収入	給与収入（本人）	1 %	（ア）				
	給与収入（妻）	－		100	100	100	
	収入合計	－					
支出	基本生活費	2 %	242				（イ）
	住居費	－		132	132	132	132	132
	教育費	－		110	140	150		
	保険料	－		57	57	62	62	62
	一時的支出	－				400		
	その他支出	2 %	60	61	62		65
	支出合計	－	601	637	1,058		
年間収支		－					
金融資産残高		1 %	1,163	1,207	836	831	

※年齢および金融資産残高は各年 12 月 31 日現在のものとし、2022 年を基準年とする。
※給与収入は可処分所得で記載している。
※記載されている数値は正しいものとする。
※問題作成の都合上、一部を空欄としている。

給与収入

問 19 谷口家のキャッシュフロー表の空欄（ア）は英男さんの可処分所得である。下表のデータに基づいて、空欄（ア）に入る数値を計算しなさい。なお、2022 年における英男さんの収入は給与収入のみである。

2022 年分の英男さんの給与収入（額面）	800 万円

2022 年に英男さんの給与から天引きされた支出の年間合計金額					
厚生年金保険料	73 万円	健康保険料・介護保険料	48 万円	雇用保険料	4 万円
所得税	59 万円	住民税	52 万円	財形貯蓄	24 万円
社内預金	36 万円	従業員持株会	10 万円	社内あっせん販売	8 万円

解　説　　　　　　　　　　チェック□□□

可処分所得＝収入金額（給与収入の額面）－所得税・住民税－社会保険料
データから
収入金額：800 万円・・・①
税金：所得税＋住民税：59 万円＋ 52 万円＝ 111 万円・・・②
社会保険料：厚生年金保険料＋健康保険料＋介護保険料＋雇用保険料
　　　　　　＝ 73 万円＋ 48 万円＋ 4 万円
　　　　　　＝ 125 万円・・・③
以上から
可処分所得＝①－②－③
　　　　　＝ 564 万円

正　解 564（万円）

基本生活費

問 20 谷口家のキャッシュフロー表の空欄（イ）に入る数値を計算しなさい。なお、計算に当たっては、キャッシュフロー表中に記載の整数を使用し、計算結果については万円未満を四捨五入すること。

キャッシュフロー表の将来の予想額は、次のように求める。

将来の予想額＝現在の額×（1＋変動率）^{経過年数}

基本生活費＝基準年の基本生活費×（1＋変動率）^{経過年数}

基準年の基本生活費＝242万円　　変動率＝0.02

経過年数＝4年

給与収入＝242万円×（1＋0.02）^{4}

　　　　　＝261.94……万円　→　**262万円**（問題の指示により万円未満四捨五入）

正解　262（万円）

教育費（奨学金）

問 21　英男さんは、教育費の負担が心配になり、奨学金について調べることにした。日本学生支援機構の奨学金に関する次の記述として、最も適切なものはどれか。

1．申し込みは、進学前に限られ、進学後に申し込むことはできない。
2．貸与型奨学金の選考については、家計による基準は設けられていない。
3．貸与型奨学金には、利息が付く「第一種」と利息が付かない「第二種」がある。
4．奨学金は、学生・生徒本人名義の口座に振り込まれる。

1．**不適切**。奨学金は進学後に申し込むことができる在学採用と進学前に申し込む予約採用がある。予約採用で不採用となっても再度、在学採用に申し込むことができる。
2．**不適切**。貸与型奨学金の選考基準は家計による基準が設けられている。採用基準の年収制限は、第一種より第二種の方が緩い。
3．**不適切**。利息が付かない「第一種」と利息が付く「第二種」がある。利率は年3.0％が上限で、利率固定方式と利率見直し方式の2種類あり、奨学金申込時に選択する。
4．**最も適切**。記述のとおりである。

正解　4

キャッシュフロー表

2023年1月出題

下記の 問 **22** ～ 問 **24** について解答しなさい。

＜山根家の家族データ＞

氏名	続柄	生年月日	備考
山根　耕太	本人	1983 年 8 月 7 日	会社員
香奈	妻	1982 年 11 月 20 日	会社員
貴典	長男	2010 年 10 月 2 日	小学 6 年生
桃乃	長女	2014 年 5 月 9 日	小学 2 年生

＜山根家のキャッシュフロー表＞ （単位：万円）

経過年数			基準年	1 年	2 年	3 年	4 年
西暦（年）			2022	2023	2024	2025	2026
家族構成／年齢	山根　耕太	本人	39 歳	40 歳	41 歳	42 歳	43 歳
	香奈	妻	40 歳	41 歳	42 歳	43 歳	44 歳
	貴典	長男	12 歳	13 歳	14 歳	15 歳	16 歳
	桃乃	長女	8 歳	9 歳	10 歳	11 歳	12 歳
ライフイベント		変動率		貴典 中学校入学		外壁の 補修	貴典 高校入学
収入	給与収入（本人）	1 %	396		404		412
	給与収入（妻）	1 %	284		290		296
	収入合計	－	680		694		708
支出	基本生活費	2 %	186			（ア）	
	住居費	－	204	204	204	204	204
	教育費	1 %	64		（イ）		
	保険料	－	48	48	60	60	60
	一時的支出	－				100	
	その他支出	2 %	50	51	52	53	54
	支出合計	－	552		686		
年間収支		－	128		8		
金融資産残高		1 %	687	714	（ウ）		

※年齢および金融資産残高は各年 12 月 31 日現在のものとし、2022 年を基準年とする。

※給与収入は可処分所得で記載している。

※記載されている数値は正しいものとする。

※問題作成の都合上、一部を空欄としている。

基本生活費

解　説　　　　　　　　　　チェック□□□

キャッシュフロー表の金額は、次のように求めるのが原則である。

基本生活費＝基準年の基本生活費×（1＋変動率）^{経過年数}

基準年の基本生活費＝186万円　変動率＝0.02

経過年数＝3年

給与収入＝186万円×（1 ＋ 0.02)^3

　　　　＝197.38……万円　→　**197万円**　　（問題の指示により万円未満四捨五入）

正　解　197（万円）

教育費

問 23 山根家の両親が考えている進学プランは下記のとおりである。下記＜条件＞および＜資料＞のデータに基づいて、山根家のキャッシュフロー表の空欄（イ）に入る教育費の予測数値を計算しなさい。なお、計算過程においては端数処理をせずに計算し、計算結果については万円未満を四捨五入すること。

＜条件＞

[山根家の進学プラン]

貴典	公立小学校 → 私立中学校 → 私立高等学校 → 国立大学
桃乃	公立小学校 → 公立中学校 → 私立高等学校 → 私立大学

[計算に際しての留意点]
・教育費の数値は、下記＜資料：小学校・中学校の学習費総額＞を使用して計算すること。
・下記＜資料＞の結果を 2022 年とし、変動率を 1％として計算すること。

＜資料：小学校・中学校の学習費総額（1 人当たりの年間平均額）＞

	小学校		中学校	
	公立	私立	公立	私立
学習費総額	321,281 円	1,598,691 円	488,397 円	1,406,433 円

（出所：文部科学省「子供の学習費調査（結果の概要）」）

解 説   チェック□□□

キャッシュフロー表の金額は、次のように求めるのが原則である。
教育費＝基準年の教育費×（1 ＋変動率）^{経過年数}
・貴典さんの教育費
  2022 年は＜条件＞[山根家の進学プラン]から、私立学校の中学生。
  教育費は、＜資料：小学校・中学校の学習費総額（1 人当たりの年間平均額）＞から、
  2022 年の教育費 ＝ 1,406,433 円　変動率 ＝ 0.01
  経過年数 ＝ 2 年
  教育費：1,406,433 円 ×（1 ＋ 0.01）^{2} ＝ 1,434,702.3033 円・・・①
・桃乃さんの教育費
  2022 年は＜条件＞[山根家の進学プラン]から、公立の小学生。
  教育費は、＜資料：小学校・中学校の学習費総額（1 人当たりの年間平均額）＞から、
  2022 年の教育費 ＝ 321,281 円　変動率 ＝ 0.01

経過年数＝2年

教育費：321,281円×（1 ＋ 0.01)^2 ＝ 327,738.7481円・・・②

山根家の教育費の総額（2024年）＝①＋②＝1,762,441.0514円　→　**176万円**

（問題の指示により万円未満四捨五入）

正　解　176（万円）

金融資産残高

問 24 山根家のキャッシュフロー表の空欄（ウ）に入る数値を計算しなさい。なお、計算過程においては端数処理をせず計算し、計算結果については万円未満を四捨五入すること。

解　説　　　　チェック□□□

金融資産残高の金額は、次のように求めるのが原則である。

金融資産残高＝前年の金融資産残高×（1 ＋変動率）＋年間収支

前年の金融資産残高＝714万円　変動率＝0.01　年間収支＝8万円

金融資産残高＝714万円×（1 ＋ 0.01）＋8万円

　　　　　　＝729.14万円　→　**729万円**　（問題の指示により万円未満四捨五入）

正　解　729（万円）

キャッシュフロー表

重要度 **A**

2022年9月出題

下記の **問25** ～ **問27** について解答しなさい。

＜最上家の家族データ＞

氏 名	続柄	生年月日	備考
最上　高広	本人	1985 年 11 月 9 日	会社員
美香	妻	1986 年 5 月 16 日	会社員
聖菜	長女	2016 年 8 月 2 日	幼稚園児
太一	長男	2018 年 4 月 21 日	

＜最上家のキャッシュフロー表＞　　　　　　　　　　　　　　　　（単位：万円）

経過年数			基準年	1 年	2 年	3 年	4 年
西暦 （年）			2021	2022	2023	2024	2025
家族構成／年齢	最上　高広	本人	36 歳	37 歳	38 歳	39 歳	40 歳
	美香	妻	35 歳	36 歳	37 歳	38 歳	39 歳
	聖菜	長女	5 歳	6 歳	7 歳	8 歳	9 歳
	太一	長男	3 歳	4 歳	5 歳	6 歳	7 歳
ライフイベント				住宅ローンの繰上げ返済	聖菜小学校入学		太一小学校入学
		変動率					
収入	給与収入（本人）	1 %	418				
	給与収入（妻）	1 %	362			（ア）	
	収入合計	－	780	788	795		812
支出	基本生活費	＊ %	283				
	住居費	－	185	185	185	185	185
	教育費	－			40	40	40
	保険料	－	48	48	60	60	60
	一時的支出	－					
	その他支出	＊ %	60				
	支出合計		606		640		653
年間収支		－		174		157	159
金融資産残高		1 %	486	556	（イ）		1,049

※年齢および金融資産残高は各年 12 月 31 日現在のものとし、2021 年を基準年とする。
※給与収入は可処分所得で記載している。
※記載されている数値は正しいものとする。
※問題作成の都合上、一部を空欄または＊としている。

給与収入

問 25 最上家のキャッシュフロー表の空欄（ア）に入る数値を計算しなさい。なお、計算過程においては端数処理をせず計算し、計算結果については万円未満を四捨五入すること。

解 説　　　　　　　　　　チェック□□□

キャッシュフロー表の金額は、次のように求めるのが原則である。

収入（給与収入）＝基準年の収入×（1＋変動率）^{経過年数}

基準年の給与収入（妻）＝ 362 万円　変動率＝ 0.01

経過年数＝ 3 年

給与収入＝ 362 万円×（1 ＋ 0.01）^{3}

　　　　＝ 372.96……万円　→　**373 万円**

（問題の指示により万円未満四捨五入）

正 解　373（万円）

金融資産残高

問 26 最上家のキャッシュフロー表の空欄（イ）に入る数値を計算しなさい。なお、計算過程においては端数処理をせず計算し、計算結果については万円未満を四捨五入すること。

解 説　　　　　　　　　　チェック□□□

金融資産残高の金額は、次のように求めるのが原則である。

金融資産残高＝前年の金融資産残高×（1＋変動率）±年間収支

前年の金融資産残高＝ 556 万円　変動率＝ 0.01

年間収支＝収入合計－支出合計＝ 795 万円－ 640 万円＝ 155 万円

金融資産残高＝ 556 万円×（1 ＋ 0.01）＋ 155 万円

　　　　　　＝ 716.56 万円　→　**717 万円**　　（問題の指示により万円未満四捨五入）

正 解　717（万円）

住宅ローン（繰上げ返済）

問 27 最上さんは、現在居住している自宅の住宅ローン（全期間固定金利、返済期間35年、元利均等返済、ボーナス返済なし）の繰上げ返済を検討しており、FPの山田さんに質問をした。最上さんが住宅ローンを42回返済後に、100万円以内で期間短縮型の繰上げ返済をする場合、この繰上げ返済により短縮される返済回数を解答用紙に記入しなさい。なお、計算に当たっては、下記＜資料＞を使用し、繰上げ返済額は100万円を超えない範囲での最大額とすること。また、繰上げ返済に伴う手数料等は考慮しないものとし、解答に当たっては、解答用紙に記載されている単位に従うこと。

＜資料：最上家の住宅ローンの償還予定表の一部＞

返済回数（回）	毎月返済額（円）	うち元金（円）	うち利息（円）	残高（円）
41	115,592	65,398	50,194	33,397,452
42	115,592	65,496	50,096	33,331,956
43	115,592	65,595	49,997	33,266,361
44	115,592	65,693	49,899	33,200,668
45	115,592	65,791	49,801	33,134,877
46	115,592	65,890	49,702	33,068,987
47	115,592	65,989	49,603	33,002,998
48	115,592	66,088	49,504	32,936,910
49	115,592	66,187	49,405	32,870,723
50	115,592	66,286	49,306	32,804,437
51	115,592	66,386	49,206	32,738,051
52	115,592	66,485	49,107	32,671,566
53	115,592	66,585	49,007	32,604,981
54	115,592	66,685	48,907	32,538,296
55	115,592	66,785	48,807	32,471,511
56	115,592	66,885	48,707	32,404,626
57	115,592	66,986	48,606	32,337,640
58	115,592	67,086	48,506	32,270,554
59	115,592	67,187	48,405	32,203,367
60	115,592	67,287	48,305	32,136,080

　返済回数42回返済後に100万円以内で期間短縮型の繰上げ返済を行うと、残高が100万を限度に減額される。

　期間短縮型は、この残高の限度額までの間で、最も近い残高となる償還予定表（＜資料＞：最上家の住宅ローンの償還予定表の一部＞）に示す回数まで返済を終わらせたことになる。

33,331,956円 − 1,000,000円 = 32,331,956円・・・①

①の額以上で最も近い残高は、32,337,640円　→　57回目

次回の返済は58回目からとなり、43回目から57回目までが短縮される。

以上から、短縮期間は **15回分**。

キャッシュフロー表

2022 年5月出題

下記の 問 28 ～ 問 30 について解答しなさい。

＜落合家の家族データ＞

氏名	続柄	生年月日	備考（※）
落合　茂則	本人	1984 年 6 月 22 日	会社員
結花	妻	1985 年 8 月 19 日	会社員
勇人	長男	2009 年 10 月 4 日	中学生
優子	長女	2011 年 6 月 11 日	小学生

※備考欄は、2022 年 5 月 1 日時点のものである。

＜落合家のキャッシュフロー表＞ (単位：万円)

経過年数			基準年	1 年	2 年	3 年	4 年
西暦（年）			2021	2022	2023	2024	2025
家族・年齢	落合　茂則	本人	37 歳	38 歳	39 歳	40 歳	41 歳
	結花	妻	36 歳	37 歳	38 歳	39 歳	40 歳
	勇人	長男	12 歳	13 歳	14 歳	15 歳	16 歳
	優子	長女	10 歳	11 歳	12 歳	13 歳	14 歳
ライフイベント		変動率		勇人中学校入学	自動車の買い換え	優子中学校入学	勇人高校入学
収入	給与収入（本人）	1 %	387			(ア)	
	給与収入（妻）	1 %	302				
	収入合計	－	689	696	703		717
支出	基本生活費	1 %	218	220	222		227
	住居費	－	154	154	154		154
	教育費		70	90	80		90
	保険料	－	48	48	60	60	60
	一時的支出	－			300		
	その他支出	1 %	50	51	51	52	52
	支出合計	－	540	563	867	590	583
年間収支		－	149	133	▲ 164	120	134
金融資産残高		1 %	342			442	(イ)

※年齢および金融資産残高は各年 12 月 31 日現在のものとし、2021 年を基準年とする。
※給与収入は可処分所得で記載している。
※記載されている数値は正しいものとする。
※問題作成の都合上、一部を空欄としている。

給与収入

問 28 落合家のキャッシュフロー表の空欄（ア）に入る数値を計算しなさい。なお、計算過程においては端数処理をせず計算し、計算結果については万円未満を四捨五入すること。

解 説　　　　　　　　　チェック□□□

キャッシュフロー表の金額は、次のように求めるのが原則である。

収入（給与収入）＝基準年の収入×（1 ＋変動率）^{経過年数}

基準年の給与収入（本人）＝ 387 万円　変動率＝ 0.01

経過年数＝ 3 年

給与収入 ＝ 387 万円×（1 ＋ 0.01）^{3}

　　　　 ＝ 398.72……万円　→　**399 万円**（問題の指示により万円未満四捨五入）

正 解　399（万円）

金融資産残高

問 29 落合家のキャッシュフロー表の空欄（イ）に入る数値を計算しなさい。なお、計算過程においては端数処理をせず計算し、計算結果については万円未満を四捨五入すること。

解 説　　　　　　　　　チェック□□□

金融資産残高の金額は、次のように求めるのが原則である。

金融資産残高＝前年の金融資産残高×（1 ＋変動率）±年間収支

前年の金融資産残高＝ 442 万円　変動率＝ 0.01　年間収支＝ 134 万円

金融資産残高 ＝ 442 万円×（1 ＋ 0.01）＋ 134 万円

　　　　　　 ＝ 580.42 万円　→　**580 万円**（問題の指示により万円未満四捨五入）

正 解　580（万円）

変動率等の指標

ライフプランニングと資金計画

問30 キャッシュフロー表を作成するうえでは、収入や支出などの変動率、金融資産の運用利回りの予測が重要である。運用利回り等の変動に影響を与える要因についての次の記述のうち、最も適切なものはどれか。

1．外国為替相場が円高になると、輸入物価を押し上げる要因となり得る。
2．新発30年国債利回りは、国内長期金利の代表的な指標である。
3．変動金利型住宅ローンの適用金利については、短期プライムレートを基準とする金融機関が主流である。
4．消費者物価指数の算出では、消費税率の引上げがあっても増税分を差し引いて計算し、結果に影響しないようになっている。

解　説　　　　チェック□□□

1．**不適切**。円高になると、輸入物価を押し下げる要因となり、円安になると輸入物価を引き上げる要因となる。
2．**不適切**。新発10年国債利回りが、国内長期金利の代表的な指標である。また、短期金利の代表的な指標は、「無担保コール翌日物金利」である。
3．**最も適切**。記述のとおりである。
4．**不適切**。消費者物価指数は、消費者が実際に支払う消費税分を含めた価格が用いられており、増税分はそのまま支払い価格を増大させるため、消費者物価指数を押し上げることになる。

正解 3

下記の 問31 ～ 問33 について解答しなさい。

下記の係数早見表を乗算で使用し、各問について計算しなさい。なお、税金は一切考慮しないこととし、解答に当たっては、解答用紙に記載されている単位に従うこと。

[係数早見表（年利1.0%）]

	終価係数	現価係数	減債基金係数	資本回収係数	年金終価係数	年金現価係数
1年	1.010	0.990	1.000	1.010	1.000	0.990
2年	1.020	0.980	0.498	0.508	2.010	1.970
3年	1.030	0.971	0.330	0.340	3.030	2.941
4年	1.041	0.961	0.246	0.256	4.060	3.902
5年	1.051	0.951	0.196	0.206	5.101	4.853
6年	1.062	0.942	0.163	0.173	6.152	5.795
7年	1.072	0.933	0.139	0.149	7.214	6.728
8年	1.083	0.923	0.121	0.131	8.286	7.652
9年	1.094	0.914	0.107	0.117	9.369	8.566
10年	1.105	0.905	0.096	0.106	10.462	9.471
15年	1.161	0.861	0.062	0.072	16.097	13.865
20年	1.220	0.820	0.045	0.055	22.019	18.046
25年	1.282	0.780	0.035	0.045	28.243	22.023
30年	1.348	0.742	0.029	0.039	34.785	25.808

※記載されている数値は正しいものとする。

問 31 大津さんは、受け取った退職金 1,300 万円を老後の生活資金として将来使用する予定である。この金額を 10 年間、年利 1.0%で複利運用する場合、10 年後の合計額はいくらになるか。

解 説

チェック□□□

元金を複利運用した時の結果を求めるときに利用する係数は、終価係数。

元　本　1,300 万円
利　率　年利 1.0%（複利運用）
期　間　10 年間
利用する終価係数は 1.105
10 年後の合計額は、1,300 万円 × 1.105 ＝ 1,436.5 万円　→　**14,365,000 円**

正 解　14,365,000（円）

問 32 細井さんは、受け取った退職金 3,800 万円を今後 25 年間、年利 1.0%で複利運用しながら毎年年末に均等に生活資金として取り崩したいと考えている。毎年取り崩すことができる最大金額はいくらになるか。

解 説

チェック□□□

現在の資金を所定の期間複利運用しながら、漸次均等に取り崩すことで受け取る一定額の年金額を求めるときに利用する係数は、資本回収係数。

元　本　3,800 万円
利　率　年利 1.0%（複利運用）
期　間　25 年間
利用する資本回収係数は 25 年の 0.045
毎年取り崩すことができる最大金額は、3,800 万円 × 0.045 ＝ 171 万円　→　**1,710,000 円**

正 解　1,710,000（円）

問 33 香川さんは、子どもの大学進学資金として、10 年後に 300 万円を用意しようと考えている。年利 1.0％で複利運用しながら毎年年末に一定額を積み立てる場合、毎年いくらずつ積み立てればよいか。

解 説　　　　　　チェック□□□

　将来必要となる額を貯めるために複利運用で毎年いくら積立てを行えばよいかを求めるときに利用する係数は、減債基金係数。
目標額　300 万円
利　率　年利 1.0％（複利運用）
期　間　10 年間
利用する減債基金係数は 10 年の 0.096
毎年積み立てる額は、300 万円 × 0.096 ＝ 28.8 万円　→　**288,000 円**

各種係数表

重要度 **A**

1 ライフプランニングと資金計画

下記の 問34 ～ 問36 について解答しなさい。

下記の係数早見表を乗算で使用し、各問について計算しなさい。なお、税金は一切考慮しないものとし、解答に当たっては、解答用紙に記載されている単位に従うこと。

[係数早見表（年利1.0%）]

	終価係数	現価係数	減債基金係数	資本回収係数	年金終価係数	年金現価係数
1年	1.010	0.990	1.000	1.010	1.000	0.990
2年	1.020	0.980	0.498	0.508	2.010	1.970
3年	1.030	0.971	0.330	0.340	3.030	2.941
4年	1.041	0.961	0.246	0.256	4.060	3.902
5年	1.051	0.951	0.196	0.206	5.101	4.853
6年	1.062	0.942	0.163	0.173	6.152	5.795
7年	1.072	0.933	0.139	0.149	7.214	6.728
8年	1.083	0.923	0.121	0.131	8.286	7.652
9年	1.094	0.914	0.107	0.117	9.369	8.566
10年	1.105	0.905	0.096	0.106	10.462	9.471
15年	1.161	0.861	0.062	0.072	16.097	13.865
20年	1.220	0.820	0.045	0.055	22.019	18.046
25年	1.282	0.780	0.035	0.045	28.243	22.023
30年	1.348	0.742	0.029	0.039	34.785	25.808

※記載されている数値は正しいものとする。

問 34 宇野さんは、定年退職後の生活資金として、65 歳からの 30 年間、毎年年末に 180 万円ずつ貯蓄を取り崩していきたいと考えている。年利 1.0％で複利運用する場合、受取り開始年の初めにいくらの貯蓄があればよいか。

解　説	チェック☐☐☐

　将来所定の期間一定額（年金）を受け取るために受取り開始年にいくらあればよいか、複利運用で必要な額を求めるときに利用する係数は、年金現価係数。

将来受け取る年金額　180 万円
利　率　年利 1.0％（複利運用）
期　間　30 年間
利用する年金現価係数は 30 年の 25.808
初めに必要な資金は、180 万円 × 25.808 ＝ 4,645.44 万円　→　**46,454,400 円**

正　解　46,454,400（円）

問 35 谷口さんは、子どもの大学進学資金の準備として毎年年末に 20 万円ずつ新たに積み立てようと考えている。15 年間、年利 1.0％で複利運用しながら積み立てた場合、15 年後の合計額はいくらになるか。

解　説	チェック☐☐☐

　毎年年末に積み立てた金額が複利運用で数年後にいくらになるか（元利合計額）を求めるときに利用する係数は、年金終価係数。

積立金額　20 万円
利　率　年利 1.0％（複利運用）
期　間　15 年間
利用する年金終価係数は 15 年の 16.097
　8 年後の合計額は、20 万円 × 16.097 ＝ 321.94 万円　→　**3,219,400 円**

正　解　3,219,400（円）

問**36** 千田さんは、マイカーの買い替え資金として、6年後に150万円を用意したいと考えている。年利1.0%で複利運用しながら毎年年末に一定額を積み立てる場合、毎年いくらずつ積み立てればよいか。

解　説 チェック□□□

　将来必要となる額を貯めるために複利運用で毎年いくら積立てを行えばよいかを求めるときに利用する係数は、減債基金係数。

目標額　150万円
利　率　年利1.0%（複利運用）
期　間　6年間
利用する減債基金係数は6年の0.163
毎年積み立てる額は、150万円 × 0.163 = 24.45万円　→　**244,500円**

正 解　244,500（円）

下記の 問37 ～ 問39 について解答しなさい。

下記の係数早見表を乗算で使用し、各問について計算しなさい。なお、税金は一切考慮しないこととし、解答に当たっては、解答用紙に記載されている単位に従うこと。

[係数早見表（年利1.0%）]

	終価係数	現価係数	減債基金係数	資本回収係数	年金終価係数	年金現価係数
1年	1.010	0.990	1.000	1.010	1.000	0.990
2年	1.020	0.980	0.498	0.508	2.010	1.970
3年	1.030	0.971	0.330	0.340	3.030	2.941
4年	1.041	0.961	0.246	0.256	4.060	3.902
5年	1.051	0.951	0.196	0.206	5.101	4.853
6年	1.062	0.942	0.163	0.173	6.152	5.795
7年	1.072	0.933	0.139	0.149	7.214	6.728
8年	1.083	0.923	0.121	0.131	8.286	7.652
9年	1.094	0.914	0.107	0.117	9.369	8.566
10年	1.105	0.905	0.096	0.106	10.462	9.471
15年	1.161	0.861	0.062	0.072	16.097	13.865
20年	1.220	0.820	0.045	0.055	22.019	18.046
25年	1.282	0.780	0.035	0.045	28.243	22.023
30年	1.348	0.742	0.029	0.039	34.785	25.808

※記載されている数値は正しいものとする。

問 37 皆川さんは、自宅のリフォーム費用として、10 年後に 500 万円を準備したいと考えている。年利 1.0%で 10 年間複利運用する場合、現在いくらの資金があればよいか。

複利運用で将来予定する額を確保するためには現在いくらあればよいかを求めるときに利用する係数は、現価係数。

目標額　500 万円

利　率　年利1.0%（複利運用）

期　間　10 年間

利用する現価係数は 10 年の 0.905

現在必要な資金は、500 万円× 0.905 ＝ 452.5 万円　→　**4,525,000 円**

正 解 4,525,000（円）

問 38 山根さんは、退職金の 2,500 万円を今後 30 年間、年利 1.0%で複利運用しながら毎年 1 回、年末に均等に生活資金として取り崩していきたいと考えている。**毎年取り崩すことができる最大金額はいくらになるか。**

現在の資金を所定の期間複利運用しながら漸次均等に取り崩すことで受け取る一定額の年金額を求めるときに利用する係数は資本回収係数。

年金原資　2,500 万円

利　率　　年利1.0%（複利運用）

期　間　　30 年間

利用する資本回収係数は 30 年の 0.039

毎年取り崩すことができる最大金額は、2,500 万円× 0.039 ＝ 97.5 万円　→　**975,000 円**

正 解 975,000（円）

問 39 安藤さんは、子どもの留学資金として、15年後に1,500万円を準備したいと考えている。年利1.0%で複利運用しながら毎年年末に一定額を積み立てる場合、毎年いくらずつ積み立てればよいか。

解　説	チェック☐☐☐

　将来必要となる額を貯めるために複利運用で毎年いくら積立てを行えばよいかを求めるときに利用する係数は、減債基金係数。

目標額　1,500万円
利　率　年利1.0%（複利運用）
期　間　15年間
利用する減債基金係数は15年の0.062
毎年積み立てる額は、1,500万円×0.062＝93万円　→　**930,000円**

正　解　930,000（円）

各種係数表

重要度 **A**

2023年1月出題

下記の **問40** 〜 **問42** について解答しなさい。

下記の係数早見表を乗算で使用し、各問について計算しなさい。なお、税金は一切考慮しないこととし、解答に当たっては、解答用紙に記載されている単位に従うこと。

［係数早見表（年利率1.0％）］

	終価係数	現価係数	減債基金係数	資本回収係数	年金終価係数	年金現価係数
1年	1.010	0.990	1.000	1.010	1.000	0.990
2年	1.020	0.980	0.498	0.508	2.010	1.970
3年	1.030	0.971	0.330	0.340	3.030	2.941
4年	1.041	0.961	0.246	0.256	4.060	3.902
5年	1.051	0.951	0.196	0.206	5.101	4.853
6年	1.062	0.942	0.163	0.173	6.152	5.795
7年	1.072	0.933	0.139	0.149	7.214	6.728
8年	1.083	0.923	0.121	0.131	8.286	7.652
9年	1.094	0.914	0.107	0.117	9.369	8.566
10年	1.105	0.905	0.096	0.106	10.462	9.471
15年	1.161	0.861	0.062	0.072	16.097	13.865
20年	1.220	0.820	0.045	0.055	22.019	18.046
25年	1.282	0.780	0.035	0.045	28.243	22.023
30年	1.348	0.742	0.029	0.039	34.785	25.808

※記載されている数値は正しいものとする。

問 40 大下さんは、相続により受け取った270万円を運用しようと考えている。これを5年間、年利1.0%で複利運用した場合、5年後の合計額はいくらになるか。

解 説

チェック□□□

元金を複利運用した時の結果を求めるときに利用する係数は、終価係数。

元　本　270万円

利　率　年利1.0%（複利運用）

期　間　5年間

利用する終価係数は5年の1.051

5年後の合計額は、270万円 × 1.051 = 283.77万円　→　**2,837,700円**

正 解　2,837,700（円）

問 41 有馬さんは老後の生活資金の一部として、毎年年末に120万円を受け取りたいと考えている。受取期間を20年間とし、年利1.0%で複利運用する場合、受取り開始年の初めにいくらの資金があればよいか。

解 説

チェック□□□

将来所定の期間一定額（年金）を受け取るために受取り開始年にいくらあればよいか、複利運用で必要な額を求めるときに利用する係数は、年金現価係数。

将来受け取る年金額　120万円

利　率　年利1.0%（複利運用）

期　間　20年間

利用する年金現価係数は20年の18.046

初めに必要な資金は、120万円 × 18.046 = 2165.52万円　→　**21,655,200円**

正 解　21,655,200（円）

問 42 西里さんは、将来の子どもの大学進学費用の準備として新たに積立てを開始する予定である。毎年年末に 24 万円を積み立てるものとし、15 年間、年利 1.0%で複利運用しながら積み立てた場合、15 年後の合計額はいくらになるか。

解　説　　　　　　　チェック□□□

　毎年年末に積み立てた金額が複利運用で数年後にいくらになるか（元利合計額）を求めるときに利用する係数は、年金終価係数。

積立金額　24 万円

利　率　　年利 1.0%（複利運用）

期　間　　15 年間

利用する年金終価係数は 15 年の 16.097

15 年後の合計額は、24 万円 × 16.097 = 386.328 万円　→　**3,863,280 円**

正　解　3,863,280（円）

下記の 問43 ～ 問45 について解答しなさい。

下記の係数早見表を乗算で使用し、各問について計算しなさい。なお、税金は一切考慮しないこととし、解答に当たっては、解答用紙に記載されている単位に従うこと。

[係数早見表（年利率1.0%）]

	終価係数	現価係数	減債基金係数	資本回収係数	年金終価係数	年金現価係数
1年	1.010	0.990	1.000	1.010	1.000	0.990
2年	1.020	0.980	0.498	0.508	2.010	1.970
3年	1.030	0.971	0.330	0.340	3.030	2.941
4年	1.041	0.961	0.246	0.256	4.060	3.902
5年	1.051	0.951	0.196	0.206	5.101	4.853
6年	1.062	0.942	0.163	0.173	6.152	5.795
7年	1.072	0.933	0.139	0.149	7.214	6.728
8年	1.083	0.923	0.121	0.131	8.286	7.652
9年	1.094	0.914	0.107	0.117	9.369	8.566
10年	1.105	0.905	0.096	0.106	10.462	9.471
15年	1.161	0.861	0.062	0.072	16.097	13.865
20年	1.220	0.820	0.045	0.055	22.019	18.046
25年	1.282	0.780	0.035	0.045	28.243	22.023
30年	1.348	0.742	0.029	0.039	34.785	25.808

※記載されている数値は正しいものとする。

問43 倉田さんは、自宅のリフォーム費用 450 万円をリフォームローンを利用して返済しようと考えている。今後 10 年間、年利 1.0%で毎年借入応当日に元利均等返済をする場合、毎年の返済額はいくらになるか。

解　説

チェック□□□

借入金の返済額（元利均等返済）を求めるときに利用する係数は、資本回収係数。
元　本　450 万円
利　率　年利 1.0%（複利運用）
期　間　10 年間
利用する資本回収係数は 10 年の 0.106
毎年の返済額は、450 万円 × 0.106 ＝ 47.7 万円　→　**477,000 円**

正　解　477,000（円）

問44 山本さんは、老後の生活資金として、毎年年末に 240 万円を受け取りたいと考えている。受取期間を 25 年とし、年利 1.0%で複利運用をした場合、受取り開始年の初めにいくらの資金があればよいか。

解　説

チェック□□□

将来所定の期間一定額（年金）を受け取るために受取り開始年にいくらあればよいか、複利運用で必要な額を求めるときに利用する係数は、年金現価係数。
将来受け取る年金額　240 万円
利　率　年利 1.0%（複利運用）
期　間　25 年間
利用する年金現価係数は 25 年の 22.023
初めに必要な資金は、240 万円 × 22.023 ＝ 5,285.52 万円　→　**52,855,200 円**

正　解　52,855,200（円）

問 45 落合さんは、定年後の世界一周旅行の資金として、15年後に800万円を用意しようと考えている。年利1.0%で複利運用しながら毎年年末に一定額を積み立てる場合、毎年いくらずつ積み立てればよいか。

| 解　説 | チェック☐☐☐ |

　将来必要となる額を貯めるために複利運用で毎年いくら積立てを行えばよいかを求めるときに利用する係数は、減債基金係数。

目標額　800万円
利　率　年利1.0%（複利運用）
期　間　15年間
利用する減債基金係数は15年の0.062
毎年積み立てる額は、800万円×0.062 = 49.6万円　→　**496,000円**

各種係数表

重要度 **A**

2022年5月出題

下記の 問 46 ～ 問 48 について解答しなさい。

> 下記の係数早見表を乗算で使用し、各問について計算しなさい。なお、税金は一切考慮しないこととし、解答に当たっては、解答用紙に記載されている単位に従うこと。

[係数早見表（年利1.0%）]

	終価係数	現価係数	減債基金係数	資本回収係数	年金終価係数	年金現価係数
1年	1.010	0.990	1.000	1.010	1.000	0.990
2年	1.020	0.980	0.498	0.508	2.010	1.970
3年	1.030	0.971	0.330	0.340	3.030	2.941
4年	1.041	0.961	0.246	0.256	4.060	3.902
5年	1.051	0.951	0.196	0.206	5.101	4.853
6年	1.062	0.942	0.163	0.173	6.152	5.795
7年	1.072	0.933	0.139	0.149	7.214	6.728
8年	1.083	0.923	0.121	0.131	8.286	7.652
9年	1.094	0.914	0.107	0.117	9.369	8.566
10年	1.105	0.905	0.096	0.106	10.462	9.471
15年	1.161	0.861	0.062	0.072	16.097	13.865
20年	1.220	0.820	0.045	0.055	22.019	18.046
25年	1.282	0.780	0.035	0.045	28.243	22.023
30年	1.348	0.742	0.029	0.039	34.785	25.808

※記載されている数値は正しいものとする。

田中さんは、独立開業の準備資金として、15年後に700万円を準備したいと考えている。15年間、年利1.0%で複利運用する場合、現在いくらの資金があればよいか。

解　説	チェック□□□

複利運用で将来予定する額を確保するためには現在いくらあればよいかを求めるときに利用する係数は、現価係数。

目標額　700万円

利　率　年利1.0%（複利運用）

期　間　15年間

利用する現価係数は15年の0.861

現在必要な資金は、700万円 × 0.861 = 602.7万円　→　**6,027,000円**

正 解　6,027,000（円）

長岡さんは、老後の生活資金の一部として、毎年年末に300万円を受け取りたいと考えている。受取期間を20年間とし、年利1.0%で複利運用する場合、受取り開始時にいくらの資金があればよいか。

解　説	チェック□□□

将来所定の期間一定額（年金）を受け取るために受取り開始年にいくらあればよいか、複利運用で必要な額を求めるときに利用する係数は、年金現価係数。

将来受け取る年金額　300万円

利　率　年利1.0%（複利運用）

期　間　20年間

利用する年金現価係数は20年の18.046

初めに必要な資金は、300万円 × 18.046 = 5,413.8万円　→　**54,138,000円**

正 解　54,138,000（円）

問48 筒井さんは、移住するための資金として、20年後に 1,200 万円を準備したいと考えている。年利 1.0%で複利運用しながら毎年年末に一定額を積み立てる場合、毎年いくらずつ積み立てればよいか。

解　説

チェック□□□

　将来必要となる額を貯めるために複利運用で毎年いくら積立てを行えばよいかを求めるときに利用する係数は、減債基金係数。

目標額　1,200 万円

利　率　年利 1.0%（複利運用）

期　間　20 年間

利用する減債基金係数は 20 年の 0.045

毎年積み立てる額は、1,200 万円 × 0.045 = 54 万円　→　**540,000 円**

正　解 540,000（円）

2

リスク管理

問 1 井上隆也さん（38歳）が加入の提案を受けた生命保険の保障内容は下記＜資料＞のとおりである。この生命保険に加入した場合、次の記述の空欄（ア）～（ウ）にあてはまる数値を解答欄に記入しなさい。なお、各々の記述はそれぞれ独立した問題であり、相互に影響を与えないものとする。

＜資料／生命保険提案書＞

◇ご提案内容

ご契約内容	保険期間	保険金・給付金名称	主なお支払事由など	保険金額・給付金額
就業不能保険	65歳まで	就業不能給付金	就業不能状態（※1）が30日以上継続した場合	30万円
定期保険	10年	死亡保険金	死亡したとき	1,000万円
3大疾病保険	10年	3大疾病保険金	所定の3大疾病に罹患したとき（がん（悪性新生物）と診断確定された場合、急性心筋梗塞・脳卒中で所定の状態となった場合）	500万円
軽度3大疾病保険	10年	軽度3大疾病保険金	上皮内がん（上皮内新生物）と診断確定された場合、心疾患・脳血管疾患で所定の公的医療保険の対象となる手術を受けた場合	50万円
総合医療保険（一時金タイプ）	10年	総合入院給付金	1回の入院（※2）につき、入院日数が1日以上に達したとき	20万円
		手術給付金	所定の公的医療保険の対象となる手術を受けたとき	2万円
		通院給付金	総合入院給付金が支払われる入院前後の通院をしたとき	3,000円×最大30日

（※1）就業不能状態とは、①入院 ②公的医療保険の対象となる在宅医療（在宅患者診療・指導料が算定されること）を指します。
（※2）支払事由に該当する入院を60日以内に2回以上したときは継続した「1回の入院」とみなします。ただし、退院日の翌日から60日経過後に開始した入院は、別の入院とします。

・井上さんが骨折により8日間継続して入院し、その間に約款所定の公的医療保険の対象となる手術を受け、退院から1ヵ月後に肺炎で5日間継続して入院した場合、保険会社から支払われる保険金・給付金の合計は（　ア　）万円である。
・井上さんが初めて上皮内がん（上皮内新生物）と診断され、治療のため5日間継続して入院し、その間に約款所定の公的医療保険の対象となる手術を1回受けた場合、保険会社から支払われる保険金・給付金の合計は（　イ　）万円である。
・井上さんがケガにより医師の指示に基づき自宅で40日間療養し、当該期間について公的医療保険の在宅患者診療・指導料が算定されている場合、保険会社から支払われる保険金・給付金 の合計は（　ウ　）万円である。

（ア）**22万円**

　井上さんが骨折により8日間継続して入院し、その間に約款所定の公的医療保険の対象となる手術を受け、退院から1ヵ月後に肺炎で5日間継続して入院した場合、提案を受けた生命保険から支払われる保険金・給付金は次のとおり。

＜資料／生命保険提案書＞ご提案内容から、

・1回目の入院について

　　骨折により8日間入院しているので、総合医療保険（一時金タイプ）から入院給付金が支払われる。20万円・・・①

　　約款所定の公的医療保険の対象となる手術を受けたので、総合医療保険（一時金タイプ）から手術給付金が支払われる。2万円・・・②

　　以上から、1回目の入院について保険会社から支払われる保険金・給付金の合計＝①＋②＝22万円支払われる。

・2回目の入院について

　　表下※2から、支払事由に該当する入院を60日以内に2回以上したときは継続した「1回の入院」とみなすので、退院から1ヵ月後の入院は別の入院とみなされない。よって、総合医療保険（一時金タイプ）から入院給付金は支払われない。

　　以上から、保険会社から支払われる保険金・給付金の合計は**22万円**。

（イ）**72（万円）**

　井上さんが初めて上皮内がん（上皮内新生物）と診断され、治療のため5日間継続して入院し、その間に約款所定の公的医療保険の対象となる手術を1回受けた場合、保険会社から支払われる保険金・給付金は次のとおり。

＜資料／生命保険提案書＞ご提案内容から、

　上皮内がん（上皮内新生物）と診断されたので、軽度3大疾病保険から軽度3大疾病保険金が支払われる。50万円・・・①

　治療のため5日間継続して入院したので、総合医療保険（一時金タイプ）から総合入院給付金が支払われる。20万円・・・②

　約款所定の公的医療保険の対象となる手術を1回受けたので、総合医療保険（一時金タイプ）から手術給付金が支払われる。2万円・・・③

　以上から、保険会社から支払われる保険金・給付金の合計＝①＋②＋③＝**72万円**

（ウ）**30（万円）**

　井上さんがケガにより医師の指示に基づき自宅で40日間療養し、当該期間について、公的医療保険の在宅患者診療・指導料が算定されている場合、保険会社から支払われる保険金・給付金は次のとおり。

＜資料／生命保険提案書＞ご提案内容から、

　40日間の就業不能について、公的医療保険の在宅患者診療・指導料が算定されているので、表下※1から、就業不能状態に該当し、就業不能保険から就業不能給付金が支払われる。**30万円**

正 解　（ア）22（万円）　（イ）72（万円）　（ウ）30（万円）

問 **2** 山岸幸太郎さん（48歳）が加入の提案を受けた生命保険の保障内容は下記
＜資料＞のとおりである。この生命保険に加入した場合、次の記述の空欄（ア）～（ウ）
にあてはまる数値を解答欄に記入しなさい。なお、各々の記述はそれぞれ独立した問
題であり、相互に影響を与えないものとする。

＜資料／生命保険提案書＞

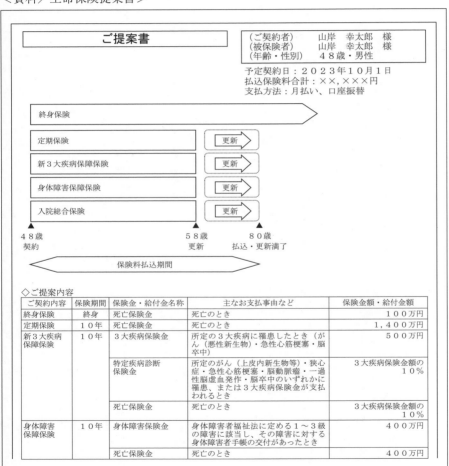

ご提案書

（ご契約者）　　山岸　幸太郎　様
（被保険者）　　山岸　幸太郎　様
（年齢・性別）　４８歳・男性

予定契約日：２０２３年１０月１日
払込保険料合計：××,×××円
支払方法：月払い、口座振替

終身保険		
定期保険	更新	
新３大疾病保障保険	更新	
身体障害保障保険	更新	
入院総合保険	更新	

４８歳　契約　　　　　　５８歳　更新　　８０歳　払込・更新満了

保険料払込期間

◇ご提案内容

ご契約内容	保険期間	保険金・給付金名称	主なお支払事由など	保険金額・給付金額
終身保険	終身	死亡保険金	死亡のとき	１００万円
定期保険	１０年	死亡保険金	死亡のとき	１，４００万円
新３大疾病保障保険	１０年	３疾病保険金	所定の３大疾病に罹患したとき（がん（悪性新生物）・急性心筋梗塞・脳卒中）	５００万円
		特定疾病診断保険金	所定のがん（上皮内新生物等）・狭心症・急性心筋梗塞・脳動脈瘤・一過性脳虚血発作・脳卒中のいずれかに罹患、または３大疾病保険金が支払われるとき	３大疾病保険金額の１０％
		死亡保険金	死亡のとき	３大疾病保険金額の１０％
身体障害保障保険	１０年	身体障害保険金	身体障害者福祉法に定める１～３級の障害に該当し、その障害に対する身体障害者手帳の交付があったとき	４００万円
		死亡保険金	死亡のとき	４００万円

入院総合保険	１０年	入院給付金	所定の入院で入院日数が１日、３０日、６０日、９０日の各日数に達したとき		それぞれ３０万円
		外来手術給付金	公的医療保険制度の対象となる所定の手術等や同制度に定める先進医療	入院を伴わない所定の手術を受けたとき	入院給付金額×１０％
		先進医療給付金		所定の先進医療による治療を受けたとき	先進医療にかかる技術料と同額
		先進医療一時金		先進医療給付金が支払われるとき	２０万円（技術料と同額が上限）
リビング・ニーズ特約（※）	－	特約保険金	余命６ヵ月以内と判断されるとき		死亡保険金の範囲内、かつ、３，０００万円以内の金額

（※）新３大疾病保障保険の死亡保険金は、リビング・ニーズ特約による保険金支払いの対象となりません。

・山岸さんが虫垂炎で８日間継続して入院し、その入院中に公的医療保険制度の対象となる所定の手術を１回受け、退院後にケガで公的医療保険制度の対象となる所定の手術を入院せずに１回受けた場合、保険会社から支払われる保険金・給付金の合計は（　ア　）万円である。
・山岸さんが初めてがん（悪性新生物）と診断され、治療のため20日間継続して入院し、その入院中に公的医療保険制度の対象となる所定の手術を１回受けた場合、保険会社から支払われる保険金・給付金の合計は（　イ　）万円である。
・山岸さんが余命６ヵ月以内と判断された場合、リビング・ニーズ特約の請求において指定できる最大金額は（　ウ　）万円である。なお、指定保険金額に対する６ヵ月分の利息と保険料相当額は考慮しないものとする。

（ア）**33 万円**

山岸さんが虫垂炎で入院し手術を受け、その後、ケガによる手術を受けた場合に支払われる保険金・給付金は次のとおり。

入院総合保険＜資料／生命保険提案書＞のご提案内容から

＜入院給付金について＞

虫垂炎により、公的医療保険制度の対象となる所定の手術を受け、8 日間継続して入院したので、入院給付金が支払われる。

入院日数が 8 日（1 日以上 30 日未満）なので、入院日数 1 日に該当し、30 万円・・・①

＜外来手術給付金について＞

虫垂炎により、公的医療保険制度の対象となる所定の手術を 1 回受けたが、入院を伴うので、虫垂炎の手術については、外来手術給付金は支払われない。

ケガにより、公的医療保険制度の対象となる所定の手術を 1 回受けた手術については、入院を伴わないので、外来手術給付金が支払われる。

外来手術金は、入院給付金額（30 万円）× 10％ ＝ 3 万円・・・②

以上から、保険会社から支払われる保険金・給付金の合計 ＝ ① ＋ ② ＝ **33 万円**

（イ）**580 万円**

山岸さんが初めてがん（悪性新生物）と診断され、入院し手術を受けた場合に支払われる保険金・給付金は次のとおり。

新 3 大疾病保障保険＜資料／生命保険提案書＞のご提案内容から

＜3 大疾病保険金・特定疾病診断保険金について＞

がん（悪性新生物）と診断されているので、3 大疾病保険金と特定疾病診断保険金が支払われる。

3 大疾病保険金：500 万円・・・①

特定疾病診断給付金：3 大疾病保険金額（500 万円）× 10％ ＝ 50 万円・・・②

入院総合保険＜資料／生命保険提案書＞のご提案内容から

＜入院給付金について＞

公的医療保険制度の対象となる所定の手術を受け、20 日間継続して入院したので、入院給付金が支払われる。

入院日数が 20 日（1 日以上 30 日未満）なので、入院日数 1 日に該当し、30 万円・・・③

以上から、保険会社から支払われる保険金・給付金の合計 ＝ ① ＋ ② ＋ ③ ＝ **580 万円**

（ウ）**1,900 万円**

山岸さんがリビング・ニーズ特約の請求において指定できる最大金額は次のとおり。

リビング・ニーズ特約＜資料／生命保険提案書＞のご提案内容から、対象となる保険契約を抽出する。

終身保険（死亡保険金）：100 万円・・・①

定期保険（死亡保険金）：1,400 万円・・・②

身体障害保障保険（死亡保険金）：400 万円・・・③

＜資料／生命保険提案書＞のご提案内容表下※から、新３大疾病保障保険はリビング・ニーズ特約による保険金支払いの対象外。

　　以上から、保険会社から支払われる最大金額＝①＋②＋③＝ **1,900 万円** ≦ 3,000 万円（限度額）

正 解 　（ア）33（万円）　（イ）580（万円）　（ウ）1,900（万円）

問 3 馬場和彰さん（51 歳）が加入の提案を受けた生命保険の保障内容は下記<資料>のとおりである。この生命保険に加入した場合、次の記述の空欄（ア）～（ウ）にあてはまる数値を解答欄に記入しなさい。なお、各々の記述はそれぞれ独立した問題であり、相互に影響を与えないものとする。

<資料／生命保険提案書>

保険提案書　無解約返戻金型医療総合保険

保険契約者：馬場和彰　様　　被保険者：馬場和彰　様　　年齢・性別：51 歳・男性

先進医療特約	付加	予定契約日：2023 年 6 月 1 日
通院特約	6,000 円	
がん診断特約	100 万円	保険料：××,×××円
5 疾病就業不能特約	100 万円	（月払い、口座振替）
主契約	10.000 円	

51 歳契約　　　　　　保険期間 10 年

【ご提案内容】

主契約・特約の内容	主なお支払事由など	給付金額
医療総合保険	① 病気で所定の入院をしたとき、入院 1 日目より疾病入院給付金を支払います。 ※支払限度は、1 回の入院で 60 日、通算 1,095 日以内に所定の ② 不慮の事故によるケガで、事故の日からその日を含めて 180 日以内に所定の入院をしたとき、入院 1 日目より災害入院給付金を支払います。 ※支払限度は、1 回の入院で 60 日、通算 1,095 日となります。 ③ 病気やケガで公的医療保険制度の給付対象である所定の手術を受けたとき、手術給付金を支払います。 ※手術の種類に応じて入院給付金日額の 5 倍・10 倍・20 倍・40 倍をお支払いします。 ④ 病気やケガで公的医療保険制度の給付対象である所定の放射線治療を受けたとき、放射線治療給付金を支払います。 ※入院給付金日額の 10 倍をお支払いします。	日額 10,000 円
5 疾病就業不能特約	① 5 疾病で所定の入院をしたとき、または 5 疾病による就業不能状態が 30 日を超えて継続したと診断されたとき、第 1 回就業不能給付金を支払います。 ※5 疾病とは、悪性新生物、急性心筋梗塞、脳卒中、肝硬変、慢性腎不全をいいます。 ※就業不能状態とは、5 疾病の治療を目的として所定の入院をしている状態、5 疾病により医師の指示を受けて自宅等で療養し、職種を問わずすべての業務に従事できない状態、5 疾病により生じた所定の高度障害状態をいいます。ただし、死亡した後や 5 疾病が治癒した後は、就業不能状態とはいいません。 ※支払限度は、疾病の種類にかかわらず保険期間を通じて 1 回となります。 ② 前回の就業不能給付金のお支払事由に該当した日の 1 年後の応当日以後に、5 疾病による就業不能状態が 30 日を超えて継続したと診断されたとき、第 2 回以後就業不能給付金を支払います。 ※支払限度は、1 年に 1 回となります。	100 万円

がん診断特約	① 悪性新生物と診断確定された場合で、以下のいずれかに該当したとき、診断給付金を支払います。 ・初めて悪性新生物と診断確定されたとき ・悪性新生物が治癒または寛解状態となった後、再発したと診断確定されたとき ・悪性新生物が他の臓器に転移したと診断確定されたとき ・悪性新生物が新たに生じたと診断確定されたとき ② 初めて上皮内新生物と診断確定されたとき、診断給付金を支払います。 　※支払限度は、2年に1回となります。ただし、上皮内新生物に対する診断給付金は保険期間を通じて1回となります。	100万円
通院特約	主契約の入院給付金が支払われる入院をし、かつ、入院の原因となった病気やケガにより以下のいずれかの期間内に所定の通院をしたとき、通院給付金を支払います。 ・入院日の前日からその日を含めて遡及して60日以内 ・退院日の翌日からその日を含めて180日以内（入院の原因となった疾病ががん、心疾患、脳血管疾患の場合、730日以内） 　※支払限度は、1回の入院で30日、通算1,095日となります。	日額 6,000円
先進医療特約	公的医療保険制度における所定の先進医療を受けたとき、先進医療給付金を支払います。 　※先進医療にかかわる技術料と同額をお支払いします。	通算 2,000万円

- 馬場さんが、交通事故により事故当日から継続して9日間入院し、その間に約款に定められた所定の手術（公的医療保険制度の給付対象、給付倍率20倍）を受けたが死亡した場合、保険会社から支払われる給付金の合計は（　ア　）万円である。
- 馬場さんが急性心筋梗塞で継続して31日間入院し、その間に約款所定の手術（公的医療保険制度の給付対象、給付倍率10倍）と公的医療保険制度における先進医療に該当する治療（技術料5万円）を受け、検査等のため退院後3ヵ月間で10日間通院して治癒した場合、保険会社から支払われる給付金の合計は（　イ　）万円である。なお、「5疾病で所定の入院をしたとき」、「公的医療保険制度における所定の先進医療を受けたとき」に該当するものとする。
- 馬場さんが初めてがん（悪性新生物）と診断され、治療のため継続して22日間入院し、その間に約款に定められた所定の手術（公的医療保険制度の給付対象、給付倍率40倍）を受けた後に死亡した場合、保険会社から支払われる給付金の合計は（　ウ　）万円である。なお、「5疾病で所定の入院をしたとき」、「初めて悪性新生物と診断確定されたとき」に該当するものとし、放射線治療は受けていないものとする。

（ア）**29万円**

無解約返戻金型医療総合保険＜資料／生命保険提案書＞のご提案内容から、

＜入院について＞

事故当日からの入院（事故の日からその日を含めて180日以内に入院）なので、医療総合保険から②災害入院給付金が支払われる。

日額1万円、入院期間9日間。給付日数は1日目からなので、1万円／日×9日＝9万円・・・①

＜手術給付金について＞

交通事故で約款に定められた所定の手術（公的医療保険制度の給付対象、給付倍率20倍）を受けたので、医療総合保険から③手術給付金が支払われる。1万円×20倍＝20万円・・・②

以上から、提案された無解約返戻金型医療総合保険から支払われる保険金・給付金の合計＝①＋②＝**29万円**

（イ）**152万円**

無解約返戻金型医療総合保険＜資料／生命保険提案書＞のご提案内容から、

＜入院について＞

急性心筋梗塞による入院なので、医療総合保険から①疾病入院給付金が支払われる。

日額1万円、入院期間31日間。給付日数は1日目からなので、1万円／日×31日＝31万円・・・①

＜手術給付金について＞

心筋梗塞で約款に定められた所定の手術（公的医療保険制度の給付対象、給付倍率10倍）を受けたので、医療総合保険から③手術給付金が支払われる。1万円×10倍＝10万円・・・②

＜先進医療特約について＞

「公的医療保険制度における所定の先進医療を受けたとき」に該当するという条件から、先進医療給付金が支払われる。5万円・・・③

＜通院特約について＞

退院後3ヵ月間（≦退院日の翌日からその日を含めて、心疾患なので730日）で10日間通院したので、通院給付金が支払われる。

日額6千円、通院期間10日間。給付日数は1日目からなので、6千円／日×10日＝6万円・・・④

＜5疾病就業不能特約について＞

「5疾病で所定の入院をしたとき」に該当するという条件から、5疾病就業不能特約①第1回就業不能給付金が支払われる。100万円・・・⑤

以上から、提案された無解約返戻金型医療総合保険から支払われる保険金・給付金の合計＝①＋②＋③＋④＋⑤＝**152万円**

（ウ）**262（万円）**

<がん診断特約について>

「初めて悪性新生物と診断確定されたとき」に該当するという条件から、がん診断特約①診断給付金が支払われる。100万円・・・①

<入院について>

がん治療による入院なので、医療総合保険から①疾病入院給付金が支払われる。

日額1万円、入院期間22日間。給付日数は1日目からなので、1万円／日×22日＝22万円・・・②

<手術給付金について>

約款に定められた所定の手術（公的医療保険制度の給付対象、給付倍率40倍）を受けたので医療総合保険から③手術給付金が支払われる。1万円×40倍＝40万円・・・③

<5疾病就業不能特約について>

「5疾病で所定の入院をしたとき」に該当するという条件から、5疾病就業不能特約①第1回就業不能給付金が支払われる。100万円・・・④

以上から、提案された無解約返戻金型医療総合保険から支払われる保険金・給付金の合計＝①＋②＋③＋④＝**262万円**

正 解 （ア）29（万円）（イ）152（万円）（ウ）262（万円）

問 4 荒木陽介さん（48 歳）が加入の提案を受け、加入することにした生命保険の保障内容は下記＜資料＞のとおりである。次の記述の空欄（ア）〜（ウ）にあてはまる数値を解答欄に記入しなさい。なお、保険契約は有効に継続し、かつ特約は自動更新しているものとし、荒木さんはこれまでに＜資料＞の保険から、保険金・給付金を一度も受け取っていないものとする。また、各々の記述はそれぞれ独立した問題であり、相互に影響を与えないものとする。

＜資料／生命保険提案書＞

ご提案書
保険種類：利率変動型積立保険

（ご契約者）　荒木　陽介　様
（被保険者）　荒木　陽介　様
（年齢・性別）　48 歳・男性

予定契約日：2023 年 2 月 1 日
払込保険料合計：××,×××円
支払方法：月払い、口座振替

長期生活保障保険　　　　　　　60 歳まで

普通定期保険　　　　　　　　　60 歳まで

医療保険　　入院サポート特約　　終身払込 終身

生活習慣病保険　7 大疾病一時金特約　終身払込 終身

利率変動型積立保険　　　　　　終身

▲48 歳契約

◇ご提案内容

ご契約内容	保険期間	保険金・給付金名称	主なお支払事由など	保険金額・給付金額
利率変動型積立保険	終身	死亡給付金 災害死亡給付金	死亡のとき（※1） 事故などで死亡のとき	積立金額 積立金額の1.5倍
長期生活保障保険	60 歳まで	死亡・高度障害年金	死亡・高度障害のとき	毎年120万円×10年間
普通定期保険	60 歳まで	死亡・高度障害保険金	死亡・高度障害のとき	300 万円
医療保険	終身払込 終身	入院給付金 手術給付金	入院のとき1日目から （1入院120日限度） （イ）入院中に所定の手術のとき （ロ）外来で所定の手術のとき （ハ）がん・脳・心臓に対する所定の手術のとき	日額10,000円 20万円 5万円 （イ）または（ロ）にプラス 20万円
入院サポート特約	終身払込 終身	入院準備費用給付金	1日以上の入院のとき	10 万円
生活習慣病保険	終身払込 終身	生活習慣病入院給付金	所定の生活習慣病（※2）で1日以上入院のとき （1入院120日限度）	日額10,000円
リビング・ニーズ特約	―	特約保険金	余命6ヵ月以内と判断されるとき	死亡保険金の範囲内 （通算3,000万円限度）
7 大疾病一時金特約	終身払込 終身	7 大疾病一時金	7大疾病で所定の診断・入院・手術（※2）のとき	複数回支払（※2） 300万円

（※1）災害死亡給付金が支払われるときは、死亡給付金は支払いません。
（※2）生活習慣病入院給付金、7大疾病一時金特約の支払対象となる生活習慣病は、以下のとおりです。
　　　がん／心臓病／脳血管疾患／腎疾患／肝疾患／糖尿病／高血圧性疾患

　　　7大疾病一時金を複数回お支払いするときは、その原因が新たに生じていることが要件となります。ただし、7大疾病一時金が支払われた最後の支払事由該当日からその日を含めて1年以内に支払事由に該当したときは、お支払いしません。なお、拡張型心筋症や慢性腎臓病・肝硬変・糖尿病性網膜症・（解離性）大動脈瘤と診断されたことによるお支払いは、それぞれ1回限りとなります。

・2023年3月に、荒木さんが交通事故で死亡（入院・手術なし）した場合、保険会社から支払われる保険金・給付金の合計は（　ア　）万円である。なお、死亡時の利率変動型積立保険の積立金額は4万円とする。
・2023年5月に、荒木さんが余命6ヵ月以内と判断された場合、リビング・ニーズ特約の請求において指定できる最大金額は（　イ　）万円である。なお、利率変動型積立保険と長期生活保障保険のリビング・ニーズ特約の請求はしないものとし、指定保険金額に対する6ヵ月分の利息と保険料相当額は考慮しないものとする。
・2023年6月に、荒木さんが初めてがん（悪性新生物）と診断され、治療のため20日間入院し、その間に約款所定の手術を1回受けた場合、保険会社から支払われる保険金・給付金の合計は（　ウ　）万円である。なお、上記内容は、がんに対する所定の手術、所定の生活習慣病、7大疾病で所定の診断に該当するものとする。

（ア）**1,506 万円**

　荒木さんが 2023 年 3 月に交通事故により死亡（入院・手術なし）した場合に支払われる保険金・給付金は次のとおり。

　荒木さんは資料の保険からは過去に保険金および給付金を一度も受け取っていないので、＜資料／生命保険提案書＞ご提案内容から、

・**利率変動型積立保険**から災害死亡給付金（積立金額の 1.5 倍）が支払われる。積立金額は問題文から 4 万円。災害死亡給付金額は、4 万円× 1.5 ＝ 6 万円・・・①

・**長期生活保障保険**から死亡・高度障害年金が毎年 120 万円× 10 年間＝ 1,200 万円・・・②

・**普通定期保険**から死亡・高度障害保険金 300 万円・・・③

　以上から、保険会社から支払われる保険金の合計＝①＋②＋③＝ **1,506 万円**

（イ）**300 万円**

　荒木さんが 2023 年 5 月に、余命 6 ヵ月以内と判断された場合、リビングニーズ特約の支払い対象となる。荒木さんは資料の保険からは過去に保険金および給付金を一度も受け取っていないので、＜資料／生命保険提案書＞ご提案内容から請求できる対象となる保険契約は、**利率変動型保険、長期生活保障保険、普通保険**であるが、利率変動型保険と長期生活保障保険に対しては問題条件から請求しないので、**普通定期保険からのみ**死亡・高度障害保険金 300 万円（≦通算 3,000 万円※）を請求でき、最大金額となる。

　※リビングニーズ特約で請求できる金額は、死亡保険金額の範囲内でかつ通算 3,000 万円まで。

（ウ）**390（万円）**

　荒木さんが 2023 年 6 月に初めてがん（悪性新生物）と診断されて入院・手術した場合に支払われる保険金・給付金は次のとおり。＜資料／生命保険提案書＞ご提案内容から特約は自動更新されており、荒木さんは資料の保険から過去に保険金および給付金を一度も受け取っていないので、

・**医療保険＜資料／生命保険提案書＞ご提案内容から**

＜入院について＞

　入院給付金と入院準備費用給付金（入院サポート特約）が支払われる。

　入院給付金：日額 10,000 円、入院期間 20 日間。給付日数は入院 1 日目からなので、10,000 円× 20 日※ ＝ 20 万円。・・・①

　※入院 1 日目から支払われるので、20 日≦ 1 入院限度日数 120 日（以下）なので全期間支給対象

　入院準備費用給付金：10 万円・・・②

＜手術について＞

　手術給付金が支払われる。

　入院中に所定の手術を受けたので、手術給付金：20 万円

　また、がんに対する所定の手術なので、20 万円加算される。

　以上から、支払われる手術給付金は 40 万円・・・③

・**生活習慣病保険＜資料／生命保険提案書＞ご提案内容から**

＜入院について＞

当該がん（悪性新生物）は生活習慣病保険の所定の生活習慣病に該当（ご契約内容表下※2から）するので、生活習慣病入院給付金が支払われる。日額10,000円、入院期間20日間。給付日数は入院1日目からなので、10,000円×20日[※] ＝ 20万円・・・④

※入院1日目から支払われるので、20日≦1入院限度日数120日（以下）なので全期間支給対象

当該がん（悪性新生物）は7大疾病一時金特約の所定診断に該当（ご契約内容表下※2から）するので、7大疾病一時金が支払われる。

7大疾病一時金：300万円・・・⑤

以上から、保険会社から支払われる保険金・給付金の合計＝①＋②＋③＋④＋⑤＝

390万円

正解 （ア）1,506（万円）（イ）300（万円）（ウ）390（万円）

生命保険

保険証券の見方

問 5 大垣正浩さん（59歳）が保険契約者（保険料負担者）および被保険者として加入している生命保険（下記＜資料＞参照）の保障内容に関する次の記述の空欄（ア）～（ウ）にあてはまる数値を解答欄に記入しなさい。なお、保険契約は有効に継続し、正浩さんはこれまでに＜資料＞の保険から、保険金・給付金を一度も受け取っていないものとする。また、各々の記述はそれぞれ独立した問題であり、相互に影響を与えないものとする。

＜資料／保険証券１＞

保険証券番号　××－××××××			保険種類　定期保険特約付終身保険
保険契約者	大垣　正浩　様	保険契約者印	契約日：１９９９年６月１日 主契約の保険期間：終身 主契約の保険料払込期間：６０歳払込満了 保険料払込方法：年１２回 保険料払込月：毎月 社員配当金支払方法：積立配当方式 保険料：××,×××円
被保険者	大垣　正浩　様 契約年齢：３６歳　男性 １９６３年５月１日生	（大垣）	
死亡保険金受取人	大垣　絵美　様（妻）	受取割合 １０割	

ご契約内容

主契約の内容	保険期間	保険金額
終身保険	終身	保険金額　　　　　５００万円
特約の内容	**保険期間**	**保険金額・給付金額**
定期保険特約	６０歳	保険金額　　　　３,０００万円
特定疾病保障定期保険特約	６０歳	保険金額　　　　　５００万円
傷害特約 （本人・妻型）	６０歳	保険金額・給付金額　５００万円 ◇不慮の事故や所定の感染症で死亡のとき、災害死亡保険金を支払います。 ◇不慮の事故で所定の障害状態のとき、障害給付金（保険金額の１００％～１０％）を支払います。 ◇妻の場合は、本人の災害死亡保険金・障害給付金の６割の金額になります。
災害入院特約 （本人・妻型）	８０歳	日額　　　　　　　５,０００円 ◇ケガで５日以上継続入院のとき、入院開始日からその日を含めて５日目より入院給付金を支払います。 ◇同一事由の１回の入院給付金支払い限度は１２０日、通算して７００日となります。 ◇妻の場合は、本人の６割の日額になります。
疾病入院特約 （本人・妻型）	８０歳	日額　　　　　　　５,０００円 ◇病気で５日以上継続入院のとき、入院開始日からその日を含めて５日目より入院給付金を支払います。 ◇病気や不慮の事故で所定の手術を受けたとき、手術の種類に応じて手術給付金（入院給付金日額の１０倍、２０倍、４０倍）を支払います。 ◇同一事由の１回の入院給付金支払い限度は１２０日、通算して７００日となります。 ◇妻の場合は、本人の６割の日額になります。
生活習慣病入院特約 （本人型）	８０歳	日額　　　　　　　５,０００円 ◇生活習慣病で５日以上継続入院のとき、入院開始日からその日を含めて５日目より入院給付金を支払います。 ◇生活習慣病で所定の手術を受けたとき、手術の種類に応じて手術給付金（入院給付金日額の１０倍、２０倍、４０倍）を支払います。 ◇同一事由の１回の入院給付金支払い限度は１２０日、通算して７００日となります。

裏書事項	
２００１年１２月１日にリビング・ニーズ特約を中途付加しました。 （死亡保険金額の範囲内で、かつ同一被保険者を通算して３,０００万円を限度に保険金を請求できます。なお、傷害特約は、この特約による保険金の支払い対象となりません。） 保険証券番号××－××××××	承認 ＰＡ生命

<資料／保険証券２＞

<table>
<tr><td colspan="3">終身がん保険</td><td colspan="2">保険証券記号番号　○○－○○○○○</td></tr>
<tr><td>保険契約者</td><td colspan="2">大垣　正浩　様
１９６３年５月１日生　男性</td><td>保険契約者印</td><td>◇契約日
　１９９９年８月１日</td></tr>
<tr><td>被保険者</td><td colspan="2">大垣　正浩　様
１９６３年５月１日生　男性</td><td>（大垣）</td><td>◇主契約の保険期間
　終身</td></tr>
<tr><td>受取人</td><td colspan="2">給付金　大垣　正浩　様
死亡給付金　大垣　絵美　様（妻）</td><td>受取割合
１０割</td><td>◇主契約の保険料払込期間
　終身</td></tr>
<tr><td colspan="3">◇ご契約内容</td><td colspan="2">◇お払い込みいただく合計保険料</td></tr>
<tr><td colspan="2">がん診断給付金　初めてがんと診断されたとき</td><td>１００万円</td><td colspan="2">毎回　△,△△△円</td></tr>
<tr><td colspan="2">がん入院給付金　１日目から日額</td><td>１万円</td><td colspan="2" rowspan="4">［保険料払込方法］
月払い</td></tr>
<tr><td colspan="2">がん手術給付金　１回につき</td><td>２０万円</td></tr>
<tr><td colspan="2">がん死亡給付金　がんによる死亡</td><td>２０万円</td></tr>
<tr><td colspan="2">死亡給付金　がん以外による死亡</td><td>１０万円</td></tr>
</table>

- 正浩さんが現時点で、網膜剥離（加齢・近視が原因）で８日間継続して入院し、約款所定の手術（給付倍率１０倍）を１回受けた場合、保険会社から支払われる保険金・給付金の合計は（　ア　）万円である。
- 正浩さんが現時点で、初めてがん（悪性新生物）と診断され、治療のため１２日間継続して入院し、その間に約款所定の手術（給付倍率４０倍）を１回受けた場合、保険会社から支払われる保険金・給付金の合計は（　イ　）万円である。
- 正浩さんが現時点で、交通事故で死亡（入院・手術なし）した場合、保険会社から支払われる保険金・給付金の合計は（　ウ　）万円である。

※約款所定の手術は定期保険特約付終身保険および終身がん保険ともに該当するものである。

（ア）7万円

正浩さんが現時点で、網膜剥離（加齢・近視が原因）で入院・手術した場合に支払われる保険金・給付金は次のとおり。

正浩さんは当該保険から過去に保険金・給付金を一度も受け取っていないので、

・定期保険特約付終身保険＜資料／保険証券１＞ご契約内容から

＜入院について＞

疾病入院特約から支払われる。日額5,000円、入院期間8日間。給付日数は入院5日目からなので、5,000円／日×4日※＝2万円・・・①

※入院5日目から支払われるので（最初の4日間は支給なし）、8日－4日＝4日≦1入院限度日数120日（以下）なので全額支給対象。

＜手術について＞

手術給付金：約款所定の手術（給付倍率10倍）を1回受けたので、給付額は5,000円×10＝5万円・・・②

以上から、定期保険特約付終身保険から支払われる保険金および給付金の合計＝①＋②＝7万円

・終身ガン保険＜資料／保険証券２＞ご契約内容から

支払われる保険金・給付金はない。

以上から、保険会社から支払われる保険金・給付金は**7万円**

（イ）680万円

正浩さんが現時点で初めてガン（悪性新生物）と診断されて入院・手術した場合に支払われる保険金・給付金は次のとおり。

・定期保険特約付終身保険＜資料／保険証券１＞ご契約内容から

正浩さんは当該保険から過去に保険金および給付金を一度も受け取っていないので、特定疾病保障定期保険特約から500万円・・・①

ワンポイント

特定疾病保障定期保険特約の支払対象となる疾病は、ガン、急性心筋梗塞、脳卒中

＜入院について＞

疾病入院特約ならびに生活習慣病入院特約から入院給付金が支払われる。両給付金ともに日額5,000円、入院期間12日間。給付日数は入院5日目からなので、5,000円／日×8日※＝4万円がそれぞれ支払われ、合計8万円・・・②

※入院5日目から支払われるので（最初の4日間は支給なし）、12日－4日＝8日≦1入院限度日数120日（以下）なので全額支給対象。

ワンポイント

生活習慣病入院特約の支払対象となる疾病は、ガン、脳血管疾患、心疾患、高血圧性疾患、糖尿病等

＜手術について＞

疾病入院特約ならびに生活習慣病入院特約から入院給付金から支払われる。

手術給付金：約款所定の手術（両給付金ともに給付倍率 40 倍）を 1 回受けたので、給付額は 5,000 円 × 40 × 2 ＝ 40 万円・・・③

　以上から、定期保険特約付終身保険から支払われる保険金および給付金の合計＝①＋②＋③＝ 548 万円・・・④

・終身ガン保険＜資料／保険証券 2 ＞ご契約内容から

　ガン診断給付金：初めてガン（悪性新生物）と診断されたので、100 万円・・・⑤

＜入院について＞

　ガン入院給付金から入院給付金が支払われる。日額 1 万円、入院期間 12 日。給付日数は入院 1 日目からなので、1 万円／日 × 12 日＝ 12 万円・・・⑥

＜手術について＞

　ガン手術給付金：20 万円・・・⑦

　終身ガン保険から支払われる保険金および給付金の合計＝⑤＋⑥＋⑦＝ 132 万円・・・⑧

　以上から、保険会社から支払われる保険金・給付金の合計＝④＋⑧＝ **680 万円**

（ウ）4,510 万円

　正浩さんが現時点で交通事故により即死した場合に支払われる保険金・給付金は次のとおり。

　正浩さんは当該保険から過去に保険金および給付金を一度も受け取っていないので、

・定期保険特約付終身保険＜資料／保険証券 1 ＞保障内容から

　終身保険金額：500 万円、定期保険特約保険金額：3,000 万円、特定疾病保障定期保険特約保険金額：500 万円、傷害特約保険金額・給付金額：500 万円

　以上から、定期保険特約付終身保険から支払われる保険金の合計は、4,500 万円・・・①

・終身ガン保険＜資料／保険証券 2 ＞ご契約内容から

　死亡給付金　ガン以外による死亡：10 万円・・・②

　以上から、保険金・給付金の合計＝①＋②＝ **4,510 万円**

正解　（ア）7（万円）　（イ）680（万円）　（ウ）4,510（万円）

問 **6**　飯田敬介さん（61歳）が保険契約者（保険料負担者）および被保険者として加入している生命保険（下記＜資料＞参照）の保障内容に関する次の記述の空欄（ア）～（ウ）にあてはまる数値を解答欄に記入しなさい。なお、保険契約は有効に継続し、かつ特約は自動更新しているものとし、敬介さんはこれまでに＜資料＞の保険から、保険金・給付金を一度も受け取っていないものとする。また、各々の記述はそれぞれ独立した問題であり、相互に影響を与えないものとする。

＜資料／保険証券１＞

無配当定期保険特約付終身保険			保険証券記号番号　××－××××××
保険契約者	飯田　敬介　様 1960年9月29日生　男性	保険契約者印 ㊞ （飯田）	◇契約日 　1995年11月1日 ◇主契約の保険期間 　終身
被保険者	飯田　敬介　様 1960年9月29日生　男性		◇主契約の保険料払込期間 　30年間
受取人	死亡保険金 飯田　唯　様（妻）	受取割合 10割	◇特約の保険期間 　10年 　（80歳まで自動更新）

◇ご契約内容

終身保険金額（主契約保険金額）	300万円
定期保険特約保険金額	2,000万円
三大疾病保障定期保険特約保険金額	1,000万円
災害割増特約保険金額	2,000万円
災害入院特約　　　　　　入院5日目から	日額　5,000円
疾病入院特約　　　　　　入院5日目から	日額　5,000円

※約款所定の手術を受けた場合、手術の種類に応じて入院給付金日額の
　10倍・20倍・40倍の手術給付金を支払います。

※入院給付金の1入院当たりの限度日数は120日、通算限度日数は1,095日です。

◇お払い込みいただく合計保険料

毎回　△△,△△△円

［保険料払込方法］
月払い

保険種類　終身医療保険		保険証券記号番号　○○−○○○○○	
保険契約者	飯田　敬介　様 １９６０年９月２９日生　男性	保険契約者印 ⑲ 飯田	◇契約日 　２０１０年４月１日
被保険者	飯田　敬介　様 １９６０年９月２９日生　男性		◇保険期間 　終身
受取人	給付金　飯田　敬介　様 死亡保険金　飯田　唯　様（妻）	受取割合 １０割	◇保険料払込期間 　終身

◇ご契約内容

給付金・保険金の内容	給付日額・保険金額	保険期間
入院給付金	日額　５，０００円 ＊病気やケガで２日以上継続入院のとき、入院開始日からその日を含めて１日目より支払います。 ＊同一事由の１回の入院給付金支払い限度額は６０日、通算して１，０００日となります。	終身
手術給付金	給付日額　入院給付金日額×１０・２０・４０倍 ＊所定の手術を受けた場合、手術の種類に応じて、手術給付金（入院給付金日額の１０倍・２０倍・４０倍）を支払います。	
介護給付金	一時金　１２０万円 終身介護年金　６０万円 ＊公的介護保険制度に定める要介護２以上の状態に該当していると認定されたときに一時金および第１回の介護年金を支払います。第２回以後の介護年金については、第１回の介護年金の年単位の応当日に支払事由に該当している限り支払います。	
死亡・高度障害保険金	保険金　２０万円 ＊死亡または所定の高度障害となった場合に支払います。	

◇保険料の内容

払込保険料合計	×，×××円
払込方法（回数）	：年１２回
払込期月	：毎月

◇その他付加されている特約

保険料口座振替特約
＊以下余白

・敬介さんが現時点で、ケガで３６日間入院し（手術は受けていない）、その後「要介護２」の状態に認定された場合、保険会社から支払われる保険金・給付金の給付初年度の合計は（　ア　）万円である。
・敬介さんが現時点で、初めてがん（悪性新生物）と診断され、治療のため４２日間入院し、その間に約款所定の手術（給付倍率４０倍）を１回受けた場合、保険会社から支払われる保険金・給付金の合計は（　イ　）万円である。
・敬介さんが現時点で、交通事故で死亡（入院・手術なし）した場合、保険会社から支払われる保険金・給付金の合計は（　ウ　）万円である。

※約款所定の手術は無配当定期保険特約付終身保険および終身医療保険ともに該当するものである。

（ア）**214 万円**

　敬介さんが現時点で、ケガで 36 日間入院し（手術は受けていない）、その後「要介護 2」の状態に認定された場合に支払われる保険金・給付金は次のとおり。なお、特約は自動更新されている。

　敬介さんは資料の保険から過去に保険金・給付金を一度も受け取っていないので、

・**無配当定期保険特約付終身保険＜資料／保険証券 1 ＞ご契約内容から**

＜入院について＞

　災害入院特約から支払われる。

　入院給付金：日額 5,000 円、入院期間 36 日間。給付日数は入院 5 日目からなので、5,000 円／日 × 32 日※ ＝ 16 万円・・・①

　※入院 5 日目から支給されるので、36 日－ 4 日＝ 32 日≦ 1 入院限度日数 120 日（以下）なので全期間支給対象。

・**終身医療保険＜資料／保険証券 2 ＞ご契約内容から**

　通院後「要介護 2」の状態に認定されたので、介護給付金から、一時金と終身介護年金が支払われる。

　一時金 120 万円と終身介護年金 60 万円併せて 180 万円・・・②

＜入院について＞

　入院給付金から支払われる。

　入院給付金：日額 5,000 円、入院期間 36 日間。給付日数は 1 日目からなので、5,000 円／日 × 36 日※ ＝ 18 万円・・・③

　※入院 1 日目から支給されるので、36 日≦ 1 入院限度日数 60 日（以下）なので全期間支給対象。

　以上から、保険会社から支払われる給付初年度の合計＝①＋②＋③＝ **214 万円**

（イ）**1,080 万円**

　敬介さんが現時点で初めてガン（悪性新生物）と診断されて入院・手術した場合に支払われる保険金・給付金は次のとおり。

　敬介さんは当該保険から過去に保険金および給付金を一度も受け取っていないので、

・**無配当定期保険特約付終身保険＜資料／保険証券 1 ＞保障内容から**

　敬介さんは初めてガン（悪性新生物）と診断されたので、三大疾病※保障定期保険特約から支払われる。三大疾病保障定期保険特約保険金額 1,000 万円・・・①

　※三大疾病とは、ガン（悪性新生物）、急性心筋梗塞、脳卒中

＜入院について＞

　疾病入院特約から支払われる。

　入院給付金：日額 5,000 円、入院期間 42 日間。給付日数は入院 5 日目からなので、5,000 円／日 × 38 日※ ＝ 19 万円・・・②

　※入院 5 日目から支給されるので、42 日－ 4 日＝ 38 日≦ 1 入院限度日数 120 日（以下）なので全期間支給対象。

<手術について>

手術給付金：約款所定（給付倍率40倍）の手術を1回受けたので、給付額は5,000円×40 = 20万円・・・③

以上から、無配当定期保険特約付終身保険から支払われる保険金及び給付金の合計＝①＋②＋③ = 1,039万円・・・④

・終身医療保険＜資料／保険証券2＞ご契約内容から

<入院について>

入院給付金から支払われる。

入院給付金：日額5,000円、入院期間42日間。給付日数は入院1日目からなので、5,000円／日×42日※ = 21万円・・・⑤

※ 42日≦1入院限度日数60日（以下）なので全期間支給対象。

<手術について>

手術給付金：約款所定（給付倍率40倍）の手術を1回受けたので、給付額は5,000円×40 = 20万円・・・⑥

以上から、終身医療保険から支払われる保険金および給付金の合計＝⑤＋⑥ = 41万円・・・⑦

以上から、保険会社から支払われる保険金・給付金の合計＝④＋⑦ = **1,080万円**

（ウ）**5,320万円**

敬介さんが現時点で交通事故により即死した場合に支払われる保険金・給付金は次のとおり。

敬介さんは当該保険から過去に保険金および給付金を一度も受け取っていないので、

・無配当定期保険特約付終身保険＜資料／保険証券1＞ご契約内容から

終身保険金額：300万円、定期保険特約保険金額：2,000万円、三大疾病保障定期保険特約保険金額：1,000万円、災害割増特約保険金額：2,000万円

以上から、無配当定期特約付終身保険から支払われる保険金の合計は、5,300万円・・・①

・終身医療保険＜資料／保険証券2＞ご契約内容から

死亡・高度障害保険金：20万円・・・②

以上から、保険金および給付金の合計＝①＋② = **5,320万円**

正 解 （ア）214（万円）（イ）1,080（万円）（ウ）5,320（万円）

生命保険

保険金等と税金

問 7 羽田涼介さんが2023年中に支払った終身保険と終身医療保険の保険料は下記<資料>のとおりである。涼介さんの2023年分の所得税の計算における生命保険料控除額として、正しいものはどれか。なお、下記<資料>の保険について、これまでに契約内容の変更はないものとする。また、2023年分の生命保険料控除額が最も多くなるように計算すること。

<資料>

[終身保険（無配当）]
契約日：2010年5月1日
保険契約者：羽田　涼介
被保険者：羽田　涼介
死亡保険金受取人：羽田　絵梨花（妻）
2023年の年間支払保険料：129,600円

[終身医療保険（無配当）]
契約日：2019年3月1日
保険契約者：羽田　涼介
被保険者：羽田　涼介
死亡保険金受取人：羽田　絵梨花（妻）
2023年の年間支払保険料：75,120円

<所得税の生命保険料控除額の速算表>
（1）2011年12月31日以前に締結した保険契約（旧契約）等に係る控除額

年間の支払保険料の合計		控除額
	25,000円 以下	支払保険料の全額
25,000円 超	50,000円 以下	支払保険料×1／2 + 12,500円
50,000円 超	100,000円 以下	支払保険料×1／4 + 25,000円
100,000円 超		50,000円

（2）2012年1月1日以後に締結した保険契約（新契約）等に係る控除額

年間の支払保険料の合計		控除額
	20,000円 以下	支払保険料の全額
20,000円 超	40,000円 以下	支払保険料×1／2 + 10,000円
40,000円 超	80,000円 以下	支払保険料×1／4 + 20,000円
80,000円 超		40,000円

（注）支払保険料とは、その年に支払った金額から、その年に受けた剰余金や割戻金を差し引いた残りの金額をいう。

1．78,780 円

2．83,780 円

3．88,780 円

4．93,780 円

解　説　　　　　　　　　　チェック□□□

　羽田涼介さんが受けることのできる生命保険料控除は次のとおり。

＜終身保険（無配当）の生命保険料控除について＞

　契約日が＜資料＞から、2010 年 5 月 1 日。2011 年 12 月 31 日以前に締結した保険契約なので、旧契約に係る控除額が適用される。

　生命保険料控除額の計算

　［2011 年 12 月 31 日以前に締結した保険契約（旧契約）等に係る控除額］

　＜資料＞から、2023 年の年間支払保険料が 129,600 円。年間の支払保険料の合計が 100,000 円超に該当。したがって、控除額は、50,000 円（一般生命保険料）・・・①

＜終身医療保険（無配当）の生命保険料控除について＞

　契約日が＜資料＞から、2019 年 3 月 1 日。2012 年 1 月 1 日以降に締結した保険契約なので、新契約に係る控除額が適用される。

　生命保険料控除額の計算

　［2012 年 1 月 1 日以降に締結した保険契約等に係る控除額］

　＜資料＞から、2023 年の年間支払保険料が 75,120 円。年間の支払保険料の合計が 40,000 円超 80,000 円以下に該当。したがって、控除額は、支払保険料：75,120 円× 1 ／ 4 ＋ 20,000 円＝ 38,780 円（介護医療保険料）・・・②

　以上から、羽田涼介さんが受ける生命保険料控除の金額は、①＋②＝ **88,780 円**

最高 12 万円

新契約

| 新生命保険料控除
（最高4万円）
（遺族保障等） | 介護医療保険料控除
（最高4万円）
（介護保障、医療保障） | 新個人年金保険料控除
（最高4万円）
（老後保障） |

✚ 新契約と旧契約の双方に加入している場合（※）

✚ 新契約と旧契約の双方に加入している場合（※）

旧契約

| 旧生命保険料控除
（最高5万円）
（遺族保障、介護保障、
医療保障等） | 旧個人年金保険料控除
（最高5万円）
（老後保障） |

※新契約と旧契約の双方に加入している場合は、旧契約の支払保険料等の金額によって控除額の計算方法が変わります。

・旧契約の保険料が6万円超の場合　：旧契約の支払保険料等の金額に基づいて計算した控除額（最高5万円）

・旧契約の保険料が6万円以下の場合：新契約の支払保険料等の金額に基づいて計算した控除額と旧契約の支払保険料等の金額に基づいて計算した控除額の合計額（最高4万円）

（出典：国税庁タックスアンサー）

正解　3

生命保険

保険金等と税金

問 8 下記<資料>の養老保険のハーフタックスプラン（福利厚生プラン）に関する次の（ア）～（エ）の記述について、適切なものには○を、不適切なものには×を解答欄に記入しなさい。なお、当該法人の役員・従業員の大部分は法人の同族関係者ではない。

<資料>

保険の種類	養老保険
契約者（保険料負担者）および満期保険金受取人	株式会社 YC
被保険者	役員・従業員
死亡保険金受取人	被保険者の遺族

（ア）部課長等の役職者のみを被保険者とする役職による加入基準を設けた場合、職種等に応じた合理的な基準により、普遍的に設けられた格差であると認められる。

（イ）原則として役員・従業員全員を被保険者とする普遍的加入でなければ、株式会社 YC が支払った保険料の２分の１を福利厚生費として損金の額に算入することができない。

（ウ）養老保険に入院特約等を付加した場合、株式会社 YC が支払った養老保険部分の保険料の２分の１を福利厚生費として損金の額に算入することができない。

（エ）死亡保険金が被保険者の遺族に支払われた場合、株式会社 YC は当該契約に係る資産計上額を取り崩し、同額を損金の額に算入する。

（ア）✕　ハーフタックスプランを利用するにあたり、原則として普遍的加入が認められなければならない。全役員・全従業員を被保険者とすれば普遍的加入と認められる。

　　一部の役員・従業員等が加入する場合でも、合理的な基準が認められる場合は、普遍的加入と認められるが、部課長等の役職で区分する場合は、将来的にも加入の対象者が全員となる可能性が低く、合理的基準に該当しない。

（イ）◯　福利厚生費として計上できる費用は、福利厚生が目的の支出であり、対象（被保険者）が原則として全役員・全従業員である必要がある。よって、普遍的加入が認められない場合は、保険料の2分の1を福利厚生費として損金の額に算入することができない。

（ウ）✕　入院特約を付加しても養老保険部分の保険料の2分の1は福利厚生費として損金に算入できる。

（エ）◯　記述のとおりである。

参考　養老保険の契約形態と支払保険料の経理処理

被保険者	死亡保険金受取人	満期保険金受取人	支払保険料の経理処理
役員等	法人	法人	全額資産計上
役員等	被保険者の遺族	被保険者	全額給与計上
役員・従業員	被保険者の遺族	法人	1／2損金計上

正　解　（ア）✕　（イ）◯　（ウ）✕　（エ）◯

生命保険
保険金等と税金

重要度 **A**

2023年5月出題

問 **9** 天野三郎さんが契約している生命保険（下記＜資料＞参照）に関する次の記述の空欄（ア）〜（エ）にあてはまる語句を語群の中から選び、その番号のみを解答欄に記入しなさい。なお、同じ番号を何度選んでもよいこととする。また、三郎さんの家族構成は以下のとおりであり、課税対象となる保険金はいずれも基礎控除額を超えているものとする。

＜三郎さんの家族構成＞

氏名	続柄	年齢	備考
天野　三郎	本人	56歳	会社員（正社員）
紀子	妻	52歳	パートタイマー
晴彦	長男	17歳	高校生
美鈴	長女	13歳	中学生
雄太	二男	8歳	小学生

＜資料：三郎さんが契約している生命保険契約の一覧＞

	保険契約者 （保険料負担者）	被保険者	死亡保険金 受取人	満期保険金 受取人
特定疾病保障保険A	三郎さん	三郎さん	紀子さん	－
がん保険B	三郎さん	紀子さん	三郎さん	－
養老保険C	三郎さん	三郎さん	紀子さん	晴彦さん

※養老保険Cの保険期間は15年である。

・現時点で三郎さんが死亡した場合、みなし相続財産として相続税の課税対象となる死亡保険金に係る非課税限度額は（　ア　）である。
・特定疾病保障保険Aから三郎さんが受け取る特定疾病保険金は（　イ　）である。
・がん保険Bから三郎さんが受け取る死亡保険金は（　ウ　）である。
・養老保険Cから晴彦さんが受け取る満期保険金は（　エ　）である。

＜語群＞
1．贈与税の課税対象　　　　2．相続税の課税対象　　3．非課税
4．所得税・住民税の課税対象　　5．2,000万円　　　　6．2,400万円
7．2,500万円　　　　　　　8．5,400万円

（ア）**2,000 万円**

死亡保険金に係る非課税限度額の計算

非課税限度額 = 500 万円 × 法定相続人の数

三郎さんが現時点で死亡した場合、法定相続人は妻と子供 3 人なので、法定相続人は 4 人

以上から、500 万円 × 4 人 = **2,000 万円**

（イ）**非課税**

身体の疾病や傷害などに基因して支払いを受ける保険金に該当するものは税法上非課税となる（所得税法施行令第 30 条）。

ワンポイント

非課税となる主な保険金・給付金

> ・入院給付金　・手術給付金　・放射線治療給付金　・通院給付金　・疾病（災害）療養給付金　・特定損傷給付金　・がん診断給付金　・特定疾病（三大疾病）保険金　・先進医療給付金　・障害保険金（給付金）　・高度障害保険金（給付金）　・リビング・ニーズ特約保険金　・介護保険金（一時金・年金）　・就業不能給付金　・所得補償保険金　・生活障害保険金（一時金・年金）

（ウ）**所得税・住民税の課税対象**

契約者（保険料負担者）が保険金を受け取る場合は、所得税（一時所得）が課税される。

ワンポイント

死亡保険金の課税関係

契約者（保険料負担者）	被保険者	保険金受取人	税金の種類
A	B	A	所得税（一時所得）
A	A	B	相続税
A	B	C	贈与税

（エ）**贈与税の課税対象**

契約者（保険料負担者）と満期保険金の受取人が異なる場合は、保険料を負担した者から受取人にその保険金の贈与があったとみなされ、贈与税が課税される。

生命保険
保険金等と税金

2

問10 下記＜資料＞の個人年金保険に関する次の（ア）～（エ）に関する記述について、適切なものには○、不適切なものには×を解答欄に記入しなさい。なお、青山和也さんが加入している個人年金保険は下記＜資料＞の契約のみとし、契約は有効に継続しており、これまでに契約内容の変更はないものとする。また、保険料はすべて和也さんが負担しており（2022年12月分まで支払い済みとする）、2022年中の配当はないものとする。また、生命保険料控除の金額については、その年分の生命保険料控除額が最も多くなるように計算すること。

＜資料＞

```
［個人年金保険 保険証券（一部抜粋）］
保険契約者：青山 和也 様          契約日：2019年9月1日
被保険者：青山 和也 様（契約年齢：35歳）   保険料払込期間：60歳払込満了
年金受取人：青山 和也 様           保険料：8,600円（月払い）
死亡給付金受取人：青山 佐織 様（妻）    ＊税制適格特約付加

◆ご契約内容
基本年金額：30万円（60歳年金支払開始・10年確定年金）
```

＜所得税の生命保険料控除額（速算表）＞
（1）2011年12月31日以前に締結した保険契約（旧契約）等に係る控除額

年間の支払保険料の合計		控除額
	25,000円 以下	支払保険料の全額
25,000円 超	50,000円 以下	支払保険料×1／2 ＋ 12,500円
50,000円 超	100,000円 以下	支払保険料×1／4 ＋ 25,000円
100,000円 超		50,000円

（2）2012年1月1日以後に締結した保険契約（新契約）等に係る控除額

年間の支払保険料の合計		控除額
	20,000円 以下	支払保険料の全額
20,000円 超	40,000円 以下	支払保険料×1／2 ＋ 10,000円
40,000円 超	80,000円 以下	支払保険料×1／4 ＋ 20,000円
80,000円 超		40,000円

（注）支払保険料とは、その年に支払った金額から、その年に受けた剰余金や割戻金を差し引いた残りの金額をいう。

（ア）和也さんの 2022 年分の所得税の個人年金保険料控除額は、40,000 円である。

（イ）和也さんが契約日から 6 年後に解約して一時金で受け取る解約返戻金による所得
　　は、雑所得として課税の対象となる。

（ウ）和也さんが年金受取り開始前に死亡した場合、佐織さんが受け取る死亡給付金は、
　　相続税の課税対象となる。

（エ）和也さんが毎年受け取る年金による所得は、一時所得として課税の対象となる。

（ア）〇　和也さんが受けることのできる生命保険料控除は次のとおり。

＜定期保険特約付終身保険（無配当）の生命保険料控除について＞

　契約日が＜資料＞から、2019年9月1日。2012年1月1日以後に締結した保険契約なので、新契約に係る控除額が適用される。

生命保険料控除額の計算

＜所得税の生命保険料控除額（速算表）＞（2）2012年1月1日以後に締結した保険契約（新契約）等に係る控除額から、2022年の年間支払保険料が8,600円／月 × 12月 ＝ 103,200円。年間の支払保険料の合計が80,000円超に該当。したがって、控除額は、**40,000円**。

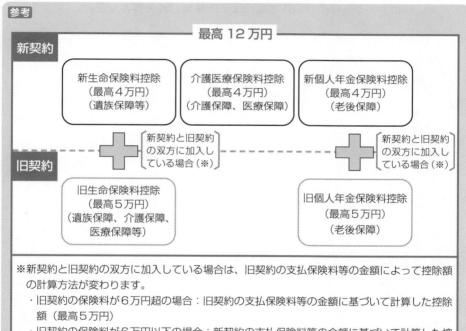

参考

最高 12 万円

| 新契約 | 新生命保険料控除
（最高4万円）
（遺族保障等） | 介護医療保険料控除
（最高4万円）
（介護保障、医療保障） | 新個人年金保険料控除
（最高4万円）
（老後保障） |

新契約と旧契約の双方に加入している場合（※）　　　　新契約と旧契約の双方に加入している場合（※）

| 旧契約 | 旧生命保険料控除
（最高5万円）
（遺族保障、介護保障、医療保障等） | | 旧個人年金保険料控除
（最高5万円）
（老後保障） |

※新契約と旧契約の双方に加入している場合は、旧契約の支払保険料等の金額によって控除額の計算方法が変わります。
　・旧契約の保険料が6万円超の場合：旧契約の支払保険料等の金額に基づいて計算した控除額（最高5万円）
　・旧契約の保険料が6万円以下の場合：新契約の支払保険料等の金額に基づいて計算した控除額と旧契約の支払保険料等の金額に基づいて計算した控除額の合計額（最高4万円）

（出典：国税庁タックスアンサー）

（イ）✕　当該個人年金保険の解約返戻金を一時金で受け取る所得は、一時所得となる。

> **参考**
> ・**金融類似商品**
> 　金融類似商品に該当する場合、課税は源泉分離課税となる。
> 　一時払養老保険や一時払損害保険などで一定の要件を満たすものの差益（保険期間等が
> ５年以下のものまたは保険期間等が５年を超えるもので保険期間等の初日から５年以内に
> 解約されたものの差益に限る）が該当する。なお、一時払個人年金保険（給付年金総額が
> 定められている確定年金契約に限る）で、契約開始から５年以内で年金支払開始前に解約
> されたものの差益も含まれる。　　　　　　　　　　　　　（出典：国税庁タックスアンサー）

（ウ）○　記述のとおりである。和也さんが年金受取り開始前に死亡し、妻の佐織さん
　が受け取る死亡給付金は、相続税の課税対象となる。

（エ）✕　和也さんが毎年受け取る年金による所得は、雑所得となる。

生命保険
保険金等と税金

問 11 西山忠一さんが 2021 年中に支払った定期保険特約付終身保険とがん保険の保険料は下記<資料>のとおりである。忠一さんの 2021 年分の所得税の計算における生命保険料控除額として、正しいものはどれか。なお、下記<資料>の保険について、これまでに契約内容の変更はないものとする。また、2021 年分の生命保険料控除額が最も多くなるように計算すること。

<資料>

[定期保険特約付終身保険（無配当）]
契約日：2011 年 3 月 1 日
保険契約者：西山　忠一
被保険者：西山　忠一
死亡保険金受取人：西山　美香（妻）
2021 年の年間支払保険料：99,840 円

[がん保険（無配当）]
契約日：2012 年 12 月 1 日
保険契約者：西山　忠一
被保険者：西山　忠一
死亡保険金受取人：西山　美香（妻）
2021 年の年間支払保険料：67,560 円

<所得税の生命保険料控除額の速算表>

[2011 年 12 月 31 日以前に締結した保険契約（旧契約）等に係る控除額]

○一般生命保険料控除、個人年金保険料控除

年間の支払保険料の合計		控除額
	25,000 円 以下	支払金額
25,000 円 超	50,000 円 以下	支払金額 × 1 ／ 2 ＋ 12,500 円
50,000 円 超	100,000 円 以下	支払金額 × 1 ／ 4 ＋ 25,000 円
100,000 円 超		50,000 円

[2012 年 1 月 1 日以降に締結した保険契約（新契約）等に係る控除額]

○一般生命保険料控除、個人年金保険料控除、介護医療保険料控除

年間の支払保険料の合計		控除額
	20,000 円 以下	支払金額
20,000 円 超	40,000 円 以下	支払金額 × 1 ／ 2 ＋ 10,000 円
40,000 円 超	80,000 円 以下	支払金額 × 1 ／ 4 ＋ 20,000 円
80,000 円 超		40,000 円

（注）支払保険料とは、その年に支払った金額から、その年に受けた剰余金や割戻金を差し引いた残りの金額をいう。

1. 76,890 円
2. 81,890 円
3. 86,850 円
4. 91,850 円

　西山忠一さんが受けることのできる生命保険料控除は次のとおり。
＜定期保険特約付終身保険（無配当）の生命保険料控除について＞
　契約日が＜資料＞から、2011 年 3 月 1 日。2011 年 12 月 31 日以前に締結した保険契約なので、旧契約に係る控除額が適用される。
　生命保険料控除額の計算
　［2011 年 12 月 31 日以前に締結した保険契約（旧契約）等に係る控除額］
　＜資料＞から、2021 年の年間支払保険料が 99,840 円。年間の支払保険料の合計が 50,000 円超 100,000 円以下に該当。したがって、控除額は、支払金額：99,840 円× 1 ／ 4 ＋ 25,000 円＝ 49,960 円（一般生命保険料控除）・・・①
＜がん保険（無配当）の生命保険料控除について＞
　契約日が＜資料＞から、2012 年 12 月 1 日。2012 年 1 月 1 日以降に締結した保険契約なので、新契約に係る控除額が適用される。
　生命保険料控除額の計算
　［2012 年 1 月 1 日以降に締結した保険契約等に係る控除額］
　＜資料＞から、2021 年の年間支払保険料が 67,560 円。年間の支払保険料の合計が 40,000 円超 80,000 円以下に該当。したがって、控除額は、支払金額：67,560 円× 1 ／ 4 ＋ 20,000 円＝ 36,890 円（介護医療保険料控除）・・・②
　以上から、西山忠一さんが受ける生命保険料控除の金額は、①＋②＝ **86,850 円**

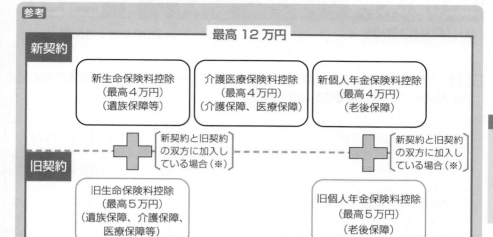

※新契約と旧契約の双方に加入している場合は、旧契約の支払保険料等の金額によって控除額
の計算方法が変わります。

・旧契約の保険料が6万円超の場合：旧契約の支払保険料等の金額に基づいて計算した控除
額（最高5万円）

・旧契約の保険料が6万円以下の場合：新契約の支払保険料等の金額に基づいて計算した控
除額と旧契約の支払保険料等の金額に基づいて計算した控除額の合計額（最高4万円）

（出典：国税庁タックスアンサー）

正 解 3

問 12 少額短期保険に関する次の記述の空欄（ア）～（エ）にあてはまる語句の組み合わせとして、最も適切なものはどれか。

・少額短期保険業者が、1人の被保険者について引き受ける死亡保険金額および疾病を原因とする重度障害保険の保険金額の上限はそれぞれ（　ア　）で、低発生率保険を除いたすべての保険契約の保険金額を合計して 1,000 万円を超えてはならない。

・保険期間の上限は、生命保険・医療保険が（　イ　）、損害保険は（　ウ　）である。

・保険料は、生命保険料控除・地震保険料控除の対象と（　エ　）。

1．（ア）300 万円　（イ）1 年　（ウ）2 年　（エ）ならない
2．（ア）500 万円　（イ）1 年　（ウ）1 年　（エ）なる
3．（ア）300 万円　（イ）2 年　（ウ）1 年　（エ）ならない
4．（ア）500 万円　（イ）2 年　（ウ）2 年　（エ）なる

・少額短期保険業者が、1人の被保険者について引き受ける死亡保険金額および疾病を原因とする重度障害保険の保険金額の上限はそれぞれ（ア：**300万円**）で、低発生率保険を除いたすべての保険契約の保険金額を合計して1,000万円を超えてはならない。
・保険期間の上限は、生命保険・医療保険が（イ：**1年**）、損害保険は（ウ：**2年**）である。
・保険料は、生命保険料控除・地震保険料控除の対象と（エ：**ならない**）。

2
リスク管理

参考
保険種類と上限（保険業法施行令　第1条の5、第1条の6）

保険種類	1被保険者について引受ける保険金額の上限	保険期間の上限
生命保険	300万円以下	生命保険 医療保険・・・1年以内
医療保険（傷害疾病保険）	80万円以下	
疾病等を原因とする重度障害保険	300万円以下	
傷害を原因とする特定重度障害保険	600万円以下	
傷害死亡保険	300万円以下 調整規定付き傷害死亡保険の場合は600万円	損害保険・・・2年以内
損害保険	1,000万円以下	
低発生率保険	1,000万円以下	

（出典：一般社団法人日本少額短期保険協会HPから転載）

正　解　1

生命保険

契約の失効と復活

重要度 **A**

2023年9月出題

問13 細川さんは契約している生命保険契約の保険料の払込みができなかった場合の流れについて、FPの大垣さんに質問をした。下記＜資料＞に基づく大垣さんの説明の空欄（ア）〜（エ）にあてはまる語句の組み合わせとして、最も適切なものはどれか。なお、記載のない事項については一切考慮しないものとする。

＜資料：細川さんが契約している生命保険＞

保険種類	解約返戻金の有無
終身保険 A	あり
特定疾病保障保険 B	なし

＜大垣さんの説明＞

・「終身保険A、特定疾病保障保険Bともに払込期日までに保険料の払込みができなかった場合でも（　ア　）期間内に保険料を払い込めば、保険契約を継続させることができます。」

・「終身保険Aは（　ア　）期間内に保険料の払込みができなかった場合でも、（　イ　）によって解約返戻金の範囲内で保険会社が保険料を立て替えることにより契約は継続します。」

・「特定疾病保障保険Bは（　ア　）期間内に保険料の払込みができなかった場合、保険契約は（　ウ　）となります。ただし、（　ウ　）となった場合でも保険会社が定める期間内に（　エ　）の手続きを取り、保険会社の承諾を得て未払いの保険料と保険会社によっては利息を払い込むことで契約を有効に戻すことができます。」

1．（ア）払込待機　（イ）契約者貸付　　（ウ）失効　（エ）復元
2．（ア）払込猶予　（イ）自動振替貸付　（ウ）失効　（エ）復活
3．（ア）払込待機　（イ）自動振替貸付　（ウ）解除　（エ）復活
4．（ア）払込猶予　（イ）契約者貸付　　（ウ）解除　（エ）復元

・「終身保険 A、特定疾病保障保険 B ともに払込期日までに保険料の払込みができなかった場合でも（ア：**払込猶予**）期間内に保険料を払い込めば、保険契約を継続させることができます。」

・「終身保険 A は（ア：**払込猶予**）期間内に保険料の払込みができなかった場合でも、（イ：**自動振替貸付**）によって解約返戻金の範囲内で保険会社が保険料を立て替えることにより契約は継続します。」

・「特定疾病保障保険 B は（ア：**払込猶予**）期間内に保険料の払込みができなかった場合、保険契約は（ウ：**失効**）となります。ただし、（ウ：**失効**）となった場合でも保険会社が定める期間内に（エ：**復活**）の手続きを取り、保険会社の承諾を得て未払いの保険料と保険会社によっては利息を払い込むことで契約を有効に戻すことができます。」

2
リスク管理

正　解　2

問14 FP の阿久津さんが行った生命保険の指定代理請求特約の説明に関する下記の記述について、空欄（ア）〜（エ）に入る語句の組み合わせとして、正しいものはどれか。なお、契約者と被保険者は別人物であるものとし、被保険者と保険金、給付金の受取人は同一人物であるものとする。

・入院給付金や特定疾病保険金、高度障害保険金、リビングニーズ特約の受取人は本来（　ア　）ですが、疾病等により意思表示できない等の特別な事情がある場合、あらかじめ指定した者が指定代理請求人として（　ア　）の代わりに保険金、給付金の請求を行うことができます。
・指定代理請求特約を付加するに当たって特約保険料は（　イ　）。また、指定代理請求人は保険期間の途中で（　ウ　）。
・指定代理請求人は（　ア　）の同意を得て（　エ　）が指定します。

1．（ア）契約者　　（イ）必要です　　（ウ）変更できません　　（エ）被保険者
2．（ア）被保険者　（イ）必要です　　（ウ）変更できません　　（エ）契約者
3．（ア）契約者　　（イ）不要です　　（ウ）変更できます　　　（エ）被保険者
4．（ア）被保険者　（イ）不要です　　（ウ）変更できます　　　（エ）契約者

解　説　　　　　　　チェック□□□

・入院給付金や特定疾病保険金、高度障害保険金、リビングニーズ特約の受取人は本来（ア：**被保険者**）ですが、疾病等により意思表示できない等の特別な事情がある場合、あらかじめ指定した者が指定代理請求人として（ア：**被保険者**）の代わりに保険金、給付金の請求を行うことができます。
・指定代理請求特約を付加するに当たって特約保険料は（イ：**不要です**）。また、指定代理請求人は保険期間の途中で（ウ：**変更できます**）。
・指定代理請求人は（ア：**被保険者**）の同意を得て（エ：**契約者**）が指定します。

正　解　4

2

リスク管理

問15 長谷川さんは、2022 年中に糖尿病および心疾患により合計3回入院をした。下記＜資料＞に基づき、長谷川さんが契約している医療保険の入院給付金の日数に関する次の記述の空欄（ア）に入る数値を解答欄に記入しなさい。なお、長谷川さんはこれまでにこの医療保険から一度も給付金を受け取っていないものとする。

＜資料＞

［長谷川さんの入院日数］

| 糖尿病により 36日間入院 | 心疾患により 78日間入院 | 糖尿病により 34日間入院 |

172日間

［長谷川さんの医療保険の入院給付金（日額）の給付概要］
・給付金の支払い条件：入院1日目（日帰り入院含む）から支払う。
・1入院限度日数：60日
・通算限度日数：1,095日
・3大疾病（がん、心疾患、脳血管疾患）による入院は支払日数無制限
・180日以内に同じ疾病で再入院した場合には、1回の入院とみなす。

長谷川さんが、2022 年の入院について受けることができる入院給付金の日数は、合計（　ア　）日分である。

長谷川さんの当該医療保険から支払われる給付金は次のとおり。

・1回目の糖尿病による 36 日間の入院について

　　長谷川さんはこれまでにこの医療保険から一度も給付金を受け取っていないので、入院給付金が支払われる。

　　＜資料＞［長谷川さんの医療保険の入院給付金（日額）の給付概要］（以下［給付概要］という）から、入院は日帰り入院（入院 1 日目）から支払われ、1 入院限度日数は 60 日まで。また通算限度日数は 1,095 日まで支払われる。

　　支払われる入院給付金の日数は 36 日分（≦ 60 日）（≦通算限度日数 1,095 日）・・・①

・2回目の心疾患による 78 日間の入院について

　　［給付概要］から、心疾患によるものなので、支払日数は無制限。

　　支払われる入院給付金の日数は 78 日分・・・②

・3回目の糖尿病による 34 日間の入院について

　　1 回目は糖尿病、2 回目は心疾患、3 回目は糖尿病であり、長谷川さんは同じ病気（糖尿病）で 2 回入院している。

　　［給付概要］から、「180 日以内に同じ病気で再入院した場合には、1 回の入院とみなす」という規定により、1 回目の退院から 3 回目の再入院まで 172 日間（≦ 180 日）である長谷川さんの 3 回目の入院は、1 回目と合わせて 1 回の入院として扱われる。1 回目の入院で 36 日分給付済み。

　　［給付概要］から、給付金の支払い条件は、日帰り入院（入院 1 日目）から支給されるので、

　　1 入院限度日数の残りは、60 日－ 36 日＝ 24 日≦ 34 日（3 回目の入院日数）

　　以上から、3 回目の入院について支払われる入院給付金の日数は、初日からカウントして限度日数の残り 24 日分（≦通算限度日数 1,095 日）・・・③

　以上から、2022 年の入院について受けることができる入院給付金の日数の合計＝①＋②＋③＝ **138 日分**

第三分野の保険

一般的な商品性

重要度 B

2023年1月出題

問 16 杉山浩二さんが契約している第三分野の保険（下記＜資料＞を参照）について述べた（ア）〜（エ）の記述について、適切なものには○、不適切なものには×を解答欄に記入しなさい。なお、保険契約は有効に成立しており、記載のない事項については一切考慮しないこととする。

＜資料１／保険証券（一部抜粋）＞

［特定疾病保障保険 A］
契約日：2018 年 3 月 1 日
保険契約者：杉山 浩二
被保険者：杉山 浩二
死亡保険金受取人：杉山 理恵（妻）
保険料：△,△△△円（月払、口座振替）
特定疾病保険金または死亡・高度障害
保険金：3,000 万円

［介護保障定期保険B（無解約返戻金型）］
契約日：2018 年 3 月 1 日
保険契約者：杉山 浩二
被保険者：杉山 浩二
死亡保険金受取人：杉山 理恵（妻）
保険料：○,○○○円（月払、口座振替）
介護保険金・死亡保険金：500 万円

2

リスク管理

<資料2／介護保障定期保険B約款（一部抜粋）>

名称	支払事由
介護保険金	保険期間中に次のいずれかに該当したとき ① 公的介護保険制度に定める要介護2以上の状態 ② 会社の定める要介護状態 次の（1）および（2）をともに満たすことが、医師によって診断確定されたこと （1）被保険者が、責任開始時以後の傷害または疾病を原因として、要介護状態（別表1）に該当したこと （2）被保険者が、（1）の要介護状態（別表1）に該当した日からその日を含めて180日以上要介護状態が継続したこと

別表1

要介護状態	次のいずれかに該当したとき 1）常時寝たきり状態で、下表の（a）に該当し、かつ、下表の（b）～（e）のうち2項目以上に該当して他人の介護を要する状態 2）器質性認知症と診断確定され、意識障害のない状態において見当識障害があり、かつ、他人の介護を要する状態
（a）ベッド周辺の歩行が自分ではできない	
（b）衣服の着脱が自分ではできない	
（c）入浴が自分ではできない	
（d）食物の摂取が自分ではできない	
（e）大小便の排泄後の拭き取り始末が自分ではできない	

（ア）浩二さんが、初めてがん（悪性新生物）と診断確定され、その後に死亡した場合は特定疾病保障保険Aから特定疾病保険金と死亡保険金の両方を受け取ることができる。

（イ）特定疾病保障保険Aにリビングニーズ特約を中途付加する場合、特約保険料は必要ない。

（ウ）浩二さんが保険料の払込みが困難になった場合、介護保障定期保険Bは自動振替貸付により保険契約を継続することができる。

（エ）浩二さんが公的介護保険制度の要介護3に該当し、常時寝たきり状態で入浴が自分ではできない状態が180日以上継続した場合、介護保障定期保険Bの介護保険金を受け取ることができる。

（ア）✕　特定疾病保障保険は、特定疾病（がん、急性心筋梗塞、脳卒中）により所定の状態になったとき、生前に死亡保険金と同額の特定疾病保険金が受け取れる保険。生前に一時金を受け取ると当該契約は終了する。死亡保険金を特定疾病保険金として生前に受け取るもので、特定疾病保険金と死亡保険金の両方を受け取ることはない。

（イ）〇　リビングニーズ特約は、無料で付加できる。

ワンポイント

　リビングニーズ特約とは、医師から原因にかかわらず余命6ヵ月以内の宣告を受けた時、契約している死亡保険金の一部または全部を生前に受け取れるという特約。

　請求できる金額は、保険金額の範囲内で一被保険者当たり3,000万円が限度。支払われる額は、請求した生前給付金から保険会社で定める利率で計算した6ヵ月分の利息と、保険料相当額の合計額が差し引かれる。

（ウ）✕　介護保障定期保険Bは、＜資料1／保険証券（一部抜粋）＞［介護保障定期保険B（無解約返戻金型）から、解約返戻金のない保険なので、自動振替貸付の原資がなく自動振替貸付ができない。

（エ）〇　浩二さんが公的介護保険制度の要介護3に該当しているので、＜資料2／介護保障定期保険B約款（一部抜粋）＞から、①公的保険制度に定める要介護2以上の状態に該当するので、介護保険金を受け取ることができる。選択肢で要介護3に該当する記述に続く、常時寝たきり状態以降の条件は給付要件としては不要。

ワンポイント

　介護認定は「要支援1・2」「要介護1〜5」に区分され、軽度のものから要支援1、2，要介護1、2と順次等級が上がる。最も重い認定は要介護5である。

2
リスク管理

正解　（ア）✕　（イ）〇　（ウ）✕　（エ）〇

問 17 下記<資料>を基に、桑原さんの自宅に係る年間の地震保険料として、正しいものはどれか。桑原さんの自宅は愛媛県にあるイ構造のマンションで、火災保険の保険金額は 1,000 万円である。なお、地震保険の保険金額は、2023 年 1 月 1 日現在の火災保険の保険金額に基づく契約可能な最大額であり、地震保険料の割引制度は考慮しないこととする。

<資料：年間保険料例（地震保険金額 100 万円当たり、割引適用なしの場合）>

建物の所在地（都道府県）	建物の構造区分	
	イ構造※	ロ構造※
北海道・青森県・岩手県・秋田県・山形県・栃木県・群馬県・新潟県・富山県・石川県・福井県・長野県・岐阜県・滋賀県・京都府・兵庫県・奈良県・鳥取県・島根県・岡山県・広島県・山口県・福岡県・佐賀県・長崎県・熊本県・大分県・鹿児島県	730 円	1,120 円
宮城県・福島県・山梨県・愛知県・三重県・大阪府・和歌山県・香川県・愛媛県・宮崎県・沖縄県	1,160 円	1,950 円
茨城県・徳島県・高知県	2,300 円	4,110 円
埼玉県	2,650 円	
千葉県・東京都・神奈川県・静岡県	2,750 円	

※イ構造：主として鉄骨・コンクリート造の建物、ロ構造：主として木造の建物

1. 5,800 円
2. 9,750 円
3. 11,600 円
4. 19,500 円

　年間の地震保険料は、＜資料：年間保険料例（地震保険金額 100 万円当たり、割引適用なしの場合）＞の建物の所在地と建物の構造区分のクロスする金額から求める。

　桑原さんの自宅は、愛媛県なので所在地は 2 段目（タイトル行除く）。また、イ構造のマンションなので、建物の構造区分 1 列目。以上から 100 万円当たり 1,160 円。

　火災保険の保険金額は 1,000 万円。地震保険の契約金額は、火災保険契約金額の 30％から 50％の範囲内で、建物は 5,000 万円、家財は 1,000 万円が限度額。問題の条件から、地震保険の保険金額は契約可能な最大額なので、火災保険契約金額の 50％の金額（限度額 5,000 万円）となる。1,000 万円× 50％ = 500 万円（≦限度額 5,000 万円）

　以上から、年間の地震保険料は、

$$\frac{1,160 \text{ 円}}{100 \text{ 万円}} \times 500 \text{ 万円} = \textbf{5,800 円}$$

参考

地震保険の保険金

損害の程度	保険金
全損	地震保険金額の 100％（時価額が限度）
大半損	地震保険金額の 60％（時価額の 60％が限度）
小半損	地震保険金額の 30％（時価額の 30％が限度）
一部損	地震保険金額の 5％（時価額の 5％が限度）

問 **18** 加瀬さん（45歳）は、下記＜資料＞の自動車保険に加入している。下記＜資料＞に基づく次の（ア）～（エ）の記述のうち、適切なものには〇、不適切なものには×を解答欄に記入しなさい。なお、＜資料＞に記載のない特約については考慮しないものとする。

＜資料＞

自動車保険証券

保険契約者	
住所　××××　〇ー〇〇	記名被保険者
氏名　加瀬　朋広　様	（表示のない場合は契約者に同じ）

運転者年齢条件	３５歳以上補償／ ３５歳以上の方が運転中の事故を補償します。

証券番号　××ー×××××

保険期間　２０２４年　１月１５日　午後４時から ２０２５年　１月１５日　午後４時まで １年間	合計保険料　△△,△△△円

被保険自動車

登録番号	東京　〇〇〇　に　××××
車台番号	△△△ー△△△△△
車名	×××
用途車種	自家用小型乗用
適用している割増・割引	ノンフリート契約　２０等級（割引６０％） 運転者家族限定割引（本人・配偶者・同居の親族・別居の未婚の子）
安全装置	エアバッグ　ABS

補償種目・免責金額（自己負担額）など		保険金額
車両	免責金額　１回目　　　０円 ２回目　１０万円	一般車両保険（一般条件） １５０万円
対人賠償（１名につき）		無制限
無保険車傷害		人身傷害で補償されます
自損事故傷害		人身傷害で補償されます
対物賠償	免責金額　　０円	無制限
人身傷害（１名につき）	搭乗中のみ担保	１億円
その他の補償		
弁護士費用特約		補償されます　　３００万円
ファミリーバイク特約		補償されます（対人・対物に同じ）
事故付随費用特約		補償されません

（ア）加瀬さんの友人（50歳）が被保険自動車を運転中、他人にケガをさせ法律上の損害賠償責任を負った場合、補償の対象となる。

（イ）加瀬さんが被保険自動車を運転中、飛び石により窓ガラスが破損し、車両保険金のみが支払われた場合、当該事故はノンフリート等級別料率制度における「1等級ダウン事故」に該当する。

（ウ）加瀬さんが被保険自動車を運転中、他人が運転する自動車と衝突し、加瀬さんがケガをした場合、過失割合にかかわらず治療費用の補償を受けることができる。

（エ）加瀬さんが所有する原動機付自転車を加瀬さんの妻（40歳）が運転中、他人にケガをさせ法律上の損害賠償責任を負った場合、補償の対象とならない。

（ア）✕　＜資料＞自動車保険証券から、運転者家族限定割引（本人・配偶者・同居の親族・別居の未婚の子）が適用されているので、加瀬さんの友人による事故は補償を受ける対象にならない。

（イ）○　記述のとおりである。その他、盗難、洪水、高潮、落書きなどの車両保険からのみの支払いが該当する。対人賠償や対物賠償からの支払いがある場合は、3等級ダウンとなる。

> **参考**
> ノーカウント事故
> 　保険会社によって商品名など差異があるが、人身傷害・搭乗者傷害・個人賠償特約のみを利用したケースなどが該当する。自動車保険はその主たる目的（他人に対するリスク補填と自動車本体の損壊リスクの補填）以外に様々なサービスが付随しており、そのサービスのみを利用した場合に、原則としてノーアカウント事故扱いとされる。

（ウ）○　＜資料＞自動車保険証券から、人身傷害保険、搭乗中のみ担保が付されているので、対象となる保険事故に対して、過失割合に関係なく保険金が支払われる。加瀬さんが被保険車を運転中、他人が運転する自動車と衝突し加瀬さんがケガをした場合は、当該自動車保険が適用される保険事故であり、加瀬さんの過失割合にかかわらず治療費用の補償を受けることができる。

（エ）✕　ファミリーバイク特約は、記名被保険者とその配偶者や未婚の子供など所定の範囲の家族が原動機付自転車等を運転中の事故について保険金が支払われる。＜資料＞自動車保険証券から、加瀬さんが契約している自動車保険には、ファミリーバイク特約が付保されており、配偶者が起こした事故で他人にケガをさせ法律上の損害賠償責任を負った場合、補償の対象となる。

ワンポイント
ファミリーバイク特約は、主契約（自動車保険）に運転者年齢制限や運転者家族限定が設定されていても、その限定にかかわらず、ファミリーバイク特約の補償範囲で補償される。

正　解　（ア）✕　（イ）○　（ウ）○　（エ）✕

損害保険

自動車保険

問19 川野さん（43歳）が自身を記名被保険者として契約している自動車保険の下記＜資料＞の契約更新案内に関する次の（ア）〜（エ）の記述について、適切なものには○、不適切なものには×を解答欄に記入しなさい。なお、＜資料＞に記載のない特約については考慮しないものとする。

＜資料＞

	前年同等プラン	おすすめプランA	おすすめプランB
保険料（月払い）	×,×××円	×,×××円	×,×××円
運転者年齢条件	35歳以上補償	35歳以上補償	年齢条件なし
運転者限定の有無	家族限定	限定なし	限定なし
対人賠償保険（1名につき）	無制限	無制限	無制限
対物賠償保険	無制限	無制限	無制限
人身傷害保険（1名につき）	付帯なし	3,000万円	5,000万円
車両保険	エコノミー型（車対車＋A）保険金額：130万円　免責金額 1回目の事故 0円 2回目の事故10万円	一般型 保険金額：130万円　免責金額 1回目の事故 0円 2回目の事故10万円	一般型 保険金額：130万円　免責金額 1回目の事故 0円 2回目の事故10万円
その他の特約	－	弁護士特約	弁護士特約 ファミリーバイク特約

（ア）どのプランでも、川野さんが被保険自動車を運転中の事故により負傷した場合、川野さんの過失割合にかかわらず、ケガの治療費の補償を受けることができる。

（イ）前年同等プランでは、被保険自動車が盗難による損害を受けた場合、補償の対象となる。

（ウ）おすすめプランAでは、川野さんの友人（33歳）が被保険自動車を運転中に対人事故を起こした場合、補償の対象とならない。

（エ）おすすめプランBでは、川野さんが所有する原動機付自転車を運転中に対物事故を起こした場合、補償の対象となる。

（ア）✕　人身傷害保険が付帯されている場合は、被保険自動車を運転中の事故により負傷した場合、過失割合にかかわらず、ケガの治療費の補償を受けることができる。人身傷害保険が付帯する「おすすめプランＡとＢ」は、過失割合にかかわらず補償を受けることができるが、前年同等プランには、人身傷害保険が付帯されていないので補償は受けられない。

（イ）◯　どのプランにも車両保険が付帯されているので、被保険自動車が盗難による損害を受けた場合、補償の対象となる。

ワンポイント

　エコノミー型（車対車＋Ａ）は、補償範囲を限定することで、保険料を抑えた保険。
　単独事故やあて逃げ事故などが補償の対象外となる。

（ウ）✕　おすすめプランＡには、運転者年齢条件が付されているが、年齢条件は、本人、配偶者、同居の親族、使用人に適用されるので、川野さんの友人には適用されない。よって、当該事故は補償の対象となる。なお、別居している子や同居していない親族も運転者年齢条件の適用外である。

（エ）◯　おすすめプランＢには、ファミリーバイク特約が付されているので、川野さんが所有する原動機付自転車を運転中に対物事故を起こした場合、補償の対象となる。

ワンポイント

　ファミリーバイク特約は、記名被保険者とその配偶者や未婚の子供など所定の範囲の家族が原動機付自転車等を運転中の事故について保険金が支払われる。
　また、ファミリーバイク特約は、主契約（自動車保険）に運転者年齢制限や運転者家族限定が設定されていても、その限定にかかわらず、ファミリーバイク特約の補償範囲で補償される。

正　解　（ア）✕　（イ）◯　（ウ）✕　（エ）◯

2

リスク管理

問 20 自動車損害賠償責任保険に関する次の記述のうち、最も不適切なものはどれか。なお、加害車両が複数の場合については考慮しないものとする。

1. 原動機付自転車を除くすべての自動車に加入が義務付けられている。
2. 交通事故の被害者が保険会社に保険金を直接請求することができる。
3. 死亡による損害に対する保険金の支払限度額は、被害者 1 人につき 3,000 万円である。
4. 被保険者が被保険自動車を運転中に、ハンドル操作を誤って路上で遊んでいた自分の子にケガをさせた場合、補償の対象となる。

解 説

チェック□□□

1. **最も不適切。** 自動車損害賠償責任保険（自賠責保険）はすべての自動車に加入が義務付けられている。原動機付自転車は法律上の車両区分であり、自動車である。
2. **適切。** 交通事故の被害者が保険会社に保険金を直接請求することができる。
3. **適切。** 支払い限度額は、被害者一人当たりの限度額で、死亡は最高 3,000 万円。

ワンポイント

自動車損害賠償責任保険（自賠責）による補償額

損害の種類	限度額 （被害者一人当たり）
死 亡	3,000 万円
ケ ガ	120 万円
後遺障害	4,000 万円

4. **適切。** 自動車損害賠償責任保険（自賠責）の場合、補償の対象外とならない事故であれば、配偶者や親子も含まれる。

ワンポイント

自動車損害賠償責任保険の補償の対象とならない事故

・単独の人身事故 ・自動車の修理代 ・物の損害等

正 解 1

損害保険

自動車保険

問 21 宇野陽平さん（48歳）は、下記＜資料＞の自動車保険に加入している。下記
＜資料＞に基づき、FPの布施さんが行った次の（ア）～（エ）の説明のうち、適切
なものには○、不適切なものには×を解答欄に記入しなさい。なお、＜資料＞に記載
のない特約については考慮しないものとする。

＜資料＞

自動車保険証券

保険契約者	賠償被保険者
住所　××××　○-○○ 氏名　宇野　陽平　様	（表示のない場合は契約者に同じ）

運転者年齢条件	３５歳以上補償／ ３５歳以上の方が運転中の事故を補償します。

証券番号　××－×××××

保険期間　2022年　1月15日　午後4時から 　　　　　2023年　1月15日　午後4時まで 　　　　　1年間	合計保険料　△△,△△△円

被保険自動車

登録番号 車体番号	東京　○○○　に　×××× △△△－△△△△△
車名	×××
用途車種	自家用小型乗用
適用している割増・割引	ノンフリート契約　12等級
安全装置	エアバッグ　ABS

補償種目・免責金額（自己負担額）など		保険金額
車両	免責金額　1回目　　　0円 　　　　　2回目　10万円	一般車両保険（一般条件） 150万円
対人賠償（1名につき）		無制限
無保険車傷害		人身傷害で補償されます
自損事故傷害		人身傷害で補償されます
対物賠償	免責金額　0円	無制限
人身傷害（1名につき）	搭乗中のみ担保	1億円
搭乗者傷害（1名につき）		補償されません
その他の補償		
弁護士費用特約		補償されます　300万円
ファミリーバイク特約		補償されます（対人・対物に同じ）
事故付随費用特約		補償されません

（ア）「陽平さんと同居している陽平さんの長女（21歳・未婚）が被保険自動車を運転中、他人にケガをさせ法律上の損害賠償責任を負った場合、補償の対象となります。」

（イ）「陽平さんが被保険自動車で旅行中に駐車場で落書きをされ、車両保険金のみが支払われた場合、当該事故はノンフリート等級別料率制度における「ノーカウント事故」に該当します。」

（ウ）「陽平さんが被保険自動車を運転中、他人が運転する自動車と衝突し、陽平さんがケガをした場合、過失割合にかかわらず陽平さんの損害に対して保険金を受け取ることができます。」

（エ）「陽平さんが所有する原動機付自転車（50cc）を陽平さんの妻（45歳）が運転中、他人にケガをさせ法律上の損害賠償責任を負った場合、補償の対象となります。」

（ア）✕　　＜資料＞自動車保険証券から、当該保険には、運転者年齢条件が付されている。運転者年齢条件から年齢制限が 35 歳以上と設定されており、長女は 21 歳＜ 35 歳なので、補償を受ける対象にならない。

（イ）✕　当該保険事故は、ノーカウント事故に該当しない。自動車保険はその主たる目的（他人に対するリスク補填と自動車本体の損壊リスクの補填）以外に様々なサービスが付随しており、そのサービスのみを利用した場合に、原則としてノーカウント事故扱いとされる。ノーカウント事故に該当する事故は、保険会社によって商品名など差異があるが、人身傷害・搭乗者傷害・個人賠償特約のみを利用したケースなどである。

（ウ）〇　　人身傷害保険の特徴は、対象となる保険事故に対して、過失割合に関係なく保険金が支払われること。陽平さんが被保険自動車を運転中、他人が運転する自動車と衝突し陽平さんがケガをした場合、当該事故は当該自動車保険が適用される保険事故であり、人身傷害保険が付されているので、陽平さんの過失割合にかかわらず陽平さんの損害に対して保険金が支払われる。

（エ）〇　　ファミリーバイク特約は、記名被保険者とその配偶者や未婚の子供など所定の範囲の家族が原動機付自転車等を運転中の事故について保険金が支払われる。陽平さんの契約している自動車保険にはファミリーバイク特約が付保されており、配偶者が起こした事故で他人にケガをさせ法律上の損害賠償責任を負った場合、補償の対象となる。

ワンポイント

　ファミリーバイク特約は、主契約（自動車保険）に運転者年齢制限や運転者家族限定が設定されていても、その限定にかかわらず、ファミリーバイク特約の補償範囲で補償される。

　正　解　　（ア）✕　（イ）✕　（ウ）〇　（エ）〇

損害保険

傷害保険

重要度 **A**

2022年5月出題

問 **22** 下記＜資料＞に基づき、山根さんが契約している普通傷害保険について、FP の安藤さんの次の説明の空欄（ア）～（エ）に入る適切な語句を語群の中から選び、その番号のみを解答欄に記入しなさい。なお、同じ語句を何度選んでもよいこととし、他の保険金の支払い要件はすべて満たしているものとする。

＜資料＞

普通傷害保険証券

証券番号　　××－×××××

ご契約者	被保険者（保険の対象となる方）
山根　隆　様	山根　隆　様

保険期間（保険のご契約期間） ２０２２年３月１５日　午後４時から ２０２３年３月１５日　午後４時まで	保険料　　△△，△△△円 保険料払込方法　　月払い（１２回払い）

◆ご契約内容

給付項目	保険金額
傷害死亡保険金額	１０，０００，０００円
傷害後遺障害保険金額 （後遺障害の程度により保険金額の４％～１００％）	１０，０００，０００円
傷害入院保険金日額	１日につき　５，０００円 （入院１日目から補償）
傷害手術保険金額	入院中は入院保険金日額の１０倍、入院中以外は入院保険金日額の５倍
傷害通院保険金日額	１日につき　２，０００円

◆適用特約

天災危険補償特約（地震・噴火・津波危険を補償）

◆その他の補償

個人賠償責任特約	日常生活での賠償事故を補償　　支払限度額：（１事故）１億円

◆傷害後遺障害の等級ごとの保険金額表

等級	保険金	等級	保険金	等級	保険金
第１級	10,000,000円	第６級	5,000,000円	第１１級	1,500,000円
第２級	10,000,000円	第７級	4,200,000円	第１２級	1,000,000円
第３級	10,000,000円	第８級	3,400,000円	第１３級	700,000円
第４級	6,900,000円	第９級	2,600,000円	第１４級	400,000円
第５級	5,900,000円	第１０級	2,000,000円		

・「山根さんが就寝中に発生した地震で、倒れてきたタンスの下敷きになり、腕を骨折して 10 日間病院に通院治療した場合、受け取れる保険金は（　ア　）です。」

・「山根さんが仕事中の事故でケガを負い、その日から 20 日間病院に入院した場合（手術は受けていない）、受け取れる保険金は（　イ　）です。」

・「山根さんが交通事故により傷害後遺障害第 6 級に該当した場合、受け取れる傷害後遺障害保険金は（　ウ　）です。」

・「山根さんの飼い犬が近所の子どもにかみついてケガをさせ、法律上の損害賠償責任を負った場合、その損害に対して支払われる保険金の限度額は（　エ　）です。」

<語群>
1．0円	2．2万円	3．4万円	4．5万円
5．10万円	6．420万円	7．500万円	8．590万円
9．690万円	10．1,000万円	11．1億円	

（ア）**2**　＜資料＞普通傷害保険証券の適用特約から、天災危険補償特役（地震・噴火・津波危険を補償）が付されているので、地震によるケガについて傷害通院保険が支払われる。

　ご契約内容から、傷害通院保険金日額は1日につき2,000円。ケガで10日間通院したので、2,000円／日×10日＝2万円

（イ）**5**　普通傷害保険は、仕事中か否かにかかわらず、該当する保険事故に対して支払われる。

　＜資料＞普通傷害保険証券のご契約内容から、傷害入院保険金日額が1日につき5,000円。ケガで20日間入院（1日目から補償）したので、5,000円／日×20日＝10万円

（ウ）**7**　＜資料＞普通傷害保険証券のご契約内容から、傷害後遺障害保険から支払われる。傷害後遺障害第6級に該当するので、受け取れる傷害後遺障害保険金額は、傷害後遺障害の等級ごとの保険金額表から第6級、500万円。

（エ）**11**　＜資料＞普通傷害保険証券のその他の補償から、個人賠償責任特約が付されている。飼い犬が子供にかみついてケガをさせた事故は、日常生活での賠償事故に該当し、個人賠償責任特約の補償対象となる。当該事故により法律上の損害賠償責任を負った場合、その損害に対して支払われる保険金の限度額は、その他の補償、個人賠償責任特約から、1事故につき1億円。

正　解　（ア）2　（イ）5　（ウ）7　（エ）11

2
リスク管理

損害保険のプランニング

事業活動のリスク管理

2022年5月出題

問 23 株式会社ＬＰの専務取締役の関根さんが任期満了で退職した場合、同社の役員退職慰労金規程に基づき受け取ることができる役員退職慰労金の金額を計算しなさい。なお、解答は以下の＜前提条件＞および＜資料＞に基づくものとし、記載のない事項については一切考慮しないものとする。

＜前提条件＞

・入社時年齢：35 歳
・退職時年齢：70 歳（役員在任年数 35 年間）
・入社から退職までの役位は継続して専務取締役
・退職時の最終報酬月額：60 万円

＜資料：株式会社ＬＰの役員退職慰労金規程＞

［役員退職慰労金規程］（抜粋）

第１条（総則）
　この規程は退任した取締役または監査役（以下「役員」という）の役員退職慰労金および弔慰金について定めるものである。

第２条（退任の定義）
　退任の時期は以下の各号に定めるときとする。
　①辞任
　②任期満了
　③解任
　④死亡

第３条（金額の算定）
　役員退職慰労金の算定は、役位別の最終報酬月額に役位ごとの在任期間の年数を乗じ、役位別係数を乗じて算出した額（以下の式）の合計額とする。

最終報酬月額×役員在任年数×功績倍率（役位別係数）＝役員退職慰労金

役位別係数

代表取締役	3.0
専務取締役	2.4
常務取締役	2.2
取締役	2.0
監査役	1.5

―以下省略―

役員退職金の算定は次のとおり。

＜資料：株式会社ＬＰの役員退職慰労金規程＞第３条（金額の算定）から、

役員退職金＝最終報酬月額×役員在任年数×功績倍率（役位別係数）

各項目の数字は、＜前提条件＞から

・役員在任年数：35年間

・最終報酬月額：60万円

・役位別係数：専務取締役　2.4

以上から、

役員退職金＝60（万円）× 35（年間）× 2.4

　　　　　　＝ **5,040（万円）**

3

金融資産運用

問 1 下記＜資料＞に関する次の記述のうち、最も不適切なものはどれか。

＜資料＞

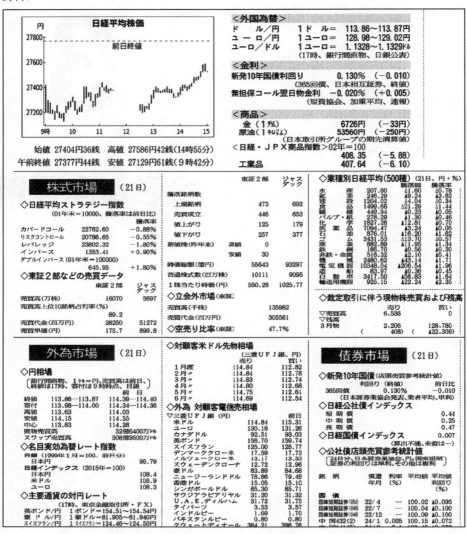

※各項目においてカッコの中で示されている＋、－、▲等は、前営業日との比較
（日本経済新聞朝刊 2022年1月22日（土）21面）

1．21日の日経平均株価は、前営業日（の終値）に比べてマイナスで推移した。
2．21日の債券市場では、新発10年国債の価格（終値）は前営業日に比べて下落した。
3．21日の無担保コール翌日物金利（速報）は、前営業日に比べて上昇した。
4．21日の外国為替市場の円相場（終値）は、米ドルに対し前営業日より円高であった。

解　説　　　　　チェック□□□

1．**適切**。21日の日経平均株価は、＜資料＞上段左側の「日経平均株価」から、前営業日（の終値）のライン（27,800円下の点線）より下方（マイナス）で推移しているのが一目瞭然で判読できる。表下の始値27,404円36銭、高値27,586円42銭からも検証できる。
2．**最も不適切**。上段右側＜金利＞または下段右側「債券市場（21日）」から、新発10年国債の利回りが記されており、終値は対前日比 − 0.010％。債券利回りと債券価格の動きは逆となるので、債券利回りが対前日比で減少しているので、債券価格の対前日比は上昇している。
3．**適切**。上段右側「＜金利＞無担保コール翌日物金利」から21日の無担保コール翌日物金利（速報）は、（　）内数値が対前日比を表しているので、対前日比 + 0.005。よって、前営業日に比べて上昇した。
4．**適切**。下段左側「外国為替市場」（21日）の円相場（終値）は、113.86 − 113.87円／米ドル、前日は114.39 − 114.40円／米ドルなので、米ドルに対し前営業日より円高であった。

3

金融資産運用

正解　2

— 133 —

問 2 経済統計等に関する下表の空欄（ア）～（エ）にあてはまる語句を語群の中から選び、その番号のみを解答欄に記入しなさい。

名称	発表機関	概要
国内総生産 （GDP）	内閣府	一定期間中に国内で生み出された財およびサービスなどの付加価値の合計である。ここから物価の変動による影響を取り除いたものを（　ア　）GDPという。
マネーストック 統計	（　イ　）	金融機関・中央政府を除く経済主体（一般法人、個人、地方公共団体など）が保有する通貨量の残高を集計したものである。
全国企業短期 経済観測調査 （日銀短観）	日本銀行	全国の企業動向を的確に把握し金融政策の適切な運営のために統計法に基づいて行われる調査であり、全国の約1万社の企業を対象に、（　ウ　）実施される。
（　エ　）	内閣府	生産、雇用など様々な経済活動での重要かつ景気に敏感に反応する指標の動きを統合することによって作成された指標であり、コンポジット・インデックス（CI）を中心として公表される。

<語群>
1．名目
2．実質
3．金融庁
4．財務省
5．日本銀行
6．毎月
7．四半期ごとに
8．半期ごとに
9．景気ウォッチャー調査
10．景気動向指数
11．業況判断指数・DI

名称	発表機関	概要
国内総生産 （GDP）	内閣府	一定期間中に国内で生み出された財およびサービスなどの付加価値の合計である。ここから物価の変動による影響を取り除いたものを（ア：**実質**）GDP という。
マネーストック 統計	（イ：**日本銀行**）	金融機関・中央政府を除く経済主体（一般法人、個人、地方公共団体など）が保有する通貨量の残高を集計したものである。
全国企業短期 経済観測調査 （日銀短観）	日本銀行	全国の企業動向を的確に把握し金融政策の適切な運営のために統計法に基づいて行われる調査であり、全国の約１万社の企業を対象に、（ウ：**四半期ごとに**）実施される。
（エ：**景気動 向指数**）	内閣府	生産、雇用など様々な経済活動での重要かつ景気に敏感に反応する指標の動きを統合することによって作成された指標であり、コンポジット・インデックス（CI）を中心として公表される。

3

金融資産運用

名称	発表機関	概要
消費者物価指数	総務省	毎月調査し発表する。全国の世帯が購入する家計に係る財及びサービスの価格等を総合した物価の変動を時系列的に測定するもの。結果は各種経済施策や年金の改定などに利用されている。（総務省統計局 HP から）
完全失業率	総務省	労働力人口に占める完全失業者の割合。労働力調査により作成される。
経済成長率	内閣府	1 年間及び四半期ごとの成長率（名目及び実質）を公表する。国内総生産（GDP）がどれだけ変化したかを数値で表したもの。
企業物価指数	日本銀行	企業間で取引される財の価格変動を測定するもの。企業間で取引される財を対象に、品質を固定した商品（財）の価格を継続的に調査し、現在時点の価格を、基準時点（2020 年）の価格を 100 として、指数化したもの。（日銀 HP から）
消費動向調査	内閣府	内閣府が毎月調査し「消費者態度指数」（消費者マインド）、「1 年後の物価の見通し」として発表する。今後の暮らし向きの見通しなどについての消費者の意識や物価の見通しを把握するとともに、主要耐久消費財等の保有状況を把握することにより、景気動向判断の基礎資料を得ることを目的とする（内閣府 HP から）。
景気ウォッチャー調査	内閣府	毎月調査し発表する。地域の景気に関連の深い動きを観察できる立場にある人々の協力を得て、地域ごとの景気動向を的確かつ迅速に把握し、景気動向判断の基礎資料とすることを目的とする。（内閣府 HP から）
家計調査	総務省	毎月調査し発表する。一定の統計上の抽出方法に基づき選定された全国約 9 千世帯の方々を対象として、家計の収入・支出、貯蓄・負債などを調査している。（総務省統計局 HP から）

正 解 （ア）2 （イ）5 （ウ）7 （エ）10

債券

債券の利回り

問 **3** 下記<資料>の債券を取得日から5年後に売却した場合における所有期間利回り（単利・年率）を計算しなさい。なお、手数料や税金等については考慮しないものとし、計算結果については小数点以下第4位を切り捨てること。また、解答に当たっては、解答用紙に記載されている単位に従うこと（解答用紙に記載されているマス目に数値を記入すること）。

<資料>

表面利率：年 0.8％ 額　　面：100万円 購入価格：額面 100円につき 98.00円 売却価格：額面 100円につき 98.85円 所有期間：5年

$$\text{所有期間利回り（％）} = \frac{\text{表面利率（年利子）} + \dfrac{\text{売却価格} - \text{購入価格}}{\text{所有期間}}}{\text{購入価格}} \times 100（％）$$

＜資料＞から

表面利率：0.8％／年

額　　面：100万円

購入価格：額面100.00円につき98.00円

売却価格：額面100.00円につき98.85円

所有期間：5年

$$\text{所有期間利回り（％）} = \frac{0.8 + \dfrac{(98.85\text{円} - 98.00\text{円})}{5\text{年}}}{98.00\text{円}} \times 100（％）$$

$$= 0.009897\cdots \quad \rightarrow \quad \textbf{0.989}（％）$$

（問題の指示により、小数点以下第4位を切り捨て）

参考

$$\text{応募者利回り(\%)} = \frac{\text{表面利率（年利子）} + \dfrac{\text{額面（100円）} - \text{発行価格}}{\text{償還年限}}}{\text{発行価格}} \times 100（\%）$$

$$\text{最終利回り(\%)} = \frac{\text{表面利率（年利子）} + \dfrac{（\text{額面} - \text{購入価格}）}{\text{残存期間}}}{\text{購入（買付）価格}} \times 100（\%）$$

$$\text{直接利回り(\%)} = \frac{\text{表面利率（年利子）}}{\text{購入価格}} \times 100（\%）$$

正　解　　0.989（％）

債券

債券の利回り

2023年5月出題

問 4 下記＜資料＞の債券を取得日から5年後に売却した場合における所有期間利回り（単利・年率）を計算しなさい。なお、手数料や税金等については考慮しないものとする。また、解答に当たっては、解答用紙に記載されている単位に従うこと（解答用紙に記載されているマス目に数値を記入すること）。

＜資料＞

表面利率	：年 0.60％
額　面	：100万円
購入価格	：額面100円につき100.00円
売却価格	：額面100円につき101.75円
所有期間	：5年

3

金融資産運用

$$所有期間利回り（\%）= \frac{表面利率（年利子）+ \dfrac{売却価格－購入価格}{所有期間}}{購入価格} \times 100$$

＜資料＞から

表面利率：0.60％／年
額　　面：100万円
購入価格：額面100円につき100.00円
売却価格：額面100円につき101.75円
所有期間：5年

$$所有期間利回り（\%）= \frac{0.60 + \dfrac{101.75円－100.00円}{5年}}{100.00円} \times 100$$

$$= 0.95（\%）$$

参考

$$応募者利回り（\%）= \frac{表面利率（年利子）+ \dfrac{額面（100円）－発行価格}{償還年限}}{発行価格} \times 100（\%）$$

$$直接利回り（\%）= \frac{表面利率（年利子）}{購入価格} \times 100（\%）$$

$$最終利回り（\%）= \frac{表面利率（年利子）+ \dfrac{（額面－購入価格）}{残存期間}}{購入（買付）価格} \times 100（\%）$$

正解　0.95（%）

債券

債券の利回り

問 5 下記＜資料＞の債券を満期（償還）時まで保有した場合の最終利回り（単利・年率）を計算しなさい。なお、手数料や税金等については考慮しないものとし、計算結果については小数点以下第4位を切り捨てること。また、解答に当たっては、解答用紙に記載されている単位に従うこと（解答用紙に記載されているマス目に数値を記入すること）。

＜資料＞

> 表面利率：年 0.10％
> 買付価格：額面 100 円につき 99.62 円
> 発行価格：額面 100 円につき 100.00 円
> 償還までの残存期間：8 年

$$最終利回り（\%）＝\dfrac{表面利率（年利子）＋\dfrac{（額面－購入価格）}{残存期間}}{購入（買付）価格}×100（\%）$$

＜資料＞から

表面利率：　0.10％／年
買付価格：　99.62 円
発行価格：　100.00 円（額面）
残存期間：　8 年

$$最終利回り（\%）＝\dfrac{0.10＋\dfrac{（100 円－99.62 円）}{8 年}}{99.62 円}×100（\%）$$

$$＝0.1480\cdots\ →\ \textbf{0.148}（\%）$$

（問題の指示により、小数点以下第 4 位を切り捨て）

参考

$$応募者利回り(\%)＝\dfrac{表面利率（年利子）＋\dfrac{額面（100 円）－発行価格}{償還年限}}{発行価格}×100(\%)$$

$$所有期間利回り(\%)＝\dfrac{表面利率（年利子）＋\dfrac{売却価格－購入価格}{所有期間}}{購入価格}×100(\%)$$

$$直接利回り(\%)＝\dfrac{表面利率（年利子）}{購入価格}×100(\%)$$

正　解　　0.148（%）

問 6 　下記の<資料>に関する次の記述のうち、最も不適切なものはどれか。

<資料>

| 販売用資料 | 円建て新発債券のご案内 |

RA 株式会社 第2回無担保社債（劣後特約付）

期間：5年　利率：年2.55%（税引前）
募集期間：2022年8月25日～2022年9月14日

【募集要項】
<発行価格>額面100円につき100円　　　<償還日>2027年9月15日
<お申込単位>100万円単位　　　　　　<格　付>BBB（S＆P）
<受渡日>2022年9月15日
<利払日>毎年3月15日・9月15日

(以下省略)

1. この社債は、投資適格債である。
2. この社債は、NISA（少額投資非課税制度）の対象外である。
3. この社債を新規発行で100万円額面購入する場合、100万円に募集手数料を加えた金額を支払う。
4. 一般に劣後特約付債券は、発行体の破産手続きなどが行われる場合、普通社債よりも支払い順位が劣る。

1. **適切**。<資料>【募集要項】<格付>から、当該社債の格付は、BBB（S＆P）。S＆Pによる格付はBBB以上が投資適格債である。カテゴリーはAAAが最高ランクで、続いてAA、A、BBB、BB、B、CCC（以下省略）と順次下がる。
2. **適切**。国債や社債などはNISA（少額投資非課税制度）の対象外である。
3. **最も不適切**。新発債には募集手数料がかからない。
4. **適切**。記述のとおりである。劣後特約付債券は、元本および利息の支払い順位が普通社債よりも劣るが、債務不履行リスクが高い分、利回りが高く設定される。

参考

< 2024年からのNISA >

	つみたて投資枠	成長投資枠
併用	併用可能	
年間投資枠	120万円	240万円
非課税保有期間	無期限化	
非課税保有限度額（総枠）	1,800万円 簿価残高方式管理（枠の再利用が可能）	
		1,200万円（内数）
口座開設期間	恒久化	
投資対象商品	長期の積立・分散投資に適した一定の投資信託 （旧制度のつみたてNISA対象商品と同様）	上場株式・投資信託等 ［①整理・監理銘柄　②信託期間20年未満、毎月分配型の投資信託及びデリバティブ取引を用いた一定の投資信託等を除外］
対象年齢	18歳以上（利用する年の1月1日時点）	
旧制度との関係	旧制度から新制度へのロールオーバーは不可 2023年末までの旧NISA（一般NISA及びつみたてNISA）制度において投資した商品は、新制度の外枠で、旧制度における非課税措置が適用される。 旧制度のジュニアNISAにおいては、5年間の非課税期間が終了しても、自動的に継続管理勘定に移管され、18歳まで非課税措置が受けられる。	

（出典：金融庁HPから作成）

株式
株式取得価額の計算

2023 年 1 月出題

問 7 下記＜資料＞は、飯田さんが同一の特定口座内で行った QW 株式会社の株式取引に係る明細である。飯田さんが 2023 年 1 月 10 日に売却した 200 株について、譲渡所得の取得費の計算の基礎となる 1 株当たりの取得価額として、正しいものはどれか。なお、計算結果について円未満の端数が生じる場合には切り上げて円単位とすること。

＜資料：QW 株式会社の株式の取引明細＞

取引日	取引種類	株数（株）	約定単価（円）
2017 年 10 月 20 日	買付	300	3,660
2019 年 1 月 18 日	買付	200	3,410
2020 年 4 月 17 日	買付	100	4,390
2023 年 1 月 10 日	売却	200	6,280

※売買委託手数料や消費税については考慮しないこととする。
※その他の記載のない条件については一切考慮しないこととする。

1．3,410 円
2．3,660 円
3．3,699 円
4．3,820 円

特定口座の取得単価は、総平均法に準ずる方法で求める。

取引日	取引種類	買付（受入）			売却（払出）			残高		
		株数 （株）	約定 単価 （円）	金額 （千円）	株数 （株）	約定 単価 （円）	金額 （千円）	株数 （株）	約定 単価 （円）	金額 （千円）
2017 年 10 月 20 日	買付	300	3,660	1,098				300	3,660	① 1,098
2019 年 1 月 18 日	買付	200	3,410	682				500		② 1,780
2020 年 4 月 17 日	買付	100	4,390	439				600	④ 3,699	③ 2,219
2023 年 1 月 10 日	売却				200	⑤ 3,699		400		

各項目の求め方

① 1,098 千円　10 月 20 日買付金額 3,660 円／株 × 300 株 = 1,098 千円
② 1,780 千円　10 月 20 日残高金額① 1,098 千円に 1 月 18 日買付金額 682 千円を加算
③ 2,219 千円　1 月 18 日残高金額②に 4 月 17 日買付金額 439 千円を加算
④ 3,699 円　4 月 17 日残高金額③ 2,219 千円 ÷ 4 月 17 日残高株数 600 株 = 3,698.33…
　円／株　→　3,699 円／株（問題の指示により、円未満切り上げ）
⑤ **3,699 円**　売却時約定単価（取得価額）は直前の残高約定単価④で払出される。

株式

株式取得価額の計算

重要度 **B**

2022年9月出題

問 **8** 　2022年5月18日、QZ株式会社（以下「QZ社」という）は、QA株式会社（以下「QA社」という）を吸収合併した。下記<資料>は、井川さんが同一の特定口座内で行ったQA社とQZ社の株式取引等に係る明細である。井川さんが2022年9月9日に売却したQZ社の1,000株について、譲渡所得の取得費の計算の基礎となる1株当たりの取得価額として、正しいものはどれか。なお、計算結果について円未満の端数が生じる場合は切り捨てること。

<資料>

取引日等	取引種類等	銘柄	株数（株）	約定単価（円）
2020 年 9 月 17 日	買付	QA 社	3,000	2,520
2021 年 11 月 5 日	買付	QA 社	2,000	3,060
2022 年 5 月 18 日	会社合併 比率 QA 社：QZ 社 1 ：1.2	－	－	－
2022 年 9 月 9 日	売却	QZ 社	1,000	2,650

※売買手数料および消費税については考慮しないこととする。
※その他の記載のない条件については一切考慮しないこととする。

1．2,280 円
2．2,520 円
3．2,650 円
4．2,736 円

3

金融資産運用

　合併後に受け取る合併する会社の株式取得単価は次の計算式で求める。
　合併時に所有する合併される QA 社株式の取得総額÷合併後取得する QZ 社株式数
・合併時に所有する合併される QA 社株式の取得総額
　2020 年 9 月 17 日：　約定単価×株数＝ 2,520 円／株× 3,000 株＝ 7,560,000 円
　2021 年 11 月 5 日：　約定単価×株数＝ 3,060 円／株× 2,000 株＝ 6,120,000 円
　QA 社の株式は取得後譲渡がないので、総額は①＋②＝ 13,680,000 円
・取得する QZ 社株式数の計算
　合併比率：QA 社：QZ 社＝ 1 ：1.2
　新しく受け取る QZ 社の株数は、所有する QA 社の株数× 1.2 ＝ 5,000 株× 1.2 ＝ 6,000
　株
・譲渡所得の取得費の計算の基礎となる 1 株あたりの取得価額
　合併時に所有する合併される QA 社株式の取得総額÷合併後取得する QZ 社株式数
　＝ 13,680,000 円÷ 6,000 株＝ **2,280 円／株**

問 **9** 下記<資料>に関する次の記述の空欄（ア）、（イ）にあてはまる語句の組み合わせとして、最も適切なものはどれか。

<資料>

	PA 株式会社	PB 株式会社
株価	7,220 円	13,470 円
1 株当たり当期純利益	274 円	685 円
1 株当たり自己資本	3,240 円	9,873 円
1 株当たり年間配当金	90 円	145 円

・PA 株式会社と PB 株式会社の株価を PER（株価収益率）で比較した場合、（ ア ）株式会社の方が割安といえる。
・PA 株式会社と PB 株式会社の資本効率性を ROE（自己資本利益率）で比較した場合、（ イ ）株式会社の方が効率的に利益を上げているといえる。

1．（ア）PA　　（イ）PA
2．（ア）PA　　（イ）PB
3．（ア）PB　　（イ）PA
4．（ア）PB　　（イ）PB

3

金融資産運用

（ア）　PB株式会社

PERについて

PER（株価収益率）（倍）＝株価÷1株当たり当期純利益

（PA株式会社について）

株価：7,220円　　　1株当たり当期純利益：274円

PER（倍）＝7,220円÷274円＝26.35･･･（倍）

（PB株式会社について）

株価：13,470円　　　1株当たり当期純利益：685円

PER（倍）＝13,470円÷685円＝19.66･･･（倍）

以上から、PA株式会社（26.35･･･倍）＞PB株式会社（19.66･･･倍）

数値の低い方が割安なので、PB株式会社の方が割安といえる。

（イ）　PA株式会社

ROEについて

ROE（自己資本利益率）（％）＝1株当たり当期純利益÷1株当たり自己資本×100（％）

（PA株式会社について）

1株当たり当期純利益：274円　　　1株当たり自己資本：3,240円

ROE（％）＝274円÷3,240円×100（％）＝8.45･･･（％）

（PB株式会社について）

1株当たり当期純利益：685円　　　1株当たり自己資本：9,873円

ROE（％）＝685円÷9,873円×100（％）＝6.93･･･（％）

以上から、PA株式会社（8.45･･･％）＞PB株式会社（6.93･･･％）

数値の高い方が効率的に利益を上げているので、PA株式会社の方が効率的に利益を上げているといえる。

ワンポイント

PBRについて

　PBR（株価純資産倍率）（倍）＝株価÷1株当たりの純資産

配当利回りについて

　配当利回り（％）＝1株当たり年間配当金÷株価×100（％）

配当性向について

　配当性向（％）＝1株当たり年間配当金÷1株当たり当期純利益×100（％）

正解　3

問 10 下記＜資料＞に関する次の記述の空欄（ア）、（イ）にあてはまる語句の組み合わせとして、最も適切なものはどれか。

＜資料＞

	PX 株式	PY 株式
株価	840 円	5,200 円
1株当たり利益	70 円	325 円
1株当たり純資産	800 円	4,000 円
1株当たり年間配当金	10 円	80 円

・PX 株式の PBR（株価純資産倍率）は、（　ア　）倍である。
・PX 株式と PY 株式の配当利回りを比較した場合、（　イ　）株式の方が高い。

1．（ア）0.95　　（イ）PX
2．（ア）0.95　　（イ）PY
3．（ア）1.05　　（イ）PX
4．（ア）1.05　　（イ）PY

3

金融資産運用

（ア）**1.05 倍**

　ＰＢＲについて

　PBR（株価純資産倍率）（倍）＝株価÷1株当たりの純資産

　（PX 株式について）

　株価：840 円　　　1株当たりの純資産：800 円

　PBR（株価純資産倍率）（倍）＝ 840 円 ÷ 800 円

　　　　　　　　　　　　　　　＝ 1.05（倍）

（イ）**PY**

　配当利回りについて

　配当利回り（％）＝1株当たり年間配当金÷株価× 100（％）

　（PX 株式について）

　1株当たりの年間配当金：10 円　　　株価：840 円

　配当利回り（％）＝ 10 円 ÷ 840 円 × 100（％）

　　　　　　　　　＝ 1.190…（％）

　（PY 株式について）

　1株当たりの年間配当金：80 円　　株価：5,200 円

　配当利回り（％）＝ 80 円 ÷ 5,200 円 × 100（％）

　　　　　　　　　＝ 1.538…（％）

　PX 株式（1.190…％）＜ PY 株式（1.538…％）

　以上から、PY 株式の方が高い。

ワンポイント

　ＰＥＲについて

　　ＰＥＲ（株価収益率）（倍）＝株価÷1株当たり利益

　ＲＯＥについて

　　ＲＯＥ（自己資本利益率）（％）＝当期純利益÷自己資本× 100（％）

　配当性向について

　　配当性向（％）＝1株当たり年間配当金÷1株当たり当期純利益× 100（％）

正解　4

投資信託

投資信託の分配金

重要度 **A**

2022年5月出題

問 **11** 長谷川さんは、保有しているRM投資信託（追加型国内公募株式投資信託）の収益分配金を2022年2月に受け取った。RM投資信託の運用状況が下記＜資料＞のとおりである場合、収益分配後の個別元本として、正しいものはどれか。

＜資料＞

> ［長谷川さんが保有するRM投資信託の収益分配金受取時の状況］
> 収益分配前の個別元本：15,750 円
> 収益分配前の基準価額：16,500 円
> 収益分配金　　　　　：　1,000 円
> 収益分配後の基準価額：15,500 円

1．15,000 円
2．15,500 円
3．15,750 円
4．16,500 円

収益分配後の個別元本は 15,500 円（イメージ図参照）。

収益分配前の基準価額：16,500 円　　収益分配前の個別元本：15,750 円

値上がり益＝収益分配前の基準価額（16,500 円）－収益分配前の個別元本（15,750 円）
　　　　　＝ 750 円≦ 1,000 円（収益分配金）

収益分配金 1,000 円のうち 750 円（ 1 万口当たり）は値上がり益からの分配金（普通分配金）。

残額 250 円は特別分配金として、元本の払い戻しとなり、収益分配後の個別元本は、15,750 円―250 円＝ **15,500 円**

<イメージ図>

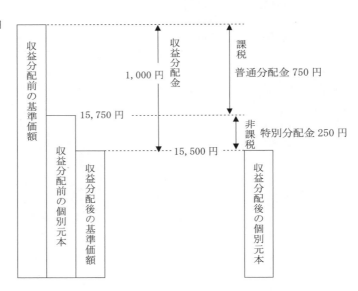

ワンポイント

普通分配金：収益分配前の基準価額が収益分配前の個別元本を上回る場合、上回る部分は値上がり益であり、その部分に対する分配金を普通分配金といい、収益の分配として課税される。

特別分配金：収益分配後の基準価額が収益分配前の個別元本を下回る場合、その差額は収益の分配ではなく元本の払い戻しとして扱われ、その部分に対する分配金を特別分配金といい、非課税である。

正　解　　2

問12 馬場さんは、特定口座で保有している HG 投資信託（追加型国内公募株式投資信託）の収益分配金を 2023 年 6 月に受け取った。HG 投資信託の運用状況が下記 ＜資料＞のとおりである場合、次の記述の空欄（ア）、（イ）にあてはまる語句の組み合わせとして、最も適切なものはどれか。

＜資料＞

［馬場さんが特定口座で保有する HG 投資信託の収益分配金受取時の状況］
収益分配前の個別元本：14,300 円
収益分配前の基準価額：13,800 円
収益分配金 ： 200 円
収益分配後の基準価額：13,600 円

・馬場さんが保有する HG 投資信託の収益分配後の個別元本は、（ ア ）である。
・馬場さんが特定口座で受け取った分配金には、所得税・住民税が課税（ イ ）。

1．（ア）13,600 円 （イ）される
2．（ア）14,100 円 （イ）される
3．（ア）13,600 円 （イ）されない
4．（ア）14,100 円 （イ）されない

（ア）**14,100円**　収益分配後の個別元本は、収益分配前の個別元本から収益分配金を差し引いた額となる。

（イ）**されない**　収益分配前の基準価額が収益分配前の個別元本を下回っているので、実質、個別元本の払い戻しとなり、特別分配金となる。

ワンポイント

　収益分配金は普通分配金（課税）と特別分配金（実質個別元本の払い戻し。非課税）で構成される。

＜イメージ図＞

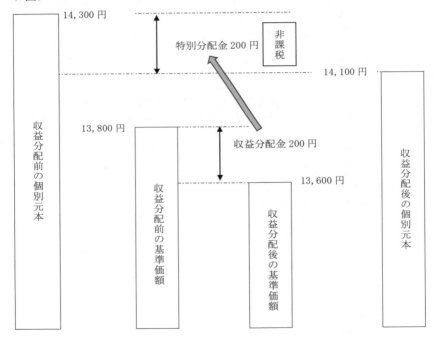

14,300円

特別分配金 200円

非課税

14,100円

13,800円

収益分配金 200円

13,600円

収益分配前の個別元本

収益分配前の基準価額

収益分配後の基準価額

収益分配後の個別元本

問13 柴田さんは、下記＜資料＞の投資信託の購入を検討しており、FPの唐沢さんに質問をした。投資信託の手数料等に関する次の（ア）～（ウ）の記述について、適切なものには○、不適切なものには×を解答欄に記入しなさい。

＜資料＞

投資信託説明書（交付目論見書）

> **ＹＸ米国成長株ファンド（為替ヘッジなし）**

追加型投信／海外／株式

（中略）

ファンドの費用

［投資者が直接的に負担する費用］

購入時手数料	購入価額に３．３％（税抜３．０％）を乗じた額です。購入時手数料は販売会社によるファンドの募集・販売の取扱い事務等の対価です。
信託財産留保額	ありません。

［投資者が信託財産で間接的に負担する費用］

運用管理費用 （信託報酬）	ファンドの純資産総額に年１．６５％（税抜１．５０％）の率を乗じた額とします。 <配分（税抜）および役務の内容>		
	委託会社	年率０．７０％	ファンドの運用・調査、基準価額の算出等
	販売会社	年率０．７０％	各種法定書面の送付、顧客口座の管理等
	受託会社	年率０．１０％	ファンドの財産の保管および管理等
	※毎計算期末または信託終了のときに、信託財産中から支払われます。		
その他の 費用・手数料	・ 監査法人等に支払われるファンドの監査費用 ・ 金融商品等の売買委託手数料／外国証券の保管等に要する費用等		

（ア）「このファンドを10万円購入する場合の購入時手数料は、税込3,300円です。」

（イ）「運用管理費用（信託報酬）は、日々の基準価額には影響せず、計算期末と信託終了時のみ基準価額にマイナスに影響します。」

（ウ）「その他の費用・手数料は、ファンドによって投資者が負担する費用項目や内容が違うことがあります。」

（ア）〇　＜資料＞から、購入時手数料は、購入価額に 3.30％（税込）を乗じた額。

　　10 万円購入時にかかる購入時手数料（税込）は、10 万円× 3.30％ = 3,300 円

（イ）✕　運用管理費（信託報酬）は、投資信託の信託財産から日割り計算で日々差し

　　引かれるので、日々基準価額にマイナスに影響する。

ワンポイント

　基準価額（1 口当たり）＝純資産総額／口数

　純資産総額＝資産総額－必要経費（信託報酬等）

（ウ）〇　記述のとおりである。

問 14 安藤さんは、2019 年から NISA（少額投資非課税制度）を活用して投資を始め、2023 年まで毎年、年間の限度額まで金融商品を購入してきた。そして、2024 年以降も新しい NISA を活用して投資を継続することを検討しており、FP の皆川さんに質問をした。NISA に関する次の（ア）～（エ）の記述について、適切なものには○、不適切なものには×を解答欄に記入しなさい。

（ア）「2023 年に購入し、NISA 口座で保有している金融商品を値下がり後に売却したことによる損失は、ほかの一般口座や特定口座で保有している金融商品の配当金や売却によって得た利益と損益通算できます。」

（イ）「2019 年から 2023 年の間に購入して NISA 口座で保有している金融商品については、非課税期間内に売却するか、非課税期間終了時に保有を継続する場合は一般口座や特定口座に移管するかのどちらかになります。」

（ウ）「2024 年以降の NISA の成長投資枠は、年間投資額で 240 万円まで、かつ、非課税保有限度額 1,800 万円のうち 1,200 万円までです。」

（エ）「2024 年以降の NISA のつみたて投資枠および成長投資枠の投資対象商品は、つみたて NISA および一般 NISA の投資対象商品と同じです。」

（ア）✕　NISA で取引した損益は、他の口座（一般口座や特定口座）と損益通算ができない。また、損失を翌年以降に繰り越しすることもできない。

（イ）○　記述のとおりである。なお、旧制度の間に購入し NISA 口座で保有している金融商品については、新制度の外枠で、2023 年まで適用された制度における非課税措置が適用される。

（ウ）○　記述のとおりである。

（エ）✕　つみたて投資枠の投資商品は旧制度のつみたて NISA の投資対象商品を引き継ぐが、成長投資枠においては異なる。

参考

< 2024 年からの NISA >

	つみたて投資枠	成長投資枠
併用	併用可能	
年間投資枠	120 万円	240 万円
非課税保有期間	無期限化	
非課税保有限度額（総枠）	1,800 万円 簿価残高方式管理（枠の再利用が可能）	
		1,200 万円（内数）
口座開設期間	恒久化	
投資対象商品	長期の積立・分散投資に適した一定の投資信託 （旧制度のつみたて NISA 対象商品と同様）	上場株式・投資信託等 ［①整理・監理銘柄　②信託期間 20 年未満、毎月分配型の投資信託及びデリバティブ取引を用いた一定の投資信託等を除外］
対象年齢	18 歳以上（利用する年の 1 月 1 日時点）	
旧制度との関係	旧制度から新制度へのロールオーバーは不可 2023 年末までの旧 NISA（一般 NISA 及びつみたて NISA）制度において投資した商品は、新制度の外枠で、旧制度における非課税措置が適用される。 旧制度のジュニア NISA においては、5 年間の非課税期間が終了しても、自動的に継続管理勘定に移管され、18 歳まで非課税措置が受けられる。	

（出典：金融庁 HP から作成）

正　解　（ア）✕　（イ）○　（ウ）○　（エ）✕

金融商品
つみたて NISA

重要度 A

2022年9月出題

問 15 安藤さんは、将来のために、つみたて NISA（非課税累積投資契約に係る少額投資非課税制度）を活用して投資を始めることを検討しており、FP の皆川さんに質問をした。つみたて NISA に関する次の（ア）～（エ）の記述について、適切なものには〇、不適切なものには×を解答欄に記入しなさい。

（ア）「つみたて NISA で購入できる金額（非課税投資枠）は年間 40 万円までで、その年の非課税投資枠の未使用分は翌年以降に繰り越すことができます。」
（イ）「対象商品は長期・積立・分散投資に適した公募株式投資信託と上場株式投資信託（ETF）で、毎月分配型も含まれます。」
（ウ）「一定の投資信託への投資から得られる分配金や譲渡益が、最長 20 年間非課税となります。」
（エ）「投資信託の分配金のうち、元本払戻金（特別分配金）は元本の払い戻しに相当し、そもそも非課税であり、つみたて NISA の非課税のメリットを享受できません。」

解 説　　　　　　　　**チェック□□□**

（ア）×　非課税投資枠は年間 40 万円であるが、その年の非課税投資枠の未使用分は、翌年以降に繰り越すことはできない。
（イ）×　毎月分配型はつみたて NISA の対象商品に含まれない。つみたて NISA の投資対象となる商品は、金融庁が定めた基準を満たす公募株式投資信託と上場株式投資信託（ETF）のみ。公社債投資信託や REIT（不動産投資信託）、個別株式などは対象外である。
（ウ）〇　記述のとおりである。運用益（分配金や譲渡益）は最長 20 年間非課税である。
（エ）〇　記述のとおりである。特別分配金は元本の払い戻しであり、そもそも非課税であるため、つみたて NISA の非課税のメリットを享受できない。

ワンポイント
2024 年から新制度に変わったため、注意して下さい。

正 解　（ア）×　（イ）×　（ウ）〇　（エ）〇

3
金融資産運用

問 16 下記＜証券口座の概要＞に関する次の記述のうち、最も適切なものはどれか。

＜証券口座の概要＞

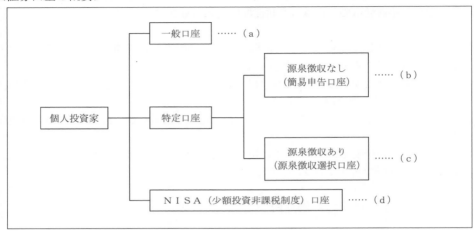

1．金融商品取引業者等は、（a）のみを選択している個人投資家に対して、その口座内での1年間の取引をまとめて取引報告書を交付しなければならない。

2．年初の売却で（b）を選択した場合、同年中の2度目以降の売却の際に（c）に変更できない。

3．（c）を選択した場合、ほかの金融商品取引業者等に開設している特定口座における損益と通算することはできない。

4．（d）の非課税投資枠を超えた取引は、（a）で取引しなければならない。

1. **不適切**。一般口座の場合、特定口座とは異なり、取引報告書の交付は義務ではない。

2. **最も適切**。記述のとおりである。「源泉徴収なし（ b ）」から「源泉徴収あり（ c ）」への変更は、最初の譲渡等の前まで変更可能である。一方、「源泉徴収あり（ c ）から源泉徴収なし（ b ）」への変更は、最初の譲渡等の前であり、かつ、最初の配当金等が発生する前まで可能である。

3. **不適切**。確定申告により、異なる金融商品取引事業者等に開設している特定口座間の損益通算が可能である。

ワンポイント

　特定口座（源泉徴収あり・なしに関わらず）での譲渡分と一般口座での譲渡分は、確定申告により損益通算が可能。

4. **不適切**。原則として、非課税枠を超えると買付ができない。なお、超えた取引については課税口座での一般口座または特定口座での取引となり、一般口座に限定されない。

3

金融資産運用

正 解　2

問 17 個人向け国債（変動 10 年）に関する下表の空欄（ア）～（エ）にあてはまる適切な語句または数値を語群の中から選び、その番号のみを解答欄に記入しなさい。なお、同じ番号を何度選んでもよいこととする。

利払い	＊＊＊ごと
金利の見直し	（　ア　）ごと
金利設定方法	基準金利×（　イ　）
金利の下限	（　ウ　）％（年率）
購入単価	1 万円以上 1 万円単位
中途換金	原則として、発行から（　エ　）経過すれば可能 ただし、直前 2 回分の各利子（税引前）相当額× 0.79685 が差し引かれる
発行月（発行頻度）	毎月（年 12 回）

※問題作成の都合上、一部を「＊＊＊」にしてある。

<語群>
1．半年	2．1 年	3．2 年	4．3 年	5．0.03
6．0.05	7．0.33	8．0.5	9．0.55	10．0.66

利払い	半年ごと
金利の見直し	（ア：**半年**）ごと
金利設定方法	基準金利×（イ：**0.66%**）
金利の下限	（ウ：**0.05**）％（年率）
購入単価	1万円以上1万円単位
中途換金	原則として、発行から（エ：**1年**）経過すれば可能 ただし、直前2回分の各利子（税引前）相当額×0.79685 が差し引かれる
発行月（発行頻度）	毎月（年12回）

参考

個人向け国債

	変動10年	固定5年	固定3年
発行体	日本国		
購入対象者	個人		
利払い	6カ月ごと		
金利の見直し	6カ月ごと	なし	
金利設定方法	基準金利×0.66%	基準金利−0.05%	基準金利−0.03%
金利の下限	0.05%（年率）		
購入単価	1万円以上1万円単位		
中途換金	原則として、発行から1年経過すれば可能。 ただし、直前2回分の各利子（税引前）相当額×0.79685が差し引かれる		
発行月（発行頻度）	毎月（年12回）		

3

金融資産運用

正　解　（ア）1　（イ）10　（ウ）6　（エ）2

問 **18** 藤原さんは、勤務先に企業年金がないため、HT 社を運営管理機関とする個人型確定拠出年金（以下「iDeCo」という）に加入することを検討しており、下記＜資料＞を示して FP の小山さんに質問をした。小山さんの説明のうち、最も不適切なものはどれか。

＜資料：HT 社 iDeCo の運用商品ラインアップ＞

分　　類		商　　品　　名
投資信託	国内株式	HT 国内株式 DC インデックスファンド
	国内株式	HT 国内株式 DC 集中ファンド
	国内債券	HT ザ・日本債券 DC ファンド
	外国株式	HT 外国株式 DC インデックスファンド
	外国株式	HT 外国株式 DC 厳選ファンド
	外国債券	HT 全世界債券 DC ファンド
	国内リート	HT 国内リート DC ファンド
	外国リート	HT グローバルリート DC ファンド
	バランス型	HT 6 資産バランスファンド
	バランス型	HT 8 資産ローリスクバランスファンド
保険商品		HI 保険 DC 用年金
定期預金		HB 銀行 DC 用定期預金

1．「HT 社が扱う商品の中から 1 つだけを運用商品として、選択することはできません。」
2．「選択した運用商品は、iDeCo 加入中、原則として、いつでも変更することができます。」
3．「運用商品のうち投資信託には、国内株式型や国内債券型など投資対象となる資産によって分類されるものもありますが、バランス型のように複数資産を組み合わせたものもあります。」
4．「運用商品には、保険商品や定期預金等の元本確保型商品があり、所定の利息が上乗せされますが、金利情勢によっては利息額を手数料が上回る場合もあります。」

1．**最も不適切**。掛金の範囲で商品の組み合わせは自由であり、運用商品の中から一つだけの商品の選択は可能である。
2．**適切**。記述のとおりである。
3．**適切**。記述のとおりである。投資信託の運用は、運用商品にかかる知識だけでなく、運用方法（インデックス（パッシブ）型かアクティブ型）に関する知識も重要である。
4．**適切**。記述のとおりである。国民年金基金連合会へ支払う手数料（加入・移換時手数料・加入者手数料（掛金納付の都度）・還付手数料（その都度））のほか、運営管理機関や事務委託先金融機関（信託銀行）へ支払う手数料がかかる。

参考　個人型確定拠出年金加入対象者

国民年金加入区分	加入対象となる者	加入対象とならない者
第1号被保険者	20歳以上60歳未満の自営業者とその家族等	農業年金被保険者 国民年金保険料の免除を受ける者（ただし、障害基礎年金受給者は加入できる）
第2号被保険者	厚生年金被保険者（会社員・公務員等）（65歳以上で加入期間が120月以上ある者は該当しない）	勤務先企業型確定拠出年金の事業主掛金が拠出限度額の範囲内での各月拠出となっていない者 マッチング拠出を導入する企業型確定拠出年金の加入者で、マッチング拠出を選択した者
第3号被保険者	厚生年金被保険者に扶養されている20歳以上60歳未満の配偶者	
任意加入被保険者	60歳以上65歳未満で、国民年金保険料納付済期間が480月に達していない者 20歳以上65歳未満の海外居住者で、国民年金保険料納付済期間が480月に達していない者	

（出典：iDeCo公式サイト　国民年金基金連合会HPから作成）

金融資産運用 3

正　解　1

問 19 大下さんは、少額の資金で多額の取引ができるデリバティブ取引に興味を持ち、FPの有馬さんに株価指数先物取引の仕組みについて質問をした。FPの有馬さんが下記＜取引例＞に基づいて説明した内容の空欄（ア）～（エ）にあてはまる数値または語句の組み合わせとして、最も適切なものはどれか。なお、手数料や税金等については考慮しないものとする。

＜取引例＞

銘柄：日経225先物　2022年3月限　取引単位1,000倍

取引内容	取引日	取引種類	取引数	取引単価
新規取引	2022年1月12日	買建	2枚	31,000円
決済取引	2022年1月27日	転売	2枚	31,500円

FPの有馬さんの説明

> ＜取引例＞の場合、資金決済は決済取引時に（　ア　）円の（　イ　）となります。このように、株価指数先物取引では、新規取引と決済取引のそれぞれで多額の資金決済を必要とせず、決済取引時に差金決済できることから、少額の資金で多額の取引ができる（　ウ　）効果があるといえます。なお、新規取引から決済取引までの間は、担保金として（　エ　）を差し入れる必要があります。

1. （ア）1,000,000　（イ）支払い　（ウ）バイアス　（エ）供託金
2. （ア）1,000,000　（イ）受取り　（ウ）レバレッジ　（エ）証拠金
3. （ア）　　1,000　（イ）支払い　（ウ）バイアス　（エ）供託金
4. （ア）　　1,000　（イ）受取り　（ウ）レバレッジ　（エ）証拠金

（ア）**1,000,000 円**

　＜取引例＞は、日経 225 先物を 31,000 円で 2 枚買い、31,500 円で 2 枚転売したもの。
取引単位：1,000 倍

　　損益 =（転売した値段 − 買った値段）×取引単位×数量

　　　　=（31,500 円 − 31,000 円）× 1,000 × 2 枚 = **1,000,000 円**

（イ）**受取り**

　当該取引は（ア）より利益 1,000,000 円が出ているので、決済取引時に受取りがある。

（ウ）**レバレッジ**

（エ）**証拠金**

3

金融資産運用

正　解　2

預金保険制度

問 20 下記＜資料＞は、2022年4月28日時点の室井さん夫婦（隆雄さんと美也子さん）のMV銀行（日本国内に本店のある普通銀行）における金融資産（時価）の一覧表である。この時点においてMV銀行が破綻した場合に、預金保険制度によって保護される金融資産の金額に関する次の記述の空欄（ア）、（イ）にあてはまる数値を解答欄に記入しなさい。

＜資料＞

		室井　隆雄	室井　美也子
MV銀行 ab支店	普通預金	120万円	40万円
	定期預金（固定金利）	420万円	280万円
	投資信託	－	150万円
	財形貯蓄（定期預金）	380万円	－
MV銀行 cd支店	普通預金	20万円	10万円
	定期預金（変動金利）	－	60万円
	外貨預金	40万円	50万円

※隆雄さんおよび美也子さんはともに、MV銀行からの借入れはない。

※普通預金は決済用預金ではない。

※預金の利息については考慮しないこととする。

※MV銀行は過去1年以内に他行との合併等を行っていないこととする。

・隆雄さんの金融資産のうち、預金保険制度によって保護される金額は（　ア　）
　万円である。
・美也子さんの金融資産のうち、預金保険制度によって保護される金額は（　イ　）
　万円である。

　ＭＶ銀行は、日本国内に本店のある普通銀行なので、預金保険制度の対象となる金融
機関である。

　預金保険制度で保護される預金は、決済用預金は全額保護。決済用預金以外の一般預
金等については、１金融機関ごとに預金者１人当たり元本 1,000 万円（最高限度額）ま
でと破綻日までの利息等が保護される。外貨預金は対象とならない。また、投資信託は
預金保険の対象商品ではない。

　破綻した金融機関から借入れがある場合、預金者の申出により預金と相殺することが
できる。隆雄さんおよび美也子さんは、ＭＶ銀行からの借入がない（資料※から）ので、
当問では考慮する必要がない。

　その他、個人事業主の場合、事業用の預金は、事業主本人の預金に名寄せされるので、
個人の預金名義のものとして合算される。預金保険の保護対象となる同一銀行複数支店
の口座については、名寄せ（合算）される。

＜資料から＞

名義		室井　隆雄	室井　美也子	保護対象の有無
ＭＶ銀行ａｂ支店	普通預金	① 120 万円	⑥ 40 万円	有
	定期預金（固定金利）	② 420 万円	⑦ 280 万円	有
	投資信託	―	⑧ 150 万円	無
	財形貯蓄（定期預金）	③ 380 万円	―	有
ＭＶ銀行ｃｄ支店	普通預金	④ 20 万円	⑨ 10 万円	有
	定期預金（変動金利）	―	⑩ 60 万円	有
	外貨預金	⑤ 40 万円	⑪ 50 万円	無

（ア）**940 万円**

　　以上から預金保険制度により保護の対象（上限 1,000 万円）となる隆雄さんの預
　金は、①②③④

　　名寄せ後の合計額は、

　　①＋②＋③＋④＝ 120 万円＋ 420 万円＋ 380 万円＋ 20 万円

　　　　　　　　＝ 940 万円 ≦ 1,000 万円　→　全額保護　**940 万円**

（イ）**390 万円**

　　以上から預金保険制度により保護の対象（上限 1,000 万円）となる美也子さんの
　預金は、⑥⑦⑨⑩

　　名寄せ後の合計額は、

　　⑥＋⑦＋⑨＋⑩＝ 40 万円＋ 280 万円＋ 10 万円＋ 60 万円

　　　　　　　　＝ 390 万円 ≦ 1,000 万円　→　全額保護　**390 万円**

参考

＜預金保険制度により保護の対象となる預金＞

預金等の種類		
預金保険による保護の対象となる預金等	決済用預金	当座預金、無利息型普通預金等
	一般預金等	有利息型普通預金、定期預金、通知預金、貯蓄預金、納税準備預金、定期積金、掛金、元本補てん契約のある金銭信託、金融債（保護預り専用商品に限る）等
預金保険の対象外の預金等		外貨預金、譲渡性預金、金融債（募集債及び保護預り契約が終了したもの）等

（出典：預金保険機構ＨＰから転載）

＜預金保険の対象金融機関＞

　日本国内に本店のある銀行、信用金庫、信用組合、労働金庫、信金中央金庫、全国信用協同組合連合会、労働金庫連合会、商工組合中央金庫。ただし、海外の支店は対象外。

　日本国内に本店のある金融機関であれば、外国金融機関の子会社であっても対象となるが、外国銀行の在日支店は対象外。　　　　　　　　　　　（出典：預金保険機構ＨＰから作成）

正　解　（ア）940（万円）（イ）390（万円）

外貨建て金融商品

外貨定期預金

問 **21** 下記<資料>は、外貨定期預金の契約締結前交付書面の一部である。この契約締結前交付書面に関する次の記述の空欄（ア）〜（エ）にあてはまる語句として、最も不適切なものはどれか。なお、<資料>に記載のない事項は一切考慮しないこととする。

<資料>

商品概要
［商品名］外貨定期預金 ［商品の概要］外国通貨建ての、期間の定めのある預金です。 ［預金保険］外貨定期預金は、預金保険制度の（　ア　）です。 ［販売対象］個人のお客様

税金について
［利息］（　イ　）が適用されます。 ［為替差損益］雑所得となります。 ※雑所得は、原則として確定申告による総合課税の対象です。

お預入れとお引出しに関わる為替手数料
［お預入れ］円の現金でのお預入れ（1通貨単位当たり）　米ドル：1円 ［お引出し］円の現金でのお引出し（1通貨単位当たり）　米ドル：1円 例）お預入時点の為替相場（仲値）が1米ドル＝140円の場合、1万米ドルのお預入金額は、（　ウ　）となります。

その他
※外貨定期預金は、少額投資非課税制度（NISA）の（　エ　）です。

1．空欄（ア）にあてはまる語句は、「対象外」である。
2．空欄（イ）にあてはまる語句は、「申告分離課税」である。
3．空欄（ウ）にあてはまる語句は、「1,410,000円」である。
4．空欄（エ）にあてはまる語句は、「対象外」である。

1．**適切**。［預金保険］外貨定期預金は、預金保険制度の（ア：**対象外**）である。

2．**最も不適切**。［利息］（イ：**源泉分離課税**）が適用されます。

3．**適切**。例）お預入時点の為替相場（仲値）が1米ドル＝140円の場合、1万米ドルのお預入金額は、（ウ：**1,410,000円**）となります。

実際の出し入れに適用されるレートは、仲値に為替手数料が調整される。

＜資料＞「［お預入れ］と［お引出し］に関わる為替手数料」から、手数料は、預入れ、引出し共に米ドル：1円

	TTB	TTM（仲値）	TTS
預入れ・引出し時	140円－1円	140円	140円＋1円

預入時に利用する為替レートは、TTS レート（対顧客電信売相場）

1万米ドル＝1万米ドル×（140円＋1円）／ドル＝**1,410,000円**

4．**適切**。外貨定期預金は、少額投資非課税制度（NISA）の（エ：**対象外**）です。

参考
＜預金保険制度により保護の対象となる預金＞

預金等の種類		
預金保険による保護の対象となる預金等	決済用預金	当座預金、無利息型普通預金等
	一般預金等	有利息型普通預金、定期預金、通知預金、貯蓄預金、納税準備預金、定期積金、掛金、元本補てん契約のある金銭信託、金融債（保護預り専用商品に限る）等
預金保険の対象外の預金等		外貨預金、譲渡性預金、金融債（募集債及び保護預り契約が終了したもの）等

（出典：預金保険機構 HP から転載）

＜預金保険の対象金融機関＞

日本国内に本店のある銀行、信用金庫、信用組合、労働金庫、信金中央金庫、全国信用協同組合連合会、労働金庫連合会、商工組合中央金庫。ただし、海外の支店は対象外。

日本国内に本店のある金融機関であれば、外国金融機関の子会社であっても、対象となるが、外国銀行の在日支店は対象外。　　　　　　（出典：預金保険機構 HP から作成）

正　解　2

問 22 **金投資に関する次の記述のうち、最も不適切なものはどれか。**

1. 金は、国際的には1トロイオンス当たりの米ドル建て価格で取引される。
2. 金価格の変動要因には、需給関係、金融動向、政治情勢などが挙げられ、円安（米ドル／円相場）は国内金価格の下落要因になる。
3. 毎月一定額を金融機関口座等から引き落として金現物を買い付ける定額積立の場合、ドルコスト平均法の効果が期待できる。
4. 個人が金現物を売却した場合の利益は、原則として譲渡所得として総合課税の対象となる。

解　説　　　　　　　チェック□□□

1. **適切**。記述のとおりである。1トロイオンスは31.1034768グラム。
2. **最も不適切**。円安（米ドル／円相場）は国内金価格の上昇要因になる。
3. **適切**。記述のとおりである。ドルコスト平均法の効果は、全体の平均購入単価を低く抑える効果が期待できる。
4. **適切**。記述のとおりである。個人が金現物を売却した場合の利益は、原則として譲渡所得として総合課税の対象となり、保有期間が5年以内の場合は短期譲渡所得、5年超の場合は長期譲渡所得となる。

3

金融資産運用

正　解 2

問 23 安藤さんは、金投資について、FP の天野さんに質問をした。下記の空欄（ア）～（エ）に入る適切な語句を語群の中から選び、その番号のみを解答欄に記入しなさい。

安藤さん：「金投資について教えてください。地政学的リスクが高まっているとき、金価格にはどのような影響がありますか。」

天野さん：「一般的には、（　ア　）する傾向です。」

安藤さん：「金を積立てで購入する、純金積立という方法があるそうですね。」

天野さん：「はい。純金積立では、毎回、（　イ　）を積み立てるドルコスト平均法が採用されています。」

安藤さん：「積み立てた金を、現物で受け取ることはできるのでしょうか。」

天野さん：「地金で受け取ることが（　ウ　）。」

安藤さん：「金を売却して利益が出た場合、所得税の区分はどうなりますか。」

天野さん：「個人が金地金や純金積立を売却した場合の所得は、譲渡所得に区分されます。保有期間が（　エ　）以内の場合は短期譲渡所得です。（　エ　）超であれば、長期譲渡所得となります。」

<語群>

1．上昇　　　　2．下落　　　　3．その都度指定する金額　　4．一定金額
5．一定数量　　6．できます　　7．できません　　　　　　　8．5 年
9．10 年　　　　10．20 年

安藤さん：「金投資について教えてください。地政学的リスクが高まっているとき、金価格にはどのような影響がありますか。」

天野さん：「一般的には、（ア：**上昇**）する傾向です。」

安藤さん：「金を積立てで購入する、純金積立という方法があるそうですね。」

天野さん：「はい。純金積立では、毎回、（イ：**一定金額**）を積み立てるドルコスト平均法が採用されています。」

安藤さん：「積み立てた金を、現物で受け取ることはできるのでしょうか。」

天野さん：「地金で受け取ることが（ウ：**できます**）。」

安藤さん：「金を売却して利益が出た場合、所得税の区分はどうなりますか。」

天野さん：「個人が金地金や純金積立を売却した場合の所得は、譲渡所得に区分されます。保有期間が（エ：**5年**）以内の場合は短期譲渡所得です。（エ：**5年**）超であれば、長期譲渡所得となります。」

ワンポイント

ドルコスト平均法

　商品を継続して一定金額で購入するため、商品価格の変動による購入数量は変動するが、全体の平均購入単価を低く抑える効果が期待できる。

3

金融資産運用

正 解　（ア）1　（イ）4　（ウ）6　（エ）8

問24 財形貯蓄制度に関する下表の空欄（ア）～（エ）にあてはまる数値を語群の中から選び、解答欄に記入しなさい。なお、同じ数値を何度選んでもよいこととする。

	財形年金貯蓄	財形住宅貯蓄
契約締結の年齢要件	満（ ア ）歳未満	満＊＊歳未満
積立期間	＊＊年以上の期間にわたり、毎月定期的に積立	（ イ ）年以上の期間にわたり、毎月定期的に積立。ただし、積立期間中の住宅購入に際しては、一定の要件で払出可
非課税の限度額	[貯蓄型] 財形住宅貯蓄と合算して元利合計＊＊万円まで [保険型] 払込保険料累計額385万円まで、かつ財形住宅貯蓄と合算して払込保険料累計額（ ウ ）万円まで	[貯蓄型] 財形年金貯蓄と合算して元利合計＊＊万円まで [保険型] 財形年金貯蓄と合算して払込保険料累計額＊＊万円まで
目的外の払戻時の原則的取扱い	[貯蓄型] 過去＊＊年間に支払われた利息について、さかのぼって所得税および住民税が源泉徴収される [保険型] 積立開始時からの利息相当分すべてが一時所得扱いとなる	[貯蓄型] 過去（ エ ）年間に支払われた利息について、さかのぼって所得税および住民税が源泉徴収される [保険型] 積立開始時からの利息相当分について、所得税および住民税が源泉徴収される

※問題作成の都合上、一部を「＊＊」としている。また、復興特別所得税は考慮していない。

<語群>

1	5	10	20	50
55	60	500	550	600

	財形年金貯蓄	財形住宅貯蓄
契約締結の年齢要件	満（ア：55）未満	満55歳未満
積立期間	5年以上の期間にわたり、毎月定期的に積立	（イ：5）年以上の期間にわたり、毎月定期的に積立。ただし、積立期間中の住宅購入に際しては、一定の要件で払出可
非課税の限度額	[貯蓄型] 財形住宅貯蓄と合算して元利合計550万円まで [保険型] 払込保険料累計額385万円まで、かつ財形住宅貯蓄と合算して保険料累計額（ウ：550）万円まで	[貯蓄型] 財形年金貯蓄と合算して元利合計550万円まで [保険型] 財形年金貯蓄と合算して払込保険料累計額550万円まで
目的外の払出時の原則的取扱い	[貯蓄型] 過去5年間に支払われた利息について、さかのぼって所得税および住民税が源泉徴収される [保険型] 積立開始時からの利息相当分すべてが一時所得扱いとなる	[貯蓄型] 過去（エ：5）年間に支払われた利息について、さかのぼって所得税および住民税が源泉徴収される [保険型] 積立開始時からの利息相当分について、所得税および住民税が源泉徴収される

3　金融資産運用

ワンポイント

	財形年金貯蓄	財形住宅貯蓄
積立方法	給料やボーナスなどから定期的に天引	
据置期間	積立終了から年金受取開始まで、5年以内の据置が可能	
受取	満60歳以降5年以上20年以内の期間にわたり年金として支払いを受ける（保険商品には終身もあり）	持家取得又は持家の増改築（リフォーム）等のための取崩し

正解　（ア）55　（イ）5　（ウ）550　（エ）5

4

タックスプランニング

問 1 西山さん（67歳）の2023年分の収入等が下記＜資料＞のとおりである場合、西山さんの2023年分の所得税における**総所得金額**として、正しいものはどれか。なお、記載のない事項については一切考慮しないものとする。

＜資料＞

内容	金額
老齢基礎年金	70万円
遺族厚生年金	110万円
生命保険の満期保険金（一時金）	250万円

※生命保険は、養老保険（保険期間20年、保険契約者および満期保険金受取人は西山さん）の満期保険金であり、既払込保険料（西山さんが全額負担している）は160万円である。

＜公的年金等控除額の速算表＞

納税者区分	公的年金等の収入金額（A）		公的年金等控除額 公的年金等に係る雑所得以外の所得に係る合計所得金額 1,000万円以下
65歳以上の者		330万円以下	110万円
	330万円超	410万円以下	（A）× 25％ ＋ 27.5万円
	410万円超	770万円以下	（A）× 15％ ＋ 68.5万円
	770万円超	1,000万円以下	（A）× 5％ ＋ 145.5万円
	1,000万円超		195.5万円

1．20万円
2．40万円
3．45万円
4．90万円

総所得金額は、各種所得の合計額なので、各種所得を求める。

・雑所得（公的年金等収入）

老齢基礎年金は雑所得であり、公的年金等控除を受けることができる。なお、遺族厚生年金は非課税。

公的年金等控除後の収入額を計算

年金額（老齢基礎年金）＝ 70 万円

公的年金等控除額を求める。

公的年金等に係る雑所得以外の所得に係る合計所得金額は＜資料＞から 1,000 万円以下なので、与えられた＜公的年金等控除額の速算表＞を利用する。納税者区分 65 歳以上の者から、

公的年金等の収入額 70 万円 ≦ 330 万円　したがって、公的年金等控除額は、110 万円。

雑所得＝ 70 万円 － 110 万円　→　0 万円（公的年金等の収入金額の合計額が 110 万円までの場合は所得金額はゼロ）・・・①

・一時所得

養老保険の満期保険金（一時金）は、＜資料＞表下※から、養老保険の満期保険金で保険期間が 20 年、保険契約者と満期保険金受取人が西山さん（同一人）であることから、一時所得となる。

一時所得の金額の計算

一時所得の金額＝総収入金額－収入を得るために支出した金額－特別控除額（最高50 万円）

= 250 万円 － 160 万円 － 50 万円 = 40 万円

課税の対象になるのは、この金額をさらに 2 分の 1 にした金額。

一時所得の課税対象額＝ 40 万円 × 1 ／ 2 = 20 万円・・・②

以上から、総所得金額＝老齢基礎年金＋一時所得

=①＋②

= 0 万円 ＋ 20 万円

= **20 万円**

ワンポイント

養老保険の満期保険金を年金で受領した場合は、公的年金等以外の雑所得になる。

ワンポイント

満期保険金等の課税関係

保険料の負担者	保険金受取人	税金の種類
A	A	所得税
A	B	贈与税

参考
　一時払養老保険等で保険期間等が5年以下のものおよび保険期間等が5年超で5年以内に解約されたものは、金融類似商品となり、源泉分離課税が適用され、源泉徴収だけで課税関係が終了する。

正解　1

所得税

所得の種類

重要度 **A**

2023年1月出題

問 2 公的年金等に係る所得税の取扱いに関する次の記述のうち、最も不適切なものはどれか。

1. 小規模企業共済の共済金や確定拠出年金の老齢給付金は、年金形式で受け取る場合、公的年金等に係る雑所得の収入金額となる。

2. 公的年金等に係る雑所得の金額の計算は、「公的年金等の収入金額－公的年金等控除額」により計算するが、公的年金等控除額は、受給者の年齢が70歳以上か70歳未満かにより、控除額が異なる。

3. 公的年金等以外の総合課税となる雑所得の金額に、赤字が生じた場合、その赤字の金額と公的年金等に係る雑所得の金額を通算し、雑所得の金額を計算することができる。

4. 公的年金等の収入金額が400万円以下であり、かつ、その公的年金等の全部が源泉徴収の対象となる場合において、公的年金等に係る雑所得以外の所得金額の合計が20万円以下であるときは、確定申告は不要である。

タックスプランニング

4

1．**適切**。記述のとおりである。

> **参考**
> 公的年金等に該当する主なもの
> （1）　国民年金法、厚生年金保険法、公務員等の共済組合法などの規定による年金
> （2）　過去の勤務により会社などから支払われる年金
> （3）　確定給付企業年金法の規定に基づいて支給を受ける年金
> （4）　外国の法令に基づく保険または共済に関する制度で（1）に掲げる法律の規定による社会保険または共済制度に類するものに基づいて支給を受ける年金
> 　　　なお、生命保険契約や生命共済契約に基づく年金、互助年金などは公的年金等に該当しない。　　　　　　　　　　　　　　　　　　　（出典：国税庁タックスアンサー）

2．**最も不適切**。公的年金等控除額は、受給者の年齢が65歳以上か未満かにより、控除額が異なる。

3．**適切**。内部通算に係る記述。同じ所得内で損益を通算することを「内部通算」といい、雑所得は内部通算ができる。異なる所得同士で損益を通算する「損益通算」とは異なる。「内部通算」はこのほか、一時所得、不動産譲渡所得、上場株式同士などで損益が通算できる。

4．**適切**。記述のとおりである。

正　解　2

問 3 会社員の福岡さんは、2021年中に下記の配当の支払いを受けた。配当所得についてすべて総合課税による確定申告を選択した場合、福岡さんの2021年分の所得税における配当控除の金額として、正しいものはどれか。なお、福岡さんの所得は給与所得、配当所得のみであり、記載のない条件については一切考慮しないこととする。

<福岡さんが2021年中に受け取った配当等>

銘柄	配当等の金額 （税引前）	左記の計算期間	備考
株式会社WA	350,000円	12ヵ月	内国法人の上場株式から生じた利益剰余金の配当
株式会社WB	250,000円	12ヵ月	内国法人の非上場株式から生じた利益剰余金の配当で、少額配当に該当するものはない。

<福岡さんの給与所得、所得控除額>

給与所得	1,200万円
所得控除額	210万円

<配当控除の控除率>

	課税総所得金額等	控除率
①	その年分の課税総所得金額等が1,000万円以下である場合	10%
②	その年分の課税総所得金額等が1,000万円を超え、かつ、課税総所得金額等から配当所得の金額を差し引いた金額が1,000万円以下である場合	課税総所得金額等1,000万円以下の部分の配当所得：10% 課税総所得金額等1,000万円超の部分の配当所得：5%
③	その年分の課税総所得金額等から配当所得の金額を差し引いた金額が1,000万円を超える場合	5%

4
タックスプランニング

1．25,000 円
2．30,000 円
3．35,000 円
4．55,000 円

　配当控除：剰余金の配当などの配当所得があるときには、一定の方法で計算した金額の税額控除を受けることができる。

　株式会社ＷＡからの配当金は内国法人の上場株式から生じた利益剰余金の配当なので、総合課税により配当控除を受けることができる。

　株式会社ＷＢからの配当金は内国法人の非上場株式から生じた利益剰余金の配当で、少額配当※に該当するものはないので、総合課税。よって配当控除を受けることができる。

※少額配当の場合は、申告不要制度も選択可能。

・**配当控除の控除率について**

課税総所得金額等を求める

＜福岡さんの給与所得、所得控除額＞から

　給与所得：1,200 万円・・・①

　所得控除額 210 万円・・・②

＜福岡さんが 2021 年中に受け取った配当等＞から

　株式会社ＷＡの配当等の金額（税引前）350,000 円・・・③

　株式会社ＷＢの配当等の金額（税引前）250,000 円・・・④

　以上から、課税総所得金額＝①－②＋③＋④

$$= 1,050 \text{ 万円} > 1,000 \text{ 万円}$$

　課税総所得金額等から配当所得の金額を差し引いた額

　1,050 万円－（③＋④）＝ 990 万円 ≦ 1,000 万円

　以上から、＜配当控除の控除率＞は②が適用される。

　課税総所得金額等 1,000 万円以下の部分の配当所得（1,000 万円－ 990 万円 = 10 万円）の控除率：10%

　控除額：10 万円 × 10% = 1 万円・・・⑤

　課税所得金額等 1,000 万円超の部分の配当所得（1,050 万円－ 1,000 万円 = 50 万円）の控除率：5 %

　控除額：50 万円 × 5 % = 2.5 万円・・・⑥

　以上から、配当控除の金額＝⑤＋⑥

$$= 3.5 \text{ 万円} \quad \rightarrow \quad \textbf{35,000 円}$$

正　解　**3**

問4 個人事業主の大久保さんが事業開始に当たり取得した建物の状況等は下記
＜資料＞のとおりである。下記＜資料＞に基づく大久保さんの2023年分の所得税
における事業所得の計算上、必要経費に算入すべき減価償却費を計算しなさい。なお、
建物は事業にのみ使用しているものとする。また、解答に当たっては、解答用紙に記
載されている単位に従うこと。

＜資料＞

［建物の状況］
　取得価額：7,500万円
　法定耐用年数：25年
　取得年月日：2023年4月1日
　※事業開始の遅延により、同年10月1日から事業の用に供している。

［耐用年数表（抜粋）］

法定耐用年数	定額法の償却率	定率法の償却率
25年	0.040	0.080

　2007年4月1日以後に取得をされた建物（鉱業用減価償却資産等を除く）の償却の方法は、定額法。

　また、事業供用月数が12ヵ月に満たない場合は、月割計算（1ヵ月未満は端数切上げ）となる。

　事業に供された日は、2023年10月1日、個人事業者の課税期間は、1月1日から12月31日なので、事業供用月数は3ヵ月。

【減価償却のデータ】

建物の取得価額	7,500万円
2023中の事業供用月数	3ヵ月
法定耐用年数	25年
定額法の償却率（25年）	0.040
事業専用割合	100％（事業にのみ使用）

【減価償却費の計算】

減価償却費＝取得価額×定額法の償却率×事業供用月数／12ヵ月

　　　　　＝7,500万円×0.040×3/12 ＝ **75万円**

ワンポイント

　2007年4月1日以後に取得をされた建物（鉱業用減価償却資産等を除く）の償却の方法は、定額法で、業供用月数が12ヵ月に満たない場合は、月割計算となる。

正解 75（万円）

所得税

事業所得（減価償却費）

重要度 **A**

2022年5月出題

問 **5** 飲食店を営む個人事業主の柴田さんは、2020年7月に乗用車（新車）を購入し、その日から2021年12月まで引き続き事業の用に供している。購入した乗用車に関する内容が以下のとおりである場合、柴田さんの2021年分の所得税における事業所得の金額の計算上、必要経費に算入すべき減価償却費の金額として、正しいものはどれか。なお、柴田さんは個人事業の開業年（2015年）において、車両の減価償却方法として定率法を選択している。また、償却保証額は考慮しないこととし、計算過程および計算結果において、円未満の端数が生じたときは、これを切り上げること。

＜乗用車に関する内容＞

資産名	取得年月	法定耐用年数	取得価額	事業専用割合
乗用車	2020年7月	6年	3,500,000円	100%

＜定率法による償却率等＞

法定耐用年数	定率法の償却率
6年	0.333

1. 583,334円
2. 777,389円
3. 971,445円
4. 1,165,500円

償却資産は、減価償却方法として定率法を選択している。

【減価償却のデータ】

取得価額	3,500,000 円
取得年月	2020 年 7 月
使用状況（2021 年 12 月まで）	購入した日から引き続き事業の用に供している
法定耐用年数	6 年
定率法の償却率（6 年）	0.333
事業専用割合	100%

【減価償却費の計算】

減価償却費 =（取得価額 − 前年までの償却費の合計額）× 定率法の償却率 × 事業供用月数／12 月

・2021 年の減価償却費を求めるために、前年 2020 年までの償却費の合計額を求める。

2020 年 7 月に購入したので、2020 年の減価償却費が前年までの償却費の合計額となる。2020 年 7 月に購入し、その日から 2021 年 12 月まで引き続き事業の用に供しているので、2020 年に業務に使用した月数は 6 ヵ月。事業供用月数が 12 ヵ月に満たない場合は、月割計算となる。また、事業専用割合は 100% なので、全額が減価償却費となる。

3,500,000 円 × 0.333 × 6 月／ 12 月 = 582,750 円

・2021 年の減価償却費を求める。

2020 年に購入してから引き続き 2021 年 12 月まで事業の用に供しているので、

（3,500,000 円 − 582,750 円）× 0.333 = 971,444.25 円　→　**971,445 円**（円未満切上げ）

ワンポイント

2007 年 4 月 1 日以後に取得をされた建物（鉱業用減価償却資産等を除く）の償却の方法は、定額法で、事業供用月数が 12 ヵ月に満たない場合は、月割計算となる。

所得税

事業所得

重要度 **A**

問 **6** 所得税の青色申告特別控除制度に関する次の記述の空欄（ア）～（ウ）に入る適切な数値を解答欄に記入しなさい。

（1）不動産所得または事業所得を生ずべき事業を営んでいる青色申告者で、これらの所得に係る取引を正規の簿記の原則（一般的には複式簿記）により記帳し、その記帳に基づいて作成した貸借対照表および損益計算書を確定申告書に添付して法定申告期限内に提出している場合には、原則としてこれらの所得を通じて最高（　ア　）万円を控除することができる。

（2）この（　ア　）万円の青色申告特別控除を受けることができる人が、所定の帳簿の電子帳簿保存または e‐Tax による電子申告を行っている場合は、最高（　イ　）万円の青色申告特別控除が受けられる。

（3）上記（1）および（2）以外の青色申告者については、不動産所得、事業所得および山林所得を通じて最高（　ウ　）万円を控除することができる。

解　説

チェック□□□

（1）不動産所得または事業所得を生ずべき事業を営んでいる青色申告者で、これらの所得に係る取引を正規の簿記の原則（一般的には複式簿記）により記帳し、その記帳に基づいて作成した貸借対照表および損益計算書を確定申告書に添付して法定申告期限内に提出している場合には、原則としてこれらの所得を通じて最高（ア：**55**）万円を控除することができる。

（2）この（ア：**55**）万円の青色申告特別控除を受けることができる人が、所定の帳簿の電子帳簿保存または e‐Tax による電子申告を行っている場合は、最高（イ：**65**）万円の青色申告特別控除が受けられる。

（3）上記（1）および（2）以外の青色申告者については、不動産所得、事業所得および山林所得を通じて最高（ウ：**10**）万円を控除することができる。

参考

青色申告承認申請期限

	区分	青色申告承認申請書の提出期限
（1）	原則	青色申告の承認を受けようとする年の3月15日
（2）	新規開業した場合（その年の1月16日以後に新規に業務を開始した場合）	業務を開始した日から2か月以内

（出典：国税庁タックスアンサー）

正 解　（ア）55（万円）　（イ）65（万円）　（ウ）10（万円）

問 **7** 事業所得者である馬場さんは、2022年の事業所得において他の所得と損益通算をしても、なお控除しきれない損失（純損失）が100万円くらい発生しそうである。前年度の所得が1,000万円あったので、FPで税理士でもある藤原さんに相談をした。馬場さんの所得税の申告に関する次の記述の空欄（ア）〜（ウ）にあてはまる語句の組み合わせとして、最も適切なものはどれか。

一般的な話として、2022年に生じた純損失がある場合、2021年分の所得税について（　ア　）を受けられる制度があります。この制度は、その前年において（　イ　）を提出し、かつ、純損失が生じた年の（　イ　）を提出期限までに提出している場合に限り認められます。馬場さんは所得税の確定申告書（確定損失申告書）を、2023年（　ウ　）に申告することで期限内申告書を提出したことになります。

1．（ア）繰り戻しによる還付
　　（イ）白色申告書または青色申告書
　　（ウ）2月1日から3月15日まで
2．（ア）繰越控除
　　（イ）青色申告書
　　（ウ）2月1日から3月15日まで
3．（ア）繰り戻しによる還付
　　（イ）青色申告書
　　（ウ）2月16日から3月15日まで
4．（ア）繰越控除
　　（イ）白色申告書または青色申告書
　　（ウ）2月16日から3月15日まで

　一般的な話として、2022年に生じた純損失がある場合、2021年分の所得税について（ア：**繰り戻しによる還付**）を受けられる制度があります。この制度は、その前年において（イ：**青色申告書**）を提出し、かつ、純損失が生じた年の（イ：**青色申告書**）を提出期限までに提出している場合に限り認められます。馬場さんは所得税の確定申告書（確定損失申告書）を、2023年（ウ：**2月16日から3月15日まで**）に申告することで期限内申告書を提出したことになります。

ワンポイント

・繰り戻しによる還付請求の要件

　①　前年において、青色申告書を提出している。

　②　純損失が生じた年の青色申告書を提出期限までに提出する。

　③　②と同時に「純損失の金額の繰戻しによる所得税の還付請求書」を提出する。

4

タックスプランニング

正　解　3

所得税

退職所得

重要度 **A**

2024年1月出題

問 8 役員等以外の者の所得税における退職所得に関する次の（ア）〜（エ）の記述のうち、適切なものには〇、不適切なものには×を解答欄に記入しなさい。なお、復興特別所得税および記載のない事項については一切考慮しないものとする。

（ア）退職所得控除額の計算に当たり、勤続年数に1年未満の端数がある場合、その端数は切り捨てて勤続年数を計算する。

（イ）勤続年数30年で退職した場合の退職所得控除額は、「70万円×勤続年数」により計算する。

（ウ）退職所得の金額は、勤続年数にかかわらず、すべて退職一時金等の収入金額から退職所得控除額を控除した残額の2分の1に相当する額となる。

（エ）退職一時金を受け取った場合、原則として確定申告をしなければならない。

（ア）× 　退職所得控除額の計算に当たり、勤続年数に1年未満の端数がある場合、その端数は切り上げて勤続年数を計算する。

（イ）× 　勤続年数30年で退職した場合の退職所得控除額は、勤続年数が20年超なので、「70万円×勤続年数－600万円」により計算する。

退職所得控除額の計算（短期退職を除く）

勤続年数	控除額
20年以下	40万円×勤続年数（最低80万円）
20年超	70万円×（勤続年数－20年）＋800万円
	70万円×勤続年数－600万円

（勤続年数は年単位、1年未満の端数は切り上げて1年とする）

（注：障害者になったことが直接の原因で退職した場合の退職所得控除額は、100万円加算される）

（ウ）× 　短期退職手当等※に該当する場合は、退職金の額から退職所得控除額を差し引いた額のうち300万円を超える部分については、2分の1とする計算の適用はない。

※短期退職手当等とは、短期勤続年数（役員等以外の者として勤務した期間により計算した勤続年数が5年以下であるものをいい、この勤続年数については、役員等として勤務した期間がある場合には、その期間を含めて計算する。）に対応する退職手当等として支払を受けるものであって、特定役員退職手当等に該当しないもの。

ワンポイント

【短期退職手当等に係る退職所得の金額の計算方法】

金額区分	収入金額－退職所得控除額≦300万円	収入金額－退職所得控除額＞300万円
退職所得の金額	（収入金額－退職所得控除額）×1／2	150万円※1＋{収入金額－（300万円＋退職所得控除額）}※2 ※1　300万円以下の部分の退職所得の金額 ※2　300万円を超える部分の退職所得の金額

（注：上記により計算した退職所得の金額に1,000円未満の端数があるときは、これを切り捨てる。）

（エ）× 　退職一時金を受け取った場合、退職金の支払を受けるときまでに、「退職所得の受給に関する申告書」を退職金の支払者に提出すると、課税関係は終了（分離課税）し、原則として確定申告は不要となる。「退職所得の受給に関する申告書」を提出していない場合は、退職金の収入金額から一律20%の所得税が源泉徴収され、確定申告で精算する。

正　解　（ア）× 　（イ）× 　（ウ）× 　（エ）×

4
タックスプランニング

問 **9**　会社員の小田さんは、2022年12月末で35年4ヵ月勤め続けてきた株式会社YZを退職し、退職一時金3,000万円を受け取った。この退職一時金に係る退職所得の金額はいくらになるか。なお、小田さんは、勤務先の役員であったことはなく、退職は障害者になったことに基因するものではない。また、解答に当たっては、解答用紙に記載されている単位に従うこと。

＜退職所得の計算式＞

（収入金額－退職所得控除額）×１／２

・退職所得控除額の計算（役員期間を除く）

　　小田さんは勤務先で役員であったことはなく、退職は障害者になったことに起因するものではないので、

勤続年数	控除額
20年以下	40万円×勤続年数（最低80万円）
20年超	70万円×（勤続年数－20年）＋800万円 70万円×勤続年数－600万円

（勤続年数は年単位、１年未満の端数は切り上げて１年とする）

（注：障害者になったことが直接の原因で退職した場合の退職所得控除額は、100万円加算される）

　　勤続年数は35年４ヵ月なので、退職所得控除額の算定では36年（年未満切上げ）。

　　小田さんの退職所得控除額は、20年超の計算式に36年を代入する。

　　70万円×（36年－20年）＋800万円＝1,920万円

　　収入金額：退職金一時金3,000万円（問題条件から）

　　退職所得＝（3,000万円－1,920万円）×１／２＝**540万円**

ワンポイント

短期退職手当等

　短期退職手当等（役員等以外の者として勤務した期間により計算した勤続年数が５年以下※に対応する退職手当等として支払を受けるものであって、特定役員退職手当等に該当しないもの）に該当する場合は、退職金の額から退職所得控除額を差し引いた額のうち300万円を超える部分については、２分の１とする計算の適用はない。

※この勤続年数については役員等として勤務した期間がある場合は、その期間を含める。

参考

　退職金の支払を受けるときまでに、「退職所得の受給に関する申告書」を退職金の支払者に提出すると、課税関係は終了（分離課税）し、原則として確定申告は不要となる。

　「退職所得の受給に関する申告書」を提出していない場合は、退職金の収入金額から一律20％の所得税が源泉徴収され、確定申告で精算する。

正解　540（万円）

問 **10**　会社員の平尾さんは、2022年6月末に勤務先を退職した。平尾さんの退職に係るデータが下記＜資料＞のとおりである場合、平尾さんの退職一時金に係る退職所得の金額として、正しいものはどれか。なお、平尾さんは、勤務先の役員であったことはなく、「退職所得の受給に関する申告書」を適正に提出している。また、退職は障害者になったことに基因するものではない。

＜資料：平尾さんの退職に係るデータ＞

支給される退職一時金	1,300万円
勤続期間	23年3ヵ月

1.　110万円
2.　145万円
3.　220万円
4.　290万円

＜退職所得の計算式＞

（収入金額－退職所得控除額）×１／２

・退職所得控除額の計算

勤続年数	控除額
20 年以下	40 万円×勤続年数（最低 80 万円）
20 年超	70 万円×（勤続年数－ 20 年）＋ 800 万円 70 万円×勤続年数－ 600 万円

（勤続年数は年単位、１年未満の端数は切り上げて１年とする）

（注：障害者になったことが直接の原因で退職した場合の退職所得控除額は、100 万円加算される）

勤続年数は 23 年３ヵ月なので、退職所得控除額の算定では 24 年（年未満切上げ）。

平尾さんの退職所得控除額は、20 年超の計算式に 24 年を代入する。

70 万円×（24 年－ 20 年）＋ 800 万円＝ 1,080 万円

退職所得＝（1,300 万円－ 1,080 万円）×１／２＝ **110 万円**

ワンポイント

短期退職手当等

　短期退職手当等（役員等以外の者として勤務した期間により計算した勤続年数が５年以下※に対応する退職手当等として支払を受けるものであって、特定役員退職手当等に該当しないもの）に該当する場合は、退職金の額から退職所得控除額を差し引いた額のうち 300 万円を超える部分については、２分の１とする計算の適用はない。

※この勤続年数については役員等として勤務した期間がある場合は、その期間を含める。

【短期退職手当等に係る退職所得の金額の計算方法】

金額区分	収入金額－退職所得控除額≦ 300 万円	収入金額－退職所得控除額＞ 300 万円
退職所得の 金額	（収入金額－退職所得控除額）×１／２	150万円[1]＋{収入金額－（300万円＋退職所得控除額）}[2] [1]　300万円以下の部分の退職所得の金額 [2]　300万円を超える部分の退職所得の金額

（注：上記により計算した退職所得の金額に 1,000 円未満の端数があるときは、これを切り捨てる。）

参考

　退職金の支払を受けるときまでに、「退職所得の受給に関する申告書」を退職金の支払者に提出すると、課税関係は終了（分離課税）し、原則として確定申告は不要となる。

　「退職所得の受給に関する申告書」を提出していない場合は、退職金の収入金額から一律20％の所得税が源泉徴収され、確定申告で精算する。

正　解　　1

問11 退職所得に関する次の（ア）～（ウ）の記述のうち、適切なものには〇、不適切なものには×を解答欄に記入しなさい。

（ア）障害者になったことを直接の原因として勤続年数10年で退職した場合の退職所得控除額は、「40万円×勤続年数」により計算した額に50万円を加えた金額となる。

（イ）退職所得控除額を計算する際の勤続年数に1年未満の端数があるときには、その端数を切り上げて勤続年数に含めて計算する。

（ウ）退職所得の金額は、役員の場合でもその在任（勤続）年数に関わらず、退職一時金の額から退職所得控除額を控除した残額の2分の1に相当する額となる。

解　説

チェック□□□

（ア）**×**　障害者になったことが直接の原因で退職した場合の退職所得控除額は、「40万円×勤続年数」により計算した額に100万円を加えた金額。

（イ）**〇**　記述のとおりである。

（ウ）**×**　退職所得の金額は、退職所得一時金の額から退職所得控除額を控除した残額の2分の1に相当する額であるが、短期退職手当等（短期勤続年数※に対応する退職手当等として支払を受けるものであって、特定役員退職手当等に該当しないもの）に該当する場合は、退職金の額から退職所得控除額を差し引いた額のうち300万円を超える部分については、2分の1とする計算の適用はない。

※役員等以外の者として勤務した期間により計算した勤続年数が5年以下。この勤続年数については役員等として勤務した期間がある場合は、その期間を含める。

ワンポイント

・退職所得控除額の計算

勤続年数	控除額
20年以下	40万円×勤続年数（最低80万円）
20年超	70万円×（勤続年数－20年）＋800万円
	70万円×勤続年数－600万円

（勤続年数は年単位、1年未満の端数は切り上げて1年とする）

正　解　（ア）×　（イ）〇　（ウ）×

所得税

退職慰労金

重要度 **A**

2023年5月出題

問12 株式会社QSの代表取締役の川久保さんが任期満了で退任した場合、同社の役員退職慰労金規程に基づき、川久保さんが受け取ることができる役員退職慰労金の金額を計算しなさい。なお、解答は以下の<前提条件>および<資料>に基づくものとし、記載のない事項については一切考慮しないものとする。また、解答に当たっては、解答用紙に記載されている単位に従うこと。

<前提条件>

・入社時年齢：45歳
・退任時年齢：70歳（役員在任年数25年間）
・退任時の最終報酬月額：80万円
・入社から退任までの役位は継続して代表取締役

<資料：株式会社QSの役員退職慰労金規程>

[役員退職慰労金規程]（抜粋）

第1条（総則）
　この規程は退任した取締役または監査役（以下「役員」という）の役員退職慰労金および弔慰金について定めるものである。

第2条（退任の定義）
　退任の時期は以下の各号に定めるときとする。
　①辞任　②任期満了　③解任　④死亡

第3条（金額の算定）
　役員退職慰労金の算定は、役位別の最終報酬月額に役位ごとの在任期間の年数を乗じ、役位別係数を乗じて算出した額（以下の式）の合計額とする。

　　最終報酬月額×役員在任年数×功績倍率（役位別係数）＝役員退職慰労金

功績倍率（役位別係数）

代表取締役	3.0
専務取締役	2.4
常務取締役	2.2
取締役	2.0
監査役	1.5

－以下省略－

4
タックスプランニング

　　＜資料:株式会社ＱＳの役員退職慰労金規程＞［役員退職慰労金規程］(抜粋)第３条(金額の算定）から、

　　計算式：役員退職慰労金＝最終報酬月額×役員在任年数×功績倍率（役位別係数）

　　功績倍率（役位別係数）：代表取締役（＜前提条件＞から）3.0

　　＜前提条件＞から

　　　最終報酬月額：80万円（退任時の最終報酬月額）

　　　役員在任年数：25年間

　　　以上から、役員退職慰労金＝80万円×25年間×3.0 ＝ **6,000万円**

問 13 会社員の増田さんの 2023 年分の所得等が下記<資料>のとおりである場合、増田さんが 2023 年分の所得税の確定申告を行う際に、給与所得と損益通算できる損失はいくらになるか。なお、▲が付された所得金額は、その所得に損失が発生していることを意味するものとする。また、記載のない事項については一切考慮しないものとし、解答に当たっては、解答用紙に記載されている単位に従うこと。

<資料>

所得の種類	所得金額	備　　考
給与所得	540 万円	勤務先からの給与で年末調整済み
不動産所得	▲ 70 万円	収入金額：180 万円必要経費：250 万円（※）
譲渡所得	▲ 40 万円	上場株式の売却に係る損失
譲渡所得	▲ 15 万円	ゴルフ会員権の売却に係る損失

（※）必要経費の中には、土地の取得に要した借入金の利子の額 25 万円が含まれている。

　損益通算の対象となる所得は、不動産所得、事業所得、山林所得、譲渡所得であるが、一部対象とならない所得がある。

＜損益通算の対象とならない部分＞

不動産所得	土地等を取得するために要した負債の利子に相当する部分の金額 別荘等の生活に通常必要でない資産の貸付けに係るもの
譲渡所得	土地建物等の譲渡所得の計算上生じた損失（所定の要件を満たす居住用財産の買換え並びに譲渡により生じる譲渡損失は可能） 株式等の譲渡に係る譲渡所得等の金額の計算上生じた損失

＜資料＞から、損益通算できる所得を抽出する。

所得の種類	所得金額	備考	損益通算の可否
給与所得	540万円	勤務先からの給与で年末調整済み	－
不動産所得	▲70万円	収入金額：180万円 必要経費：250万円（※）	一部不可
譲渡所得	▲40万円	上場株式の売却に係る損失	不可
譲渡所得	▲15万円	ゴルフ会員権の売却に係る損失	不可

（※）必要経費の中には、土地の取得に要した借入金の利子の額25万円が含まれている。

損益通算できる金額

　不動産所得について　不動産所得の計算上生じた損失は、給与所得と損益通算できるが、損失の中に含まれる土地の取得に要した借入金の利子は除かれる。増田さんの2023年分の所得における不動産所得の損失額には土地の取得に要した借入金の利子25万円が含まれている（＜資料＞表下（※）から）ので、当該費用を損失から控除した損失額が損益通算の対象となる。

　　損失額－土地の取得に要した借入金の利子＝▲70万円－▲25万円

　　　　　　　　　　　　　　　　　　　　　　　＝▲45万円

参考
　上場株式等に係る譲渡損失は、その年分の上場株式等の配当等に係る利子所得の金額及び配当所得の金額（上場株式等に係る配当所得については、申告分離課税を選択したものに限る）と損益通算算できる。
　上場株式等に係る譲渡損失について損益通算してもなお控除しきれない損失の金額については、翌年以後3年間にわたり、確定申告により上場株式等に係る譲渡所得等の金額及び上場株式等に係る配当所得等の金額から繰越控除することができる。

正解　45（万円）

所得税

損益通算

問 14 個人事業主で青色申告者である志田さんの 2022 年分の所得等が下記＜資料＞のとおりである場合、志田さんが 2022 年分の所得税の確定申告を行う際に、事業所得と損益通算できる損失に関する次の記述のうち、最も適切なものはどれか。なお、▲が付された所得の金額は、その所得に損失が発生していることを意味するものとする。

＜資料＞

所得の種類	所得金額	備考
事業所得	660 万円	喫茶店経営に係る所得で、青色申告特別控除 65 万円控除後の金額
不動産所得	▲80 万円	必要経費：680 万円 必要経費の中には、土地の取得に要した借入金の利子の額 60 万円が含まれている。
譲渡所得	▲60 万円	上場株式の売却に係る損失
雑所得	▲6 万円	執筆活動に係る損失

1．不動産所得▲80 万円と譲渡所得▲60 万円が控除できる。
2．不動産所得▲80 万円と雑所得▲6 万円が控除できる。
3．不動産所得▲20 万円と譲渡所得▲60 万円が控除できる。
4．不動産所得▲20 万円が控除できる。

1. **不適切**。不動産所得の計算上生じた損失は、事業所得と損益通算できるが、損失の中に含まれる土地の取得に要した借入金の利子は除かれる。

　　志田さんの 2022 年分の所得における不動産所得の損失額には土地の取得に要した借入金の利子 60 万円が含まれているので、当該費用を損失から控除した損失額が損益通算の対象となる。

　　損失額−土地の取得に要した借入金の利子＝▲ 80 万円−▲ 60 万円
　　　　　　　　　　　　　　　　　　　　　　＝▲ 20 万円

　　上場株式等に係る譲渡損失は、事業所得とは損益通算できない。なお、その年分の上場株式等の配当等に係る利子所得の金額及び配当所得の金額（上場株式等に係る配当所得については、申告分離課税を選択したものに限る）と損益通算できる。

ワンポイント

　　上場株式等に係る譲渡損失について損益通算してもなお控除しきれない損失の金額については、翌年以後 3 年間にわたり、確定申告により上場株式等に係る譲渡所得等の金額及び上場株式等に係る配当所得等の金額から繰越控除することができる。

2. **不適切**。雑所得の損失は、事業所得と損益通算できない。不動産所得については 1 の解説を参照

3. **不適切**。上場株式売却による譲渡所得の損失は、事業所得と損益通算できない。

4. **最も適切**。選択肢 1 解説参照。

正解　4

所得税

損益通算

問 15 会社員の山岸さんの 2022 年分の所得等が下記<資料>のとおりである場合、山岸さんが 2022 年分の所得税の確定申告を行う際に、給与所得と損益通算できる損失に関する次の記述のうち、最も適切なものはどれか。なお、▲が付された所得金額は、その所得に損失が発生していることを意味する。

<資料>

所得の種類	所得金額	備　　考
給与所得	396 万円	
不動産所得	▲ 100 万円	必要経費：700 万円 必要経費の中には、土地の取得に要した借入金の利子の額 120 万円が含まれている。
雑所得	▲ 10 万円	副業について初期投資による経費発生が多かったことによる損失（赤字）
譲渡所得	▲ 150 万円	上場株式の売却による損失

1．不動産所得▲ 100 万円と損益通算できる。
2．副業の雑所得▲ 10 万円と損益通算できる。
3．上場株式の譲渡所得▲ 150 万円と損益通算できる。
4．損益通算できる損失はない。

1．**不適切**。不動産所得の計算上生じた損失は、給与所得と損益通算できるが、損失の中に含まれる土地の取得に要した借入金の利子は除かれる。

　　　山岸さんの 2022 年分の所得における不動産所得の損失額には土地の取得に要した借入金の利子 120 万円が含まれているので、当該費用を損失から控除した損失額が損益通算の対象となる。

　　　損失額−土地の取得に要した借入金の利子＝▲ 100 万円−▲ 120 万円

　　　　　　　　　　　　　　　　　　　　　　　＝ 20 万円

　　以上から、不動産所得に損益通算の対象となる損失が発生していない。

2．**不適切**。損益通算の対象となる所得は、不動産所得、事業所得、山林所得、譲渡所得であり、雑所得は給与所得と損益通算できない。

> **参考**
> 　損益通算の対象となる所得は、不動産所得、事業所得、山林所得、譲渡所得であるが、一部対象とならない所得がある。
> ＜損益通算の対象とならない部分＞
>
> | 不動産所得 | 土地等を取得するために要した負債の利子に相当する部分の金額
別荘等の生活に通常必要でない資産の貸付けに係るもの |
> |---|---|
> | 譲渡所得 | 土地建物等の譲渡所得の計算上生じた損失（所定の要件を満たす居住用財産の買換え並びに譲渡により生じる譲渡損失は可能）
株式等の譲渡に係る譲渡所得等の金額の計算上生じた損失 |

3．**不適切**。上場株式等に係る譲渡損失は、給与所得とは損益通算できない。なお、その年分の上場株式等の配当等に係る利子所得の金額及び配当所得の金額（上場株式等に係る配当所得については、申告分離課税を選択したものに限る）と損益通算できる。

ワンポイント

　上場株式等に係る譲渡損失について損益通算してもなお控除しきれない損失の金額については、翌年以後 3 年間にわたり、確定申告により上場株式等に係る譲渡所得等の金額及び上場株式等に係る配当所得等の金額から繰越控除することができる。

4．**最も適切**。記述のとおりである。

正　解　　4

所得税

総所得金額

問 16 広尾さん（66 歳）の 2023 年分の収入等が下記＜資料＞のとおりである場合、広尾さんの 2023 年分の所得税における総所得金額として、正しいものはどれか。なお、記載のない事項については一切考慮しないものとし、総所得金額が最も少なくなるように計算すること。

＜資料＞

内　　容	金　　額
アルバイト収入	55 万円
老齢年金および企業年金	350 万円
不動産収入	130 万円

※アルバイト収入は給与所得控除額を控除する前の金額である。

※老齢年金および企業年金は公的年金等控除額を控除する前の金額である。

※不動産収入は土地の貸し付けによる地代収入であり、地代収入に係る必要経費は年間 20 万円である。また、広尾さんは青色申告者であり、青色申告特別控除 10 万円の適用を受けるものとする。なお、必要経費の 20 万円に青色申告特別控除額 10 万円は含まれていない。

＜公的年金等控除額の速算表＞

納税者区分	公的年金等の収入金額（A）		公的年金等控除額
			公的年金等に係る雑所得以外の所得に係る合計所得金額 1,000 万円以下
65 歳未満の者		130 万円 以下	60 万円
	130 万円 超	410 万円 以下	(A) × 25％＋ 27.5 万円
	410 万円 超	770 万円 以下	(A) × 15％＋ 68.5 万円
	770 万円 超	1,000 万円 以下	(A) × 5 ％＋ 145.5 万円
	1,000 万円 超		195.5 万円
65 歳以上の者		330 万円 以下	110 万円
	330 万円 超	410 万円 以下	(A) × 25％＋ 27.5 万円
	410 万円 超	770 万円 以下	(A) × 15％＋ 68.5 万円
	770 万円 超	1,000 万円 以下	(A) × 5 ％＋ 145.5 万円
	1,000 万円 超		195.5 万円

1. 335万円
2. 345万円
3. 355万円
4. 390万円

解　説　　　　　チェック□□□

総所得金額は、各種所得の合計額なので、＜資料から＞各種所得を求める。

・給与所得

アルバイト収入55万円。＜資料＞表下※から、給与所得控除を受ける前の金額なので、給与所得控除後の収入額を計算する。

給与収入金額が55万円（≦162万5千円）円なので、給与所得控除額55万円。

給与所得＝55万円－55万円＝0万円・・・①

参考

給与等の収入金額 （給与所得の源泉徴収票の支払金額）		給与所得控除額
	1,625,000円まで	550,000円
1,625,001円から	1,800,000円まで	収入金額×40%－100,000円
1,800,001円から	3,600,000円まで	収入金額×30%＋80,000円
3,600,001円から	6,600,000円まで	収入金額×20%＋440,000円
6,600,001円から	8,500,000円まで	収入金額×10%＋1,100,000円
8,500,001円以上		1,950,000円（上限）

・雑所得（公的年金等収入）

老齢厚生年金および企業年金は雑所得であり、公的年金等控除を受けることができる。

＜資料＞表下※から、公的年金等控除を受ける前の金額なので、公的年金等控除後の収入額を計算する。

年金額＝350万円。公的年金等控除額は、＜公的年金等控除額の速算表＞を利用して、納税者区分65歳以上の者から、

330万円＜公的年金等の収入額350万円≦410万円。したがって、公的年金等控除額は、350万円（年金額）×25%＋27.5万円＝115万円。

雑所得＝350万円－115万円

　　　＝235万円・・・②

・不動産所得

不動産所得＝総収入金額（不動産収入）－必要経費

＜資料＞表下※から、必要経費は20万円

不動産所得＝130万円－20万円

　　　　　＝110万円・・・③

・青色申告特別控除額

<資料>表下※から、不動産所得の必要経費に青色申告特別控除額は含まれていないので、青色申告特別控除額は 10 万円・・・④

　以上から、総所得金額＝給与所得＋雑所得＋（不動産所得－青色申告特別控除額）
$$= ① + ② + (③ - ④)$$
$$= 0 \text{万円} + 235 \text{万円} + (110 \text{万円} - 10 \text{万円})$$
$$= \mathbf{335 \text{万円}}$$

参考
　一時所得について：課税計算は、他の所得に一時所得の金額の１／２を合算して計算する。

正　解　1

問 17 住吉さんは、加入していた下記<資料>の養老保険が 2023 年 8 月に満期を迎えたため、満期保険金を一括で受け取った。住吉さんの 2023 年分の所得税において、総所得金額に算入すべき一時所得の金額として、正しいものはどれか。なお、住吉さんには、この満期保険金以外に一時所得の対象となるものはないものとする。

<資料>

払込保険料の総額	：430 万円
満期保険金	：500 万円
保険期間	：10 年間

1. 10 万円
2. 20 万円
3. 35 万円
4. 70 万円

解 説

チェック□□□

当該満期保険金による所得は、総合課税となる一時所得である

・一時所得の計算

　一時所得の金額＝総収入金額－収入を得るために支出した金額－特別控除額（最高50 万円）

<資料から>

　総収入金額：満期保険金 500 万円

　収入を得るために支出した金額：払込保険料の総額 430 万円

　以上から、一時所得の金額＝ 500 万円－ 430 万円－ 50 万円＝ 20 万円

　一時所得のある税額計算：一時所得金額の 2 分の 1 に相当する金額を他の所得の金額と合計して総所得金額を求め、税額計算を行う。よって、総所得金額に算入すべき一時所得の金額は、

　一時所得の金額× 1 ／ 2 ＝ 20 万円× 1 ／ 2 ＝ **10 万円**

正 解 1

問 **18** 会社員の明石さんが2021年に支払った保険料等は下記のとおりである。この場合の明石さんの2021年分の所得税における社会保険料控除額を計算しなさい。なお、記載のない条件については一切考慮しないこととする。また、解答に当たっては、解答用紙に記載されている単位に従うこと。

保険料等の種類	支払金額（年額）^{（※1）}
健康保険料	17万円
介護保険料^{（※2）}	3万円
厚生年金保険料	33万円
雇用保険料	1万円
企業型確定拠出年金の マッチング拠出の掛金	5万円
確定給付企業年金の 加入者拠出掛金	12万円

（※1） いずれも明石さんの給与明細および賞与明細に記載された給与および賞与から控除された保険料等の年額であり、会社負担額を含まない。
（※2） 介護保険法の規定による介護保険料である。

解　説

チェック□□□

保険料等の種類	支払金額（年額）（自己負担額）	所得控除の種類
①健康保険料	17万円	社会保険料控除
②介護保険料	3万円	社会保険料控除
③厚生年金保険料	33万円	社会保険料控除
④雇用保険料	1万円	社会保険料控除
⑤企業型確定拠出年金 のマッチング拠出の 掛金	5万円	小規模企業共済等掛金控除
⑥確定給付企業年金の 加入者拠出金	12万円	生命保険料控除

以上から、社会保険料控除額＝①＋②＋③＋④

= **54万円**

正　解　54万円

所得税

所得控除（医療費控除）

重要度 **A**

2023 年 9 月出題

問 19 会社員の榎田さんが 2023 年中に支払った医療費等が下記＜資料＞のとおりである場合、榎田さんの 2023 年分の所得税の確定申告における医療費控除の金額として、正しいものはどれか。なお、榎田さんの 2023 年分の所得は、給与所得 610 万円のみであるものとし、榎田さんは妻および母と生計を一にしている。また、セルフメディケーション税制（特定一般用医薬品等購入費を支払った場合の医療費控除の特例）については考慮せず、保険金等により補てんされる金額はないものとする。

＜資料＞

支払年月	医療等を受けた人	医療機関等	内容	支払金額
2023 年 1 月	母	A 病院	入院治療（注 1）	63,000 円
2023 年 4 月	本人	B 病院	人間ドック（注 2）	47,000 円
	妻			57,000 円
	本人		通院治療	33,000 円
2023 年 8 月	母	C 歯科医院	歯科治療（注 3）	450,000 円

（注 1）母は、2022 年 12 月に入院して、2023 年 1 月に退院している。退院の際に支払った金額 63,000 円のうち 30,000 円は、2022 年 12 月分の入院代および治療費であった。

（注 2）榎田さんは夫婦で人間ドックを受診したが、榎田さんは重大な疾病が発見されたため、引き続き通院をして治療をすることとなった。妻は、人間ドックの結果、異常は発見されなかった。

（注 3）虫歯が悪化したため抜歯し、医師の診断により一般的なインプラント治療を受け、現金で支払った。

1. 43,000 円
2. 463,000 円
3. 493,000 円
4. 550,000 円

榎田さんは妻および母と生計を一にしているので、妻と母のために支払った医療費は、榎田さん本人の医療費控除の対象となる。

ワンポイント

医療費控除の対象となる医療費の要件

①納税者が、自己または自己と生計を一にする配偶者やその他の親族のために支払った医療費であること。

②その年の1月1日から12月31日までの間に支払った医療費であること（未払いの医療費は、実際に支払った年の医療費控除の対象となる。）

＜医療費控除適用の可否＞

支払年月	医療等を受けた人	医療機関等	内　容	支払金額	医療費控除適用
2023年1月	母	A病院	入院治療（注1）	63,000円 ①	可
2023年4月	本人	B病院	人間ドック（注2）	47,000円 ②	可
	妻			57,000円 ③	不可
	本人		通院治療	33,000円 ④	可
2023年8月	母	C歯科医院	歯科治療（注3）	450,000円 ⑤	可

　①医療費控除は、実際に支払われた年において対象となる。（注1）から、内訳に係わらず、2023年に支払われた63,000円が対象となる。

　②③人間ドックや健康診断等の費用は原則として医療費控除の対象外である。ただし、健康診断等の結果、重大な疾病が発見され、かつ、その診断等に引き続きその疾病の治療を行った場合には、当該費用は医療費控除の対象となる。（注2）から、人間ドックによって重大な疾病が発見された榎田さん（本人）は、引き続き通院をして治療をしていることから、本人負担の人間ドック費用②は、医療費控除の対象となる。

　⑤（注3）から、当該治療費は、一般的なインプラント治療によるものである。一般的なインプラント治療は、保険適用外であるが、医療費控除の対象となる。

医療費控除額の算定式

医療費控除額（最高200万円）	＝	その年中に支払った医療費	－	保険金などで補てんされる金額	－	10万円又は所得金額の5％の少ない額

その年中に支払った医療費：①＋②＋④＋⑤＝593,000円

保険金などで補てんされる金額：0円

所得金額の5％：給与所得610万円×5％＝30.5万円＞10万円

医療費控除額＝593,000円－10万円＝**493,000円**

所得税

所得控除（医療費控除）

問 20 会社員の香川さんが 2022 年中に支払った医療費等が下記＜資料＞のとおりである場合、香川さんの 2022 年分の所得税の確定申告における医療費控除の金額（最大額）として、正しいものはどれか。なお、香川さんの 2022 年中の所得は、給与所得 700 万円のみであるものとし、香川さんは妻および中学生の長女と生計を一にしている。また、セルフメディケーション税制（特定一般用医薬品等購入費を支払った場合の医療費控除の特例）については考慮せず、保険金等により補てんされる金額はないものとする。

＜資料＞

支払年月	医療等を受けた人	医療機関等	内容	支払金額
2022 年 2 月	妻	A皮膚科医院	美容のためのスキンケア施術	140,000 円
2022 年 7 月	本人	B病院	健康診断（注1）	11,000 円
2022 年 8 月	本人	B病院	治療費（注1）	150,000 円
2022 年 9 月	長女	C病院	治療費（注2）	25,000 円

（注1）香川さんは 2022 年 7 月に受けた健康診断により重大な疾病が発見されたため、引き続き入院して治療を行った。

（注2）香川さんの長女はテニスの試合中に足を捻挫し、歩行が困難であったためタクシーでC病院まで移動し、タクシー代金として 2,200 円を支払った。その後の通院は、自家用自動車を利用し、駐車場代金として 5,500 円を支払っている。タクシー代金および駐車場代金はC病院への支払金額（25,000 円）には含まれていない。

1. 75,000 円
2. 88,200 円
3. 93,700 円
4. 228,200 円

医療費控除の対象とならない主な事例

> 容姿を美化し、容ぼうを変えるなどの目的で行った整形手術の費用
> 健康診断の費用※
> タクシー代（電車やバスなどの公共交通機関が利用できない場合は除く）
> 自家用車で通院する場合のガソリン代や駐車料金
> 治療を受けるために直接必要としない、近視、遠視のための眼鏡、補聴器等の購入費用
> 親族に支払う療養上の世話の対価
> 予防接種やサプリメント等の購入費
> 親族などから人的役務の提供を受けたことに対し支払う謝礼

※健康診断の費用について

　人間ドックなどの健康診断や特定健康診査の費用は控除の対象とならないが、健康診断の結果、重大な疾病が発見された場合で、引き続き治療を受けたとき、又は特定健康診査を行った医師の指示に基づき一定の特定保健指導を受けたときには、健康診断や特定健康診査の費用は医療費控除の対象となる。

　以上から、医療費控除適用の可否を検討する。

支払年月	医療等を受けた人	医療機関等	内容	支払金額	医療費控除適用
2022 年 2 月	妻	A 皮膚科医院	美容のためのスキンケア施術	140,000 円①	不可
2022 年 7 月	本人	B 病院	健康診断（注 1）	11,000 円②	可
2022 年 8 月	本人	B 病院	治療費（注 1）	150,000 円③	可
2022 年 9 月	長女	C 病院	治療費（注 2）	25,000 円④	可
注 2 から	長女	歩行困難のためタクシーの利用	タクシー代	2,200 円⑤	可
		自家用自動車の利用	駐車場代	5,500 円⑥	不可

　①医療費控除の対象となる範囲は、本人、生計を一にする配偶者その他の親族のために支払った医療費。問題の条件から、妻は同一生計なので、医療費控除を受ける対象者ではあるが、美容のためのスキンケア施術は医療費控除の治療の対象とならない。

　②健康診断は原則として医療費控除の対象とならないが、（注 1）から、健康診断の結果重大な疾病が発見されたため、引き続き入院して治療を行ったので医療費控除の対象となる。

　④医療費控除の対象となる範囲は、本人、生計を一にする配偶者その他の親族のために支払った医療費。問題の条件から、中学生の長女は同一生計なので、長女は医療費控除を受ける対象者である。また、ケガの治療は医療費控除の治療の対象となる。

　⑤歩行が困難な場合、電車やバスなどの公共交通機関が利用できないので、タクシー

による移動費用は、医療費控除の対象となる。

⑥自家用車で通院する場合のガソリン代や駐車料金は医療費控除の対象とならない。

医療費控除額の算定式

医療費控除額 （最高200万円）	=	その年中に支払った医療費	−	保険金などで補てんされる金額	−	10万円又は所得金額の5％の少ない額

その年中に支払った医療費：②＋③＋④＋⑤＝188,200円

保険金などで補てんされる金額：0円

所得金額の5％：給与所得500万円×5％＝25万円＞10万円

医療費控除額＝188,200円−0円−10万円＝**88,200円**

所得税

配偶者控除

問 21 給与所得者の井上純さん（41歳）は、妻の恵さん（40歳）と生計を一にしている。純さんと恵さんの2022年分の所得の状況が下記＜資料＞のとおりである場合、純さんの所得税の計算上、配偶者控除または配偶者特別控除として控除される金額として、正しいものはどれか。なお、記載されている事項以外については、考慮しないものとする。

＜資料＞

井上純さん：給与収入　920万円

　　恵さん：パート収入　50万円

＜給与所得控除額の速算表＞

給与等の収入金額		給与所得控除額
	162.5万円 以下	55万円
162.5万円 超	180万円 以下	収入金額×40％－　10万円
180万円 超	360万円 以下	収入金額×30％＋　 8万円
360万円 超	660万円 以下	収入金額×20％＋　44万円
660万円 超	850万円 以下	収入金額×10％＋110万円
850万円 超		195万円

＜配偶者控除額（所得税）の早見表＞

納税者の合計所得金額	900万円以下	900万円超 950万円以下	950万円超 1,000万円以下
控除対象配偶者	38万円	26万円	13万円
老人控除対象配偶者	48万円	32万円	16万円

<配偶者特別控除額（所得税）の早見表>

配偶者の合計所得金額	納税者の合計所得金額	900万円以下	900万円超950万円以下	950万円超1,000万円以下
48万円超	95万円以下	38万円	26万円	13万円
95万円超	100万円以下	36万円	24万円	12万円
100万円超	105万円以下	31万円	21万円	11万円
105万円超	110万円以下	26万円	18万円	9万円
110万円超	115万円以下	21万円	14万円	7万円
115万円超	120万円以下	16万円	11万円	6万円
120万円超	125万円以下	11万円	8万円	4万円
125万円超	130万円以下	6万円	4万円	2万円
130万円超	133万円以下	3万円	2万円	1万円

1．配偶者控除　　　　26万円
2．配偶者控除　　　　38万円
3．配偶者特別控除　　26万円
4．配偶者特別控除　　38万円

解　説　　　　　チェック☐☐☐

<配偶者控除を受ける要件>
　①控除を受ける納税者本人の合計所得金額が1,000万円以下であること
　②民法の規定による配偶者であること（内縁関係の人は該当しない）。
　③納税者と生計を一にしていること。
　④年間の合計所得金額が48万円以下であること。（給与のみの場合は給与収入が103万円以下）
　⑤青色申告者の事業専従者としてその年を通じて一度も給与の支払を受けていないこと又は白色申告者の事業専従者でないこと。

（出典：国税庁タックスアンサー）

　恵さんは、給与所得者の井上純さんと生計を一にしている配偶者（妻）であるので配偶者控除、配偶者特別控除の所得以外の要件を満たしている。次に所得要件を検討する。
　純さん本人の合計所得金額は、<資料>から、給与収入920万円（合計所得金額725万円※）なので、合計所得金額1,000万円以下で、所得要件を満たす。
※純さんの合計所得金額の算定
　　純さんの給与収入金額は920万円。<給与所得控除額の速算表>から、給与所得控除額は195万円。
　　給与所得金額＝920万円－195万円＝725万円
　妻の恵さんの合計所得金額は、<資料>から、パート収入50万円なので、合計所得

金額 48 万円（給与収入 103 万円）以下となり所得要件を満たす。

　以上から、配偶者控除を受ける所得要件を満たし、配偶者控除を受けることになる。

　配偶者控除額は、＜配偶者控除額（所得税）の早見表＞から、納税者の合計所得金額 900 万円以下（前掲純さんの合計所得金額の算定を参照）、妻の恵さんの年齢は 40 歳なので老人控除対象配偶者※に該当しない。以上から、配偶者控除額は 38 万円。

　現制度においては、配偶者控除と配偶者特別控除のどちらか一方のみの控除しか受けることはないので、純さんの所得税の計算上、**配偶者控除のみ受け、控除額は 38 万円。**

※老人控除対象配偶者

　老人控除対象者は、控除対象配偶者のうち、その年 12 月 31 日現在の年齢が 70 歳以上の者。妻の恵さんの年齢 40 歳＜ 70 歳なので、老人控除対象配偶者に該当しない。

> **参考**
>
> ＜配偶者特別控除を受ける要件＞
> ①控除を受ける納税者本人のその年における合計所得金額が 1,000 万円以下であること。
> ②配偶者が、次の要件すべてに当てはまること。
> 　イ　民法の規定による配偶者であること（内縁関係の人は該当しない）。
> 　ロ　控除を受ける人と生計を一にしていること。
> 　ハ　その年に青色申告者の事業専従者としての給与の支払を受けていないことまたは白色申告者の事業専従者でないこと。
> 　ニ　年間の合計所得金額が 48 万円超 133 万円以下であること。
> ③配偶者が、配偶者特別控除を適用していないこと。
> ④配偶者が、給与所得者の扶養控除等申告書または従たる給与についての扶養控除等申告書に記載された源泉控除対象配偶者がある居住者として、源泉徴収されていないこと（配偶者が年末調整や確定申告で配偶者特別控除の適用を受けなかった場合等を除く）。
> ⑤配偶者が、公的年金等の受給者の扶養親族等申告書に記載された源泉控除対象配偶者がある居住者として、源泉徴収されていないこと（配偶者が年末調整や確定申告で配偶者特別控除の適用を受けなかった場合等を除く）。　　　　　　（出典：国税庁タックスアンサー）

4　タックスプランニング

正解　2

所得税

所得控除（全般）

重要度 **A**

2022年9月出題

問 **22** 山岸健太さん（72歳）の2022年の収入等が下記のとおりである場合、山岸さんの2022年分の所得税における公的年金等控除額として、正しいものはどれか。

＜2022年分の収入等＞

内　　容	金　　額
老齢厚生年金および企業年金（老齢年金）(注1)	340万円
生命保険の満期保険金 (注2)	650万円
その他の所得金額 (注3)	875万円

（注1）老齢厚生年金および企業年金は、公的年金等控除額を控除する前の金額である。

（注2）生命保険は、保険期間30年の養老保険であり、保険契約者・保険料負担者・満期保険金受取人は山岸さんである。保険料の総額は400万円で、満期保険金は一時金で受け取っている。なお、契約者配当については考慮しないこととする。

（注3）全額が公的年金等に係る雑所得以外の所得である。

＜公的年金等控除額の速算表＞

納税者区分	公的年金等の収入金額（A）	公的年金等控除額 公的年金等に係る雑所得以外の所得に係る合計所得金額 1,000万円 以下
65歳未満の者	130万円 以下	60万円
	130万円 超　410万円 以下	（A）× 25％ + 27.5万円
	410万円 超　770万円 以下	（A）× 15％ + 68.5万円
	770万円 超　1,000万円 以下	（A）× 5％ + 145.5万円
	1,000万円 超	195.5万円
65歳以上の者	330万円 以下	110万円
	330万円 超　410万円 以下	（A）× 25％ + 27.5万円
	410万円 超　770万円 以下	（A）× 15％ + 68.5万円
	770万円 超　1,000万円 以下	（A）× 5％ + 145.5万円
	1,000万円 超	195.5万円

1.　110 万円
2.　340 万円 × 25％ + 27.5 万円 = 112.5 万円
3.　(340 万円 + 650 万円 − 400 万円) × 15％ + 68.5 万円 = 157 万円
4.　(340 万円 + 650 万円) × 5％ + 145.5 万円 = 195 万円

解　説

　山岸さんの 2022 年分の所得税における公的年金等控除額を受けることができる所得は、老齢厚生年金および企業年金（老齢年金）のみである。

　公的年金等控除額の算定

　＜2022 年分の収入等＞から、公的年金等控除額を控除する前の老齢厚生年金および企業年金（老齢年金）の金額は 340 万円。

　公的年金等控除額は、＜公的年金等控除額の速算表＞を利用して、山岸健太さんは 72 歳なので、納税者区分 65 歳以上の者から、

　公的年金等の収入額 330 万円 < 340 万円 ≦ 410 万円

　したがって、公的年金等控除額は、340 万円 × 25％ + 27.5 万円 = **112.5 万円**

4
タックスプランニング

正　解　2

所得税

税額控除（住宅ローン控除）

問 23 会社員の大津さんは、妻および長男との3人暮らしである。大津さんが2022年中に新築住宅を購入し、同年中に居住を開始した場合等の住宅借入金等特別控除（以下「住宅ローン控除」という）に関する次の（ア）～（エ）の記述について、適切なものには〇、不適切なものには×を解答欄に記入しなさい。なお、大津さんは、年末調整および住宅ローン控除の適用を受けるための要件をすべて満たしているものとする。

（ア）2022年分の住宅ローン控除可能額が所得税から控除しきれない場合は、その差額を翌年度の住民税から控除することができるが、その場合、市区町村への住民税の申告が必要である。

（イ）大津さんが所得税の住宅ローン控除の適用を受ける場合、2022年分は確定申告をする必要があるが、2023年分以降は勤務先における年末調整により適用を受けることができる。

（ウ）一般的に、住宅ローン控除は、その建物の床面積の内訳が居住用40㎡、店舗部分30㎡の合計70㎡の場合は適用を受けることができない。

（エ）将来、大津さんが住宅ローンの繰上げ返済を行った結果、すでに返済が完了した期間と繰上げ返済後の返済期間の合計が8年となった場合、繰上げ返済後は住宅ローン控除の適用を受けることができなくなる。

（ア）✕　住宅ローン控除可能額のうち所得税から控除しきれない額があった場合、翌年度の個人住民税から控除することができる。なお、市町村への住民税の申告は不要である。

（イ）○　給与所得者が所得税の住宅ローン控除の適用を受ける場合、初年度分は確定申告をする必要があるが、翌年以降は勤務先における年末調整により適用を受けることができる。

（ウ）✕　住宅ローン控除を受ける対象者の所得制限は、合計所得金額が 2,000 万円以下。対象となる住宅の要件は、床面積が 50㎡以上であり、かつ、床面積の 2 分の 1 以上を専ら自己の居住の用に供していること。なお、合計所得金額が 1,000 万円以下の場合は、免責要件が 40㎡以上 50㎡未満でも適用可能である。

　　店舗や事務所などと併用になっている住宅の場合の住宅の床面積は、店舗や事務所などの部分も含めた建物全体の床面積で判断する。

（エ）○　住宅ローン控除を受けている住宅ローンを繰上げ返済した場合、すでに返済が完了した期間と繰上げ返済後の返済期間の合計が 10 年未満となった場合、繰上げ返済後は住宅ローン控除の適用を受けることができなくなる。実務上の住宅ローン控除と繰上げ返済の重要ポイントである。

参考

転勤等における住宅ローン控除の適用について

・住宅ローン控除を受けている者が転勤により単身赴任（国内）する場合

　　所定の要件を満たす家族（配偶者や子ども等）が引き続き居住し、後日居住者が戻り再び居住すると認められる場合は、引き続き住宅ローン控除の適用を受けることができる。また、2016 年 4 月 1 日以降の住宅の取得等の所有者については、転勤先が国内のみならず、国外も対象となる。

・住宅ローン控除を受けている者が家族とともに転勤し、再び居住の用に供した場合の再適用

　　転勤した年から住宅ローン控除を受けることはできなくなる。また、所定の手続きを踏むことで、転勤が終わり再度居住する場合、残存控除期間につき、この特別控除の再適用を受けることができる。

参考

2024 年度税制改正：住宅ローン控除の借入限度額緩和

	住宅性能	子育て世帯・若者夫婦世帯	一般世帯
新築・買取再販住宅	認定長期優良住宅・認定低炭素住宅	5,000 万円	4,500 万円
	ZEH 水準省エネ住宅	4,500 万円	3,500 万円
	省エネ基準適合住宅	4,000 万円	3,000 万円

正　解　（ア）✕　（イ）○　（ウ）✕　（エ）○

（右端）4　タックスプランニング

5

不動産

問1 下記<資料>は、大津さんが購入を検討している物件の登記事項証明書の一部である。この登記事項証明書に関する次の記述のうち、最も不適切なものはどれか。なお、<資料>に記載のない事項については一切考慮しないものとする。

<資料>

権利部（甲区）（所有権に関する事項）			
順位番号	登記の目的	受付年月日・受付番号	権利者その他の事項
1	所有権保存	平成13年4月2日 第×718号	所有者　××市○×二丁目1番2号 細井正

権利部（乙区）（所有権以外の権利に関する事項）			
順位番号	登記の目的	受付年月日・受付番号	権利者その他の事項
1	抵当権設定	平成13年4月2日 第×719号	原因　平成13年4月2日金銭消費貸借同日設定 債権額　金3,000万円 利息　年2.80%（年365日日割計算） 損害金　年14.5%（年365日日割計算） 債務者　××市○×二丁目1番2号 細井正 抵当権者　△△区○△二丁目2番3号 株式会社KM銀行

1．権利部（甲区）には、所有権の移転登記のほか、差押え等が記載される。

2．この物件には株式会社KM銀行の抵当権が設定されているが、別途、ほかの金融機関などが抵当権を設定することもできる。

3．細井正さんが株式会社KM銀行への債務を完済した場合、当該抵当権の登記は自動的に抹消される。

4．登記事項証明書は、誰でも法務局などにおいて、交付請求をすることができる。

1. **適切**。記述のとおりである。
   権利部甲区・乙区欄に記載される事項は次のとおり。

権利部（甲区）	所有権に関する事項が記載される。 所有権保存登記、所有権移転登記、買戻し特約、差押えなど
権利部（乙区）	所有権以外の権利に関する事項が記載される。 抵当権設定、地上権設定、地役権設定など

ワンポイント
　権利部（甲区）の最後に所有者として記載されている者が現在の所有者である。

2. **適切**。抵当権は複数設定することができる。複数設定されるときは、弁済に優先順位があり、早く登記したものから優先される。

3. **最も不適切**。債務が弁済されても設定されている抵当権は自動的には抹消されない。抵当権を抹消するためには「抵当権抹消登記」を行う必要がある。設定された内容の債務を弁済したときに債権者から交付される完済の証明書を添付して、抵当権の抹消登記の手続きをすることで抹消される。

ワンポイント
　登記事項証明書では、抹消された記録は、アンダーラインが付されている。

4. **適切**。記述のとおりである。

5 不動産

正　解　3

問 2 下記<資料>は、湯本さんが購入を検討している物件の登記事項証明書の一部である。この登記事項証明書に関する次の（ア）〜（エ）の記述について、適切なものには〇、不適切なものには×を解答欄に記入しなさい。なお、<資料>に記載のない事項は一切考慮しないこととする。

<資料>

権利部（A）（所有権に関する事項）			
順位番号	登記の目的	受付年月日・受付番号	権利者その他の事項
1	所有権保存	平成15年5月20日 第×6330号	所有者　××市〇×三丁目4番5号 三上順二

権利部（×××）（所有権以外の権利に関する事項）			
順位番号	登記の目的	受付年月日・受付番号	権利者その他の事項
1	抵当権設定	平成15年5月20日 第×6331号	原因　平成15年5月20日金銭消費貸借同日設定 債権額 金4,000万円 利息　年2.475％（12分の1月利計算） 損害金　年14.5％（年365日日割計算） 債務者　××市〇×三丁目4番5号 三上順二 抵当権者　△△区〇△五丁目2番1号 株式会社HZ銀行

（ア）所有権保存など所有権に関する事項が記載されている欄（A）は、権利部の乙区である。

（イ）この物件には株式会社HZ銀行の抵当権が設定されているため、別途、ほかの金融機関が抵当権を設定することはできない。

（ウ）三上順二さんが株式会社HZ銀行への債務を完済すると、当該抵当権の登記は自動的に抹消される。

（エ）本物件の登記事項証明書は、現在の所有者である三上順二さんのほか利害関係者でなければ、交付の請求をすることができない。

（ア）✕　所有権保存など所有権に関する事項が記載されている欄は、権利部の甲区である。

権利部甲区・乙区に記載される事項は次のとおり。

権利部（甲区）	所有権に関する事項が記載される。 所有権保存登記、所有権移転登記、買戻し特約、差押えなど
権利部（乙区）	所有権以外の権利に関する事項が記載される。 抵当権設定、地上権設定、地役権設定など

ワンポイント

権利部（甲区）の最後に所有者として記載されている者が現在の所有者である。

（イ）✕　抵当権は複数設定することができる。複数設定されるときは、弁済に優先順位があり、早く登記したものから優先される。

（ウ）✕　債務が弁済されても設定されている抵当権は自動的には抹消されない。抵当権を抹消するためには「抵当権抹消登記」を行う必要がある。設定された内容の債務を弁済したときに債権者から交付される完済の証明書を添付して、抵当権の抹消登記の手続きをすることで抹消される。

ワンポイント

登記事項証明書では、抹消された記録は、アンダーラインが付されている。

（エ）✕　登記事項証明書や登記事項要約書は、誰でも手数料を納付すれば交付の請求をすることができる。

5

不

動

産

正　解　（ア）✕　（イ）✕　（ウ）✕　（エ）✕

問 3 下記＜資料＞は、大垣一郎さんが所有する土地の登記事項証明書の一部である。この登記事項証明書に関する次の（ア）〜（エ）の記述について、適切なものには○、不適切なものには×を解答欄に記入しなさい。なお、＜資料＞に記載のない事項は一切考慮しないこととする。

＜資料＞

権利部（乙区）　（ ＊＊＊ ）			
順位番号	登記の目的	受付年月日・受付番号	権利者その他の事項
1	抵当権設定	平成22年11月15日 第9△457号	原因　平成22年11月15日金銭消費 　　貸借同日設定 債権額　金4,000万円 利息　年1.275%（年365日日割計算） 損害金　年14%（年365日日割計算） 債務者　○○区△△三丁目××番○号 　　青山二郎 抵当権者　××区○○一丁目□番□号 　　株式会社ＰＫ銀行 共同担保　目録（×）第734□号

※問題作成の都合上、一部を「＊＊＊」としている。

（ア）登記事項証明書は、法務局などにおいて手数料を納付すれば、誰でも交付の請求をすることができる。

（イ）この土地には株式会社ＰＫ銀行の抵当権が設定されているが、別途、ほかの金融機関が抵当権を設定することも可能である。

（ウ）上記＜資料＞から、抵当権の設定当時、青山二郎さんがこの土地の所有者であったことが確認できる。

（エ）青山二郎さんが株式会社ＰＫ銀行への債務を完済すると、当該抵当権の登記は自動的に抹消される。

（ア）〇　登記事項証明書や登記事項要約書は、誰でも手数料を納付すれば、誰でも交付の請求をすることができる。

（イ）〇　抵当権は複数設定することができる。複数設定されるときは、弁済に優先順位があり、早く登記したものから優先される。

（ウ）✕　所有権に関する事項は権利部（甲区）に記載されており、権利部（乙区）欄からは、所有者を確認できない。

　　　権利部甲区・乙区欄に記載される事項は次のとおり。

権利部（甲区）	所有権に関する事項が記載される。 所有権保存登記、所有権移転登記、買戻し特約、差押えなど
権利部（乙区）	所有権以外の権利に関する事項が記載される。 抵当権設定、地上権設定、地役権設定など

（エ）✕　債務が弁済されても設定されている抵当権は自動的には抹消されない。抵当権を抹消するためには「抵当権抹消登記」を行う必要がある。設定された内容の債務を弁済したときに債権者から交付される完済の証明書を添付して、抵当権の抹消登記の手続きをすることで抹消される。

ワンポイント

　登記事項証明書では、抹消された記録は、アンダーラインが付されている。

5

不
動
産

正　解　（ア）〇　（イ）〇　（ウ）✕　（エ）✕

不動産関連法規

借地借家法

重要度 A

2022年9月改題

問 4 　羽田さんは、所有しているアパートを貸すに当たり、FPの近藤さんに借家契約の説明を受けた。借地借家法に基づく借家契約に関する下表の空欄（ア）～（エ）に入る最も適切な語句を語群の中から選び、その番号のみを解答欄に記入しなさい。なお、同じ語句を何度選んでもよいこととする。

		普通借家契約	定期借家契約
契約方法		（　ア　）	（　イ　）
契約の更新		賃貸人に正当事由がない限り更新される	（　ウ　）
契約期間	1年未満の場合	（　エ　）	1年未満の契約期間を定めることもできる
	1年以上の場合	制限はない	制限はない

<語群>
1. 制限はない
2. 公正証書等の書面・電磁的記録による
3. 賃貸人に正当事由がない限り更新される
4. 期間満了により終了し、更新されない
5. 期間の定めのない契約とみなされる
6. 1年の契約期間とみなされる

		普通借家契約	定期借家契約
契約方法		（ア：**制限はない**）	（イ：**公正証書等の書面・電磁的記録による**）
契約の更新		賃貸人に正当事由がない限り更新される	（ウ：**期間満了により終了し、更新されない**）
契約の期間	1年未満の場合	（エ：**期間の定めのない契約とみなされる**）	1年未満の契約期間を定めることもできる
	1年以上の場合	制限はない	制限はない

参考
・普通借家契約における契約更新における貸主側からの拒絶には、正当事由が必要である。正当事由は次の通り。
　①建物の賃貸人及び賃借人がそれぞれ当該建物の使用を必要とする事情。
　②建物の賃貸借に関する従前の経過。
　③建物の利用状況及び建物の現況。
　④建物の賃貸人が建物の明渡しの条件としてまたは明渡しと引換えに賃借人に対して財産上の給付（立退料）を申出た場合には、その申出。
・定期借家契約の中途解約：定期借家契約における借主からの中途解約は、原則としてできない。ただし、転勤や療養というようなやむを得ない事情がある場合、床面積が200㎡未満の居住用建物に限り可能。

5

不動産

正　解　（ア）1　（イ）2　（ウ）4　（エ）5

問 5 建築基準法に従い、下記＜資料＞の甲土地に建物を建築する場合の建築面積の最高限度を計算しなさい。なお、記載のない事項については一切考慮しないものとする。また、解答に当たっては、解答用紙に記載されている単位に従うこと。

＜資料＞

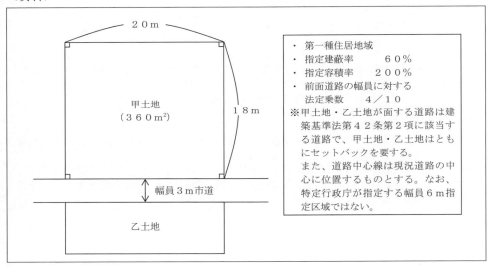

20m

甲土地
（360m²）

18m

幅員3m市道

乙土地

・ 第一種住居地域
・ 指定建蔽率　　60％
・ 指定容積率　　200％
・ 前面道路の幅員に対する
　法定乗数　　4／10
※甲土地・乙土地が面する道路は建築基準法第42条第2項に該当する道路で、甲土地・乙土地はともにセットバックを要する。
また、道路中心線は現況道路の中心に位置するものとする。なお、特定行政庁が指定する幅員6m指定区域ではない。

　建築面積の最高限度額の計算式は、「敷地面積×建蔽率」。

　＜資料＞※から、前面道路が２項道路のため、セットバックを必要とする。セットバックした部分は建蔽率や容積率の計算上、敷地面積に算入できない。

　＜資料＞から、セットバック後の道路境界は、特定行政庁が指定する幅員６ｍ指定区域ではないので、道路の中心線から２ｍの線である。道路中心線は現況道路の中心に位置するので、現在の道路境界は、道路中心線から３ｍ÷２＝1.5mの線である。セットバックにより道路に供出する敷地面積は 20m ×（２ｍ − 1.5m）＝ 10㎡

　以上から、敷地として利用する面積は、360㎡ − 10㎡ ＝ 350㎡

　建築面積の最高限度は、建蔽率６／10で、その他建蔽率に対する制限事項がない。よって、建築面積の最高限度は 350㎡× ６／10 ＝ **210㎡**

参考 建蔽率の緩和	
①　特定行政庁の規定する角地等	10%加算
②　防火地域・準防火地域の建築物 　イ）防火地域内における耐火建築物及び耐火 　　建築物と同等以上の延焼防止機能を有する 　　建築物 　ロ）準防火地域内における耐火建築物、準耐 　　火建築物及びこれらの建築物と同等以上の 　　延焼防止機能を有する建築物	10%加算
③　①②に該当する場合	20%加算
指定建蔽率が80%で②イ）に該当する場合	制限なし（100%）

5

不
動
産

正　解　210（㎡）

不動産の行政法規

建築基準法（建蔽率・容積率）

2023年9月出題

重要度 **A**

問 **6** 建築基準法に従い、下記＜資料＞の土地に耐火建築物を建てる場合、建築面積の最高限度（ア）と延べ面積（床面積の合計）の最高限度（イ）の組み合わせとして、正しいものはどれか。なお、＜資料＞に記載のない条件については一切考慮しないものとする。

＜資料＞

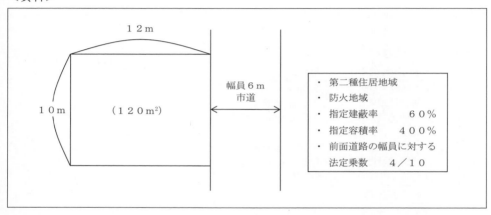

1．（ア）72㎡　（イ）288㎡
2．（ア）72㎡　（イ）480㎡
3．（ア）84㎡　（イ）288㎡
4．（ア）84㎡　（イ）480㎡

（ア）**84㎡**

建築面積の最高限度の計算式は、「敷地面積×建蔽率」

防火地域に耐火建築物を建てるので、建蔽率が10％（1／10）緩和される。

＜資料＞から当該土地の建蔽率は6／10であり、緩和規定による1／10加算で7／10。したがって、建築面積の最高限度は、$120㎡ × 7／10 = $ **84㎡**

（イ）**288㎡**

延べ面積の最高限度の計算式は、「敷地面積×容積率」

前面道路幅員による制限を検討する（容積率は、前面道路幅員が12m未満の場合、制限を受ける）。

＜資料＞から、前面道路幅員による容積率の制限値は、$6 × 4／10 = 24／10$

与えられた容積率（40／10）と前面道路幅員による容積率の制限値（24／10）を比較して厳しい方が容積率として適用されるので24／10が適用される。

したがって、延べ面積の最高限度は、$120㎡ × 24／10 = $ **288㎡**

参考 建蔽率の緩和	
①　特定行政庁の規定する角地等	10％加算
②　防火地域・準防火地域の建築物 　イ）防火地域内における耐火建築物及び耐火建築物と同等以上の延焼防止機能を有する建築物 　ロ）準防火地域内における耐火建築物、準耐火建築物及びこれらの建築物と同等以上の延焼防止機能を有する建築物	10％加算
①②に該当する場合	20％加算
指定建蔽率が80％で②イ）に該当する場合	制限なし（100％）

5

不

動

産

問 7 建築基準法に従い、下記＜資料＞の土地に建築物を建てる場合の延べ面積（床面積の合計）の最高限度を計算しなさい。なお、記載のない条件は一切考慮しないこととする。また、解答に当たっては、解答用紙に記載されている単位に従うこと。

＜資料＞

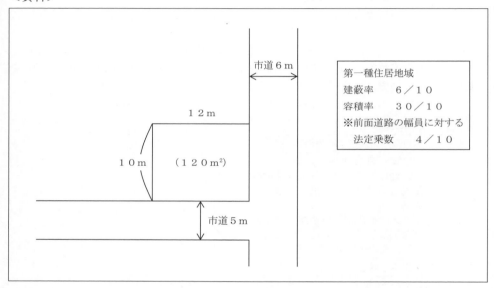

　延べ面積の最高限度の計算式は、「敷地面積×容積率」

　前面道路幅員による制限を検討する（容積率は、前面道路幅員が12m未満の場合、制限を受ける）。

　前面道路が2つ以上ある場合は、幅員の広い方の道路が基準となるので、＜資料＞から、前面道路の幅員は6m、法定乗数：4／10

　以上から、前面道路幅員による容積率の制限値は、6×4／10＝24／10

　与えられた容積率（30／10）と前面道路幅員による容積率の制限値（24／10）を比較して厳しい方が容積率として適用されるので24／10が適用される。

　したがって、延べ面積の最高限度は、120㎡×24／10＝**288㎡**

参考

建蔽率の緩和

①特定行政庁の規定する角地等	10％加算
②防火地域・準防火地域の建築物 イ）防火地域内における耐火建築物及び耐火建築物と同等以上の延焼防止機能を有する建築物 ロ）準防火地域内における耐火建築物、準耐火建築物及びこれらの建築物と同等以上の延焼防止機能を有する建築物	10％加算
① ②に該当する場合	20％加算
指定建蔽率が80％で②イ）に該当する場合	制限なし（100％）

5

不
動
産

正　解　288（㎡）

問 8 建築基準法に従い、下記＜資料＞の土地に建物を建てる場合の建築面積の最高限度を計算しなさい。なお、＜資料＞に記載のない条件については一切考慮しないこととする。また、解答に当たっては、解答用紙に記載されている単位に従うこと。

＜資料＞

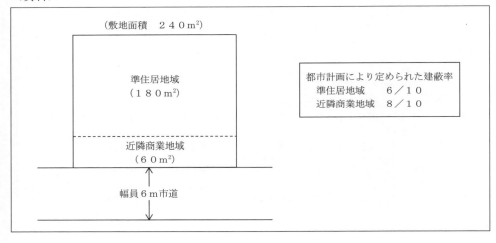

建築面積の最高限度の計算式は、「敷地面積×建蔽率」

建蔽率が異なる敷地にまたがる建物についての建蔽率は、加重平均によって求める。

＜資料＞から、当該土地の建蔽率は、準住居地域は6／10　　近隣商業地域は8／10

当該敷地全体の建蔽率は次のとおり。

$$\frac{180㎡ × 6／10}{180㎡ + 60㎡} + \frac{60㎡ × 8／10}{180㎡ + 60㎡} = \frac{156}{240}$$

したがって、建築面積の最高限度は 240㎡ × 156／240 ＝ **156㎡**

（別解）それぞれの敷地について個別に計算し合計しても正解を得ることができる。

準住居地域：180㎡　　建蔽率6／10

180㎡ × 6／10 ＝ 108㎡…①

近隣商業地域：60㎡　　建蔽率8／10

60㎡ × 8／10 ＝ 48㎡…②

敷地全体の建築面積の最高限度は ①＋② ＝ **156㎡**

参考　建蔽率の緩和	
①　特定行政庁の規定する角地等	10%加算
②　防火地域・準防火地域の建築物 　イ）防火地域内における耐火建築物及び耐火建築物と同等以上の延焼防止機能を有する建築物 　ロ）準防火地域内における耐火建築物、準耐火建築物及びこれらの建築物と同等以上の延焼防止機能を有する建築物	10%加算
①②に該当する場合	20%加算
指定建蔽率が80%で②イ）に該当する場合	制限なし（100%）

5

不動産

正解 156（㎡）

問 9 建築基準法に従い、下記＜資料＞の土地に耐火建築物を建てる場合、建築面積の最高限度（ア）と延べ面積（床面積の合計）の最高限度（イ）の組み合わせとして、正しいものはどれか。なお、＜資料＞に記載のない条件は一切考慮しないこと。

＜資料＞

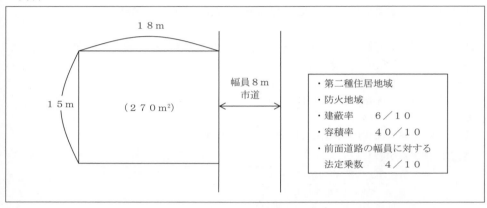

1．（ア）162㎡　（イ）1080㎡
2．（ア）189㎡　（イ）　864㎡
3．（ア）162㎡　（イ）　864㎡
4．（ア）189㎡　（イ）1080㎡

（ア）**189㎡**

建築面積の最高限度の計算式は、「敷地面積×建蔽率」

防火地域に耐火建築物を建てるので、建蔽率が10％（１／10）緩和される。

＜資料＞から、当該土地の建蔽率は６／10であり、緩和規定による１／10加算で７／10。

したがって、建築面積の最高限度は、270㎡×７／10＝**189㎡**

（イ）**864㎡**

延べ面積の最高限度の計算式は、「敷地面積×容積率」

前面道路幅員による制限を検討する（容積率は、前面道路幅員が12m 未満の場合、制限を受ける）。

＜資料＞から、前面道路幅員による容積率の制限値は、８×４／10＝32／10

与えられた容積率（40／10）と前面道路幅員による容積率の制限値（32／10）を比較して厳しい方が容積率として適用されるので32／10が適用される。

したがって、延べ面積の最高限度は、270㎡×32／10＝**864㎡**

参考　建蔽率の緩和	
①　特定行政庁の規定する角地等	10％加算
②　防火地域・準防火地域の建築物 　イ）防火地域内における耐火建築物及び耐火建築物と同等以上の延焼防止機能を有する建築物 　ロ）準防火地域内における耐火建築物、準耐火建築物及びこれらの建築物と同等以上の延焼防止機能を有する建築物	10％加算
③　①②に該当する場合	20％加算
指定建蔽率が80％で②イ）に該当する場合	制限なし（100％）

5

不
動
産

正　解　　2

問 10 建築基準法に従い、下記＜資料＞の甲土地に建物を建てる場合の建築面積の最高限度を計算しなさい。なお、＜資料＞に記載のない条件については一切考慮しないこととする。また、解答に当たっては、解答用紙に記載されている単位に従うこと（解答用紙に記載されているマス目に数値を記入すること）。

＜資料＞

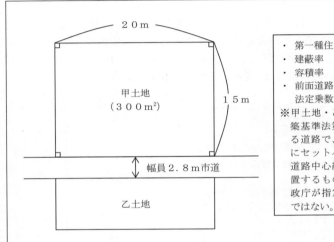

・ 第一種住居地域
・ 建蔽率　　6／10
・ 容積率　　20／10
・ 前面道路の幅員に対する法定乗数　4／10

※甲土地・乙土地が面する道路は建築基準法第42条第2項に該当する道路で、甲土地・乙土地はともにセットバックを要する。また、道路中心線は現況道路の中心に位置するものとする。なお、特定行政庁が指定する幅員6m指定区域ではない。

甲土地
（300m²）

20m

15m

幅員2.8m市道

乙土地

　建築面積の最高限度の計算式は、「敷地面積×建蔽率」

　＜資料＞※から、前面道路が２項道路のため、セットバックを必要とする。セットバックした部分は建蔽率や容積率の計算上、敷地面積に算入できない。

　＜資料＞から、セットバック後の道路境界は、特定行政庁が指定する幅員６ｍ指定区域ではないので、道路の中心線から２ｍの線である。道路中心線は現況道路の中心に位置するので、現在の道路境界は、道路中心線から2.8 m ÷ 2 = 1.4 mの線である。セットバックにより道路に供出する敷地面積は 20 m ×（2 m − 1.4 m）= 12㎡

　以上から、敷地として利用する面積は、300㎡ − 12㎡ = 288㎡

　建築面積の最高限度は、建蔽率６／10で、その他建蔽率に対する制限事項がない。よって、建築面積の最高限度は 288㎡ × 6／10 = **172.8㎡**

参考　建蔽率の緩和	
①　特定行政庁の規定する角地等	10%加算
②　防火地域・準防火地域の建築物 　イ）防火地域内における耐火建築物及び耐火 　　建築物と同等以上の延焼防止機能を有する 　　建築物 　ロ）準防火地域内における耐火建築物、準耐 　　火建築物及びこれらの建築物と同等以上の 　　延焼防止機能を有する建築物	10%加算
①②に該当する場合	20%加算
指定建蔽率が80%で②イ）に該当する場合	制限なし（100%）

5

不
動
産

正　解　172.8（㎡）

問11 公的な土地評価に関する下表の空欄（ア）～（ウ）にあてはまる語句の組み合わせとして、最も適切なものはどれか。

価格の種類	公示価格	基準地標準価格	固定資産税評価額	相続税路線価
所管	（ア）	都道府県	市町村（東京23区は東京都）	国税庁
評価割合	－	－	公示価格の（イ）程度	公示価格の＊＊％程度
目的	・一般の土地取引の指標 ・公共事業用地の適正補償額の算定基準	・国土利用計画法による土地取引の適正かつ円滑な実施 ・一般の土地取引の指標	・固定資産税等の課税のため	・相続税や（ウ）の課税のため

※問題作成の都合上、一部を「＊＊」としている。

1．（ア）国土交通省　　（イ）70％　　（ウ）贈与税
2．（ア）国土交通省　　（イ）80％　　（ウ）贈与税
3．（ア）内閣府　　　　（イ）80％　　（ウ）不動産取得税
4．（ア）内閣府　　　　（イ）70％　　（ウ）不動産取得税

価格の種類	公示価格	基準地標準価格	固定資産税評価額	相続税路線価
所管	（ア：**国土交通省**）	都道府県	市町村（東京23区は東京都）	国税庁
評価時点	毎年1月1日	毎年7月1日	原則として基準年度の前年1月1日。3年に1度評価替え	毎年1月1日
評価割合	－	－	公示価格の（イ：**70%**）程度	公示価格の80%程度
目的	・一般の土地取引の指標 ・公共事業用地の適正補償額の算定基準	・国土利用計画法による土地取引の適正かつ円滑な実施 ・一般の土地取引の指標	・固定資産税等の課税のため	・相続税や（ウ：**贈与税**）の課税のため

問12 浜松さんは、居住している自宅マンションを売却する予定である。売却に係る状況が下記<資料>のとおりである場合、所得税に関する次の記述の空欄（ア）、（イ）にあてはまる数値または語句の組み合わせとして、最も適切なものはどれか。なお、記載のない事項については一切考慮しないものとする。

<資料>

取得日：2019年2月5日
売却予定日：2024年2月9日
取得費：4,800万円
譲渡価額：8,300万円
譲渡費用：290万円
※居住用財産を譲渡した場合の3,000万円特別控除の特例の適用を受けるものとする。

浜松さんがこのマンションを売却した場合の特別控除後の譲渡所得の金額は（　ア　）万円となり、課税（　イ　）譲渡所得として扱われる。

1．（ア）210　　（イ）短期
2．（ア）500　　（イ）短期
3．（ア）210　　（イ）長期
4．（ア）500　　（イ）長期

解　説　　　　　　　　チェック□□□

（ア）**210万円**

取得費：4,800万円
譲渡価額＝8,300万円
譲渡費用＝290万円
居住用財産の譲渡として3,000万円の特別控除を受ける。
課税長期譲渡所得＝譲渡価額－（取得費＋譲渡費用）－特別控除
　　　　　　　　＝8,300万円－（4,800万円＋290万円）－3,000万円
　　　　　　　　＝**210万円**

（イ）**短期**

譲渡所得の長期・短期

譲渡した不動産の所有期間が、譲渡した年の1月1日現在で5年を超える場合、長期譲渡所得となり、5年以下の場合が短期譲渡所得となる。

2019年2月5日から譲渡した年（2024年）の1月1日までの所有期間は5年以下であるため、当該譲渡は短期譲渡となる。

＜イメージ図＞

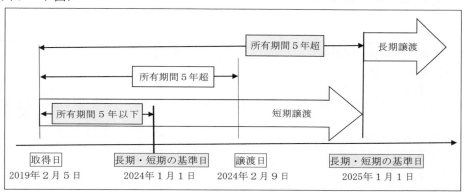

参考

・譲渡所得

譲渡した不動産の所有期間が、譲渡した年の1月1日現在で5年を超える場合、長期譲渡所得となり、5年以下の場合が短期譲渡所得となる。

【税率】

区分	所得税	住民税
長期譲渡所得	15%	5%
短期譲渡所得	30%	9%

・居住用不動産の軽減税率の特例

譲渡した居住用不動産の所有期間が、譲渡した年の1月1日現在で10年を超える場合、軽減税率の適用を受けることができる。

【軽減税率】

課税長期譲渡所得金額	所得税	住民税
6千万円（3,000万円控除※後）以下の部分	10%	4%
6千万円（3,000万円控除※後）超の部分	15%	5%

※居住用財産の譲渡の特別控除

5

不動産

正解　1

問 13 山岸さんは、7年前に相続により取得し、その後継続して居住している自宅の土地および建物の売却を検討している。売却に係る状況が下記＜資料＞のとおりである場合、所得税における課税長期譲渡所得の金額として、正しいものはどれか。なお、＜資料＞に記載のない事項は一切考慮しないこととする。

＜資料＞

・取得費：土地および建物とも不明であるため概算取得費とする。
・譲渡価額（合計）：5,000万円
・譲渡費用（合計）：200万円
※居住用財産を譲渡した場合の3,000万円特別控除の特例の適用を受けるものとする。
※所得控除は考慮しないものとする。

1．1,740万円
2．1,550万円
3．1,480万円
4．1,300万円

＜資料＞から

取得費：土地および建物ともに概算取得費（譲渡価額の5％）

譲渡価額（合計）＝ 5,000 万円

譲渡費用（合計）＝ 200 万円

居住用財産の譲渡として 3,000 万円の特別控除を受ける。

課税長期譲渡所得＝譲渡価額－（取得費＋譲渡費用）－特別控除

  ＝ 5,000 万円－（5,000 万円×5％＋ 200 万円）－ 3,000 万円

  ＝ **1,550 万円**

参考

・譲渡所得

　譲渡した不動産の所有期間が、譲渡した年の1月1日現在で5年を超える場合、長期譲渡所得となり、5年以下の場合が短期譲渡所得となる。

【税率】

区分	所得税	住民税
長期譲渡所得	15%	5%
短期譲渡所得	30%	9%

・居住用不動産の軽減税率の特例

　譲渡した居住用不動産の所有期間が、譲渡した年の1月1日現在で 10 年を超える場合、軽減税率の適用を受けることができる。

【軽減税率】

課税長期譲渡所得金額	所得税	住民税
6千万円（3,000 万円控除[※]後）以下の部分	10%	4%
6千万円（3,000 万円控除[※]後）超の部分	15%	5%

※居住用財産の譲渡の特別控除

5

不

動

産

正 解　2

問 14 杉山さんは、9年前に相続により取得し、その後継続して居住している自宅の土地および建物の売却を検討している。売却に係る状況が下記＜資料＞のとおりである場合、所得税における課税長期譲渡所得の金額として、正しいものはどれか。なお、＜資料＞に記載のない事項は一切考慮しないこととする。

＜資料＞

・取得費：土地および建物とも不明であるため概算取得費とする。
・譲渡価額（合計）：6,600万円
・譲渡費用（合計）：240万円
※居住用財産を譲渡した場合の3,000万円特別控除の特例の適用を受けるものとする。
※所得控除は考慮しないものとする。

1．3,600万円
2．3,360万円
3．3,270万円
4．3,030万円

＜資料＞から

　取得費：土地および建物ともに概算取得費（譲渡価額の5％）

　譲渡価額（合計）＝ 6,600 万円

　譲渡費用（合計）＝ 240 万円

　居住用財産の譲渡として 3,000 万円の特別控除を受ける。

　課税長期譲渡所得＝譲渡価額－（取得費＋譲渡費用）－特別控除

　　　　　　　　　＝ 6,600 万円－（6,600 万円× 5％＋ 240 万円）－ 3,000 万円

　　　　　　　　　＝ **3,030 万円**

> **参考**
>
> ・譲渡所得
>
> 　譲渡した不動産の所有期間が、譲渡した年の 1 月 1 日現在で 5 年を超える場合、長期譲渡所得となり、5 年以下の場合が短期譲渡所得となる。
>
> 【税率】
>
> | 区分 | 所得税 | 住民税 |
> |---|---|---|
> | 長期譲渡所得 | 15％ | 5％ |
> | 短期譲渡所得 | 30％ | 9％ |
>
> ・居住用不動産の軽減税率の特例
>
> 　譲渡した居住用不動産の所有期間が、譲渡した年の 1 月 1 日現在で 10 年を超える場合、軽減税率の適用を受けることができる。
>
> 【軽減税率】
>
> | 課税長期譲渡所得金額 | 所得税 | 住民税 |
> |---|---|---|
> | 6 千万円（3,000 万円控除※後）以下の部分 | 10％ | 4％ |
> | 6 千万円（3,000 万円控除※後）超の部分 | 15％ | 5％ |
>
> ※居住用財産の譲渡の特別控除

5

不

動

産

正　解　4

問 15　小山さんは、FP で税理士でもある牧村さんに固定資産税について質問をした。下記の空欄（ア）〜（エ）にあてはまる語句を語群の中から選び、その番号のみを解答欄に記入しなさい。なお、同じ番号を何度選んでもよいこととする。

小山さん：「マイホームを購入する予定です。固定資産税について、教えてください。」

牧村さん：「固定資産税は、毎年（　ア　）現在の土地や家屋などの所有者に課される税金です。」

小山さん：「今、新築住宅には、固定資産税が軽減される制度があると聞きました。」

牧村さん：「新築住宅が一定の要件を満たす場合は、新築後の一定期間、一戸当たり120㎡相当分の固定資産税が（　イ　）に減額されます。」

小山さん：「固定資産税には、住宅用地についての特例があるとも聞いています。」

牧村さん：「そのとおりです。一定の要件を満たす住宅が建っている住宅用地（小規模住宅用地）については、一戸当たり（　ウ　）までの部分について、固定資産税の課税標準額が、固定資産税評価額の（　エ　）になる特例があります。」

＜語群＞
1．1月1日　　　　2．4月1日　　　　3．7月1日
4．2分の1　　　　5．3分の1　　　　6．6分の1
7．200㎡　　　　8．280㎡　　　　9．330㎡

小山さん：「マイホームを購入する予定です。固定資産税について、教えてください。」

牧村さん：「固定資産税は、毎年（ア：**1月1日**）現在の土地や家屋などの所有者に課
　　　　　　される税金です。」

小山さん：「今、新築住宅には、固定資産税が軽減される制度があると聞きました。」

牧村さん：「新築住宅が一定の要件を満たす場合は、新築後の一定期間、一戸当たり
　　　　　　120㎡相当分の固定資産税が（イ：**2分の1**）に減額されます。」

小山さん：「固定資産税には、住宅用地についての特例があるとも聞いています。」

牧村さん：「そのとおりです。一定の要件を満たす住宅が建っている住宅用地（小規模
　　　　　　住宅用地）については、一戸当たり（ウ：**200㎡**）までの部分について、固
　　　　　　定資産税の課税標準額が、固定資産税評価額の（エ：**6分の1**）になる特例
　　　　　　があります。」

ワンポイント　固定資産税・都市計画税について

・税率

固定資産税	都市計画税
1.4%（標準税率）	0.3%（制限税率）

・標準税率と制限税率

　標準税率は、課税主体が決める税率の標準値を示すもので、それを超えることもできる。制限税率は課税主体が決める税率の上限で、それを超えて設定できない。なお、課税主体は市町村（東京23区は都）。

・軽減措置

※住宅（新築：2026年3月31日まで）

戸建て住宅	期間	3年間
	軽減措置	固定資産税額の1／2を減額 （1戸あたり120㎡相当分までを限度）
マンション等（3階建以上の 耐火・準耐火建築物）	期間	5年間
	軽減措置	固定資産税額の1／2を減額 （1戸あたり120㎡相当分までを限度）

・土地

小規模住宅用地（住宅用地で住宅1戸につき200 ㎡までの部分）	固定資産税	評価額×1／6
	都市計画税	評価額×1／3
一般住宅用地（200㎡を超える部分。上限あり。）	固定資産税	評価額×1／3
	都市計画税	評価額×2／3

正　解　（ア）1　（イ）4　（ウ）7　（エ）6

5

不
動
産

不動産関連税制

固定資産税

重要度 A

2022年9月出題

問 16 飯田さんは、100㎡ほどの土地付き中古一戸建て住宅の購入を検討しており、FPで税理士でもある浅見さんに不動産にかかる税金について質問をした。下記の空欄（ア）～（ウ）に入る適切な語句を語群の中から選び、その番号のみを解答欄に記入しなさい。

浅見さん：「土地や家屋を保有している間は、毎年固定資産税がかかります。また、その住宅が市街化区域内にある場合には、都市計画税もかかります。どちらも固定資産課税台帳登録価格、いわゆる固定資産税評価額に対して、特例が適用される場合は適用し、課税標準を計算します。」

飯田さん：「私が購入を検討している住宅に適用できる特例には、どのようなものがありますか。」

浅見さん：「一戸当たり200㎡以下の小規模住宅用地については、課税標準額を、固定資産税では固定資産税評価額の（　ア　）、都市計画税では固定資産税評価額の（　イ　）とする特例が適用できます。」

飯田さん：「それぞれ税率はどれぐらいですか。」

浅見さん：「固定資産税の税率は、課税標準額に対して（　ウ　）を標準としますが、市町村（東京23区内は都）の条例で異なる税率にすることができ、標準税率を超えることもできます。」

＜語群＞

1．2分の1	2．3分の1	3．5分の1	4．6分の1
5．10分の1	6．1.0%	7．1.4%	8．3.0%

浅見さん：「土地や家屋を保有している間は、毎年固定資産税がかかります。また、その住宅が市街化区域内にある場合には、都市計画税もかかります。どちらも固定資産課税台帳登録価格、いわゆる固定資産税評価額に対して、特例が適用される場合は適用し、課税標準を計算します。」

飯田さん：「私が購入を検討している住宅に適用できる特例には、どのようなものがありますか。」

浅見さん：「一戸当たり200㎡以下の小規模住宅用地については、課税標準額を、固定資産税では固定資産税評価額の（ア：**6分の1**）、都市計画税では固定資産税評価額の（イ：**3分の1**）とする特例が適用できます。」

飯田さん：「それぞれ税率はどれぐらいですか。」

浅見さん：「固定資産税の税率は、課税標準額に対して（ウ：**1.4%**）を標準としますが、市町村（東京23区内は都）の条例で異なる税率にすることができ、標準税率を超えることもできます。」

ワンポイント

・固定資産税

課税主体	市町村（東京23区は都）
納税義務者	毎年1月1日現在の土地や家屋等の所有者

・制限税率と標準税率

　都市計画税は制限税率で、上限は0.3%。一方、固定資産税は標準税率で、1.4%を超えることもできる。

・軽減措置

　※住宅（新築：2026年3月31日まで）

戸建て住宅	期間	3年間
	軽減措置	固定資産税額の1／2を減額 （1戸あたり120㎡相当分までを限度）
マンション等（3階建以上の耐火・準耐火建築物）	期間	5年間
	軽減措置	固定資産税額の1／2を減額 （1戸あたり120㎡相当分までを限度）

5

不動産

正　解　（ア）4　（イ）2　（ウ）7

問 17 不動産取得税に関する次の記述の空欄（ア）～（エ）にあてはまる語句を語群の中から選び、その番号のみを解答欄に記入しなさい。

不動産取得税は、原則として不動産の所有権を取得した者に対して、その不動産が所在する（　ア　）が課税するものであるが、相続や（　イ　）等を原因とする取得の場合は非課税となる。課税標準は、原則として（　ウ　）である。また、一定の条件を満たした新築住宅（認定長期優良住宅ではない）を取得した場合、課税標準から1戸当たり（　エ　）を控除することができる。

＜語群＞

1．市町村	2．都道府県	3．国税局
4．贈与	5．売買	6．法人の合併
7．固定資産税評価額	8．公示価格	9．時価
10．1,000万円	11．1,200万円	12．1,500万円

　不動産取得税は、原則として不動産の所有権を取得した者に対して、その不動産が所在する（ア：**都道府県**）が課税するものであるが、相続や（イ：**法人の合併**）等を原因とする取得の場合は非課税となる。課税標準は、原則として（ウ：**固定資産税評価額**）である。また、一定の条件を満たした新築住宅（認定長期優良住宅ではない）を取得した場合、課税標準から1戸当たり（エ：**1,200万円**）を控除することができる。

参考　**固定資産税・都市計画税**

固定資産税・都市計画税について

固定資産税	都市計画税
1.4%（標準税率）	0.3%（制限税率）

・標準税率と制限税率

　標準税率は、課税主体が決める税率の標準値を示すもので、それを超えることもできる。制限税率は課税主体が決める税率の上限で、それを超えて設定できない。なお、課税主体は市町村（東京23区は都）。

＜固定資産税の軽減措置＞

・住宅（新築：2026年3月31日まで）

戸建て住宅	期間	3年間
	軽減措置	固定資産税額の1／2を減額 （1戸あたり120㎡相当分までを限度）
マンション等（3階建以上の耐火・準耐火建築物）	期間	5年間
	軽減措置	固定資産税額の1／2を減額 （1戸あたり120㎡相当分までを限度）

・土地

小規模住宅用地（住宅用地で住宅1戸につき200㎡までの部分）	固定資産税	評価額×1／6
	都市計画税	評価額×1／3
一般住宅用地（200㎡を超える部分。上限あり。）	固定資産税	評価額×1／3
	都市計画税	評価額×2／3

5

不動産

正　解　（ア）2　（イ）6　（ウ）7　（エ）11

問 18 山岸さんは、所有しているマンションを賃貸している。下記＜資料＞に基づく2023年分の所得税に係る不動産所得の金額として、正しいものはどれか。なお、＜資料＞以外の収入および支出等はないものとし、青色申告特別控除は考慮しないものとする。

＜資料：2023年分の賃貸マンションに係る収入および支出等＞

- ・賃料収入（総収入金額）：126万円
- ・支出
    銀行へのローン返済金額：73万円（元金50万円、利息23万円）
    管理費等：18,000円
    管理業務委託費：63,000円
    火災保険料：7,000円
    固定資産税：125,000円
    修繕費：38,500円
- ・減価償却費：246,000円
※支出等のうち必要経費となるものは、すべて2023年分の所得に係る必要経費に該当するものとする。

1． 32,500円
2．278,500円
3．532,500円
4．778,500円

- **不動産所得の計算**

不動産所得の金額＝総収入金額−必要経費

- **必要経費の計算**

＜資料から＞

銀行へのローン返済額 100 万円の内、利息部分が該当	230,000 円
管理費等	18,000 円
管理業務委託費	63,000 円
火災保険料	7,000 円
固定資産税	125,000 円
修繕費	38,500 円
減価償却費	246,000 円
合計	727,500 円

※から、支出のうち必要経費になるものは、すべて 2023 年分の所得に係る必要経費に該当。

- **総収入金額**（賃料収入）：126 万円

以上から、不動産所得の金額＝ 1,260,000 円− 727,500 円＝ **532,500 円**

5

不
動
産

正解　3

問 **19** 柴田さんは、保有しているマンションを賃貸している。2022年分の賃貸マンションに係る収入および支出等が下記<資料>のとおりである場合、2022年分の所得税に係る不動産所得の金額を計算しなさい。なお、<資料>以外の収入および支出等はないものとし、青色申告特別控除は考慮しないこととする。また、解答に当たっては、解答用紙に記載されている単位に従うこと。

<資料：2022年分の賃貸マンションに係る収入および支出等>

・賃料収入（総収入金額）：180万円
・支出
　銀行へのローン返済金額：140万円（元金80万円、利息60万円）
　管理費等：15万円
　管理業務委託費：9万円
　火災保険料：1万円
　固定資産税：13万円
　修繕費：6万円
・減価償却費：40万円
※支出等のうち必要経費となるものは、すべて2022年分の所得に係る必要経費に該当するものとする。

・不動産所得の計算

　不動産所得の金額＝総収入金額－必要経費

・必要経費の計算

＜資料から＞

銀行へのローン返済額 140 万円の内、利息部分が該当	60 万円
管理費等	15 万円
管理業務委託費	9 万円
火災保険料	1 万円
固定資産税	13 万円
修繕費	6 万円
減価償却費	40 万円
合計	144 万円

※から、支出等のうち必要経費になるものは、すべて 2022 年分の所得に係る必要経費に該当。

・総収入金額（賃料収入）：180 万円

　以上から、不動産所得の金額＝ 180 万円－ 144 万円＝ 36 万円　→　**360,000 円**

5

不
動
産

正　解　　36（万円）

問 20 橋口さんは、自身の居住用財産である土地・建物の譲渡を予定しており、FP で税理士でもある吉田さんに居住用財産を譲渡した場合の 3,000 万円特別控除の特例（以下「本特例」という）について質問をした。下記＜資料＞に基づく本特例に関する次の（ア）〜（エ）の記述について、適切なものには○、不適切なものには×を解答欄に記入しなさい。

＜資料＞

> 土地・建物の所在地：○○県××市△△町 1 − 2 − 3
> 取得日：2020 年 2 月 4 日
> 取得費：2,500 万円
> 譲渡時期：2023 年中
> 譲渡金額：3,200 万円

（ア）「2020 年に本特例の適用を受けていた場合、2023 年に本特例の適用を受けることはできません。」
（イ）「橋口さんの 2023 年の合計所得金額が 3,000 万円を超える場合、本特例の適用を受けることはできません。」
（ウ）「譲渡先が橋口さんの配偶者や直系血族の場合、本特例の適用を受けることはできません。」
（エ）「本特例の適用を受けられる場合であっても、譲渡益が 3,000 万円に満たないときは、その譲渡益に相当する金額が控除額になります。」

- 268 -

（ア）**✕**　売った年の前年および前々年に本特例を受けている場合は、本特例の適用を受けられない。2023年の前年、前々年は、2022年、2021年であり、2020年に本特例を受けていた場合は、本特例の適用を受けることができる。

（イ）**✕**　本特例を受ける要件に、所得要件はないので、要件を満たしていれば、本特例の適用を受けることができる

（ウ）**〇**　買手が売手の配偶者や直系血族等、特別な関係※がある場合、本特例の適用を受けることはできない。

　　※生計を一にする親族、家屋を売った後その売った家屋で同居する親族、内縁関係にある人、特殊な関係のある法人など。

（エ）**〇**　記述のとおりである。

ワンポイント

　居住用財産を譲渡した場合の3,000万円特別控除の特例を受けるための要件（上記以外）

・以前に住んでいた家屋や敷地等の場合には、住まなくなった日から3年を経過する日の属する年の12月31日までに売ること。

・売った年の前年および前々年にマイホームの譲渡損失についての損益通算及び繰越控除の特例の適用を受けていないこと

・売った年、その前年および前々年にマイホームの買換えやマイホームの交換の特例の適用を受けていないこと。

・売った家屋や敷地等について、収用等の場合の特別控除など他の特例の適用を受けていないこと。

（出典：国税庁タックスアンサー）

5

不
動
産

正　解　（ア）✕　（イ）✕　（ウ）〇　（エ）〇

問 21 下記<資料>は、北村さんが購入を検討している投資用マンションの概要である。この物件の実質利回り（年利）を計算しなさい。なお、<資料>に記載のない事項については一切考慮しないこととする。また、計算結果については、小数点以下の端数が生じた場合は、小数点以下第3位を四捨五入することとし、解答に当たっては、解答用紙に記載されている単位に従うこと（解答用紙に記載されているマス目に数値を記入すること）。

<資料>

・購入費用の総額：1,500万円（消費税と仲介手数料等取得費用を含めた金額）
・想定される賃料（月額）：60,000円
・運営コスト（月額）：管理費・修繕積立金等 10,000円
　　　　　　　　　　　　管理業務委託費 月額賃料の5％
・想定される固定資産税・都市計画税（年額）：36,000円

解　説

チェック□□□

　実質利回り（％）＝（年間賃料収入−諸経費）÷購入費用総額×100（％）
<資料>から
　年間賃料収入＝60,000円／月×12月＝720,000円／年
　諸経費：管理費・修繕積立金等＝10,000円／月
　　　　　管理業務委託費＝60,000円／月×5％
　　　　　固定資産税・都市計画税＝36,000円／年
　物件価格：購入費用総額＝1,500万円
　以上から、
　{720,000円／年−（10,000円＋60,000円×5％）／月 ×12月−36,000円／年}÷
　15,000,000円×100（％）＝ **3.52（％）**

正解　3.52（％）

不動産の有効活用

不動産投資と実質利回り

問 22 下記<資料>は、天野さんが購入を検討している投資用マンションの概要である。この物件の表面利回り（年利）と実質利回り（年利）の組み合わせとして、正しいものはどれか。なお、<資料>に記載のない事項については一切考慮しないこととし、計算結果については小数点以下第3位を四捨五入すること。

<資料>

購入費用総額：3,000万円（消費税と仲介手数料等取得費用を含めた金額）	
想定される収入：賃料　月額130,000円	
想定される支出：	
管理費・修繕積立金	月額20,000円
管理業務委託費	月額 5,000円
火災保険料	年額15,000円
固定資産税等税金	年額50,000円
修繕費	年額30,000円

1. 表面利回り（年利）：5.20%　実質利回り（年利）：3.88%
2. 表面利回り（年利）：5.20%　実質利回り（年利）：0.40%
3. 表面利回り（年利）：4.20%　実質利回り（年利）：3.88%
4. 表面利回り（年利）：4.20%　実質利回り（年利）：0.40%

・表面利回り（％）＝　年間賃料収入÷購入費用総額×100（％）

＜資料＞から

年間賃料収入＝130,000円／月×12月

物件価格：購入費用総額＝3,000万円

以上から、

130,000円／月×12月÷3,000万円×100（％）＝ **5.20（％）**

・実質利回り（％）＝（年間賃料収入－諸経費）÷購入費用総額×100（％）

＜資料＞から

年間賃料収入＝130,000円／月×12月

諸経費：管理費・修繕積立金＝20,000円／月

　　　　管理業務委託費＝5,000円／月

　　　　火災保険料＝15,000円／年

　　　　固定資産税等税金＝50,000円／年

　　　　修繕費＝30,000円／年

物件価格：購入費用総額＝3,000万円

以上から、

｛(130,000円－20,000円－5,000円)／月 ×12月－15,000円／年－50,000円／年
－30,000円／年｝÷30,000,000円×100（％）＝3.883… → **3.88（％）**

（問題の指示により、小数点以下第3位を四捨五入）

正解　1

問 **23** 下記＜資料＞は、横川さんが購入を検討している中古マンションのインターネット上の広告（抜粋）である。この広告の内容等に関する次の（ア）〜（エ）の記述について、適切なものには○、不適切なものには×を解答欄に記入しなさい。

＜資料＞

○○マンション302号室			
販売価格	3,480万円	所在地	◎◎県××市○○町3－1
交通	××線△△駅まで徒歩9分	間取り	3LDK
専有面積	71.66㎡（壁芯）	バルコニー面積	14.28㎡
階／階建て	3階／5階	築年月	1994年6月
総戸数	42戸	構造	鉄筋コンクリート造
管理費	20,200円／月	修繕積立金	15,600円／月
土地権利	所有権	取引形態	売主

（ア）この物件の出入り口から××線△△駅までの道路距離は、720m超800m以下である。

（イ）この物件の専有面積として記載されている面積は、登記簿上の面積と同じである。

（ウ）この物件は専有部分と共用部分により構成されるが、バルコニーは共用部分に当たる。

（エ）この物件を購入する場合、売主である宅地建物取引業者に仲介手数料を支払う必要がない。

5

不

動

産

（ア）✕　不動産表示における徒歩による所要時間は、道路距離80メートルにつき1分間を要するものとして算出した数値を表示すること。この場合において、1分未満の端数が生じたときは、1分として算出すること。（不動産の表示に関する公正競争規約施行規則）

　　以上から、徒歩9分の距離は、徒歩8分超9分以下の距離であり、

　　80m／分×8分＝640m超　80m／分×9分＝720m以下となる。

ワンポイント

　不動産広告の距離表示に関する関係法令が2022年9月1日に改正された。

　改正前は、物件の最も近い部分からの距離であったが、改正により、建物の出入口を起点とした距離を記載することになった。

　その他、同一区画内に複数棟ある場合の距離表示は、最も近い棟からと最も遠い棟からの距離や所要時間を表示しなければならなくなった。

　通勤所要時間は、乗り換え時間を所要時間に含めることや、通勤ラッシュ時の所要時間に加え、通常時の所要時間の併記が認められた。

（イ）✕　壁芯面積は登記簿上の内法面積より大きい。専有面積として記載されている壁心面積は、壁の中心（壁芯）から測った面積。登記簿に記載される内法面積は壁の内側で測った面積。

（ウ）〇　バルコニーは共用部分にあたる。その他、廊下や階段、エレベータなどが共用部分にあたる（法定共用部分）。また、規約により、専有部分を共用部分にすることができる。例えば、集会室や管理人室などである（規約共用部分）

（エ）〇　この物件を購入する場合、取引形態が売主であるため、売主である宅地建物取引業者に仲介手数料を支払う必要がない。

正　解　（ア）✕　（イ）✕　（ウ）〇　（エ）〇

問 24 下記＜資料＞は、近藤さんが購入を検討している中古マンションのインターネット上の広告（抜粋）である。この広告の内容等に関する次の記述のうち、最も適切なものはどれか。

＜資料＞

○○タワーレジデンス 2403 号室

販売価格	7,980 万円	所在地	◎◎県□□市○○町 1－5
交通	△△線◇◇駅から徒歩2分	間取り	2LDK
専有面積	54.28㎡（壁芯）	バルコニー面積	8.40㎡
階／階建て	24 階／ 32 階	築年月	2016 年 10 月
総戸数	288 戸	構造	鉄筋コンクリート造
管理費	15,800 円／月	修繕積立金	9,600 円／月
土地権利	所有権	取引形態	媒介

1．この広告の物件は専有部分と共用部分により構成されるが、バルコニーは専有部分に当たる。

2．この広告の物件の専有面積として記載されている壁芯面積は、登記簿上の内法面積より大きい。

3．この広告の物件を購入した場合、近藤さんは管理組合の構成員になるかどうかを選択できる。

4．この広告の物件を購入した場合、購入前になされた集会の決議については、近藤さんにその効力は及ばない。

5

不
動
産

1．**不適切**。バルコニーは共用部分である。そのほか、マンションのエントランスやエレベータ、共用の廊下等が該当する。

2．**最も適切**。壁芯面積は登記簿上の内法面積より大きい。専有面積として記載されている壁心面積は、壁の中心（壁芯）から測った面積。登記簿に記載される内法面積は壁の内側で測った面積。

3．**不適切**。マンション管理組合は、区分所有者全員で構成される（区分所有法3条）ので、任意で構成員にならないことも脱退もできない。

4．**不適切**。集会の決議は、物件購入者（特定承継人）に対してもその効力を生ずる（区分所有法46条1項）。

ワンポイント

　賃貸人は、集会の決議による区分所有者が受ける使用方法についての義務を負う。（同法同条2項）

> 参考
> 　区分所有者による管理費の滞納については、特定承継人（売買による買主）は支払い義務を引き継ぐ。（区分所有法7条・8条）

正解　2

6

相続・事業承継

相続

相続人と法定相続分

重要度 A

2024 年 1 月出題

問 1 下記＜親族関係図＞の場合において、民法の規定に基づく法定相続分および遺留分に関する次の記述の空欄（ア）～（ウ）にあてはまる適切な語句または数値を語群の中から選び、その番号のみを解答欄に記入しなさい。なお、同じ番号を何度選んでもよいものとする。

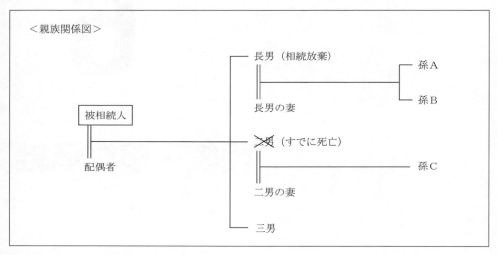

[相続人の法定相続分および遺留分]

・被相続人の孫 A および孫 B の各法定相続分は（　ア　）である。

・被相続人の配偶者の遺留分は（　イ　）、被相続人の孫 C の遺留分は（　ウ　）である。

＜語群＞
1．ゼロ　　　2．1／2　　　3．1／3　　　4．1／4　　　5．1／6
6．1／8　　　7．2／3　　　8．1／12　　　9．1／16

（ア）**ゼロ**　長男は相続放棄しており、長男ははじめから相続人ではなかったことにな
　るので、長男の子どもへの代襲相続原因も消滅し、孫A、孫Bが相続する財産はない。
（イ）**1／4**　＜親族関係図＞から、相続人は、配偶者と子のケースであるので、配偶
　者の遺留分は**1／4**。

ワンポイント
　遺留分の計算は、原則、法定相続分の1／2。（例外あり。【参考】参照）

（ウ）**1／8**　＜親族関係図＞から、相続人は、配偶者と子のケースであるので、子の
　法定相続分は1／2。長男は相続放棄しているので、二男と三男で法定相続分を按分
　するが、二男はすでに死亡しているため、二男の子で孫Cが本来相続人となるはず
　の二男の法定相続分を相続する（代襲相続）。以上から、孫Cの法定相続分は、1／
　2×1／2＝1／4。遺留分は法定相続分の原則1／2なので、孫Cの遺留分は、1
　／4×1／2＝**1／8**。

参考
　法定相続分と法定遺留分の取り分は下記のとおり（○は存在する。×は存在しない。△
　は存在のする場合としない場合の両者を意味する）

配偶者	子 （第1順位）	直系尊属 （第2順位）	兄弟姉妹 （第3順位）	法定相続分	各相続人の遺留分
○	○	△	△	配偶者　1／2 子　1／2	配偶者　1／4 子　1／4
○	×	○	△	配偶者　2／3 直系尊属　1／3	配偶者　1／3 直系尊属　1／6
○	×	×	○	配偶者　3／4 兄弟姉妹　1／4	配偶者　1／2 兄弟姉妹　なし
×	○	△	△	子のみ	子　1／2
○	×	×	×	配偶者のみ	配偶者　1／2
×	×	○	△	直系尊属のみ	直系尊属　1／3
×	×	×	○	兄弟姉妹のみ	兄弟姉妹　なし

6

相続・事業承継

正　解　（ア）1　（イ）4　（ウ）6

相続
相続人と法定相続分

問 2 下記＜親族関係図＞の場合において、民法の規定に基づく法定相続分に関する次の記述の空欄（ア）～（ウ）にあてはまる適切な語句または数値を語群の中から選び、その番号のみを解答欄に記入しなさい。なお、同じ番号を何度選んでもよいこととする。

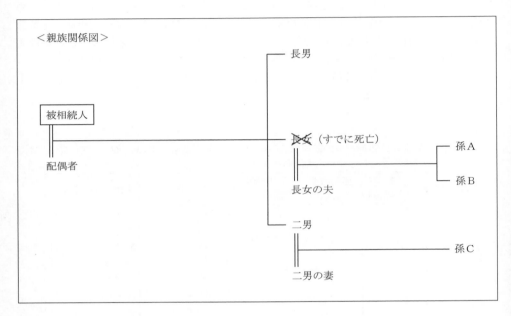

[相続人の法定相続分]
・被相続人の配偶者の法定相続分は（　ア　）である。
・被相続人の二男の法定相続分は（　イ　）である。
・被相続人の孫Aの法定相続分は（　ウ　）である。

＜語群＞
1．ゼロ　　　　2．1／2　　　3．1／3　　　4．1／4　　　5．1／6
6．1／8　　　7．1／12　　8．1／18　　9．2／3

・被相続人の配偶者の法定相続分は（ア：**1／2**）

　相続人となる子がいる場合の配偶者の法定相続分は**1／2**。

・被相続人の二男の法定相続分は（イ：**1／6**）。

　子が複数いる場合は、各自法定相続分を按分して相続する。長女はすでに死亡しているが、その子である孫Aと孫Bが本来相続人となるはずの長女の法定相続分を按分して相続する。よって、二男の法定相続分は、子の法定相続分1／2を3人の子で按分する。

　1／2×1／3＝**1／6**

・被相続人の孫Aおよび孫Bの各法定相続分は（ウ：**1／12**）

　長女はすでに死亡しているので、その子である孫Aと孫Bが代襲相続する。孫Aと孫Bの法定相続分は、本来相続人となるはずの長女の法定相続分を按分して相続する。

　長女の法定相続分は1／6であるので、孫Aと孫Bの法定相続分は各人均等に1／6×1／2＝**1／12**となる。

参考

法定相続分と法定遺留分の取り分は下記のとおり（○は存在する。×は存在しない。△は存在のする場合としない場合の両者を意味する）

配偶者	子（第1順位）	直系尊属（第2順位）	兄弟姉妹（第3順位）	法定相続分		各相続人の遺留分	
○	○	△	△	配偶者　1／2 子　1／2		配偶者　1／4 子　1／4	
○	×	○	△	配偶者　2／3 直系尊属　1／3		配偶者　1／3 直系尊属　1／6	
○	×	×	○	配偶者　3／4 兄弟姉妹　1／4		配偶者　1／2 兄弟姉妹　なし	
×	○	△	△	子のみ		子　1／2	
○	×	×	×	配偶者のみ		配偶者　1／2	
×	×	○	△	直系尊属のみ		直系尊属　1／3	
×	×	×	○	兄弟姉妹のみ		兄弟姉妹　なし	

6

相続・事業承継

正　解　（ア）2　（イ）5　（ウ）7

相続
相続人と法定相続分

2023年5月出題

問 **3** 下記＜親族関係図＞の場合において、民法の規定に基づく法定相続分および遺留分に関する次の記述の空欄（ア）～（ウ）に入る適切な語句または数値を語群の中から選び、その番号のみを解答欄に記入しなさい。なお、同じ番号を何度選んでもよいこととする。

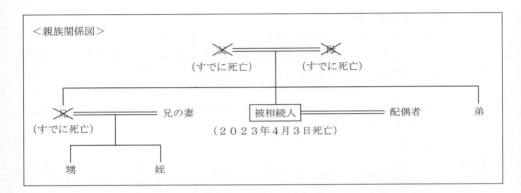

［各人の法定相続分および遺留分］
・被相続人の配偶者の法定相続分は（　ア　）
・被相続人の甥の法定相続分は（　イ　）
・被相続人の弟の遺留分は（　ウ　）

```
＜語群＞
1．なし      2．1／2      3．1／3      4．1／4      5．1／6
6．1／8      7．1／12     8．1／16     9．2／3      10．3／4
```

・被相続人の配偶者の法定相続分は（ア：**3／4**）

　相続人となる子がいない場合で父母がすでに死亡、兄弟がある場合の配偶者の法定相続分は**3／4**。

・被相続人の甥の法定相続分は（イ：**1/16**）

　被相続人には配偶者がいるが、子がなく父母はすでに死亡しているので、兄弟も相続人になる。兄はすでに死亡しているが、その子である甥と姪が、本来相続人となるはずの兄の法定相続分を相続する（代襲相続）。

　兄弟の法定相続分は、1／4。兄の法定相続分は、兄弟は2人いるので兄弟の法定相続分を2人で按分する。1／4×1／2＝1／8

　甥は、兄の法定相続分1／8を2人の子で按分する。

　1／8×1／2＝**1**／**16**

・被相続人の弟の遺留分は（ウ：**なし**）

　当該ケースでは、兄弟に法定相続分は発生するが、遺留分はない。

参考

法定相続分と法定遺留分の取り分は下記のとおり（○は存在する。×は存在しない。△は存在する場合としない場合の両者を意味する）

配偶者	子 （第1順位）	直系尊属 （第2順位）	兄弟姉妹 （第3順位）	法定相続分	各相続人の遺留分
○	○	△	△	配偶者　　1／2 子　　　　1／2	配偶者　　1／4 子　　　　1／4
○	×	○	△	配偶者　　2／3 直系尊属　1／3	配偶者　　1／3 直系尊属　1／6
○	×	×	○	配偶者　　3／4 兄弟姉妹　1／4	配偶者　　1／2 兄弟姉妹　なし
×	○	△	△	子のみ	子　　　　1／2
○	×	×	×	配偶者のみ	配偶者　　1／2
×	×	○	△	直系尊属のみ	直系尊属　1／3
×	×	×	○	兄弟姉妹のみ	兄弟姉妹　なし

6

相続・事業承継

正　解　（ア）10　（イ）8　（ウ）1

相続

相続人と法定相続分

2022年9月出題

問 4 下記の＜親族関係図＞の場合において、民法の規定に基づく法定相続分に関する次の記述の空欄（ア）～（ウ）に入る適切な語句または数値を語群の中から選び、解答欄に記入しなさい。なお、同じ語句または数値を何度選んでもよいこととする。

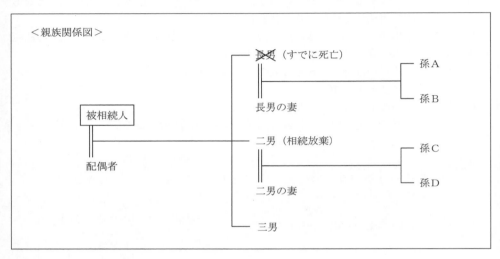

＜親族関係図＞

長男（すでに死亡）

孫A

孫B

長男の妻

被相続人

配偶者

二男（相続放棄）

孫C

孫D

二男の妻

三男

［相続人の法定相続分］

・被相続人の配偶者の法定相続分は（　ア　）。

・被相続人の孫Cおよび孫Dの各法定相続分は（　イ　）。

・被相続人の三男の法定相続分は（　ウ　）。

```
＜語群＞
なし      1／2      1／3      1／4      1／6
1／8      1／10      2／3      3／4      1／12
```

・被相続人の配偶者の法定相続分は（ア：**1／2**）。

　相続人となる子がいる場合の配偶者の法定相続分は**1／2**。

・被相続人の孫Cおよび孫Dの各法定相続分は（イ：**なし**）。

　二男が相続放棄しており、子供への代襲相続原因が消滅し、二男の子である孫Cと孫Dが代襲相続することはない。

・被相続人の三男の法定相続分は（ウ：**1／4**）。

　子が複数いる場合は、各自法定相続分を按分して相続する。二男は相続放棄しているので、初めから相続人でなくなり、相続分はない（その子である孫Cと孫Dには代襲相続権がない）。長男はすでに死亡しているが、その子である孫Aと孫Bが本来相続人となるはずの長男の法定相続分を按分して相続する。また、三男Cは健在である。よって、子の法定相続分は、長男（代襲相続）と三男で按分する。三男の法定相続分は、1／2×1／2＝**1／4**。

参考

　法定相続分と法定遺留分の取り分は下記のとおり（○は存在する。×は存在しない。△は存在する場合としない場合の両者を意味する）

配偶者	子 （第1順位）	直系尊属 （父母） （第2順位）	兄弟姉妹 （第3順位）	法定相続分	各相続人の遺留分
○	○	△	△	配偶者　1／2 子　1／2	配偶者　1／4 子　1／4
○	×	○	△	配偶者　2／3 直系尊属　1／3	配偶者　1／3 直系尊属　1／6
○	×	×	○	配偶者　3／4 兄弟姉妹　1／4	配偶者　1／2 兄弟姉妹　なし
×	○	△	△	子のみ	子　1／2
○	×	×	×	配偶者のみ	配偶者　1／2
×	×	○	△	直系尊属のみ	直系尊属　1／3
×	×	×	○	兄弟姉妹のみ	兄弟姉妹　なし

6
相続・事業承継

正解　（ア）1／2　（イ）なし　（ウ）1／4

相続

相続人と法定相続分

2022年5月出題

問 5 下記＜親族関係図＞の場合において、民法の規定に基づく法定相続分および遺留分に関する次の記述の空欄（ア）～（ウ）に入る適切な語句または数値を語群の中から選び、解答欄に記入しなさい。なお、同じ語句または数値を何度選んでもよいこととする。

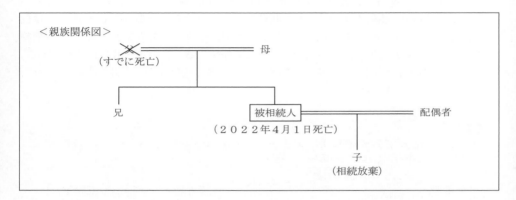

［各人の法定相続分と遺留分］
・被相続人の配偶者の法定相続分は（　ア　）
・被相続人の兄の法定相続分は（　イ　）
・被相続人の母の遺留分は（　ウ　）

<語群>
なし	1／2	1／3	2／3	1／4
3／4	1／6	1／8	1／12	

- 286 -

・被相続人の配偶者の法定相続分は（ア：**2／3**）。

　子が相続放棄しているので、配偶者がいる子がない場合となり、相続人は配偶者と直系尊属となる。配偶者の法定相続分は**2／3**。

・被相続人の兄の法定相続分は（イ：**なし**）

　当該ケースでは、被相続人の兄弟姉妹には法定相続分はない。

・被相続人の母の遺留分は（ウ：**1／6**）

　被相続人の直系尊属は、父がすでに死亡しているので母のみとなり、法定遺留分は**1／6**。

参考

　法定相続分と法定遺留分の取り分は下記のとおり（○は存在する。×は存在しない。△は存在する場合としない場合の両者を意味する）

配偶者	子（第1順位）	直系尊属（父母）（第2順位）	兄弟姉妹（第3順位）	法定相続分	各相続人の遺留分
○	○	△	△	配偶者　　1／2 子　　　　1／2	配偶者　　1／4 子　　　　1／4
○	×	○	△	配偶者　　2／3 直系尊属　1／3	配偶者　　1／3 直系尊属　1／6
○	×	×	○	配偶者　　3／4 兄弟姉妹　1／4	配偶者　　1／2 兄弟姉妹　なし
×	○	△	△	子のみ	子　　　　1／2
○	×	×	×	配偶者のみ	配偶者　　1／2
×	×	○	△	直系尊属のみ	直系尊属　1／3
×	×	×	○	兄弟姉妹のみ	兄弟姉妹　なし

正　解　（ア）2／3　（イ）なし　（ウ）1／6

問 6 下記の相続事例（2023年12月10日相続開始）における相続税の課税価格の合計額として、正しいものはどれか。なお、記載のない事項については一切考慮しないものとする。

<課税価格の合計額を算出するための財産等の相続税評価額>
土地：7,000万円（小規模宅地等の特例適用後：1,400万円）
建物：1,000万円
現預金：3,200万円
死亡保険金：1,800万円（生命保険金等の非課税限度額控除前）
債務および葬式費用：1,200万円

<親族関係図>

※小規模宅地等の特例の適用対象となる要件はすべて満たしており、その適用を受けるものとする。
※死亡保険金はすべて被相続人の配偶者が受け取っている。
※すべての相続人は、相続により財産を取得している。
※相続開始前3年以内に被相続人からの贈与により財産を取得した相続人はおらず、相続時精算課税制度を選択した相続人もいない。また、相続を放棄した者もいない。
※債務および葬式費用はすべて長男が負担している。

1．4,700万円
2．5,900万円
3．6,200万円
4．10,300万円

解　説

チェック□□□

相続税の課税価格の計算

相続または遺贈により取得した財産の価額	＋	みなし相続等により取得した財産の価額	－	非課税財産の価額	＋	相続時精算課税適用財産の価額※1	

－	債務および葬式費用の額	＝	純資産価額（赤字の時は０）	

相続税の課税価格	＝	純資産価額	＋	相続開始前７年以内※2の暦年課税に係る贈与財産の価額

※１※２　2023（令和５）年度税制改正事項。<ワンポント>参照。

・相続または遺贈により取得した財産の価額

土地：「小規模宅地等の特例」適用後の金額1,400万円。

建物：1,000万円

現預金：3,200万円

・みなし相続等により取得した財産の価額

死亡保険金：被相続人の配偶者がすべて受け取っている。

相続人が受け取る死亡保険金は、法定相続人１人当たり500万円まで非課税。死亡保険金は1,800万円、法定相続人の数は、配偶者・長男・長女の３人。

課税価格：死亡保険金（1,800万円）－500万円／人×３人＝300万円

・債務および葬式費用は、すべて被相続人の長男が負担している。

以上を一覧表にまとめると次のとおりとなる

（単位：万円）

	土地	建物	現預金	死亡保険金	債務及び葬式費用	合計
配偶者				300		
長男	1,400	1,000	3,200		▲ 1,200	**4,700**
長女						

ワンポイント

2023（令和５）年度税制改正事項

※１　相続時精算課税制度に係る基礎控除の創設

2024年１月１日以後の贈与により取得した相続時精算課税適用財産の価額は、暦年課税の基礎控除とは別に、贈与を受けた年分ごとに、相続時精算課税に係る基礎控除額110万円を控除した残額。

また、2024年１月１日以降に災害によって一定の被害を受けた場合は、その贈与時の価額から、その災害による被災価額を控除できる。

※2　暦年課税による生前贈与の加算対象期間等の見直し

　　相続又は遺贈により財産を取得した者が、その相続開始前7年以内（改正前は3年以内）にその相続に係る被相続人から暦年課税による贈与により財産を取得したことがある場合には、その贈与により取得した財産の価額を相続税の課税価格に加算する。

・暦年課税による生前贈与の加算対象期間の延長と経過措置

贈与の時期	贈与者の相続開始日	加算対象期間と加算額の調整
2024年1月1日～	2024年1月1日～ 2026年12月31日	相続開始前3年間 調整：なし
	2027年1月1日～ 2030年12月31日	2024年1月1日～相続開始日 調整：相続開始前3年以内に贈与により取得した財産以外の財産については、その財産の価額の合計額から100万円を控除した残額を加算
	2031年1月1日～	相続開始前7年間 調整：なし

参考

＜相続税における小規模宅地等の評価減の特例＞

宅地等の区分	適用限度面積	減額割合
特定事業用宅地等※	400㎡	80%
特定居住用宅地等	330㎡	80%
特定同族会社事業用宅地等	400㎡	80%
貸付事業用宅地等※	200㎡	50%

※特定事業用宅地等と貸付事業用宅地等については、一定の場合に該当しない限り、相続開始前3年以内に新たに（貸付）事業の用に供された宅地等を除く。

＜遺産総額から差し引くことが通常認められる葬式費用＞
・葬式や葬送に際し、またはこれらの前において、火葬や埋葬、納骨をするためにかかった費用（仮葬式と本葬式を行ったときにはその両方にかかった費用が認められる。）
・遺体や遺骨の回送にかかった費用
・葬式の前後に生じた費用で通常葬式に欠かせない費用（例えば、お通夜などにかかった費用。）
・葬式にあたりお寺などに対して読経料などのお礼をした費用
・死体の捜索または死体や遺骨の運搬にかかった費用

＜遺産総額から差し引く葬式費用には該当しない費用＞
・香典返しのためにかかった費用
・墓石や墓地の買入れのためにかかった費用や墓地を借りるためにかかった費用
・初七日や法事などのためにかかった費用

正解　1

相続

相続税の課税価格

重要度 A

2023年9月出題

問 7 下記の相続事例（2023年7月30日相続開始）における相続税の課税価格の合計額として、正しいものはどれか。なお、記載のない条件については一切考慮しないものとする。

＜課税価格の合計額を算出するための財産等の相続税評価額＞
土地：5,000万円（小規模宅地等の特例適用後：1,000万円）
建物：300万円
現預金：5,000万円
死亡保険金：3,000万円（生命保険金等の非課税限度額控除前）
債務および葬式費用：200万円

＜親族関係図＞

※「小規模宅地等の特例」の適用対象となる要件はすべて満たしており、その適用を受けるものとする。
※死亡保険金はすべて被相続人の配偶者が受け取っている。
※すべての相続人は、相続により財産を取得している。
※相続開始前3年以内に被相続人からの贈与により財産を取得した相続人はおらず、相続時精算課税制度を選択した相続人もいない。また、相続を放棄した者もいない。
※債務および葬式費用はすべて被相続人の配偶者が負担している。

---

1. 7,600万円
2. 7,800万円
3. 9,100万円
4. 11,600万円

相続税の課税価格の計算

相続または遺贈により取得した財産の価額	+	みなし相続等により取得した財産の価額	−	非課税財産の価額	+	相続時精算課税適用財産の価額※1

−	債務および葬式費用の額	=	純資産価額（赤字の時は0）

相続税の課税価格	=	純資産価額	+	相続開始前7年以内※2の暦年課税に係る贈与財産の価額

※1※2　本問には直接影響ありませんが、2023（令和5）年度税制改正に注意してください。

・相続または遺贈により取得した財産の価額

土地：「小規模宅地等の特例」適用後の金額1,000万円。

建物：300万円

現預金：5,000万円

・みなし相続等により取得した財産の価額

死亡保険金：被相続人の配偶者がすべて受け取っている。

相続人が受け取る死亡保険金は、法定相続人1人当たり500万円まで非課税。死亡保険金は3,000万円、法定相続人の数は、配偶者・長男・二男の3人。

課税価格：死亡保険金（3,000万円）− 500万円／人×3人　= 1,500万円

・債務および葬式費用は、すべて被相続人の配偶者が負担している。

以上を一覧表にまとめると次のとおりとなる

（単位：万円）

	土地	建物	現預金	死亡保険金	債務及び葬式費用	合計
配偶者				1,500	▲ 200	
長男	1,000	300	5,000			7,600
長女						

正解　**1**

問 8 　下記の相続事例（2022年8月9日相続開始）における各人の相続税の課税価格の組み合わせとして、正しいものはどれか。なお、記載のない条件については一切考慮しないこととする。

＜課税価格の合計額を算出するための財産等の相続税評価額＞
マンション（建物および建物敷地権）：3,500万円
現預金：1,000万円
死亡保険金：1,500万円
死亡退職金：2,000万円
債務および葬式費用：400万円

＜親族関係図＞

※マンションの評価額は、「小規模宅地等の特例」適用後の金額であり、死亡保険金および死亡退職金は、非課税限度額控除前の金額である。
※マンションは配偶者が相続する。
※現預金は、長男および長女が2分の1ずつ受け取っている。
※死亡保険金は、配偶者、長男、長女がそれぞれ3分の1ずつ受け取っている。
※死亡退職金は、配偶者が受け取っている。
※相続開始前3年以内に被相続人からの贈与により財産を取得した相続人はおらず、相続時精算課税制度を選択した相続人もいない。また相続を放棄した者もいない。
※債務および葬式費用は、すべて被相続人の配偶者が負担している。

1．配偶者：3,600万円　　長男：　500万円　　長女：　500万円
2．配偶者：3,600万円　　長男：1,000万円　　長女：1,000万円
3．配偶者：5,100万円　　長男：　500万円　　長女：　500万円
4．配偶者：5,100万円　　長男：1,000万円　　長女：1,000万円

6

相続・事業承継

相続税の課税価格の計算

相続または遺贈により取得した財産の価額	+	みなし相続等により取得した財産の価額	−	非課税財産の価額	+	相続時精算課税適用財産の価額※1

−	債務および葬式費用の額	=	純資産価額（赤字の時は0）

相続税の課税価格	=	純資産価額	+	相続開始前7年以内※2の暦年課税に係る贈与財産の価額

※1 ※2　令和5年度税制改正事項。＜ワンポイント＞参照。

・相続または遺贈により取得した財産の価額

　マンション：配偶者が相続する。「小規模宅地等の特例」適用後の金額3,500万円。

　現預金：1,000万円　長男および長女が2分の1ずつ受け取っているので、各人500万円

・みなし相続等により取得した財産の価額

　死亡保険金：配偶者、長男、長女がそれぞれ1／3ずつ受け取っている。

　相続人が受け取る死亡保険金は、法定相続人1人当たり500万円まで非課税。死亡保険金は1,500万円、法定相続人の数は、配偶者・長男・長女の3人。

　課税価格：死亡保険金（1,500万円）− 500万円／人×3人　= 0円

　死亡退職金：配偶者が全額受け取っている。

　相続人が受け取る死亡退職金は、法定相続人1人当たり500万円まで非課税。死亡退職金は2,000万円、法定相続人の数は、配偶者・長男・長女の3人。

　課税価格：死亡退職金（2,000万円）− 500万円／人×3人 = 500万円

・債務および葬式費用は、すべて被相続人の配偶者が負担している。

　以上を一覧表にまとめると次のとおりとなる

（単位：万円）

	マンション	現預金	死亡保険金	死亡退職金	債務及び葬式費用	合計
配偶者	3,500		0	500	▲ 400	3,600
長男	−	500	0			500
長女	−	500	0			500

ワンポイント

2023（令和5）年度税制改正事項

※1　相続時精算課税制度に係る基礎控除の創設

　　2024年1月1日以後の贈与により取得した相続時精算課税適用財産の価額は、暦年課税

の基礎控除とは別に、贈与を受けた年分ごとに、相続時精算課税に係る基礎控除額110万円を控除した残額。

また、2024年1月1日以降に災害によって一定の被害を受けた場合は、その贈与時の価額から、その災害による被災価額を控除できる。

※2　暦年課税による生前贈与の加算対象期間等の見直し

相続又は遺贈により財産を取得した者が、その相続開始前7年以内（改正前は3年以内）にその相続に係る被相続人から暦年課税による贈与により財産を取得したことがある場合には、その贈与により取得した財産の価額を相続税の課税価格に加算する。

・加算対象期間と延長された4年間の加算額の調整

贈与の時期	贈与者の相続開始日	加算対象期間と加算額の調整
2024年1月1日～	2024年1月1日～ 2026年12月31日	相続開始前3年間 調整：なし
	2027年1月1日～ 2030年12月31日	2024年1月1日～相続開始日 調整：相続開始前3年以内に贈与により取得した財産以外の財産については、その財産の価額の合計額から100万円を控除した残額を加算
	2031年1月1日～	相続開始前7年間 調整：なし

参考

＜相続税における小規模宅地等の評価減の特例＞

宅地等の区分	適用限度面積	減額割合
特定事業用宅地等※	400㎡	80%
特定居住用宅地等	330㎡	80%
特定同族会社事業用宅地等	400㎡	80%
貸付事業用宅地等※	200㎡	50%

※特定事業用宅地等と貸付事業用宅地等については、一定の場合に該当しない限り、相続開始前3年以内に新たに（貸付）事業の用に供された宅地等を除く。

6

相続・事業承継

正解　1

問 9 下記の相続事例（2022年8月30日相続開始）における相続税の課税価格の合計額として、正しいものはどれか。なお、記載のない条件については一切考慮しないこととする。

<課税価格の合計額を算出するための財産等の相続税評価額>
土地：4,000万円（「小規模宅地等についての相続税の課税価格の計算の特例」（以下、「小規模宅地等の特例」という）適用後：800万円）
建物：1,000万円
現預金：5,500万円
死亡保険金：2,500万円（生命保険金等の非課税限度額控除前）
債務および葬式費用：1,200万円

<親族関係図>

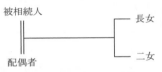

※「小規模宅地等の特例」の適用対象となる要件はすべて満たしており、その適用を受けるものとする。
※死亡保険金はすべて被相続人の配偶者が受け取っている。
※すべての相続人は、相続により財産を取得している。
※相続開始前3年以内に被相続人からの贈与により財産を取得した相続人はおらず、相続時精算課税制度を選択した相続人もいない。また、相続を放棄した者もいない。
※債務および葬式費用は被相続人の配偶者がすべて負担している。

1．　7,100万円
2．　8,300万円
3．　8,600万円
4．10,300万円

相続税の課税価格の計算

| 相続または遺贈により取得した財産の価額 | ＋ | みなし相続等により取得した財産の価額 | － | 非課税財産の価額 | ＋ | 相続時精算課税適用財産の価額※1 |

－ | 債務および葬式費用の額 | ＝ | 純資産価額（赤字の時は0） |

| 相続税の課税価格 | ＝ | 純資産価額 | ＋ | 相続開始前7年以内※2の暦年課税に係る贈与財産の価額 |

※1※2　本問には直接影響ありませんが、2023（令和5）年度税制改正に注意してください。

・相続または遺贈により取得した財産の価額

土地＋建物＋現預金＝800万円※＋1,000万円＋5,500万円＝7,300万円・・・①
※土地は小規模宅地等評価減特例適用を受けるので、適用後の800万円。

・みなし相続等により取得した財産の価額

相続人が死亡保険金を受け取る場合は、500万円×法定相続人の数まで非課税となり、その額を超える部分が課税される。

死亡保険金はすべて被相続人の配偶者が受取っている。法定相続人の数は、配偶者・長女・二女の3人。

課税価格：死亡保険金（2,500万円）－500万円／人×3人＝1,000万円・・・②

・債務および葬式費用の額＝1,200万円（配偶者が負担）・・・③

被相続人からの3年以内の贈与財産、相続時精算課税に係る贈与財産はない。また、相続を放棄した者もいない。

以上から、

相続税の課税価格の合計額＝①＋②－③＝**7,100万円**

参考

＜相続税における小規模宅地等の評価減の特例＞

宅地等の区分	適用限度面積	減額割合
特定事業用宅地等※	400㎡	80%
特定居住用宅地等	330㎡	80%
特定同族会社事業用宅地等	400㎡	80%
貸付事業用宅地等※	200㎡	50%

※特定事業用宅地等と貸付事業用宅地等については、一定の場合に該当しない限り、相続開始前3年以内に新たに（貸付）事業の用に供された宅地等を除く。

6 相続・事業承継

正解　1

問 10 下記の相続事例（2022年4月15日相続開始）における相続税の課税価格
の合計額を計算しなさい。なお、記載のない条件については一切考慮しないこととす
る。また、解答に当たっては、解答用紙に記載されている単位に従うこと。

＜課税価格の合計額を算出するための財産等の相続税評価額＞
土地：1,000万円（「小規模宅地等の評価減の特例」適用後）
建物：500万円
現預金：1,000万円
死亡保険金：2,500万円（生命保険金等の非課税限度額控除前）
債務および葬式費用：300万円

＜親族関係図＞

※「小規模宅地等の評価減の特例」の適用対象となる要件はすべて満たしており、
　その適用を受けるものとする。
※死亡保険金はすべて被相続人の配偶者が受け取っている。
※すべての相続人は、相続により財産を取得している。
※相続開始前3年以内に被相続人からの贈与により財産を取得した相続人はおら
　ず、相続時精算課税制度を選択した相続人もいない。また、相続を放棄した者
　もいない。
※債務および葬式費用は被相続人の配偶者がすべて負担している。

相続税の課税価格の計算

相続または遺贈により取得した財産の価額	＋	みなし相続等により取得した財産の価額	－	非課税財産の価額	＋	相続時精算課税適用財産の価額[※1]

－	債務および葬式費用の額	＝	純資産価額（赤字の時は０）

相続税の課税価格	＝	純資産価額	＋	相続開始前７年以内[※2]の暦年課税に係る贈与財産の価額

※１※２　本問には直接影響ありませんが、2023（令和５）年度税制改正に注意してください。

・相続または遺贈により取得した財産の価額

土地＋建物＋現預金 = 1,000 万円[※] + 500 万円 + 1,000 万円 = 2,500 万円・・・①
※土地は小規模宅地等評価減特例適用を受けるので、適用後の 1,000 万円。

・みなし相続等により取得した財産の価額

相続人が死亡保険金を受け取る場合は、500 万円×法定相続人の数まで非課税となり、その額を超える部分が課税される。

死亡保険金はすべて被相続人の配偶者が受取っている。法定相続人の数は、配偶者・長女・二女の３人。

課税価格：死亡保険金（2,500 万円）－ 500 万円／人× 3 人 = 1,000 万円・・・②

・債務および葬式費用の額 = 300 万円（配偶者が負担）・・・③

被相続人からの３年以内の贈与財産、相続時精算課税に係る贈与財産はない。また、相続を放棄した者もいない。

以上から、

相続税の課税価格の合計額＝①＋②－③= **3,200 万円**

6

相続・事業承継

正　解　3,200（万円）

相続
相続財産から控除できる債務等

重要度 **A**

2023年1月出題

問11 馬場さんは、FPで税理士でもある藤原さんに、相続税において相続財産から控除できる債務等に関する質問をした。下記の空欄（ア）～（エ）に入る適切な語句を語群の中から選び、その番号のみを解答欄に記入しなさい。なお、同じ番号を何度選んでもよいこととする。

> 馬場さん：「相続税を計算するとき、被相続人の債務は、相続財産から控除できると聞きました。亡くなった父の医療費が未払いになっているのですが、相続財産から控除することはできますか。」
> 藤原さん：「被相続人に係る未払い医療費は、相続財産から控除することが（ ア ）。」
> 馬場さん：「父が生前に購入した墓地の代金が未払いのままです。こちらはどうですか。」
> 藤原さん：「被相続人が生前に購入した墓地の未払い代金は、相続財産から控除することが（ イ ）。」
> 馬場さん：「父はアパート経営をしていました。父が預かっていた、将来返金することになる敷金を相続財産から控除できますか。」
> 藤原さん：「（ ウ ）。」
> 馬場さん：「葬式に関する費用について、控除できるものはありますか。」
> 藤原さん：「例えば（ エ ）は、葬式費用として相続財産から控除することができます。」

<語群>
1．できます　　　　　　　　　2．できません
3．四十九日の法要のための費用　4．通夜のための費用
5．香典返戻のための費用

（ア）**1．できます。**未払い医療費は生前に受けた医療の対価として確定している債務なので相続財産から控除することができる。

（イ）**2．できません。**被相続人が生前に購入したお墓の未払代金など非課税財産に関する債務は、遺産総額から差し引くことはできない。

（ウ）**1．できます。**将来返金することになる敷金は、確定している債務なので相続財産から控除することができる。

（エ）**4．通夜のための費用。**葬式費用は債務にならないが、相続税を計算するときは遺産総額から差し引くことができる。通常葬式に欠かせないお通夜にかかった費用は当該葬式費用に該当する。

ワンポイント

【遺産総額から差し引くことが通常認められる葬式費用】

　・葬式や葬送に際し、またはこれらの前において、火葬や埋葬、納骨をするためにかかった費用（仮葬式と本葬式を行ったときにはその両方にかかった費用が認められる。）

　・遺体や遺骨の回送にかかった費用

　・葬式の前後に生じた費用で通常葬式に欠かせない費用（例えば、お通夜などにかかった費用。）

　・葬式にあたりお寺などに対して読経料などのお礼をした費用

　・死体の捜索または死体や遺骨の運搬にかかった費用

【遺産総額から差し引く葬式費用には該当しない費用】

　・香典返しのためにかかった費用

　・墓石や墓地の買入れのためにかかった費用や墓地を借りるためにかかった費用

　・初七日や法事などのためにかかった費用

6

相続・事業承継

正　解　（ア）1　（イ）2　（ウ）1　（エ）4

問 **12** 住吉さんは、FP の宮本さんに配偶者居住権について質問をした。配偶者居住権に関する次の記述の空欄（ア）〜（エ）にあてはまる語句の組み合わせとして、最も適切なものはどれか。なお、記載のない事項については、配偶者居住権の要件を満たしているものとする。

・配偶者居住権は、遺贈により、配偶者に取得させること（　ア　）。また、配偶者居住権を有する者が死亡した場合、配偶者居住権は、その者の相続に係る相続財産と（　イ　）。

・配偶者居住権の存続期間は、原則として（　ウ　）までとされ、配偶者居住権を取得した者はその建物の所有者に対して、配偶者居住権の設定の登記を請求すること（　エ　）。

---

1. （ア）ができる　　　（イ）なる　　　　（ウ）相続開始時から 6 ヵ月後
　（エ）はできない

2. （ア）ができる　　　（イ）ならない　　（ウ）配偶者の死亡時
　（エ）ができる

3. （ア）はできない　　（イ）なる　　　　（ウ）配偶者の死亡時
　（エ）はできない

4. （ア）はできない　　（イ）ならない　　（ウ）相続開始時から 6 ヵ月後
　（エ）ができる

・配偶者居住権は、遺贈により、配偶者に取得させること（ア：**ができる**）。また、配偶者居住権を有する者が死亡した場合、配偶者居住権は、その者の相続に係る相続財産と（イ：**ならない**）。

・配偶者居住権の存続期間は、原則として（ウ：**配偶者の死亡時**）までとされ、配偶者居住権を取得した者はその建物の所有者に対して、配偶者居住権の設定の登記を請求すること（エ：**ができる**）。

ワンポイント
・配偶者居住権の存続期間を定めることも可能。
・配偶者居住権は、配偶者が死亡すれば消滅する。

参考
配偶者短期居住権
　配偶者は、相続開始時に被相続人の建物（居住建物）に無償で住んでいた場合には、下記の期間、居住建物を無償で使用することができる。
・配偶者が居住建物の遺産分割に関与するときは、居住建物の帰属が確定する日までの間（ただし、最低6ヵ月間は保障）。
・居住建物が第三者に遺贈された場合や、配偶者が相続放棄をした場合には居住建物の所有者から消滅請求を受けてから6ヵ月。

（出典：法務省 HP）

6
相続・事業承継

正解　2

問 13 相続の手続き等に関する次の記述のうち、最も適切なものはどれか。

1. 相続人が相続放棄をする場合、自己のために相続の開始があったことを知った時から、原則として、6ヵ月以内に家庭裁判所にその旨の申述をしなければならない。
2. 遺産分割協議により遺産分割を行う場合、相続の開始があったことを知った日から10ヵ月以内に遺産分割協議書を作成し、家庭裁判所に提出しなければならない。
3. 法定相続情報証明制度に基づき、法定相続情報一覧図を作成した場合であっても、遺産の相続手続きを行う際には、被相続人の出生時から死亡時までのすべての戸籍謄本の原本が必要となる。
4. 被相続人の死亡時の住所地が国内にある場合、相続税の申告書の提出先は、被相続人の死亡時の住所地の所轄税務署長である。

1．**不適切**。6ヵ月は誤り。相続人が相続放棄や限定承認をする場合、自己のために相続の開始があったことを知った時から、原則として、3ヵ月以内に家庭裁判所にその旨の申述をしなければならない。

ワンポイント

　限定承認は、相続人全員で手続きを行わなければならないが、相続放棄は、相続人単独で手続きを行うことができる。

2．**不適切**。相続税の申告と納税は、相続の開始があったことを知った日から10ヵ月以内に税務署に行わなければならない。遺産分割協議書により遺産分割する場合も期限は変わらず、遺産分割協議書を添付することになる。家庭裁判所に提出する必要はない。

ワンポイント

　遺産分割協議書作成自体に期限はないが、作成しないことにより、様々な不利益が生じる。また、相続人が一人の場合や遺言書の内容に沿って遺産を分割する場合などは作成不要である。

3．**不適切**。法定相続情報証明制度に基づき、法定相続情報一覧図を作成した場合は、相続の各種手続きにおいて、被相続人の出生時から死亡時までのすべての戸籍謄本の原本の提出の代わりとして、法定相続情報一覧図の写しが代用できる。

4．**最も適切**。記述のとおりである。

ワンポイント

　所得税の準確定申告書の提出期限：相続人等が、その相続の開始があったことを知った日の翌日から、原則として4ヵ月以内。

6

相続・事業承継

正解　4

問 14 自筆証書遺言と公正証書遺言に関する次の記述のうち、最も適切なものはどれか。

1．自筆証書遺言を作成する際には証人が不要であるが、公正証書遺言を作成する際には証人が2人以上必要である。

2．家庭裁判所の検認が不要になるのは、遺言書が公正証書遺言である場合に限られる。

3．自筆証書遺言を作成する場合において、財産目録を添付するときは、その目録も自書しなければ無効となる。

4．公正証書遺言は公証役場に原本が保管されるが、自筆証書遺言についての保管制度は存在しない。

各遺言書の特徴

	自筆証書遺言		公正証書遺言
	法務局の保管制度の利用		
	なし	あり	
作成方法	・遺言者本人（15歳以上）が遺言書の全文（財産目録を除く）、日付及び氏名を自書さえできれば一人で作成できる。 ・証人は不要		・公証人関与の下、2名以上の証人が立ち合って行う。 ・公証人は、遺言能力や遺言の内容の有効性確認、遺言内容の助言等を行う。 ・遺言者が病気等で公証役場に出向けない場合、公証人が出張して作成できる。
保管方法	適宜の方法で保管	法務局で保管	公証役場で保管
費用	不要	保管申請料は1件3,900円	財産の価額に応じた手数料がかかる。
家庭裁判所の検認	必要	不要	不要
死亡後の通知制度	なし	あり	なし

（出典：法務省民事局作成 自筆証書遺言書保管制度のご案内リーフ）

1．**最も適切**。記述のとおりである。

2．**不適切**。自筆証書遺言書保管制度を利用した遺言書についても、家庭裁判所の検認は不要である。

3．**不適切**。財産目録は、自書でなくパソコンでの作成、不動産（土地・建物）の登記事項証明書や通帳のコピー等の資料を添付する方法で作成することができる。ただしその場合は、その目録の全てのページに署名押印が必要である。

> **参考**
> 自筆証書遺言書の要件
> ・遺言書の全文、遺言の作成日付及び遺言者氏名を遺言者が自書押印する。
> ・遺言の作成日付は、日付が特定できるよう正確に記載。3月吉日は不可。
> ・財産目録は、自書でなくパソコンでの作成、不動産（土地・建物）の登記事項証明書や通帳のコピー等の資料を添付する方法で作成することができるが、その場合は、その目録の全てのページに署名押印が必要。
> ・書き間違った場合の訂正や内容を書き足したいときの追加は、その場所が分かるように示した上で、訂正又は追加した旨を付記して署名し、訂正又は追加した箇所に押印する。
> （法務省HPから作成）

4．**不適切**。自筆証書遺言書保管制度がある。

6

相続・事業承継

正解　1

贈与

贈与税の配偶者控除

重要度 A

2023年1月出題

問 15 工藤さん（59歳）は、2022年12月に夫から居住用不動産（財産評価額2,750万円）の贈与を受けた。工藤さんが贈与税の配偶者控除の適用を受けた場合の2022年分の贈与税額として、正しいものはどれか。なお、2022年においては、このほかに工藤さんが受けた贈与はないものとする。また、納付すべき贈与税額が最も少なくなるように計算すること。

＜贈与税の速算表＞

（イ）18歳以上の者が直系尊属から贈与を受けた財産の場合（特例贈与財産、特例税率）

基礎控除後の課税価格		税率	控除額
	200万円以下	10%	－
200万円超	400万円以下	15%	10万円
400万円超	600万円以下	20%	30万円
600万円超	1,000万円以下	30%	90万円
1,000万円超	1,500万円以下	40%	190万円
1,500万円超	3,000万円以下	45%	265万円
3,000万円超	4,500万円以下	50%	415万円
4,500万円超		55%	640万円

（注）「18歳以上の者」とあるのは、2022年3月31日以前の贈与により財産を取得した者の場合、「20歳以上の者」

（ロ）上記（イ）以外の場合（一般贈与財産、一般税率）

基礎控除後の課税価格		税率	控除額
	200万円以下	10%	－
200万円超	300万円以下	15%	10万円
300万円超	400万円以下	20%	25万円
400万円超	600万円以下	30%	65万円
600万円超	1,000万円以下	40%	125万円
1,000万円超	1,500万円以下	45%	175万円
1,500万円超	3,000万円以下	50%	250万円
3,000万円超		55%	400万円

1. 14万円
2. 102万円
3. 131万円
4. 175万円

　工藤さんは贈与税の配偶者控除の適用を受けるので、贈与財産の 2,000 万円までは課税されない。したがって、2,000 万円を超える部分について贈与税が課税される。

　また、暦年課税の基礎控除 110 万円を併用して受けることができる。

　居住用不動産の財産評価額は 2,750 万円なので、課税される額は、2,750 万円 - 2,000 万円 - 110 万円 = 640 万円

　利用する贈与税の速算表は、（ロ）。640 万円は 600 万円超 1,000 万円以下に該当するので、税率 40％、控除額 125 万円

　以上から、640 万円 × 40％ - 125 万円 = **131 万円**

ワンポイント

　贈与税の配偶者控除を受ける適用要件

（1）夫婦の婚姻期間が 20 年を過ぎた後に贈与が行われたこと。

（2）配偶者控除は同じ配偶者からの贈与については一生に一度しか適用を受けることができない。

（3）配偶者から贈与された財産が、居住用不動産であることまたは居住用不動産を取得するための金銭で取得した居住用不動産※に、贈与を受けた者が現実に住んでおり、その後も引き続き住む見込みであること。

※「居住用不動産」とは、専ら居住の用に供する土地もしくは土地の上に存する権利または家屋で国内にあるものをいう。

参考

　　贈与税の配偶者控除の特例を受けているまたは受けようとする財産のうち、その配偶者控除額に相当する金額は、相続開始前 7 年以内※であっても贈与財産の加算の対象とならない。

　　上記以外の相続開始前 7 年以内※の贈与財産の加算の例外は次のとおり。

・直系尊属から贈与を受けた住宅取得等資金のうち、非課税の適用を受けた金額

・直系尊属から一括贈与を受けた教育資金のうち、非課税の適用を受けた金額

・直系尊属から一括贈与を受けた結婚・子育て資金のうち、非課税の適用を受けた金額

※ 2023（令和 5）年度税制改正で、3 年から 7 年に延長された。

6

相続・事業承継

正解　3

問 16 横川さん（40歳）は、父（72歳）と叔父（70歳）から下記＜資料＞の贈与を受けた。横川さんの 2022 年分の贈与税額を計算しなさい。なお、父からの贈与については、2021 年から相続時精算課税制度の適用を受けている。また、解答に当たっては、解答用紙に記載されている単位に従うこと。

＜資料＞

［2021 年中の贈与］
・父から贈与を受けた金銭の額：1,500 万円
［2022 年中の贈与］
・父から贈与を受けた金銭の額：1,500 万円
・叔父から贈与を受けた金銭の額：1,000 万円

※ 2021 年中および 2022 年中に上記以外の贈与はないものとする。
※上記の贈与は、住宅取得等資金や結婚・子育てに係る資金の贈与ではない。

＜贈与税の速算表＞
（イ）18 歳以上の者が直系尊属から贈与を受けた財産の場合（特例贈与財産、特例税率）

基礎控除後の課税価格		税率	控除額
	200 万円以下	10%	－
200 万円　超	400 万円以下	15%	10 万円
400 万円　超	600 万円以下	20%	30 万円
600 万円　超	1,000 万円以下	30%	90 万円
1,000 万円　超	1,500 万円以下	40%	190 万円
1,500 万円　超	3,000 万円以下	45%	265 万円
3,000 万円　超	4,500 万円以下	50%	415 万円
4,500 万円　超		55%	640 万円

（ロ）上記（イ）以外の場合（一般贈与財産、一般税率）

基礎控除後の課税価格		税率	控除額
	200 万円以下	10%	－
200 万円　超	300 万円以下	15%	10 万円
300 万円　超	400 万円以下	20%	25 万円
400 万円　超	600 万円以下	30%	65 万円
600 万円　超	1,000 万円以下	40%	125 万円
1,000 万円　超	1,500 万円以下	45%	175 万円
1,500 万円　超	3,000 万円以下	50%	250 万円
3,000 万円　超		55%	400 万円

父からの贈与については、相続時精算課税制度の適用を 2021 年から受けている。

2022 年における贈与の累積額は、

1,500 万円（2021 年）＋ 1,500 万円（2022 年）＝ 3,000 万円

相続時精算課税制度の特別控除の限度額は 2,500 万円まで。限度額を超える額については贈与税が 20％の税率で課税される。2022 年贈与により限度額を超え、その額は、

3,000 万円 － 2,500 万円 ＝ 500 万円

贈与税額：500 万円 × 20％ ＝ 100 万円・・・①

叔父からの贈与については暦年課税による。基礎控除額は 110 万円。

1,000 万円 － 110 万円 ＝ 890 万円

贈与税額は、＜贈与税の速算表＞（ロ）（イ）（18 歳以上の者が直系尊属から贈与を受けた財産の場合）以外の場合から、税率 40％　控除額 125 万円

890 万円 × 40％ － 125 万円 ＝ 231 万円・・・②

以上から 2022 年の贈与税額は、

①＋② ＝ 100 万円 ＋ 231 万円 ＝ **331 万円**

参考

2023（令和 5）年度税制改正（2024 年 1 月 1 日以降に贈与により取得する財産に係る相続税または贈与税に適用）

・**相続時精算課税制度に年間 110 万円の基礎控除の創設**

　2,500 万円の特別控除枠とは別に年間 110 万円まで基礎控除が認められる。相続時精算課税を選択した後は、年間 110 万円までの贈与については非課税で申告の必要もない。

・**暦年課税による生前贈与の加算対象期間の延長と経過措置**

　暦年課税に係る贈与財産の贈与期間が、相続開始前 3 年以内から 7 年以内に延長された。

・**加算対象期間と延長された 4 年間の加算額の調整**

贈与の時期	贈与者の相続開始日	加算対象期間と加算額の調整
2024 年 1 月 1 日～	2024 年 1 月 1 日～2026 年 12 月 31 日	相続開始前 3 年間　調整：なし
	2027 年 1 月 1 日～2030 年 12 月 31 日	2024 年 1 月 1 日～相続開始日　調整：相続開始前 3 年以内に贈与により取得した財産以外の財産については、その財産の価額の合計額から 100 万円を控除した残額を加算
	2031 年 1 月 1 日～	相続開始前 7 年間　調整：なし

6

相続・事業承継

正解　331（万円）

問 **17**　下記<資料>の土地に係る路線価方式による普通借地権の相続税評価額の計算式として、正しいものはどれか。

<資料>

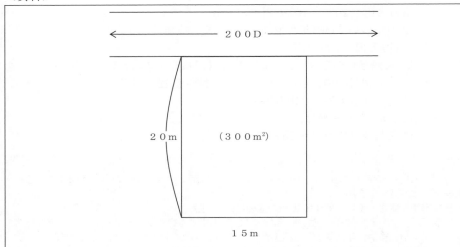

注1：奥行価格補正率（20m以上24m未満）　1.00
注2：借地権割合　60%
注3：借家権割合　30%
注4：その他の記載のない条件は一切考慮しないこと。

1．200千円 × 1.00 × 300㎡
2．200千円 × 1.00 × 300㎡ × 60%
3．200千円 × 1.00 × 300㎡ × （1 － 60%）
4．200千円 × 1.00 × 300㎡ × （1 － 60% × 30% × 100%）

普通借地権の評価額＝自用地評価額×借地権割合

　まず、自用地評価額を求める。

・自用地評価額＝路線価×奥行価格補正率×地積

＜資料＞から

　路線価：200 千円／㎡

　奥行価格補正率＝ 1.00（注1から）

　地積：300㎡

　自用地評価額＝ 200,000 円× 1.00 × 300㎡

・普通借地権の評価額

＜資料＞から

　借地権割合＝ 60％（注2から）

　以上から、普通借地権の評価額は、

　200 千円× 1.00 × 300㎡× 60％

ワンポイント

各選択肢の計算式（路線価方式による）は、次のとおり。

1．自用地評価額＝路線価×奥行価格補正率×地積

3．貸宅地（底地権）の評価額＝自用地評価額×（1－借地権割合）

4．貸家建付地の評価額＝自用地評価額×（1－借地権割合×借家権割合×賃貸割合）

6

相続・事業承継

正解　2

問18 下記＜資料＞の土地に係る路線価方式による普通借地権の相続税評価額の計算式として、正しいものはどれか。

＜資料＞

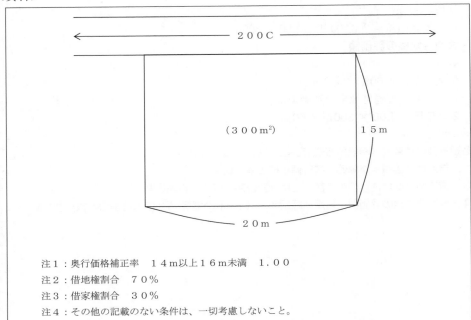

注1：奥行価格補正率　14m以上16m未満　1.00
注2：借地権割合　70％
注3：借家権割合　30％
注4：その他の記載のない条件は、一切考慮しないこと。

1．200千円 × 1.00 × 300㎡
2．200千円 × 1.00 × 300㎡ × 70％
3．200千円 × 1.00 × 300㎡ ×（1 − 70％）
4．200千円 × 1.00 × 300㎡ ×（1 − 70％ × 30％ × 100％）

普通借地権の評価額＝自用地評価額×借地権割合

　まず、自用地評価額を求める。

・自用地評価額＝路線価×奥行価格補正率×地積

＜資料＞から

　路線価：200千円／㎡

　奥行価格補正率＝ 1.00（注1から）

　地積：300㎡

　自用地評価額＝ 200千円× 1.00 × 300㎡

・普通借地権の評価額

＜資料＞から

　借地権割合＝ 70%（注2から）

　以上から、普通借地権の評価額は、

**　200千円× 1.00 × 300㎡× 70%**

ワンポイント

各選択肢の計算式（路線価方式による）は、次のとおり。

１．自用地評価額＝路線価×奥行価格補正率×地積

３．貸宅地（底地）の評価額＝自用地評価額×（1－借地権割合）

４．貸家建付地の評価額＝自用地評価額×（1－借地権割合×借家権割合×賃貸割合）

6

相続・事業承継

正　解　　2

問 19 下記＜資料＞の宅地（貸家建付地）に係る路線価方式による相続税評価額の計算式として、正しいものはどれか。なお、記載のない事項については一切考慮しないものとする。

＜資料＞

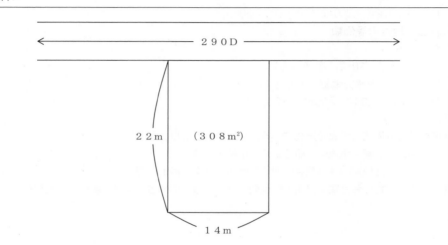

注1：奥行価格補正率（20m以上24m未満）　1.00

注2：借地権割合　60%

注3：借家権割合　30%

注4：この宅地には宅地所有者の所有する賃貸アパートが建っており、現在すべて賃貸中となっている。

1．290,000 円 × 1.00 × 308㎡

2．290,000 円 × 1.00 × 308㎡ × 60%

3．290,000 円 × 1.00 × 308㎡ × （1 − 60%）

4．290,000 円 × 1.00 × 308㎡ × （1 − 60% × 30% × 100%）

貸家建付地の評価額＝自用地評価額×（１－借地権割合×借家権割合×賃貸割合）

　まず、自用地評価額を求める。

・自用地評価額＝路線価×奥行価格補正率×地積

＜資料＞から

　路線価：290 千円／㎡

　奥行価格補正率＝ 1.00（注１から）

　地積：308㎡

　自用地評価額＝ 290,000 円× 1.00 × 308㎡

・貸家建付地の評価額

＜資料＞から

　借地権割合＝ 60％（注２から）

　借家権割合＝ 30％（注３から）

　賃貸割合＝ 100％（注４から）

　以上から、貸家建付地の評価額は、

290,000 円× 1.00 × 308㎡×（１－ 60％× 30％× 100％）

ワンポイント

各選択肢の計算式（路線価方式による）は、次のとおり。

１．自用地評価額＝路線価×奥行価格補正率×地積

２．普通借地権の評価額＝自用地評価額×借地権割合

３．貸宅地（底地権）の評価額＝自用地評価額×（１－借地権割合）

6
相続・事業承継

正解　4

問 **20** 下記＜資料＞の宅地（貸家建付地）に係る路線価方式による相続税評価額の計算式として、正しいものはどれか。

＜資料＞

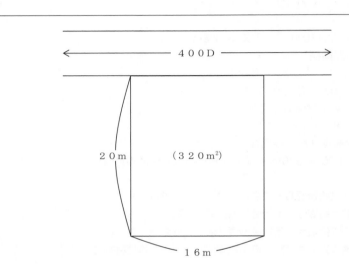

注1：奥行価格補正率　1.00
注2：借地権割合　60％
注3：借家権割合　30％
注4：この宅地には宅地所有者の所有する賃貸アパートが建っており、現在すべて賃貸中となっている。
注5：その他の記載のない条件は一切考慮しないものとする。

1．400,000 円 × 1.00 × 320㎡
2．400,000 円 × 1.00 × 320㎡ × 60％
3．400,000 円 × 1.00 × 320㎡ × （1 − 60％）
4．400,000 円 × 1.00 × 320㎡ × （1 − 60％ × 30％ × 100％）

貸家建付地の評価額＝自用地評価額×（1－借地権割合×借家権割合×賃貸割合）

　まず、自用地評価額を求める。

・自用地評価額＝路線価×奥行価格補正率×地積

＜資料＞から

　路線価：400 千円／㎡

　奥行価格補正率＝ 1.00（注1から）

　地積：320㎡

　自用地評価額＝ 400,000 円× 1.00 × 320㎡

・貸家建付地の評価額

＜資料＞から

　借地権割合＝ 60％（注2から）

　借家権割合＝ 30％（注3から）

　賃貸割合＝ 100％（注4から）

　以上から、貸家建付地の評価額は、

　400,000 円× 1.00 × 320㎡×（1－60％× 30％× 100％）

ワンポイント

各選択肢の計算式（路線価方式による）は、次のとおり。

1．自用地評価額＝路線価×奥行価格補正率×地積

2．普通借地権の評価額＝自用地評価額×借地権割合

3．貸宅地（底地権）の評価額＝自用地評価額×（1－借地権割合）

正　解　　4

宅地（貸家建付地）

問 21 下記＜資料＞の宅地（貸家建付地）に係る路線価方式による相続税評価額の計算式として、正しいものはどれか。

＜資料＞

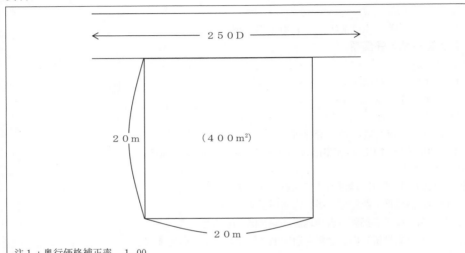

注1：奥行価格補正率　1.00

注2：借地権割合　60％

注3：借家権割合　30％

注4：この宅地には宅地所有者の所有する賃貸マンションが建っており、現在満室（すべて賃貸中）となっている。

注5：その他の記載のない条件は一切考慮しないものとする。

1．250,000 円 × 1.00 × 400㎡

2．250,000 円 × 1.00 × 400㎡ × 60％

3．250,000 円 × 1.00 × 400㎡ × （1 − 60％）

4．250,000 円 × 1.00 × 400㎡ × （1 − 60％ × 30％ × 100％）

貸家建付地の評価額＝自用地評価額×（1－借地権割合×借家権割合×賃貸割合）

まず、自用地評価額を求める。

・**自用地評価額＝路線価×奥行価格補正率×地積**

＜資料＞から

　路線価：250千円／㎡

　奥行価格補正率＝1.00（注1から）

　地積：400㎡

　自用地評価額＝250,000円×1.00×400㎡

・**貸家建付地の評価額**

＜資料＞から

　借地権割合＝60%（注2から）

　借家権割合＝30%（注3から）

　賃貸割合＝100%（注4から）

　以上から、貸家建付地の評価額は、

　250,000円×1.00×400㎡×（1－60%×30%×100%）

ワンポイント

各選択肢の計算式（路線価方式による）は、次のとおり。

1．自用地評価額＝路線価×奥行価格補正率×地積

2．普通借地権の評価額＝自用地評価額×借地権割合

3．貸宅地（底地権）の評価額＝自用地評価額×（1－借地権割合）

6

相続・事業承継

正 解　4

問 22 相続税における「小規模宅地等の評価減の特例」に関する下表の空欄（ア）～（ウ）にあてはまる数値の組み合わせとして、正しいものはどれか。

宅地等の区分	適用限度面積	減額割合
特定事業用宅地等※	400㎡	（ウ）%
特定同族会社事業用宅地等		
特定居住用宅地等	（ア）㎡	
貸付事業用宅地等※	（イ）㎡	50%

※特定事業用宅地等と貸付事業用宅地等については、一定の場合に該当しない限り、相続開始前3年以内に新たに（貸付）事業の用に供された宅地等を除く。

1．（ア）330　（イ）240　（ウ）70
2．（ア）330　（イ）200　（ウ）80
3．（ア）300　（イ）240　（ウ）70
4．（ア）300　（イ）200　（ウ）80

解　説

チェック□□□

＜相続税における小規模宅地等の評価減の特例＞

宅地等の区分	適用限度面積	減額割合
特定事業用宅地等※	400㎡	（ウ：**80**）%
特定同族会社事業用宅地等		
特定居住用宅地等	（ア：**330**）㎡	
貸付事業用宅地等※	（イ：**200**）㎡	50%

※特定事業用宅地等と貸付事業用宅地等については、一定の場合に該当しない限り、相続開始前3年以内に新たに（貸付）事業の用に供された宅地等を除く。

正　解　2

7

事例総合問題

事例総合問題

【第 1 問】

2024 年 1 月出題

下記の 問1 ～ 問7 について解答しなさい。

<設例>
牧村耕治さんは、民間企業に勤務する会社員である。耕治さんと妻の琴美さんは、今後の生活設計や資産形成などについて、FP で税理士でもある吉田さんに相談をした。なお、下記のデータはいずれも 2024 年 1 月 1 日現在のものである。

[家族構成]

氏名	続柄	生年月日	年齢	備考
牧村　耕治	本人	1986 年 8 月 20 日	37 歳	会社員（正社員）
琴美	妻	1988 年 10 月 8 日	35 歳	会社員（正社員）
雄大	長男	2018 年 12 月 13 日	5 歳	保育園児

[収入金額（2022 年）]
耕治さん：給与収入 670 万円（手取り額）。給与収入以外の収入はない。
琴美さん：給与収入 400 万円（手取り額）。給与収入以外の収入はない。

[金融資産（時価）]
耕治さん名義
　　銀行預金（普通預金）　：　80 万円
　　銀行預金（定期預金）　：110 万円
　　財形年金貯蓄　　　　　：120 万円
　　個人向け国債（変動 10 年）：　60 万円
琴美さん名義
　　銀行預金（普通預金）　：230 万円
　　公募株式投資信託　　　：　40 万円
　　上場株式　　　　　　　：　90 万円

[住宅ローン]
契約者　　：耕治さん
借入先　　：HA 銀行
借入時期：2021 年 10 月（居住開始時期：2021 年 10 月）
借入金額：2,600 万円
返済方法：元利均等返済（ボーナス返済なし）
金利　　：全期間固定金利型（年 1.4％）
返済期間：30 年間

- 324 -

［保険］
・定期保険Ａ：保険金額 1,500 万円（リビング・ニーズ特約付き）。保険契約者（保険料負担者）および被保険者は耕治さん、保険金受取人は琴美さんである。
・収入保障保険Ｂ：年金月額 10 万円。保険契約者（保険料負担者）および被保険者は耕治さん、年金受取人は琴美さんである。
・火災保険Ｃ：保険金額 2,000 万円。保険の目的は建物、保険契約者（保険料負担者）は耕治さんである。
・医療保険Ｄ：入院給付金日額 5,000 円、保険契約者（保険料負担者）および被保険者は琴美さんであり、先進医療特約が付加されている。

第1問

重要度 **A**

所得税の基本的な仕組み

問 **1** FPの吉田さんは、個人に対する所得税の仕組みについて耕治さんから質問を受けた。吉田さんが下記＜イメージ図＞を使用して行った所得税に関する次の（ア）～（エ）の説明のうち、適切なものには〇、不適切なものには×を解答欄に記入しなさい。

＜イメージ図＞

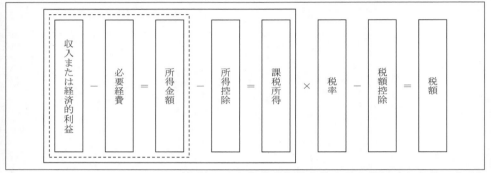

（出所：財務省「所得税の基本的な仕組み」を基に作成）

（ア）「耕治さんが収入保障保険の保険料を支払ったことにより受けられる生命保険料控除は、所得控除として、一定金額を所得金額から差し引くことができます。」

（イ）「耕治さんが琴美さんの医療費を支払ったことにより受けられる医療費控除は、所得控除として、一定金額を所得金額から差し引くことができます。」

（ウ）「耕治さんがふるさと納税をしたことにより受けられる寄附金控除は、税額控除として、一定金額を所得税額から差し引くことができます。」

（エ）「耕治さんが振り込め詐欺による被害にあったことにより受けられる雑損控除は、所得控除として、一定金額を所得金額から差し引くことができます。」

解　説

（ア）○　記述のとおりである。

（イ）○　記述のとおりである。

（ウ）×　ふるさと納税は、所得控除である。

> **参考**
> ・所得税の軽減（所得控除）
> 　（ふるさと納税額−2,000円）の所得控除が可能。ただし、所得控除の対象となる寄附金額は、総所得金額等の40%まで（上限）。
> ・個人住民税（基本分）の軽減（税額控除）
> 　（ふるさと納税額−2,000円）×10%の税額控除が可能。

（エ）×　雑損控除は所得控除であるが、振り込め詐欺による損害は、雑損控除の対象にならない。

ワンポイント

雑損控除が受けられる対象は、次のいずれかの場合に限られる。

（1）震災、風水害、冷害、雪害、落雷など自然現象の異変による災害

（2）火災、火薬類の爆発など人為による異常な災害

（3）害虫などの生物による異常な災害

（4）盗難

（5）横領

雑損控除を受けられない対象

詐欺や恐喝に基因する損害は、雑損控除を受けられない。また、棚卸資産もしくは事業用固定資産等または「生活に通常必要でない資産」※の損害も、雑損控除を受けることができない。

※「生活に通常必要でない資産」とは、別荘など趣味、娯楽、保養または鑑賞の目的で保有する資産や貴金属（製品）や書画、骨董など1個または1組の価額が30万円超の生活に通常必要でない動産をいう。

正　解　（ア）○　（イ）○　（ウ）×　（エ）×

問 2 耕治さんは、財形年金貯蓄について、FPの吉田さんに質問をした。財形年金貯蓄に関する下表の空欄（ア）～（エ）にあてはまる数値に関する次の記述のうち、最も不適切なものはどれか。なお、復興特別所得税については考慮しないものとする。

	財形年金貯蓄
契約締結の年齢要件	満 （ ア ） 歳未満
積立期間	毎月の給与や賞与から定期的に （ イ ） 年以上の期間
非課税の限度額	［貯蓄型］ 財形住宅貯蓄と合算して元利合計 （ ウ ） 万円まで ［保険型］ 払込保険料累計額385万円まで、かつ財形住宅貯蓄と合算して払込保険料累計額 （ ウ ） 万円まで
目的外の払出時の原則的取扱い	［貯蓄型］ 過去 （ エ ） 年間に支払われた利息について、さかのぼって所得税および住民税が源泉徴収される。 ［保険型］ 積立開始時からの利息相当分すべてが一時所得扱いとなる。

1．（ア）にあてはまる数値は、「60」である。
2．（イ）にあてはまる数値は、「5」である。
3．（ウ）にあてはまる数値は、「550」である。
4．（エ）にあてはまる数値は、「5」である。

	財形年金貯蓄
契約締結の年齢要件	満（ア：**55**）歳未満
積立期間	毎月の給与や賞与から定期的に（イ：**5**）年以上の期間
非課税の限度額	［貯蓄型］ 財形住宅貯蓄と合算して元利合計（ウ：**550**）万円まで ［保険型］ 払込保険料累計額385万円まで、かつ財形住宅貯蓄と合算して払込保険料累計額（ウ：**550**）万円まで
目的外の払出時の原則的取扱い	［貯蓄型］ 過去（エ：**5**）年間に支払われた利息について、さかのぼって所得税および住民税が源泉徴収される。 ［保険型］ 積立開始時からの利息相当分すべてが一時所得扱いとなる。

1．最も**不適切**。「55」歳未満である。

2．**適切**。記述のとおりである。

3．**適切**。記述のとおりである。

4．**適切**。記述のとおりである。

ワンポイント

財形年金貯蓄の特徴（上記表以外）

積立方法	毎月の給料や夏・冬のボーナスから天引き
据置期間	積立終了から年金受取開始まで、5年以内の据置が可能

正　解　1

第1問
個人向け国債

問 3 耕治さんは、教育資金が不足する事態に備えて、個人向け国債（変動10年）の中途換金について、FPの吉田さんに質問をした。個人向け国債（変動10年）の中途換金に関する吉田さんの次の説明のうち、最も不適切なものはどれか。

1．「発行から1年経過すれば、原則としていつでも中途換金することができます。」
2．「中途換金は、全額または額面1万円単位ですることができます。」
3．「市場金利が低下すると個人向け国債（変動10年）の債券価格は上昇し、中途換金の際に値上がり益が生じることもあります。」
4．「中途換金する場合の換金額は、原則として、額面金額と経過利子相当額の合計額から中途換金調整額が差し引かれますが、中途換金調整額は直前2回分の各利子（税引前）相当額を基に算出されます。」

解　説　　　　　　　　　チェック□□□

1．**適切**。記述のとおりである。
2．**適切**。記述のとおりである。
3．**最も不適切**。個人国債の中途換金は、額面額で算定されるため、市場金利の影響を受けることはない。債権の価格と金利の関係は、記述のとおりで、市場金利が上昇すると債券価格が下がり、市場金利が低下すると債券価格は上昇する。
4．**適切**。記述のとおりである。
　　第3期利子支払日以降に換金する場合は次のとおり。
　　額面金額＋経過利子相当額－直前2回分の各利子（税引前）相当額×0.79685

正　解　　3

第1問

重要度 **A**

生命保険（解約返戻金）

問 **4** 耕治さんは、生命保険の解約返戻金について、FP の吉田さんに質問をした。吉田さんが、生命保険の解約返戻金相当額について説明する際に使用した下記のイメージ図のうち、耕治さんが契約している定期保険 A の解約返戻金相当額の推移に係る図として、最も適切なものはどれか。

1.

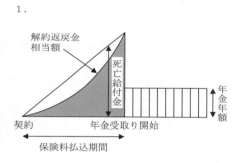

2.

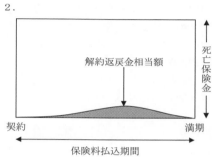

3.

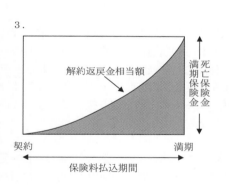

4.

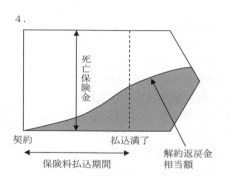

解　説　　　　　　　　　　チェック□□□

1. **不適切**。確定年金の解約返戻金相当額の推移に係るイメージ図である。
2. **最も適切**。定期保険の解約返戻金相当額の推移に係るイメージ図である。
3. **不適切**。養老保険の解約返戻金相当額の推移に係るイメージ図である。
4. **不適切**。終身保険の解約返戻金相当額の推移に係るイメージ図である。

正解 2

生命保険（定期保険）

問 5 耕治さんは、契約している定期保険Aのリビング・ニーズ特約について、FP の吉田さんに質問をした。吉田さんが行ったリビング・ニーズ特約の一般的な説明として、最も不適切なものはどれか。

1．「リビング・ニーズ特約の特約保険料は、無料です。」
2．「リビング・ニーズ特約は、被保険者の余命が6ヵ月以内と診断されたときに死亡保険金の一部または全部を生前に受け取ることができる特約です。」
3．「リビング・ニーズ特約の請求により被保険者が受け取った生前給付金は、所得税の課税対象となります。」
4．「一般的に、リビング・ニーズ特約により請求できる金額は保険金額の範囲内で、1被保険者当たり3,000万円が限度となります。」

解 説　　　　　　　チェック☐☐☐

1．**適切**。記述のとおりである。
2．**適切**。記述のとおりである。
3．**最も不適切**。リビング・ニーズ特約の請求により被保険者が受け取った生前給付金は、非課税である。リビング・ニーズで支払われる保険金は、死亡に基因するものではないが、重度の疾病に基因して支払われる保険金に該当するものと認められる。所得税法施行令第30条第1号《非課税とされる保険金、損害賠償金等》に掲げる「身体の傷害に基因して支払われる」保険金に該当するものとして取り扱っており（所得税基本通達9-21）、その保険金は非課税所得となる。

ワンポイント

　生前給付金の受取人がその支払を受けた後（指定代理請求人が指定代理請求により支払を受けた場合を含む。）にその受取人である被保険者が死亡した場合で、その受けた給付金のうち相続開始時点における残額は、死亡した被保険者に係る本来の相続財産として相続税の課税対象となる。

4．**適切**。記述のとおりである。

参考

　リビング・ニーズ特約で受け取る金額は、生前給付金の額に対する6ヵ月分の利息と、保険料支払期間の6ヵ月分の保険料相当額が差し引かれて支払われる。

正 解 3

第1問
重要度 **B**

健康保険（保険料・保険給付）

問 **6** 耕治さんは、2024年1月に病気（私傷病）療養のため休業したことから、健康保険の傷病手当金についてFPの吉田さんに相談をした。下記<資料>に基づき、耕治さんが受け取ることができる傷病手当金に関する次の記述の空欄（ア）～（ウ）にあてはまる適切な語句を語群の中から選び、その番号のみを解答欄に記入しなさい。なお、耕治さんは、全国健康保険協会管掌健康保険（協会けんぽ）の被保険者である。また、記載のない事項については一切考慮しないものとする。

<資料>

[耕治さんの2024年1月の出勤状況]

13日 （土）	14日 （日）	15日 （月）	16日 （火）	17日 （水）	18日 （木）	19日 （金）	20日 （土）	21日 （日）
休業	休業	出勤	休業	出勤	休業	休業	休業	休業

[耕治さんのデータ]
・支給開始月以前の直近の継続した12ヵ月間の各月の標準報酬月額の平均額は、540,000円である。
・上記の休業した日について、1日当たり3,000円の給与が支給された。
・上記以外に休業した日はなく、上記の休業した日については、労務不能と認められている。

[傷病手当金の1日当たりの額の計算式]
支給開始月以前の直近の継続した12ヵ月間の各月の標準報酬月額の平均額

$$\times \frac{1}{30} \times \frac{2}{3}$$

・耕治さんへの傷病手当金は、（　ア　）より支給が開始される。
・耕治さんへ支給される傷病手当金の額は、1日当たり（　イ　）である。
・耕治さんに同一の疾病に係る傷病手当金が支給される期間は、支給を始めた日から通算して（　ウ　）である。

<語群>
1．1月18日	2．1月20日	3．1月21日
4．9,000円	5．12,000円	6．18,000円
7．1年間	8．1年6ヵ月間	9．2年間

（ア）1月21日

　健康保険の傷病手当金は、休業した日が連続して3日間あり、4日目以降、休業した日に対して支給される。＜資料＞［耕治さんの2024年1月の出勤状況］から、傷病手当金の支給が開始されるのは、**1月21日**である。

（イ）9,000円

　支給される傷病手当金の額は、＜資料＞［傷病手当金の1日当たりの額の計算式］を利用して計算する。

　支給開始月以前の直近の継続した12ヵ月間の各月の標準報酬月額の平均額×1／30（10円未満四捨五入）×2／3

　支給開始月以前の直近の継続した12ヵ月間の各月の標準報酬月額の平均額＝540,000円（［耕治さんのデータ］から）

　以上から、傷病手当金の1日当たりの額は、540,000円×1／30×2／3＝12,000円

　休業期間中、給与の支払いがある場合は、傷病手当金は、支払われる給与額より傷病手当金が多い場合に、傷病手当金と給与の差額が支給される。1日当たり3,000円の給与が支給された（［耕治さんのデータ］から）ので、12,000円－3,000円＝**9,000円**

（ウ）1年6ヵ月間

　支給期間は、令和4年1月1日より、支給した日から通算して最長**1年6ヵ月**に変更された。改正前は、支給を開始した日から最長1年6ヵ月。

第1問

雇用保険（基本手当）

問 7 耕治さんは、現在の勤務先を 2024 年 1 月に自己都合退職した場合に受給することができる雇用保険の基本手当について FP の吉田さんに質問をした。雇用保険の基本手当に関する次の記述の空欄（ア）～（ウ）にあてはまる適切な語句を語群の中から選び、その番号のみを解答欄に記入しなさい。なお、個別延長給付等の記載のない事項については一切考慮しないものとする。

＜資料＞

［耕治さんのデータ］
・現在の勤務先に 22 歳から勤務し、継続して雇用保険に加入しており、基本手当の受給要件はすべて満たしているものとする。
・これまでに雇用保険の給付を受けたことはない。

［基本手当の所定給付日数（抜粋）］
○一般受給資格者

算定基礎期間 / 離職時の満年齢	1 年以上 10 年未満	10 年以上 20 年未満	20 年以上
全年齢	90 日	120 日	150 日

○特定受給資格者および一部の特定理由離職者

算定基礎期間 / 離職時の満年齢	1 年未満	1 年以上 5 年未満	5 年以上 10 年未満	10 年以上 20 年未満	20 年以上
30 歳未満	90 日	90 日	120 日	180 日	－
30 歳以上 35 歳未満	90 日	120 日	180 日	210 日	240 日
35 歳以上 45 歳未満	90 日	150 日	180 日	240 日	270 日

・基本手当を受給する場合、離職後、住所地を管轄する公共職業安定所（ハローワーク）において求職の申込みをしたうえで、勤務先から受領した（　ア　）を提出しなければならない。
・耕治さんが受給することができる基本手当の所定給付日数は（　イ　）であり、求職の申込みをした日から 7 日間の待期期間および原則として（　ウ　）の給付制限期間を経て支給が開始される。

<語群>
1．離職票　　　2．雇用保険被保険者証　　　3．離職証明書
4．120 日　　　5．210 日　　　　　　　　6．240 日
7．1ヵ月　　　8．2ヵ月　　　　　　　　　9．3ヵ月

解　説　　　　　チェック□□□

（ア）**離職票**　基本手当を受給する場合、離職後、住所地を管轄する公共職業安定所（ハ
　ローワーク）において求職の申込みをしたうえで、勤務先から受領した（ア：**離職票**）
　を提出しなければならない。

ワンポイント
　基本手当を受け取るには、ハローワークに出向き、原則として 4 週間に一度、失業の認定を
受けなければならない。

（イ）**120 日**　＜資料＞［耕治さんのデータ］から、現在の勤務先に 22 歳から勤務し、
　現在 37 歳（＜設例＞［家族構成］から）。継続して雇用保険に加入しており、算定基
　礎期間は 10 年以上 20 年未満に該当。自己都合による退職で、一般受給資格者※に該
　当する。基本手当の受給要件はすべて満たしているので、＜資料＞［基本手当の所定
　給付日数（抜粋）］から、**120 日**支給される。

　※問題文に特定受給資格者に該当するか否かの記載はないが、設例等から、健常者として推定。

（ウ）**2ヵ月**　＜資料＞［基本手当の所定給付日数（抜粋）］から、雇用保険の給付は初
　めて。よって、待期期間は**2ヵ月**。

＜イメージ図＞
　給付制限は原則 2ヵ月であるが、5 年以内に 3 回離職した場合、給付制限期間が 3ヵ
月となる。

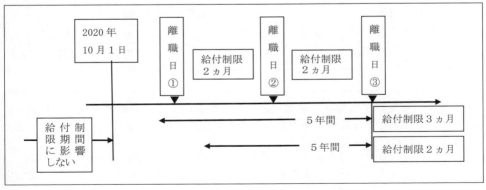

事例総合問題

【第2問】

2024 年 1 月出題

下記の 問8 ～ 問13 について解答しなさい。

<設例>
国内の上場企業に勤務する池谷雅之さんは、今後の生活などについて、FP で税理士でもある最上さんに相談をした。なお、下記のデータは 2024 年 1 月 1 日現在のものである。

Ⅰ．家族構成（同居家族）

氏名	続柄	生年月日	年齢	備考
池谷　雅之	本人	1967 年 6 月 27 日	56 歳	会社員（正社員）
博子	妻	1967 年 10 月 18 日	56 歳	専業主婦
里香	長女	2000 年 5 月 11 日	23 歳	会社員（正社員）
和哉	長男	2004 年 12 月 12 日	19 歳	大学生

Ⅱ．池谷家の親族関係図

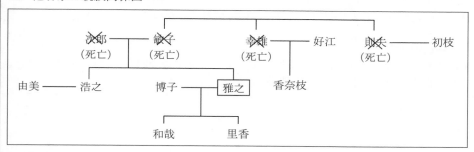

Ⅲ．池谷家（雅之さんと博子さん）の財産の状況

[資料1：保有資産（時価）]　　　　　　　　　　　　　　　（単位：万円）

	雅之	博子
金融資産		
現金・預貯金	3,600	820
株式・投資信託	1,100	250
生命保険（解約返戻金相当額）	［資料3］を参照	［資料3］を参照
不動産		
土地（自宅の敷地）	6,000	
建物（自宅の家屋）	520	
その他		
動産等	180	210

[資料２：負債残高]
住宅ローン：680万円（債務者は雅之さん。団体信用生命保険が付保されている）
自動車ローン：70万円（債務者は雅之さん）

[資料３：生命保険]
(単位：万円)

保険種類	保険契約者	被保険者	死亡保険金受取人	保険金額	解約返戻金相当額
定期保険特約付終身保険A	雅之	雅之	博子		
（終身保険部分）				200	120
（定期保険部分）				2,000	－
個人年金保険B	雅之	雅之	博子	－	500
医療保険C	雅之	雅之	－	－	－

注１：解約返戻金相当額は、2024年1月1日現在で解約した場合の金額である。
注２：個人年金保険Bは、据置期間中に被保険者が死亡した場合、払込保険料相当額が死亡保険金として支払われるものである。
注３：すべての契約について、保険契約者が保険料を全額負担している。
注４：契約者配当および契約者貸付については考慮しないこと。

Ⅳ．その他
上記以外の情報については、各設問において特に指示のない限り一切考慮しないこと。
また、復興特別所得税については考慮しないこと。

第2問

重要度 **A**

個人バランスシート

問 **8** FP の最上さんは、まず 2024 年 1 月 1 日現在における池谷家（雅之さんと博子さん）のバランスシート分析を行うこととした。下表の空欄（ア）にあてはまる数値を計算しなさい。

＜池谷家（雅之さんと博子さん）のバランスシート＞　　　　　　（単位：万円）

[資産]		[負債]	
金融資産		住宅ローン	×××
現金・預貯金	×××	自動車ローン	×××
株式・投資信託	×××		
生命保険（解約返戻金相当額）	×××	負債合計	×××
不動産			
土地（自宅の敷地）	×××		
建物（自宅の家屋）	×××	[純資産]	（　ア　）
その他（動産等）	×××		
資産合計	×××	負債・純資産合計	×××

解　説　　　　　　　　　　　チェック□□□

　池谷家（雅之さんと博子さん）のバランスシートを完成させる。

[資産]

　＜設例＞Ⅲ．池谷家（雅之さんと博子さん）の財産の状況から、保有資産である金融資産、生命保険、事業用資産、不動産、その他（動産等）の時価が把握できる。

・**金融資産 [資料1：保有資産（時価）] から**

　現金・預貯金：雅之さん 3,600 万円 ＋ 博子さん 820 万円 ＝ 4,420 万円

　株式・投資信託：雅之さん 1,100 万円 ＋ 博子さん 250 万円 ＝ 1,350 万円

・**生命保険 [資料3：生命保険] から**

　解約返戻金は、一般的に、契約者（保険料負担者）が受取る。

　注3から、すべての契約において、保険契約者が保険料を全額負担しているので、保険契約者が雅之さんまたは博子さんの保険契約を抽出し解約返戻金相当額を合算する。

　注1から、資料3の解約返戻金相当額は、2024 年 1 月 1 日で解約した場合の金額である。

　生命保険（解約返戻金相当額）：120 万円 ＋ 500 万円 ＝ 620 万円

・**不動産 [資料1：保有資産（時価）] から**

　土地（自宅の敷地）：雅之さん 6,000 万円

建物（自宅の家屋）：雅之さん 520 万円

・**その他（動産等）[資料 1：保有資産（時価）] から**

雅之さん 180 万円＋博子さん 210 万円＝ 390 万円

以上から

資産合計＝現金・預貯金＋株式・投資信託＋生命保険（解約返戻金相当額）＋土地（自
宅の敷地）＋建物（自宅の家屋）＋その他（動産等）

= 4,420 万円＋ 1,350 万円＋ 620 万円＋ 6,000 万円＋ 520 万円＋ 390 万円

= 13,300 万円

【負債】

[資料 2：負債残高] から

住宅ローン：雅之さん 680 万円

自動車ローン：雅之さん 70 万円

負債合計＝住宅ローン＋自動車ローン

= 680 万円＋ 70 万円

= 750 万円

純資産は、バランスシートの特徴である「資産＝負債＋純資産」から算定する。

純資産＝資産−負債＝ 13,300 万円 − 750 万円＝ **12,550 万円**

＜池谷家（雅之さんと博子さん）のバランスシート＞　　　　　　　　（単位：万円）

[資産]		[負債]	
金融資産		住宅ローン	680
現金・貯金	4,420	自動車ローン	70
株式・投資信託	1,350		
生命保険（解約返戻金相当額）	620	負債合計	750
不動産			
土地（自宅の敷地）	6,000		
建物（自宅の家屋）	520	[純資産]	（ア：**12,550**）
その他（動産等）	390		
資産合計	13,300	負債・純資産合計	13,300

正　解　12,550（万円）

第2問

配偶者特別控除

問 9 博子さんは、2023年8月末に正社員として勤務していたRX株式会社を退職し、その後再就職はしていない。退職後、RX株式会社から交付された源泉徴収票（一部省略）は下記＜資料＞のとおりである。雅之さんの2023年分の所得税の計算において、適用を受けることのできる配偶者特別控除の額として、正しいものはどれか。なお、雅之さんの2023年分の所得金額は900万円以下であるものとする。また、博子さんには、RX株式会社からの給与以外に申告すべき所得はない。

＜資料＞

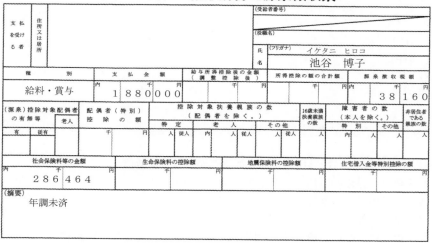

＜給与所得控除額の速算表＞

給与等の収入金額		給与所得控除額
	162.5万円以下	55万円
162.5万円 超	180万円以下	収入金額×40％ － 10万円
180万円 超	360万円以下	収入金額×30％ ＋ 8万円
360万円 超	660万円以下	収入金額×20％ ＋ 44万円
660万円 超	850万円以下	収入金額×10％ ＋ 110万円
850万円 超		195万円（上限）

<配偶者特別控除額（所得税）の早見表>

配偶者の合計所得金額 ＼ 納税者の合計所得金額	900 万円以下
48 万円 超　95 万円以下	38 万円
95 万円 超　100 万円以下	36 万円
100 万円 超　105 万円以下	31 万円
105 万円 超　110 万円以下	26 万円
110 万円 超　115 万円以下	21 万円
115 万円 超　120 万円以下	16 万円
120 万円 超　125 万円以下	11 万円
125 万円 超　130 万円以下	6 万円
130 万円 超　133 万円以下	3 万円

1.　0 円
2.　11 万円
3.　31 万円
4.　38 万円

解　説　　　　　チェック□□□

<資料>令和 5 年分　給与所得の源泉徴収票からわかる数値

給与収入金額：1,880,000 円　　　源泉徴収税額：38,160 円

　・博子さんの所得の合計金額

<給与所得の計算>

　給与所得金額＝収入金額（源泉徴収される前の金額）－給与所得控除額

　給与所得控除額は<資料><給与所得控除額の速算表>を利用して求める。

　給与等の収入金額は源泉徴収票の支払金額：1,880,000 円

　180 万円超 360 万円以下に該当するので、給与所得控除額は

　収入金額× 30％＋ 8 万円＝ 188 万円× 30％＋ 8 万円

　　　　　　　　　　　　　　＝ 64.4 万円

　給与所得金額＝ 188 万円－ 64.4 万円＝ 123.6 万円

　以上から、博子さんの所得金額は、48 万円超 133 万円以下となり、配偶者特別控除
を受けられる要件を満たす。・・・①

　雅之さん（控除を受ける納税者本人）の 2023 年分の所得金額は 900 万円以下（問題
本文から）なので、配偶者控除、配偶者特別控除を受けられる所得要件を満たしてい
る。・・・②

　①②から、博子さんは配偶者特別控除を受けられる。納税者本人の合計所得金額の

区分は 900 万円以下なので、配偶者特別控除額は、＜配偶者特別控除額（所得税）の早見表＞の納税者の合計所得金額 900 万円以下から、配偶者（博子さん）の合計所得金額 123.6 万円は、120 万円超 125 万円以下に該当し、**11 万円**。

参考

＜配偶者控除の要件＞
その年の 12 月 31 日の現況で、次の4つの要件のすべてに当てはまる配偶者。
（1）控除を受ける納税者本人のその年における合計所得金額が 1,000 万円以下であること。
（2）配偶者が、次の要件すべてに当てはまること。
　イ　民法の規定による配偶者であること（内縁関係の人は該当しない）。
　ロ　納税者と生計を一にしていること。
　ハ　年間の合計所得金額が 48 万円（給与のみの場合は給与収入が 103 万円）以下であること。
　ニ　青色申告者の事業専従者としてその年を通じて一度も給与の支払を受けていないことまたは白色申告者の事業専従者でないこと。

＜配偶者特別控除の要件＞
（1）控除を受ける納税者本人のその年における合計所得金額が 1,000 万円以下であること。
（2）配偶者が、次の要件すべてに当てはまること。
　イ　民法の規定による配偶者であること（内縁関係の人は該当しない）。
　ロ　控除を受ける人と生計を一にしていること。
　ハ　その年に青色申告者の事業専従者としての給与の支払を受けていないことまたは白色申告者の事業専従者でないこと。
　ニ　年間の合計所得金額が 48 万円超 133 万円以下であること。
　ホ　配偶者が、配偶者特別控除を適用していないこと。
　ヘ　配偶者が、給与所得者の扶養控除等申告書または従たる給与についての扶養控除等申告書に記載された源泉控除対象配偶者がある居住者として、源泉徴収されていないこと（配偶者が年末調整や確定申告で配偶者特別控除の適用を受けなかった場合等を除く）
　ト　配偶者が、公的年金等の受給者の扶養親族等申告書に記載された源泉控除対象配偶者がある居住者として、源泉徴収されていないこと（配偶者が年末調整や確定申告で配偶者特別控除の適用を受けなかった場合等を除く）。

正　解　2

第2問

投資信託の譲渡所得

問 10 雅之さんは、2020年10月に購入した国内公募追加型株式投資信託RRファンドの売却を検討している。下記<資料>に基づき、RRファンドを一部解約した場合の譲渡所得の金額として、正しいものはどれか。なお、解答に当たっては、円未満の端数が生じた場合には、円未満の端数を切り捨てること。

<資料>

[購入時の条件]

口数（当初1口＝1円）	240万口
基準価額（1万口当たり）	8,950円
購入時手数料率（消費税込み、外枠）	2.2%

[解約時の条件]

口数（当初1口＝1円）	120万口
基準価額（1万口当たり）	9,752円
解約時手数料	なし

1．48,984円
2．58,090円
3．72,612円
4．96,240円

譲渡所得（譲渡益）＝解約価額 − 取得価額

＜取得価額の計算＞

取得単価＝個別元本 ＋ 手数料および消費税額等

個別元本：基準価額 8,950 円／ 1 万口

購入時手数料：8,950 円／ 1 万口× 2.2% = 196.9 円／ 1 万口

取得費 =（8,950 円／ 1 万口× 240 万口 + 196.9 円／ 1 万口× 240 万口）÷ 240

= 9146.9 円／ 1 万口

＜解約価額の計算＞

解約価額：基準価額 9,752 円／ 1 万口

解約口数：120 万口

譲渡所得 =（9,752 円／ 1 万口 − 9146.9 円／ 1 万口）× 120 万口

= **72,612 円**

正　解　3

問11 雅之さんが2021年から2023年の間に行った国内公募追加型株式投資信託
RQファンドの取引は、下記<資料>のとおりである。2023年末時点におけるRQ
ファンドの個別元本（1万口当たり）として、正しいものはどれか。なお、記載のな
い事項については一切考慮しないものとする。

<資料>

取引年月	取引内容	基準価額 （1万口当たり）	購入時手数料等 （消費税込み、外枠）
2021年5月	250万口購入	10,000円	55,000円
2022年9月	100万口売却	11,000円	－
2023年3月	50万口購入	12,000円	13,200円

1. 10,500円
2. 10,731円
3. 11,000円
4. 11,242円

解　説　　　　　　チェック☐☐☐

買付時にかかる販売手数料やその消費税は、個別元本には含まれないので要注意。
① 2021年5月の初回の購入　個別元本（基準価額）10,000円／1万口、購入口数250
万口。
② 2022年9月の売却により、手許残高は、250万口 － 100万口 ＝ 150万口。個別元本
10,000円／1万口で変更なし。
③ 2023年3月の購入　基準価額：12,000円／1万口、購入口数：50万口、
買付金額 ＝ 12,000円／1万口 × 50万口 ＝ 600,000円
2023年末時点におけるRQファンドの個別元本（1万口当たり）は次の計算によ
り求める。

2回目以降の個別元本 ＝ ｛（前回までの個別元本）×（前回までの保有口数）＋（今回の
買付金額）｝ ÷ ｛（前回までの保有口数）＋（今回の買付口数）｝
＝ （10,000円／1万口 × 150万口 ＋ 600,000円）÷（150万口 ＋ 50
万口）× 1万口
＝ **10,500円／1万口**

正解 1

第2問 B

公的年金（老齢給付）

問12 雅之さんは、現在の勤務先で、60歳の定年を迎えた後も継続雇用制度を利用し、厚生年金保険に加入しつつ70歳まで働き続ける場合の在職老齢年金について、FPの最上さんに質問をした。下記<資料>に基づく条件で支給調整された老齢厚生年金の受給額（年額）として、正しいものはどれか。

<資料>

[雅之さんに関するデータ]

65歳以降の給与（標準報酬月額）	38万円
65歳以降の賞与（1年間の標準賞与額）	108万円 ※6月と12月にそれぞれ54万円
老齢厚生年金の受給額（年額）	120万円
老齢基礎年金の受給額（年額）	78万円

[在職老齢年金に係る計算式]

基本月額：老齢厚生年金（報酬比例部分）÷12

総報酬月額相当額：その月の標準報酬月額＋その月以前の1年間の標準賞与額の合計÷12

支給停止額：（基本月額＋総報酬月額相当額－48万円）×1／2

支給調整後の老齢厚生年金の受給額（年額）：（基本月額－支給停止額）×12

※雅之さんは、老齢年金を65歳から受給するものとする。
※記載以外の老齢年金の受給要件はすべて満たしているものとする。
※老齢厚生年金の受給額は、加給年金額および経過的加算額を考慮しないものとする。

1. 540,000円
2. 660,000円
3. 930,000円
4. 1,050,000円

解　説　　　　　　　　　チェック□□□

━━━━━━━━━━━━━━━━━━━━━━━━━

［在職老齢年金に係る計算式］

　基本月額：老齢厚生年金（報酬比例部分）÷ 12 ＝ 120 万円÷ 12 ＝ 10 万円

　総報酬月額相当額：その月の標準報酬月額＋その月以前の 1 年間の標準賞与額の合計
　　　　　　　　　÷ 12 ＝ 38 万円＋ 108 万円÷ 12 ＝ 47 万円

　支給停止額：（基本月額＋総報酬月額相当額－ 48 万円※）× 1 ／ 2 ＝（10 万円＋ 47
　　　　　　万円－ 48 万円）× 1 ／ 2 ＝ 4 万 5 千円

　支給調整後の老齢厚生年金の受給額（年額）：（基本月額－支給停止額）× 12 ＝（10
　　　　　　万円－ 4 万 5 千円）× 12 ＝ 66 万円　→　**660,000 円**

※令和 6 年 4 月から、50 万円。

正　解　　2

第2問 重要度 **A**
健康保険の被扶養者

問13 博子さんは、現在、雅之さんが加入する全国健康保険協会管掌健康保険（協会けんぽ）の被扶養者となっている。今後、博子さんがパートタイマーとして地元の中小企業 PE 株式会社で働き始めた場合でも、引き続き雅之さんが加入する健康保険の被扶養者となるための条件について、FP の最上さんに質問をした。健康保険の被保険者および被扶養者に関する次の説明の空欄（ア）～（ウ）にあてはまる語句または数値の組み合わせとして、最も適切なものはどれか。なお、PE 株式会社の従業員数は 50 人以下であり、任意特定適用事業所ではないものとする。また、問題作成の都合上、一部を「＊＊＊」にしてある。

「博子さんがパートタイマーとして PE 株式会社で働く場合、週の所定労働時間および月の所定労働日数が通常の労働者の（　ア　）以上となるときは、健康保険の被保険者とされます。

また、健康保険の被扶養者となるには、主に被保険者の収入により生計を維持していることおよび原則として日本国内に住所を有していることが必要です。生計維持の基準としては、被扶養者となる人が被保険者と同一世帯に属している場合、原則として、被扶養者となる人の年間収入が（　イ　）万円未満（60 歳以上の者や一定の障害者は＊＊＊万円未満）で、かつ、被保険者の収入の（　ウ　）未満であることとされています。」

1．（ア）3分の2　　（イ）103　　（ウ）2分の1
2．（ア）3分の2　　（イ）130　　（ウ）3割
3．（ア）4分の3　　（イ）103　　（ウ）3割
4．（ア）4分の3　　（イ）130　　（ウ）2分の1

「博子さんがパートタイマーとして PE 株式会社で働く場合、週の所定労働時間および月の所定労働日数が通常の労働者の（ア：**4分の3**）以上となるときは、健康保険の被保険者とされます。

また、健康保険の被扶養者となるには、主に被保険者の収入により生計を維持していることおよび原則として日本国内に住所を有していることが必要です。生計維持の基準としては、被扶養者となる人が被保険者と同一世帯に属している場合、原則として、被扶養者となる人の年間収入が（イ：**130**）万円未満（60 歳以上の者や一定の障害者は 180 万円未満）で、かつ、被保険者の収入の（ウ：**2分の1**）未満であることとされています。」

> **参考**
> **健康保険被保険者の加入要件の緩和**
> 　令和 6 年 10 月から、短時間労働者の加入要件が厚生年金保険の被保険者数が 101 人以上から 51 人以上の企業等で働く短時間労働者に拡大される。
> ＜短時間労働者の要件＞
> 　次の 4 要件をすべて満たす者
> 　①週の所定労働時間が 20 時間以上
> 　②所定内賃金が 8.8 万円以上
> 　③2 ヵ月を超える雇用の見込みがある
> 　④学生ではない

正　解　4

事例総合問題

【第3問】

下記の 問14 ～ 問20 について解答しなさい。

<設例>
長岡京介さんは、民間企業に勤務する会社員である。京介さんと妻の秋穂さんは、今後の資産形成や家計の見直しなどについて、FPで税理士でもある五十嵐さんに相談をした。なお、下記のデータはいずれも2023年9月1日現在のものである。

[家族構成]

氏名		続柄	生年月日	年齢	備考
長岡	京介	本人	1978年6月22日	45歳	会社員（正社員）
	秋穂	妻	1979年4月5日	44歳	会社員（正社員）
	翔太	長男	2006年8月18日	17歳	高校生

[収入金額（2022年）]
京介さん：給与収入450万円（手取り額）。給与収入以外の収入はない。
秋穂さん：給与収入400万円（手取り額）。給与収入以外の収入はない。

[金融資産（時価）]
京介さん名義
　　銀行預金（普通預金）：　50万円
　　銀行預金（定期預金）：150万円
　　投資信託　　　　　　　：　50万円
秋穂さん名義
　　銀行預金（普通預金）　　：100万円
　　個人向け国債（変動10年）：　50万円

[住宅ローン]
契約者：京介さん
借入先：LA銀行
借入時期：2013年12月（居住開始時期：2013年12月）
借入金額：2,200万円
返済方法：元利均等返済（ボーナス返済なし）
金利：固定金利選択型10年（年3.00％）
返済期間：25年間

［保険］
定期保険 A：保険金額 3,000 万円（リビング・ニーズ特約付き）。保険契約者（保険料負担者）および被保険者は京介さん、保険金受取人は秋穂さんである。保険期間は 25 年。

火災保険 B：保険金額 1,400 万円。地震保険付帯。保険の目的は自宅建物。保険契約者（保険料負担者）および保険金受取人は京介さんである。

第3問

住宅ローン（繰上げ返済）

問 14 京介さんは、現在居住している自宅の住宅ローンの繰上げ返済を検討しており、FP の五十嵐さんに質問をした。京介さんが住宅ローンを 120 回返済後に、100 万円以内で期間短縮型の繰上げ返済をする場合、この繰上げ返済により短縮される返済期間として、正しいものはどれか。なお、計算に当たっては、下記＜資料＞を使用し、繰上げ返済額は 100 万円を超えない範囲での最大額とすること。また、繰上げ返済に伴う手数料等については考慮しないものとする。

＜資料：長岡家の住宅ローンの償還予定表の一部＞

返済回数（回）	毎月返済額（円）	うち元金（円）	うち利息（円）	残高（円）
120	104,326	66,393	37,933	15,107,049
121	104,326	66,559	37,767	15,040,490
122	104,326	66,725	37,601	14,973,765
123	104,326	66,892	37,434	14,906,873
124	104,326	67,059	37,267	14,839,814
125	104,326	67,227	37,099	14,772,587
126	104,326	67,395	36,931	14,705,192
127	104,326	67,564	36,762	14,637,628
128	104,326	67,732	36,594	14,569,896
129	104,326	67,902	36,424	14,501,994
130	104,326	68,072	36,254	14,433,922
131	104,326	68,242	36,084	14,365,680
132	104,326	68,412	35,914	14,297,268
133	104,326	68,583	35,743	14,228,685
134	104,326	68,755	35,571	14,159,930
135	104,326	68,927	35,399	14,091,003

1.　　9ヵ月
2.1年1ヵ月
3.1年2ヵ月
4.1年3ヵ月

　返済回数 120 回返済後に 100 万円以内で期間短縮型の繰上げ返済を行うと、残高が 100 万を限度に減額される。

　期間短縮型は、この残高の限度額までの間で、最も近い残高となる償還予定表（＜資料＞：長岡家の住宅ローンの償還予定表の一部＞）に示す回数まで返済を終わらせたことになる。

　15,107,049 円 − 1,000,000 円 = 14,107,049 円・・・①

　①の額以上で最も近い残高は、14,159,930 円　→　134 回目

　次回の返済は 135 回目からとなり、121 回目から 134 回目までが短縮される。

　以上から、短縮期間は 14 回分、**1 年 2 ヵ月**。

正　解　**3**

第3問 重要度 A

住宅ローン

問15 京介さんは、住宅ローンの見直しについて FP の五十嵐さんに質問をした。一般的な住宅ローンの見直しに関する五十嵐さんの次の説明のうち、最も不適切なものはどれか。

1. 「より有利な条件の住宅ローンを扱う金融機関に住宅ローンの『借換え』をする場合、抵当権の抹消や設定費用、事務手数料などの諸費用が必要になります。」
2. 「通常の返済とは別にローンの元金部分の一部を返済する『繰上げ返済』をした場合、その元金に対応する利息部分の支払いがなくなり、総返済額を減らす効果があります。」
3. 「現在の住宅ローンの借入先の金融機関において、返済期間を延長することで月々の返済額を減額したり、一定期間、月々の返済額を利息の支払いのみにする『条件変更』ができる場合もあります。」
4. 「固定金利選択型 10 年で借り入れている場合、現在の固定期間が終了した後は固定金利選択型 10 年で自動更新され、他の固定金利選択型や変動金利型を選択することはできません。」

解 説　　　　　　　チェック□□□

1. **適切**。記述のとおりである。住宅ローンの借換えの諸費用は、原則として、現在の住宅ローンの完済と新規住宅ローンの契約にかかる諸費用が発生する。
2. **適切**。繰上げ返済をすることで、返済により減額される元金に対応する利息部分の支払いがなくなるため、総返済額を減らす効果がある。
3. **適切**。記述のとおりである。なお、月々の返済額を減額し返済期間の延長をする場合や、一定期間返済額を利息のみにする場合は、総返済額は増加する。
4. **最も不適切**。固定金利選択型 10 年で借り入れている場合、現在の固定期間が終了した後は、金融機関により異なるが、再度固定金利型か変動金利型を選択できる（変動金利型しか選択できない金融機関もある）。

ワンポイント

　固定金利選択型住宅ローンは、固定金利の期間終了後、適用される金利が見直され、返済額が大きく変わるリスクがある。

　変動金利型住宅ローンは、6ヵ月毎に適用金利が見直されるものが多い。5年間は返済額（元金＋利息）が変わらない。また、見直し後に返済額が増加する場合は、見直し前の 1.25 倍を上限とする商品が多い。なお、上限を超える未収部分は後日調整される。

正 解 4

問 16 　下記＜資料＞に基づく京介さんの自宅に係る年間の地震保険料を計算しなさい。なお、京介さんの自宅は京都府にあるイ構造のマンションで、火災保険の保険金額は 1,400 万円で、地震保険の保険金額は、2023 年 9 月 1 日現在の火災保険の保険金額に基づく契約可能な最大額であり、地震保険料の割引制度は考慮しないものとする。また、解答に当たっては、解答用紙に記載されている単位に従うこと。

＜資料：年間保険料例（地震保険金額 100 万円当たり、割引適用なしの場合）＞

建物の所在地（都道府県）	建物の構造区分	
	イ構造※	ロ構造※
北海道・青森県・岩手県・秋田県・山形県・栃木県・群馬県・新潟県・富山県・石川県・福井県・長野県・岐阜県・滋賀県・京都府・兵庫県・奈良県・鳥取県・島根県・岡山県・広島県・山口県・福岡県・佐賀県・長崎県・熊本県・大分県・鹿児島県	730 円	1,120 円
宮城県・福島県・山梨県・愛知県・三重県・大阪府・和歌山県・香川県・愛媛県・宮崎県・沖縄県	1,160 円	1,950 円
茨城県・徳島県・高知県	2,300 円	4,110 円
埼玉県	2,650 円	
千葉県・東京都・神奈川県・静岡県	2,750 円	

※イ構造：主として鉄骨・コンクリート造の建物、ロ構造：主として木造の建物

　年間の地震保険料は、＜資料：年間保険料例（地震保険金額 100 万円当たり、割引適用なしの場合）＞の建物の所在地と建物の構造区分のクロスする金額から求める。

　京介さんの自宅は、京都府なので所在地は 1 段目（タイトル行除く）。また、イ構造のマンションなので、建物の構造区分 1 列目。以上から 100 万円当たり 730 円。

　火災保険の保険金額は 1,400 万円。地震保険の契約金額は、火災保険契約金額の 30％から 50％の範囲内で、建物は 5,000 万円、家財は 1,000 万円が限度額。問題の条件から、地震保険の保険金額は契約可能な最大額なので、火災保険契約金額の 50％の金額（限度額 5,000 万円）となる。1,400 万円 × 50％ ＝ 700 万円（≦限度額 5,000 万円）

以上から、年間の地震保険料は、

$$\frac{730\,円}{100\,万円} \times 700\,万円 = \textbf{5,110 円}$$

参考
地震保険の保険金

損害の程度	保険金
全損	地震保険金額 100％（時価額が限度）
大半損	地震保険金額の 60％（時価額の 60％が限度）
小半損	地震保険金額の 30％（時価額の 30％が限度）
一部損	地震保険金額の 5％（時価額の 5％が限度）

正解　5,110（円）

第3問

重要度 **A**

保険金等と税金

問 17 京介さんが加入している保険から保険金等が支払われた場合の課税に関する次の（ア）～（エ）の記述について、適切なものには○、不適切なものには×を解答欄に記入しなさい。

（ア）京介さんが死亡した場合に秋穂さんが受け取る定期保険 A の死亡保険金は、相続税の課税対象となる。

（イ）京介さんが余命 6 ヵ月以内と判断され、定期保険 A から受け取ったリビング・ニーズ特約の生前給付金の京介さんの相続開始時点における残額は、非課税となる。

（ウ）自宅が隣家からの延焼で全焼した場合に京介さんが受け取る火災保険 B の損害保険金は、所得税（一時所得）の課税対象となる。

（エ）自宅が地震による火災で全焼した場合に京介さんが受け取る火災保険 B の地震火災費用保険金は、非課税となる。

（ア）〇　記述のとおりである。

死亡保険金の課税関係

契約者 （保険料負担者）	被保険者	保険金受取人	税金の種類
A	B	A	所得税（一時所得）
A	A	B	相続税
A	B	C	贈与税

（イ）✕　リビング・ニーズ特約の生前給付金の京介さんの相続開始時点における残額
は、相続財産として相続税の課税対象となる。

ワンポイント

非課税となる主な保険金・給付金

身体の疾病や傷害などに基因して支払いを受ける保険金に該当するものは税法上非課税とな
る（所得税法施行令第 30 条）。

・入院給付金　・手術給付金　・放射線治療給付金　・通院給付金
・疾病（災害）療養給付金　・特定損傷給付金　・がん診断給付金
・特定疾病（三大疾病）保険金　・先進医療給付金　・障害保険金（給付金）
・高度障害保険金（給付金）　・リビング・ニーズ特約保険金　・介護保険金（一時金・年金）
・就業不能給付金　・所得補償保険金　・生活障害保険金（一時金・年金）

（ウ）✕　建物の焼失を原因として支払いを受ける保険金に該当するものは、税法上非
課税となる（所得税法施行令第 30 条）。

ワンポイント

事業者の店舗や商品が火災で焼失した場合、焼失した商品の損害保険金は事業収入（売上げ）
になり、焼失した店舗の損害保険金は店舗の損失額を計算する際に、差し引くことになる。

（エ）〇　記述のとおりである。（ウ）参照。

正　解　（ア）〇　（イ）✕　（ウ）✕　（エ）〇

問 18 京介さんは、病気療養のため 2023 年 8 月に 7 日間入院した。京介さんの 2023 年 8 月の 1 ヵ月間における保険診療分の医療費（窓口での自己負担分）が 21 万円であった場合、下記<資料>に基づく高額療養費として支給される額として、正しいものはどれか。なお、京介さんは全国健康保険協会管掌健康保険（協会けんぽ）の被保険者であり、標準報酬月額は 30 万円であるものとする。また、「健康保険限度額適用認定証」の提示はしておらず、世帯合算および多数回該当は考慮しないものとする。

<資料>

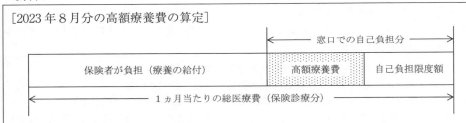

［2023 年 8 月分の高額療養費の算定］

［医療費の 1 ヵ月当たりの自己負担限度額（70 歳未満）］

標準報酬月額	自己負担限度額（月額）
① 83 万円以上	252,600 円 + （総医療費 − 842,000 円）× 1 %
② 53 万円〜 79 万円	167,400 円 + （総医療費 − 558,000 円）× 1 %
③ 28 万円〜 50 万円	80,100 円 + （総医療費 − 267,000 円）× 1 %
④ 26 万円以下	57,600 円
⑤ 市区町村民税非課税者等	35,400 円

1. 41,180 円
2. 80,100 円
3. 84,430 円
4. 125,570 円

　高額療養費とは、同一月にかかった医療費の自己負担額が高額になった場合、一定の金額（自己負担限度額）を超えた分が、後日払い戻される制度。

　京介さんは全国健康保険協会管掌健康保険の被保険者（70歳未満）なので、当該保険から、高額療養費の支給を受けることができる。

　高額療養費の対象について：保険診療分の医療費21万円。

＜自己負担限度額の計算＞

　京介さんの標準報酬月額は30万円なので、＜資料＞［医療費の1ヵ月当たりに自己負担限度額（70歳未満の人）］から

　80,100円＋（総医療費－267,000円）×1％・・・①

・総医療費の計算

　京介さんは全国健康保険協会管掌健康保険の被保険者（70歳未満）なので、自己負担割合は3割。

　総医療費＝自己負担額÷0.3＝21万円÷0.3＝70万円

・自己負担限度額の計算

　①に総医療費70万円を代入

　80,100円＋（700,000円－267,000円）×1％＝84,430円

　支給される高額療養費＝自己負担額－自己負担限度額

　　　　　　　　　　　＝210,000円－84,430円＝**125,570円**

ワンポイント

健康保険限度額適用認定証

　事前に、申請により「限度額適用認定証」の交付を受け、医療機関等の窓口で保険証とともに提示することで、窓口負担を自己負担限度額までとする方法

正　解　4

第3問

重要度 **A**

公的年金（遺族給付）

問 **19** 秋穂さんは、京介さんが死亡した場合の公的年金の遺族給付について、FP の五十嵐さんに質問をした。京介さんが 2023 年 9 月に 45 歳で在職中に死亡した場合、京介さんの死亡時点において秋穂さんが受け取ることができる遺族給付に関する次の記述の空欄（ア）～（ウ）にあてはまる適切な語句を語群の中から選び、その番号のみを解答欄に記入しなさい。なお、京介さんは、大学卒業後の 22 歳から死亡時まで継続して厚生年金保険に加入しているものとする。また、家族に障害者に該当する者はなく、記載以外の遺族給付の受給要件はすべて満たしているものとする。

「京介さんが 2023 年 9 月に死亡した場合、秋穂さんには遺族基礎年金と遺族厚生年金が支給されます。秋穂さんに支給される遺族基礎年金の額は、老齢基礎年金の満額に相当する額に翔太さんを対象とする子の加算額を加えた額です。翔太さんが 18 歳到達年度の末日（3 月 31 日）を経過すると遺族基礎年金は支給されなくなります。

また、遺族厚生年金の額は、原則として京介さんの被保険者期間に基づく老齢厚生年金の報酬比例部分に相当する額の（ ア ）相当額ですが、秋穂さんに支給される遺族厚生年金は短期要件に該当するものであるため、被保険者期間が（ イ ）に満たない場合は（ イ ）として計算されます。

なお、京介さんが死亡したとき秋穂さんは 40 歳以上であるため、秋穂さんに支給される遺族厚生年金には、遺族基礎年金が支給されなくなった以後、秋穂さんが（ ウ ）に達するまでの間、中高齢寡婦加算額が加算されます。」

<語群>

1．2分の1	2．3分の2	3．4分の3
4．240 月	5．300 月	6．360 月
7．60 歳	8．65 歳	9．70 歳

「京介さんが2023年9月に死亡した場合、秋穂さんには遺族基礎年金と遺族厚生年金が支給されます。秋穂さんに支給される遺族基礎年金の額は、老齢基礎年金の満額に相当する額に翔太さんを対象とする子の加算額を加えた額です。翔太さんが18歳到達年度の末日（3月31日）を経過すると遺族基礎年金は支給されなくなります。

また、遺族厚生年金の額は、原則として京介さんの被保険者期間に基づく老齢厚生年金の報酬比例部分に相当する額の（ア：**4分の3**）相当額ですが、秋穂さんに支給される遺族厚生年金は短期要件に該当するものであるため、被保険者期間が（イ：**300月**）に満たない場合は（イ：**300月**）として計算されます。

なお、京介さんが死亡したとき秋穂さんは40歳以上であるため、秋穂さんに支給される遺族厚生年金には、遺族基礎年金が支給されなくなった以後、秋穂さんが（ウ：**65歳**）に達するまでの間、中高齢寡婦加算額が加算されます。」

ワンポイント

中高齢寡婦加算（日本年金機構HPから作成）

　次のいずれかに該当する妻が受ける遺族厚生年金[※1]には、40歳から65歳になるまでの間、612,000円（年額）が加算される。

支給要件

1. 夫が亡くなったとき、40歳以上65歳未満で、生計を同じくしている子[※2]がいない妻。
2. 遺族厚生年金と遺族基礎年金を受けていた子のある妻[※3]が、子が18歳到達年度の末日に達した（障害の状態にある場合は20歳に達した）等のため、遺族基礎年金を受給できなくなったとき。

[※1]　老齢厚生年金の受給権者または受給資格期間を満たしている夫が死亡したときは、死亡した夫の厚生年金保険の被保険者期間が20年（中高齢者の期間短縮の特例などによって20年未満の被保険者期間で共済組合等の加入期間を除いた老齢厚生年金の受給資格期間を満たした人はその期間）以上の場合に限る。

[※2]　「子」とは次の人に限る。
　　　18歳到達年度の末日（3月31日）を経過していない子
　　　20歳未満で障害年金の障害等級1級または2級の障害の状態にある子

[※3]　40歳に到達した当時、子がいるため遺族基礎年金を受けている妻

正　解　（ア）3　（イ）5　（ウ）8

健康保険の被扶養者

問20 秋穂さんは、今後、正社員からパートタイマーに勤務形態を変更し、京介さんが加入する全国健康保険協会管掌健康保険（協会けんぽ）の被扶養者となることを検討しているため、FPの五十嵐さんに相談をした。協会けんぽの被扶養者に関する次の記述の空欄（ア）～（ウ）にあてはまる適切な語句を語群の中から選び、その番号のみを解答欄に記入しなさい。なお、問題作成の都合上、一部を「＊＊＊」にしてある。

「被扶養者になるには、主として被保険者により生計を維持していることおよび原則として、日本国内に住所を有していることが必要です。生計維持の基準は、被扶養者となる人が被保険者と同一世帯に属している場合、原則として、被扶養者となる人の年間収入が（　ア　）未満（60歳以上の人または一定の障害者は＜＊＊＊＞未満）で、被保険者の収入の（　イ　）未満であることとされています。被扶養者となる人の年間収入については、過去の収入、現時点の収入または将来の収入の見込みなどから、今後1年間の収入を見込むものとされています。なお、雇用保険の失業給付や公的年金等は、収入に（　ウ　）。」

＜語群＞
1．103万円　　　2．130万円　　　3．150万円
4．3分の1　　　5．2分の1　　　6．3分の2
7．含まれます　　8．含まれません

解　説　　　　　　　チェック□□□

「被扶養者になるには、主として被保険者により生計を維持していることおよび原則として、日本国内に住所を有していることが必要です。生計維持の基準は、被扶養者となる人が被保険者と同一世帯に属している場合、原則として、被扶養者となる人の年間収入が（ア：**130万円**）未満（60歳以上の人または一定の障害者は180万円未満）で、被保険者の収入の（イ：**2分の1**）未満であることとされています。

被扶養者となる人の年間収入については、過去の収入、現時点の収入または将来の収入の見込みなどから、今後1年間の収入を見込むものとされています。なお、雇用保険の失業給付や公的年金等は、収入に（ウ：**含まれます**）。」

ワンポイント

被扶養者となる人が被保険者と同一世帯に属していない場合

　認定対象者の年間収入が130万円未満（認定対象者が60歳以上またはおおむね障害厚生年金を受けられる程度の障害者の場合は180万円未満）であって、かつ、被保険者からの援助による収入額より少ない場合には、被扶養者となる。　　　　　　（出典：全国健康保険協会HP）

正 解　（ア）2　（イ）5　（ウ）7

事例総合問題

【第4問】

下記の 問21 ～ 問26 について解答しなさい。

<設例>
貿易業を営む自営業者（青色申告者）の関根克典さんは、今後の生活や事業などに関して、FPで税理士でもある氷室さんに相談をした。なお、下記のデータは2023年9月1日現在のものである。

Ⅰ．家族構成（同居家族）

氏名	続柄	生年月日	年齢	備考
関根　克典	本人	1965 年 7 月 25 日	58 歳	自営業
晶子	妻	1966 年 1 月 18 日	57 歳	自営業（注1）
真帆	長女	2004 年 6 月 22 日	19 歳	大学生
一郎	父	1939 年 2 月 12 日	84 歳	無職
恵子	母	1942 年 5 月 6 日	81 歳	無職

注1：晶子さんは、青色事業専従者として克典さんの事業に従事している。

Ⅱ．関根家の親族関係図

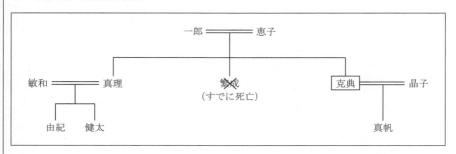

- 366 -

Ⅲ．関根家（克典さんと晶子さん）の財産の状況
［資料1：保有資産（時価）］　　　　　　　　　　　　　　　　（単位：万円）

	克典	晶子
金融資産		
現金・預貯金	2,950	870
株式・債券等	1,100	200
生命保険（解約返戻金相当額）	［資料3］を参照	［資料3］を参照
不動産		
土地（自宅の敷地）	3,600	
建物（自宅の家屋）	320	
土地（事務所の敷地）	3,400	
建物（事務所の建物）	850	
その他		
事業用資産（不動産以外）	580	
動産等	180	210

［資料2：負債残高］
住宅ローン：300万円（債務者は克典さん。団体信用生命保険付き）
事業用借入：2,250万円（債務者は克典さん）

［資料3：生命保険］　　　　　　　　　　　　　　　　　　　　（単位：万円）

保険種類	保険契約者	被保険者	死亡保険金受取人	保険金額	解約返戻金相当額
定期保険A	克典	克典	晶子	1,000	－
定期保険特約付終身保険B	克典	克典	晶子		
（終身保険部分）				200	120
（定期保険部分）				2,000	－
終身保険C	克典	克典	晶子	400	220
終身保険D	克典	晶子	克典	200	180
終身保険E	晶子	晶子	真帆	400	150

注2：解約返戻金相当額は、2023年9月1日現在で解約した場合の金額である。
注3：終身保険Cには、主契約とは別に保険金額400万円の災害割増特約が付保されている。
注4：すべての契約において、保険契約者が保険料を全額負担している。
注5：契約者配当および契約者貸付については考慮しないこと。

Ⅳ．その他
　上記以外の情報については、各設問において特に指示のない限り一切考慮しないこと。

問 21 FPの氷室さんは、まず2023年9月1日現在における関根家（克典さんと晶子さん）のバランスシート分析を行うこととした。下表の空欄（ア）にあてはまる数値を計算しなさい。

＜関根家（克典さんと晶子さん）のバランスシート＞ （単位：万円）

［資産］		［負債］	
金融資産			
現金・預貯金	×××	住宅ローン	×××
株式・債券等	×××	事業用借入	×××
生命保険（解約返戻金相当額）	×××		
不動産			
土地（自宅の敷地）	×××	負債合計	×××
建物（自宅の家屋）	×××		
土地（事務所の敷地）	×××		
建物（事務所の建物）	×××		
その他		［純資産］	（　ア　）
事業用資産（不動産以外）	×××		
動産等	×××		
資産合計	×××	負債・純資産合計	×××

　関根家（克典さんと晶子さん）のバランスシート（2023年9月1日現在）を完成させる。
［資産］
　＜設例＞Ⅲ.関根家（克典さんと晶子さん）の財産の状況（2023年9月1日現在）から、保有資産である金融資産、生命保険、不動産、その他（事業用資産（不動産以外）、動産等）の時価が把握できる。

・金融資産 ［資料1：保有資産（時価）］ から
　現金・預貯金：克典さん2,950万円＋晶子さん870万円＝3,820万円
　株式・債券等：克典さん1,100万円＋晶子さん200万円＝1,300万円

・生命保険 ［資料3：生命保険］ から
　解約返戻金は、一般的に、契約者（保険料負担者）が受取る。注4から、全ての契約において、保険契約者が保険料を全額負担しているので、保険契約者が克典さんまたは晶子さんの保険契約を抽出し解約返戻金相当額を合算する。
　注2から、資料3の解約返戻金相当額は、2023年9月1日で解約した場合の金額である。
　生命保険（解約返戻金相当額）：120万円＋220万円＋180万円＋150万円＝670万円

・不動産 ［資料1：保有資産（時価）］ から
　土地（自宅の敷地）：克典さん3,600万円
　建物（自宅の家屋）：克典さん320万円
　土地（事務所の敷地）：克典さん3,400万円
　建物（自事務所の家屋）：克典さん850万円

・その他 ［資料1：保有資産（時価）］ から
　事業用資産（不動産以外）：克典さん580万円
　動産等：克典さん180万円＋晶子さん210万円＝390万円
　以上から
　　資産合計＝現金・預貯金＋株式・債券等＋生命保険（解約返戻金相当額）＋土地（自宅の敷地）＋建物（自宅の家屋）＋土地（事務所の敷地）＋建物（事務所の建物）＋事業用資産（不動産以外）＋動産等
　　　　　　＝3,820万円＋1,300万円＋670万円＋3,600万円＋320万円＋3,400万円＋850万円＋580万円＋390万円
　　　　　　＝14,930万円

［資料2：負債残高］ から
　住宅ローン：克典さん300万円
　事業用借入：克典さん2,250万円
　負債合計＝2,550万円
　純資産は、バランスシートの特徴である「資産＝負債＋純資産」から算定する。
　純資産＝資産－負債＝14,930万円－2,550万円＝**12,380万円**

<関根家（克典さんと晶子さん）のバランスシート＞ （単位：万円）

[資産]		[負債]	
金融資産		[負債]	
現金・預貯金	3,820	住宅ローン	300
株式・債券等	1,300	事業用借入	2,250
生命保険（解約返戻金相当額）	670		
不動産			
土地（自宅の敷地）	3,600	負債合計	2,550
建物（自宅の家屋）	320		
土地（事務所の敷地）	3,400		
建物（事務所の建物）	850		
その他		[純資産]	（ア：**12,380**）
事業用資産（不動産以外）	580		
動産等	390		
資産合計	14,930	負債・純資産合計	14,930

正解　12,380（万円）

第4問

重要度 A

損益計算書

問 **22** 下記<資料>は、克典さんの 2023 年分の所得税の確定申告書に添付された損益計算書である。<資料>の空欄（ア）にあてはまる克典さんの 2023 年分の事業所得の金額の数値として、正しいものはどれか。なお、克典さんは青色申告の承認を受けており、青色申告決算書（貸借対照表を含む）を添付し、国税電子申告・納税システム（e-Tax）を利用して電子申告を行うものとする。

<資料>

[損益計算書]

科　目		金額（円）
売上（収入）金額 （雑収入を含む）	①	40,000,000
売上原価　期首商品棚卸高	②	2,500,000
仕　入　金　額	③	24,000,000
小計	④	26,500,000
期末商品棚卸高	⑤	3,000,000
差　引　原　価	⑥	23,500,000
差　引　金　額	⑦	＊＊＊
経費　減価償却費	⑱	500,000
〜省略〜		
雑　費	㉛	100,000
計	㉜	5,000,000
差　引　金　額	㉝	＊＊＊

科　目		金額（円）
各種引当金・準備金等　繰戻額等　貸倒引当金	㉞	0
	㉟	
	㊱	
計	㊲	0
繰入額等　専従者給与	㊳	1,800,000
貸倒引当金	㊴	0
	㊵	
	㊶	
計	㊷	1,800,000
青色申告特別控除前の所得金額	㊸	＊＊＊
青色申告特別控除額	㊹	650,000
所　得　金　額	㊺	（ ア ）

※問題作成の都合上、一部を「＊＊＊」にしてある。

1．　9,050,000
2．　9,700,000
3．　10,850,000
4．　11,500,000

必要な数値を拾い［損益計算書］を完成させる。

⑦（差引金額）＝①（売上金額）－⑥（差引現価）

　　　　　　　＝ 40,000,000 円－ 23,500,000 円

　　　　　　　＝ 16,500,000 円

㉝（差引金額）＝⑦（差引金額）－㉜（計（経費））

　　　　　　　＝ 16,500,000 円－ 5,000,000 円

　　　　　　　＝ 11,500,000 円

㊸（青色申告特別控除前の所得金額）＝㉝（差引金額）＋㊲（計（繰戻額等））

　　　　　　　　　　　　　　　　　　－㊷（計（繰入額等））

　　　　　　　　　　　　　　　＝ 11,500,000 円＋ 0 円－ 1,800,000 円

　　　　　　　　　　　　　　　＝ 9,700,000 円

㊺（所得金額）＝㊸（青色申告特別控除前の所得金額）－㊹（青色申告特別控除額）

　　　　　　　＝ 9,700,000 円－ 650,000 円

　　　　　　　＝ **9,050,000 円**

第4問

小規模宅地等の特例

問23 克典さんは「小規模宅地等の特例」の適用要件について、FPで税理士でもある氷室さんに質問をした。相続税における「小規模宅地等の特例」に関する下表の空欄（ア）～（エ）にあてはまる数値の組み合わせとして、最も適切なものはどれか。なお、問題作成の都合上、表の一部を「＊＊＊」にしてある。

宅地等の区分	適用限度面積	減額割合	備考
特定事業用宅地等	（＊＊＊）㎡	（ ウ ）％	（注）
特定同族会社事業用宅地等			－
特定居住用宅地等	（ ア ）㎡		－
貸付事業用宅地等	（ イ ）㎡	50％	（注）

（注）一定の場合に該当しない限り、相続開始前（ エ ）年以内に新たに（貸付）事業の用に供された宅地等を除く。

1．（ア）330 （イ）200 （ウ）80 （エ）3
2．（ア）330 （イ）240 （ウ）70 （エ）5
3．（ア）400 （イ）200 （ウ）80 （エ）5
4．（ア）400 （イ）240 （ウ）70 （エ）3

解　説　　　　チェック□□□

＜相続税における小規模宅地等の評価減の特例＞

宅地等の区分	適用限度面積	減額割合	備考
特定事業用宅地等	400㎡	（ウ：80）％	（注）
特定同族会社事業用宅地等			－
特定居住用宅地等	（ア：330）㎡		－
貸付事業用宅地等	（イ：200）㎡	50％	（注）

※一定の場合に該当しない限り、相続開始前（エ：3）年以内に新たに（貸付）事業の用に供された宅地等を除く。

第4問

債券の最終利回り

問24 克典さんが下記<資料>の債券を満期（償還）時まで保有した場合の最終利回り（単利・年率）を計算しなさい。なお、手数料や税金等については考慮しないものとし、計算結果については小数点以下第4位を切り捨てること。また、解答に当たっては、解答用紙に記載されている単位に従うこと（解答用紙に記載されているマス目に数値を記入すること）。

<資料>

表面利率：年0.10%
買付価格：額面100円につき99.62円
発行価格：額面100円につき100.00円
償還までの残存期間：8年

$$最終利回り（\%）= \dfrac{表面利率（年利子）+ \dfrac{（発行価格 - 買付価格）}{残存期間}}{買付価格} \times 100（\%）$$

＜資料＞から

表面利率：年 0.10％
買付価格：額面 100 円につき 99.62 円
発行価格：額面 100 円につき 100.00 円
償還までの残存期間：8 年

$$最終利回り（\%）= \dfrac{0.10 + \dfrac{（100.00 円 - 99.62 円）}{8}}{99.62 円} \times 100（\%）$$

$$= 0.1480\cdots\cdots（\%）\quad\rightarrow\quad \mathbf{0.148}（\%）$$

（問題の指示により、小数点以下第 4 位を切り捨て）

参考

$$所有期間利回り（\%）= \dfrac{表面利率（年利子）+ \dfrac{売却価格 - 買付価格}{所有期間}}{買付価格} \times 100（\%）$$

$$応募者利回り（\%）= \dfrac{表面利率（年利子）+ \dfrac{額面（100 円）- 発行価格}{償還年限}}{発行価格} \times 100（\%）$$

$$直接利回り（\%）= \dfrac{表面利率（年利子）}{購入価格} \times 100（\%）$$

正解 0.148（%）

第4問

重要度 B

公的年金（老齢基礎年金の繰上げ受給）

問 25 克典さんは、65歳から老齢基礎年金を受給することができるが、60歳になる2025年7月から繰上げ受給することを考えている。克典さんが60歳到達月に老齢基礎年金の支給繰上げの請求をした場合、60歳時に受け取ることができる繰上げ支給の老齢基礎年金（付加年金を含む）の額として、正しいものはどれか。なお、計算に当たっては、下記＜資料＞に基づくものとし、計算過程および老齢基礎年金の年金額については、円未満を四捨五入するものとする。また、振替加算は考慮しないものとする。

＜資料＞

［克典さんの国民年金保険料納付済期間］
　1988年4月〜2025年6月（447月）
　※これ以外に保険料納付済期間はなく、保険料免除期間もないものとする。

［克典さんが付加保険料を納めた期間］
　2005年7月〜2025年6月（240月）

［その他］
　老齢基礎年金の額（満額）：795,000円
　克典さんの加入可能年数：40年
　繰上げ受給による年金額の減額率：繰上げ請求月から65歳に達する日の属する月
　　　　　　　　　　　　　　　　　　の前月までの月数×0.4%

---

1. 599,141 円
2. 610,661 円
3. 640,680 円
4. 652,200 円

・老齢基礎年金について

克典さんが65歳から受給できる老齢基礎年金の額

$$795,000 \text{円}^{※1} \times \frac{447 \text{月（保険料納付月数）}}{480 \text{月（加入可能年数）}} = 740343.75 \text{円} \rightarrow 740,344 \text{円}$$

問題の指示により円未満を四捨五入

減額率：＜資料＞［その他］から、繰上げ請求月から65歳に達する日の属する月の前月までの月数×0.4%$^{※2}$

※1　令和6年4月から、816,000円。

※2　昭和37年4月1日以前生まれの者の減額率は、0.5%（最大30%）。

60歳から繰上げ受給するので、繰上げ請求月から65歳に達する日の属する月の前月までの月数＝60月

減額率＝60月×0.4%／月＝0.24

60歳から受給する老齢磯年金額の計算

740,344円×（1 − 0.24）＝562660.68円＝562,661円

問題の指示により円未満を四捨五入

・付加年金について

付加年金も繰上げや繰下げを行うと老齢基礎年金同様、増減される。増減の割合は老齢基礎年金と同じ。

付加年金の年金額＝200円×付加保険料納付月数

克典さんが付加保険料を納めた期間は、＜資料＞から240月。

65歳から受給する付加年金額＝200円×240＝48,000円

60歳から受給する付加年金の減額率は老齢基礎年金と同じなので、0.24

60歳から受給する付加年金額＝48,000円×（1 − 0.24）＝36,480円

以上から、

60歳時に受給する繰上げ支給の老齢基礎年金（付加年金を含む）

　＝562,661円＋36,480円

　＝**599,141円**

ワンポイント

老齢基礎年金の増額率＝（65歳に達した月から繰下げ申出月の前月までの月数）×0.7%

老齢基礎年金の繰下げは最高75歳まで。増額率は最大84.0%

第4問

重要度 B

公的介護保険

問 26 克典さんの父の一郎さんは、在宅で公的介護保険のサービスを利用している。一郎さんが 2023 年 8 月の 1 ヵ月間に利用した公的介護保険の在宅サービスの費用が 29 万円である場合、下記＜資料＞に基づく介護（在宅）サービスの利用者負担額合計として、正しいものはどれか。なお、一郎さんは公的介護保険における要介護 3 の認定を受けており、介護サービスを受けた場合の自己負担割合は 1 割であるものとする。また、同月中に＜資料＞以外の公的介護保険の利用はないものとし、記載のない条件については一切考慮しないものとする。

＜資料＞

[一郎さんの介護（在宅）サービス利用時の自己負担額：2023 年 8 月分]

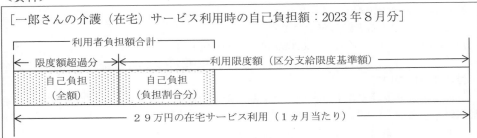

[在宅サービスの 1 ヵ月当たりの区分支給限度基準額]

要介護度	区分支給限度基準額（月額）
要支援 1	5,032 単位
要支援 2	10,531 単位
要介護 1	16,765 単位
要介護 2	19,705 単位
要介護 3	27,048 単位
要介護 4	30,938 単位
要介護 5	36,217 単位

※　1 単位は 10 円とする。

1．19,520 円
2．27,048 円
3．29,000 円
4．46,568 円

－ 378 －

　［在宅サービスの1カ月当たりの区分支給限度基準額］から、要介護3の区分支給限度基準額は、27,048単位。よって利用限度額は 27,048 単位 × 10 円／単位 = 270,480 円
　自己負担額
　自己負担割合は1割。
　270,480 円 × 0.1 = 27,048 円・・・①
限度額超過分について
　29万円の在宅サービス利用のうち、利用限度額を超える部分は全額自己負担。
　290,000 円 − 270,480 円 = 19,520 円・・・②
　以上から、介護（在宅）サービスの利用者負担額合計＝①＋②
　　　　　　　　　　　　　　　　　　　　　　　　＝ **46,568 円**

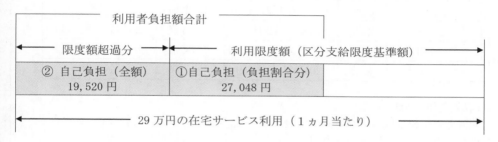

事例総合問題

下記の 問27 ～ 問33 について解答しなさい。

<設例>
鶴見義博さんは、民間企業に勤務する会社員である。義博さんと妻の由紀恵さんは、今後の資産形成や家計の見直しなどについて、FP で税理士でもある高倉さんに相談をした。なお、下記のデータはいずれも 2023 年 4 月 1 日現在のものである。

[家族構成]

氏名	続柄	生年月日	年齢	備考
鶴見　義博	本人	1987 年 12 月 20 日	35 歳	会社員（正社員）
由紀恵	妻	1988 年 10 月 13 日	34 歳	会社員（正社員）
涼太	長男	2015 年 7 月 19 日	7 歳	小学生

[収入金額（2022 年）]
義博さん：給与収入 450 万円（手取り額）。給与収入以外の収入はない。
由紀恵さん：給与収入 400 万円（手取り額）。給与収入以外の収入はない。

[自宅]
賃貸マンションに居住しており、家賃は月額 11 万円（管理費込み）である。
マイホームとして販売価格 4,000 万円（うち消費税 200 万円）のマンションを購入する予定である。

[金融資産（時価）]
義博さん名義
　銀行預金（普通預金）：250 万円
　銀行預金（定期預金）：250 万円

由紀恵さん名義
　銀行預金（普通預金）：50 万円
　銀行預金（定期預金）：250 万円

[負債]
義博さんと由紀恵さんに負債はない。

［保険］
・収入保障保険Ａ：年金月額 15 万円。保険契約者（保険料負担者）および被保険者
　　　　　　　　は義博さん、年金受取人は由紀恵さんである。
・低解約返戻金型終身保険Ｂ：保険金額 300 万円。保険契約者（保険料負担者）お
　　　　　　　　よび被保険者は由紀恵さんである。

第5問

重要度 **A**

不動産の販売価格と消費税

問 27 鶴見さん夫妻は、2023年7月にマンションを購入する予定である。鶴見さん夫妻が＜設例＞のマンションを購入する場合の販売価格のうち、土地（敷地の共有持分）の価格を計算しなさい。なお、消費税の税率は10%とし、計算結果については万円未満の端数が生じる場合は四捨五入すること。また、解答に当たっては、解答用紙に記載されている単位に従うこと。

解　説

チェック□□□

消費税は、土地には課税されないので、消費税額から逆算により建物の価格を求めることができる。

消費税額200万円　消費税率10%

建物価格＝200万円÷10%＝2,000万円

土地価格＝販売価格－建物価格－消費税額

　　　　　＝4,000万円－2,000万円－200万円

　　　　　＝**1,800万円**

第5問
所得税の基本的な仕組み

重要度 **A**

問 **28** FPの高倉さんは、個人に対する所得税の仕組みについて義博さんから質問を受けた。高倉さんが下記<イメージ図>を使用して行った所得税に関する次の（ア）～（エ）の説明のうち、適切なものには○、不適切なものには×を解答欄に記入しなさい。

<イメージ図>

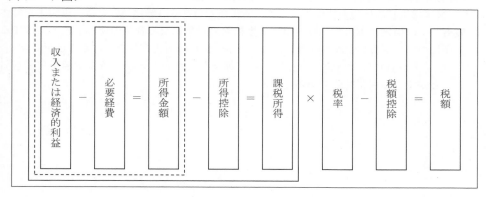

（出所：財務省HP「所得税の基本的な仕組み」を基に作成）

（ア）「義博さんが収入保障保険の保険料を支払ったことにより受けられる生命保険料控除は、所得控除として、一定金額を所得金額から差し引くことができます。」

（イ）「由紀恵さんがふるさと納税をしたことにより受けられる寄附金控除は、税額控除として、一定金額を所得税額から差し引くことができます。」

（ウ）「義博さんが空き巣に入られ盗難被害を受けたことによって受けられる雑損控除は、税額控除として、一定金額を所得税額から差し引くことができます。」

（エ）「由紀恵さんがケガで入院し入院費を支払ったことにより受けられる医療費控除は、所得控除として、一定金額を所得金額から差し引くことができます。」

（ア）**○**　収入保障保険や低解約返戻金型終身保険の支払った保険料は、「一般生命保険料控除」の適用を受けることができる。生命保険料控除は所得控除なので、一定金額を所得金額から差し引くことができる。

（イ）**×**　ふるさと納税により受けられる寄附金控除は、所得税においては所得控除、住民税においては税額控除である。所得控除額は、「ふるさと納税の寄附金額 − 2,000円」。

ワンポイント

　主な所得税の税額控除：住宅借入金等特別控除、配当控除

（ウ）**×**　雑損控除は税額控除ではなく、所得控除である。雑損控除とは、災害または盗難もしくは横領によって、規定の「雑損控除の対象になる資産の要件」にあてはまる資産について損害を受けた場合等には、一定の金額の所得控除を受けることができる。

（エ）**○**　医療費控除は所定の計算によって算定された一定金額を所得金額から差し引くことができる所得控除である。

正　解　正解　（ア）○　（イ）×　（ウ）×　（エ）○

第5問

生命保険（解約返戻金）

問 29 義博さんは、生命保険の解約返戻金について、FP の高倉さんに質問をした。高倉さんが、生命保険の解約返戻金相当額について説明する際に使用した下記の＜イメージ図＞のうち、一般的な低解約返戻金型終身保険の解約返戻金相当額の推移に係る図として、最も適切なものはどれか。

＜イメージ図＞

1.

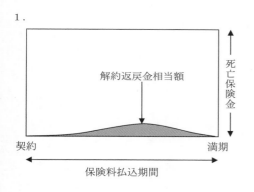

2.

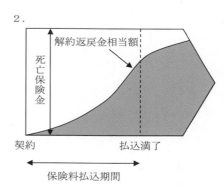

3.

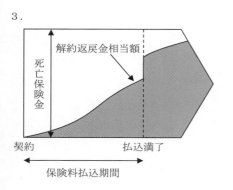

4.

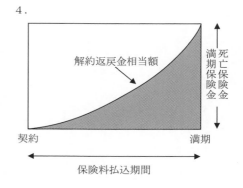

1．**不適切**。定期保険の解約返戻金相当額の推移に係るイメージ図である。
2．**不適切**。終身保険の解約返戻金相当額の推移に係るイメージ図である。
3．最も適切。払込満了時期までの解約返戻金が、一般的な終身保険の解約返戻金よりも低い水準で描かれている。払込満了時期が過ぎると、解約返戻率が上がるのが特徴である。
4．**不適切**。養老保険の解約返戻金相当額に推移に係るイメージ図である。

第5問

重要度 **A**

収入保障保険

問 **30** 義博さんは、契約中の収入保障保険Aの保障額について、FPの高倉さんに質問をした。高倉さんが説明の際に使用した下記<イメージ図>を基に、2023年6月1日に義博さんが死亡した場合に支払われる年金総額として、正しいものはどれか。なお、年金は毎月受け取るものとする。

<イメージ図>

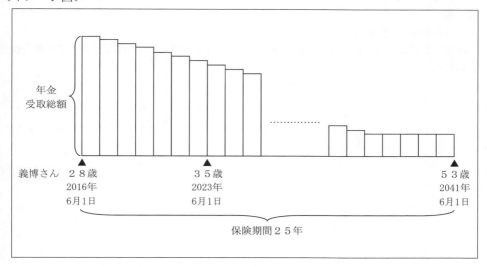

年金受取総額

義博さん　28歳　2016年　6月1日

35歳　2023年　6月1日

53歳　2041年　6月1日

保険期間25年

※義博さんは、収入保障保険Aを2016年6月1日に契約している。
※保険期間は25年、保証期間は5年である。

1.　　900万円
2.　3,240万円
3.　4,500万円
4.　5,400万円

　＜設例＞［保険］から、義博さんが契約した収入保障保険Ａの内容は、年金月額 15 万円。保険契約者（保険料負担者）および被保険者は義博さん、年金受取人は由紀恵さん。

　保険期間内に義博さんが死亡した場合、年金が由紀恵さんに支払われる。

　＜イメージ図＞下の※から、収入保障保険Ａの保険契約は 2016 年 6 月 1 日から、保険期間は 25 年、保証期間は 5 年。

　義博さんが 2023 年 6 月 1 日で死亡した場合、7 年経過しており、年金が支払われる期間は、18 年間（216 ヵ月）＞保証期間 5 年。

　したがって支払われる年金総額は、15 万円／月 × 216 ヵ月 = **3,240 万円**

ワンポイント

収入保障保険の保証期間

　保険金を最低保証するもので、保険期間満了後も保証された支払期間に至るまで保険金が受け取れる。

正　解　2

第5問

公的年金（遺族給付）

問 31 由紀恵さんは、義博さんが万一死亡した場合の公的年金の遺族給付について、FP の高倉さんに相談をした。義博さんが、2023 年6月に 35 歳で在職中に死亡した場合に、由紀恵さんが受け取ることができる遺族給付を示した下記＜イメージ図＞の空欄（ア）～（エ）に入る適切な語句を語群の中から選び、その番号のみを解答欄に記入しなさい。なお、義博さんは、20 歳から大学卒業まで国民年金に加入し、大学卒業後の 22 歳から死亡時まで継続して厚生年金保険に加入しているものとする。また、家族に障害者に該当する者はなく、記載以外の遺族給付の受給要件はすべて満たしているものとする。

＜イメージ図＞

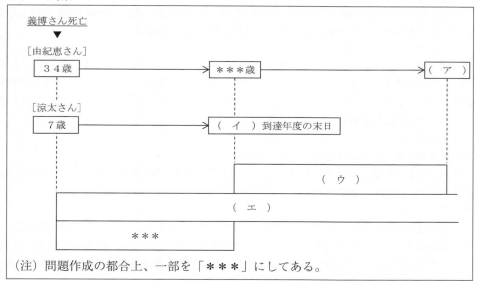

（注）問題作成の都合上、一部を「＊＊＊」にしてある。

<語群>
1．18 歳　　2．20 歳　　3．60 歳　　4．65 歳　　5．70 歳
6．遺族基礎年金　　7．経過的寡婦加算　　8．中高齢寡婦加算
9．遺族厚生年金（義博さんの報酬比例部分の年金額の3分の2相当額）
10．遺族厚生年金（義博さんの報酬比例部分の年金額の4分の3相当額）

義博さんが 2023 年 6 月死亡時点での家族構成は次のとおり。

妻 由紀恵さん 34 歳　　子 涼太さん 7 歳（健常者）

　義博さんは、20 歳から大学卒業まで国民年金に加入し、大学卒業後の 22 歳から死亡時まで継続して厚生年金保険に加入しているので、保険料納付済期間は満たしている。

・国民年金

　妻の由紀恵さんは子のある妻に該当。遺族基礎年金が、涼太さんが（イ：**18 歳**）到達年度の末日まで支給される。

・厚生年金

　義博さん死亡時、妻の由紀恵さんは 34 歳 ≧ 30 歳なので、死亡時から（エ：**遺族厚生年金（義博さんの報酬比例部分の年金額の 4 分の 3 相当額）**）が支給される。（ア：**65 歳**）以上からは、遺族厚生年金と由紀恵さんの老齢厚生年金とが併給調整され支給される。

ワンポイント

　65 歳以上で遺族厚生年金と老齢厚生年金を受ける権利がある者は、老齢厚生年金は全額支給となり、遺族厚生年金は老齢厚生年金に相当する額の支給が停止となる。

・中高齢寡婦加算の支給

　由紀恵さんは、遺族厚生年金と遺族基礎年金を受けていた子のある妻に該当し、由紀恵さんが 40 歳から 65 歳になるまでに子が 18 歳到達年度の末日に達した（障害の状態にある場合は 20 歳に達した）等のため、遺族基礎年金を受給できなくなるが、代わりに（ウ：**中高齢寡婦加算**）が支給される。

ワンポイント

中高齢寡婦加算（日本年金機構 HP から作成）

　次のいずれかに該当する妻が受ける遺族厚生年金[1]には、40 歳から 65 歳になるまでの間、612,000 円（年額）が加算される。

支給要件

1．夫が亡くなったとき、40 歳以上 65 歳未満で、生計を同じくしている子[2]がいない妻。

2．遺族厚生年金と遺族基礎年金を受けていた子のある妻[3]が、子が 18 歳到達年度の末日に達した（障害の状態にある場合は 20 歳に達した）等のため、遺族基礎年金を受給できなくなったとき。

　[1]　老齢厚生年金の受給権者または受給資格期間を満たしている夫が死亡したときは、死亡した夫の厚生年金保険の被保険者期間が 20 年（中高齢者の期間短縮の特例などによって 20 年未満の被保険者期間で共済組合等の加入期間を除いた老齢厚生年金の受給資格期間を満たした人はその期間）以上の場合に限る。

　[2]　「子」とは次の人に限る。

　　18 歳到達年度の末日（3 月 31 日）を経過していない子

　　20 歳未満で障害年金の障害等級 1 級または 2 級の障害の状態にある子

　[3]　40 歳に到達した当時、子がいるため遺族基礎年金を受けている妻

正　解　（ア）4　（イ）1　（ウ）8　（エ）10

第5問 重要度 A
健康保険（保険料・保険給付）

問 32 義博さんの健康保険料に関する次の（ア）～（エ）の記述について、適切なものには○、不適切なものには×を解答欄に記入しなさい。なお、義博さんは全国健康保険協会管掌健康保険（以下「協会けんぽ」という）の被保険者である。また、健康保険料の計算に当たっては、下記＜資料＞に基づくこととする。

＜資料＞

［義博さんに関するデータ］
給与：基本給：毎月 300,000 円
　　　通勤手当：毎月 15,000 円
賞与：1 回につき 450,000 円（年 2 回支給される）

［標準報酬月額］

標準報酬月額	報酬月額	
	以上	未満
300,000 円	290,000 円～	310,000 円
320,000 円	310,000 円～	330,000 円

［健康保険の保険料率］
介護保険第 2 号被保険者に該当しない場合：10.00％（労使合計）
介護保険第 2 号被保険者に該当する場合　：11.64％（労使合計）

（ア）毎月の給与に係る健康保険料のうち、義博さんの負担分は 15,000 円である。
（イ）年 2 回支給される賞与に係る健康保険料については、義博さんの負担分はない。
（ウ）義博さんが負担した健康保険料は、所得税の計算上、全額が社会保険料控除の対象となる。
（エ）協会けんぽの一般保険料率は都道府県支部単位で設定され、全国一律ではない。

（ア）✕　義博さんは 35 歳、介護保険第 2 号被保険者に該当しないので、保険料率は、10.00%（労使合計）

介護保険被保険者区分

被保険者区分	年齢要件
第 1 号被保険者	65 歳以上
第 2 号被保険者	40 歳以上 65 歳未満

　標準報酬月額の算定対象となる報酬月額は、賃金、給料のほかに通勤手当も対象。

　＜資料＞から基本給が毎月 300,000 円、通勤手当が毎月 15,000 円で、報酬月額は 315,000 円となる。

　「標準報酬月額」は、標準報酬月額表により報酬月額が該当する金額となる。

　報酬月額が 315,000 円であるから、標準報酬月額は 320,000 円であることがわかる。

　以上から

　毎月の給与に係る健康保険料：320,000 円 × 10.00% ＝ 32,000 円

　保険料は労使折半なので、義博さんの負担分は 32,000 円 × 1 ／ 2 ＝ 16,000 円

（イ）✕　年 2 回支給される賞与に係る健康保険料についても賞与から天引きされ、保険料負担は労使折半である。

（ウ）〇　記述のとおりである。

（エ）〇　記述のとおりである。

> 参考
>
> 　育児休業等期間中や産前産後休業期間中の健康保険・厚生年金保険料は事業主の申出により被保険者・事業主ともに免除される。「保険料が免除された期間」も年金額の算定には、保険料を納付したものとして受給額に反映される。
>
> 　国民年金保険料は、産前産後の期間中保険料が免除される。厚生年金保険と同様、「保険料が免除された期間」も保険料を納付したものとして老齢基礎年金の受給額に反映される。
>
> 　国民年金の保険料免除、納付猶予または学生納付特例の承認を受けている者も該当者は届出を行うことで、同制度の適用を受けられ、保険料を納付したものとして扱われる。なお、国民年金の任意加入期間は対象外。
>
> 　国民健康保険料については、2024 年 1 月から、出産する被保険者の産前産後期間中の保険料の内、均等割保険料と所得割保険料の免除が導入された。

正　解　（ア）✕　（イ）✕　（ウ）〇　（エ）〇

第5問

公的年金（老齢給付）

重要度 **A**

問 33 義博さんの母親の弘子さんは今年 65 歳になる。義博さんは、弘子さんの老齢基礎年金の繰下げ受給について FP の高倉さんに質問をした。老齢基礎年金の繰下げ受給に関する次の記述の空欄（ア）〜（ウ）に入る適切な語句を語群の中から選び、その番号のみを解答欄に記入しなさい。

老齢基礎年金を繰下げ受給した場合は、65 歳に達した月から支給繰下げの申し出を行った日の属する月の前月までの月数に応じて、次の増額率によって年金額が増額されます。

　増額率＝（65 歳に達した月から繰下げ申出月の前月までの月数）× 0.7％

従って、仮に 68 歳に達した月に支給繰下げの申し出をすると、65 歳から支給される額の（　ア　）に増額され、この支給率は（　イ　）継続して適用されます。

なお、老齢基礎年金と併せて付加年金を受給できる場合、付加年金は（　ウ　）。

```
＜語群＞
1．102.1%      2．125.2%          3．133.6%
4．一生涯      5．70 歳に達するまでの間      6．75 歳に達するまでの間
7．老齢基礎年金と同率で増額されます      8．繰下げによる増額はありません
```

　老齢基礎年金を繰下げ受給した場合は、65 歳に達した月から支給繰下げの申し出を行った日の属する月の前月までの月数に応じて、次の増額率によって年金額が増額されます。

　増額率＝（65 歳に達した月から繰下げ申出月の前月までの月数）× 0.7%

　従って、仮に 68 歳に達した月に支給繰下げの申し出をすると、65 歳から支給される額の（ア：**125.2%**）に増額され、この支給率は（イ：**一生涯**）継続して適用されます。

　なお、老齢基礎年金と併せて付加年金を受給できる場合、付加年金は（ウ：**老齢基礎年金と同率で増額されます**）。

ワンポイント

　老齢基礎年金の繰下げは最高 75 歳まで。増額率は最大 84.0%

参考

　老齢基礎年金の繰上げ支給による減額率

　減額率（最大 24%）※＝ 0.4%※×繰上げ請求月から 65 歳に達する日の前月までの月数

　※昭和 37 年 4 月 1 日以前生まれの方の減額率は、0.5%（最大 30%）。

正　解　（ア）2　（イ）4　（ウ）7

事例総合問題

【第6問】

下記の 問34 ～ 問39 について解答しなさい。

<設例>
国内の企業に勤務する西山裕子さんは、早期退職優遇制度を利用して、2023年9月に退職する予定である。そこで、退職後の生活のことや先日死亡した母の相続のことなどに関して、FPで税理士でもある駒田さんに相談をした。なお、下記のデータは2023年4月1日現在のものである。

Ⅰ．家族構成（同居家族なし）

氏名	続柄	生年月日	年齢	備考
西山　裕子	本人	1964年12月11日	58歳	会社員

Ⅱ．西山家の親族関係図

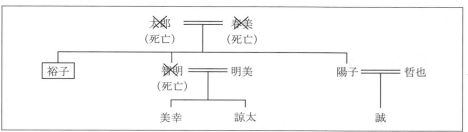

注1：裕子さんの母の春美さんは、裕子さんと同居していたが、2023年2月に死亡している。

Ⅲ．西山家（裕子さん）の財産の状況（裕子さんが相続する春美さんの遺産を含む）
［資料1：保有資産（時価）］　　　　　　　　　　　　　　　　　　　　（単位：万円）

	裕子	名義変更手続き中の財産
金融資産		
現金・預貯金	1,850	
株式・投資信託	2,400	200
生命保険（解約返戻金相当額）	［資料3］を参照	
不動産		
土地（自宅の敷地）		3,500
建物（自宅の家屋）	560	
その他（動産等）	180	

注2：「名義変更手続き中の財産」は、春美さんの相続により裕子さんが取得することが確定した財産であり、現在名義変更手続き中である。

［資料2：負債残高］
住宅ローン：380万円（債務者は裕子さん）
自動車ローン：70万円（債務者は裕子さん）
裕子さんが負担すべき相続税および税理士に対する報酬：80万円

［資料3：生命保険］   （単位：万円）

保険種類	保険契約者	被保険者	死亡保険金受取人	保険金額	解約返戻金相当額
個人年金保険A	裕子	裕子	春美	－	500
医療保険B	裕子	裕子	－	－	－

注3：解約返戻金相当額は、2023年4月1日現在で解約した場合の金額である。
注4：個人年金保険Aは、据置期間中に被保険者が死亡した場合には、払込保険料相当額が死亡保険金として支払われるものである。なお、死亡保険金受取人の変更はまだ行われていない。
注5：すべての契約において、保険契約者が保険料を全額負担している。
注6：契約者配当および契約者貸付については考慮しないこと。

Ⅳ．その他
上記以外の情報については、各設問において特に指示のない限り一切考慮しないこと。

第6問
個人バランスシート
重要度 **A**

問 34 FP の駒田さんは、まず 2023 年 4 月 1 日現在における西山裕子さんのバランスシート分析を行うこととした。下表の空欄（ア）に入る数値を計算しなさい。

＜西山裕子さんのバランスシート（名義変更中の遺産を含む）＞ （単位：万円）

[資産]		[負債]	
金融資産		住宅ローン	×××
現金・預貯金	×××	自動車ローン	×××
株式・投資信託	×××	相続税・税理士報酬	×××
生命保険（解約返戻金相当額）	×××	負債合計	×××
不動産			
土地（自宅の敷地）	×××		
建物（自宅の家屋）	×××	[純資産]	（　ア　）
その他（動産等）	×××		
資産合計	×××	負債・純資産合計	×××

解 説　　　　　　　　　　チェック□□□

西山裕子さんのバランスシートを完成させる。
[資産]
＜設例＞Ⅲ．西山家（裕子さん）の財産の状況から、保有資産である金融資産、生命保険、不動産、その他（動産等）の時価が把握できる。
・金融資産 [資料１：保有資産（時価）] から
　現金・預貯金：1,850 万円
　株式・投資信託：2,400 万円＋名義変更手続き中の財産 200 万円＝ 2,600 万円
・生命保険 [資料３：生命保険] から
　解約返戻金は、一般的に、契約者（保険料負担者）が受取る。
　注５から、すべての契約において、保険契約者が保険料を全額負担しているので、保険契約者が裕子さんの保険契約を抽出し解約返戻金相当額を合算する。
　注３から、資料３の解約返戻金相当額は、2023 年 4 月 1 日で解約した場合の金額である。
　生命保険（解約返戻金相当額）：500 万円
・不動産 [資料１：保有資産（時価）] から
　土地（自宅の敷地）：相続手続き中の財産 3,500 万円
　建物（自宅の家屋）：裕子さん 560 万円

・その他（動産等）［資料1：保有資産（時価）］から

裕子さん 180 万円

以上から

資産合計＝現金・預貯金＋株式・投資信託＋生命保険（解約返戻金相当額）＋土地（自宅の敷地）＋建物（自宅の家屋）＋その他（動産等）

= 1,850 万円 + 2,600 万円 + 500 万円 + 3,500 万円 + 560 万円 + 180 万円

= 9,190 万円

【負債】

［資料2：負債残高］から

住宅ローン　　：裕子さん 380 万円

自動車ローン：裕子さん 70 万円

裕子さんが負担すべき相続税および税理士に対する報酬：80 万円

負債合計＝住宅ローン＋自動車ローン＋相続税・税理士報酬

= 380 万円 + 70 万円 + 80 万円

= 530 万円

純資産は、バランスシートの特徴である「資産＝負債＋純資産」から算定する。

純資産＝資産－負債 = 9,190 万円 － 530 万円 = **8,660 万円**

＜西山裕子さんのバランスシート＞

（単位：万円）

［資産］		［負債］	
金融資産		住宅ローン	380
現金・貯金	1,850	自動車ローン	70
株式・投資信託	2,600	相続税・税理士報酬	80
生命保険（解約返戻金相当額）	500		
不動産		負債合計	530
土地（自宅の敷地）	3,500		
建物（自宅の家屋）	560		
その他（動産等）	180	［純資産］	（ア：**8,660**）
資産合計	9,190	負債・純資産合計	9,190

正解　8,660（万円）

第6問

所得税

問35 下記＜資料＞は、裕子さんの2022年（令和4年）分の「給与所得の源泉徴収票（一部省略）」である。空欄（ア）に入る裕子さんの2022年分の所得税額として、正しいものはどれか。なお、裕子さんには、2022年において給与所得以外に申告すべき所得はなく、年末調整の対象となった所得控除以外に適用を受けることのできる所得控除はない。また、復興特別所得税は考慮しないこと。

＜資料＞

令和4年分　**給与所得の源泉徴収票**

支払を受ける者	住所又は居所							

（受給者番号）

（役職名）

（フリガナ）ニシヤマ ユウコ
氏名　西山 裕子

種　別	支　払　金　額	給与所得控除後の金額 （調整控除後）	所得控除の額の合計額	源泉徴収税額
給料・賞与	内 7 200 000 円	5 380 000 円	（各自計算）円	内 （ア）千 円

（源泉）控除対象配偶者の有無等		配偶者（特別）控除の額	控除対象扶養親族の数 （配偶者を除く。）			16歳未満扶養親族の数	障害者の数 （本人を除く。）		非居住者である親族の数
有	従有	千　円	特定 人 従人	老人 内 人 従人	その他 人 従人	人	特別 内 人	その他 人	人

社会保険料等の金額	生命保険料の控除額	地震保険料の控除額	住宅借入金等特別控除の額
内 1 040 000 千 円	40 000 千 円	20 000 千 円	40 000 千 円

（摘要）

＜所得税の速算表＞

課税される所得金額		税率	控除額
1,000円から	1,949,000円まで	5%	0円
1,950,000円から	3,299,000円まで	10%	97,500円
3,300,000円から	6,949,000円まで	20%	427,500円
6,950,000円から	8,999,000円まで	23%	636,000円
9,000,000円から	17,999,000円まで	33%	1,536,000円
18,000,000円から	39,999,000円まで	40%	2,796,000円
40,000,000円以上		45%	4,796,000円

1．292,500（円）

2．324,500（円）

3．388,500（円）

4．420,500（円）

所得税の計算

＜所得税の速算表＞から求める場合

　　所得税＝課税される所得金額×税率−控除額

課税される所得金額を求める。

　　課税される所得金額＝所得の合計額−所得控除の合計額

・所得の合計額

　　裕子さんには給与所得以外の所得がないので、所得の合計額は給与収入のみ。源泉徴収票から給与所得控除後の金額5,380,000円（給与収入−給与所得控除）・・・①

・所得控除の合計額（給与所得控除以外）

　　基礎控除について

　　裕子さんの合計所得金額は給与収入以外ないので、2,400万円以下。よって、基礎控除額＝48万円・・・②

ワンポイント

基礎控除額

納税者本人の合計所得金額	控除額
2,400万円以下	48万円
2,400万円超2,450万円以下	32万円
2,450万円超2,500万円以下	16万円
2,500万円超	0円

　　源泉徴収票からわかる控除（額）は次のとおり。

　　社会保険料等の金額：源泉徴収票の下段から、1,040,000円・・・③

　　生命保険料の控除額：源泉徴収票の下段から、40,000円・・・④

　　地震保険料の控除額：源泉徴収票の下段から、20,000円・・・⑤

　　その他、扶養控除等は空欄なので控除なし。

　　以上から

　　所得控除の合計額＝②＋③＋④＋⑤＝1,580,000円・・・⑥

　　課税される所得金額＝①−⑥＝3,800,000円

源泉徴収税額について

　　＜所得税の速算表＞から求める。

　　税率と控除額は、課税される所得金額は3,800,000円なので、＜所得税の速算表＞から

3,300,000 円から 69,490,000 円の区分に該当、税率 20%、控除額 427,500 円。

所得税 = 3,800,000 円 × 20% − 427,500 円 = 332,500 円・・・⑦

　住宅借入金等特別控除は、税額控除であり、年末調整で行われている（源泉徴収票に記載）ので、年末調整後の源泉徴収税額は、住宅借入金等特別控除を差し引いた金額となる。よって、源泉徴収税額は、⑦− 40,000 円 = **292,500 円**

> **参考**
>
> 扶養控除
>
> 　扶養親族の主な要件（その年の 12 月 31 日現在）
>
> 　①配偶者以外の親族（6 親等内の血族及び 3 親等内の姻族）
>
> 　②納税者と生計を一にしていること。
>
> 　③年間の合計所得金額が 48 万円以下（給与のみの場合は給与収入 103 万円以下）。
>
> 　④青色申告者の事業専従者としてその年を通じて一度も給与の支払を受けていないこと又は白色申告者の事業専従者でないこと。
>
> 控除対象扶養親族と扶養控除額
>
> | 区分 | | 控除額 |
> |---|---|---|
> | 一般の控除対象扶養親族^(※1) | | 38 万円 |
> | 特定扶養親族^(※2) | | 63 万円 |
> | 老人扶養親族^(※3) | 同居老親等以外の者 | 48 万円 |
> | | 同居老親等 | 58 万円 |
>
> ※1　年齢要件　その年 12 月 31 日現在の年齢が 16 歳以上
>
> ※2　年齢要件　その年 12 月 31 日現在の年齢が 19 歳以上 23 歳未満。
>
> ※3　年齢要件　その年 12 月 31 日現在の年齢が 70 歳以上。

正　解　1

第6問

退職所得

問 **36** 裕子さんは、勤務先の早期退職優遇制度を利用して 2023 年 9 月末に退職を予定している。裕子さんの退職に係るデータが下記＜資料＞のとおりである場合、裕子さんの退職一時金に係る所得税額を計算しなさい。なお、裕子さんは「退職所得の受給に関する申告書」を適正に提出し、勤務先の役員であったことはなく、退職は障害者になったことに基因するものではないものとする。また、解答に当たっては、解答用紙に記載されている単位に従うこととし、所得控除および復興特別所得税については考慮しないこととする。

＜資料＞

支給される退職一時金	2,500 万円
勤続期間	21 年 4 ヵ月

＜所得税の速算表＞

課税される所得金額		税率	控除額
1,000 円から	1,949,000 円まで	5 %	0 円
1,950,000 円から	3,299,000 円まで	10%	97,500 円
3,300,000 円から	6,949,000 円まで	20%	427,500 円
6,950,000 円から	8,999,000 円まで	23%	636,000 円
9,000,000 円から	17,999,000 円まで	33%	1,536,000 円
18,000,000 円から	39,999,000 円まで	40%	2,796,000 円
40,000,000 円以上		45%	4,796,000 円

解　説　　　　　チェック□□□

＜退職所得の計算式＞

（収入金額 − 退職所得控除額）× 1 ／ 2

・退職所得控除額の計算（役員期間を除く）

　裕子さんは勤務先で役員であったことはなく、退職は障害者になったことに起因するものではないので、

勤続年数	控除額
20年以下	40万円×勤続年数（最低80万円）
20年超	70万円×（勤続年数 − 20年）＋ 800万円
	70万円×勤続年数 − 600万円

（勤続年数は年単位、1年未満の端数は切り上げて1年とする）

（注：障害者になったことが直接の原因で退職した場合の退職所得控除額は、100万円加算される）

　勤続年数は21年4ヵ月なので、退職所得控除額の算定では22年（年未満切上げ）。

　裕子さんの退職所得控除額は、20年超の計算式に22年を代入する。

　70万円×（22年 − 20年）＋ 800万円 ＝ 940万円

　収入金額：退職金一時金2,500万円（＜資料＞から）

　退職所得＝（2,500万円 − 940万円）× 1／2 ＝ 780万円

退職一時金に係る所得税額

　＜所得税の速算表＞から、

　課税される所得金額は7,800,000円なので、6,950,000円から8,999,000円の区分に該当、税率23％、控除額636,000円。

　所得税 ＝ 7,800,000円 × 23％ − 636,000円 ＝ **1,158,000円**

ワンポイント

　退職金の支払を受けるときまでに、「退職所得の受給に関する申告書」を退職金の支払者に提出すると、課税関係は終了（分離課税）し、原則として確定申告は不要となる。

　「退職所得の受給に関する申告書」を提出していない場合は、退職金の収入金額から一律20％の所得税が源泉徴収され、確定申告で精算する。

ワンポイント

短期退職手当等

　短期退職手当等（役員等以外の者として勤務した期間により計算した勤続年数が5年以下※に対応する退職手当等として支払を受けるものであって、特定役員退職手当等に該当しないもの）に該当する場合は、退職金の額から退職所得控除額を差し引いた額のうち300万円を超える部分については、2分の1とする計算の適用はない。

※この勤続年数については役員等として勤務した期間がある場合は、その期間を含める。

【短期退職手当等に係る退職所得の金額の計算方法】

金額区分	収入金額−退職所得控除額 ≦ 300万円	収入金額−退職所得控除額 ＞ 300万円
退職所得の金額	（収入金額−退職所得控除額）× 1／2	150万円＋(収入金額−退職所得控除額 − 300万円)

正解　1,158,000（円）

第6問

株式（総合）

重要度 A

問 37 裕子さんが取引をしている国内の証券会社から送付された2022年分の特定口座年間取引報告書（一部）が下記＜資料＞のとおりである場合、次の記述の空欄（ア）〜（ウ）に入る適切な数値を語群の中から選び、その番号のみを解答欄に記入しなさい。なお、同じ番号を何度選択してもよいこととする。また、復興特別所得税については考慮しないこと。

＜資料＞
(単位：円)

①譲渡の対価の額（収入金額）	②取得費及び譲渡に要した費用の額等	③差引金額（譲渡所得等の金額）（①－②）
2,800,000	3,000,000	（各自計算）

	種類	配当等の額	源泉徴収税額（所得税）	配当割額（住民税）	特別分配金の額
特定上場株式等の配当等	④株式、出資又は基金	100,000	（各自計算）	（各自計算）	
	⑤特定株式投資信託				
	⑥投資信託又は特定受益証券発行信託（⑤、⑦及び⑧以外）				
	⑦オープン型証券投資信託	200,000	（各自計算）	（各自計算）	
	⑧国外株式又は国外投資信託等				
	⑨合計（④＋⑤＋⑥＋⑦＋⑧）	300,000	（各自計算）	（ ア ）	
上記以外のもの	⑩公社債				
	⑪社債的受益証券				
	⑫投資信託又は特定受益証券発行信託（⑪及び⑭以外）				
	⑬オープン型証券投資信託				
	⑭国外公社債等又は国外投資信託等				
	⑮合計（⑩＋⑪＋⑫＋⑬＋⑭）				
	⑯譲渡損失の金額	（各自計算）			
	⑰差引金額（⑨＋⑮－⑯）	（ イ ）			
	⑱納付税額		（ ウ ）	（省略）	
	⑲還付税額（⑨＋⑮－⑱）		（省略）	（省略）	

<語群>
1．－100,000	2．0（ゼロ）	3．5,000	4．15,000	5．20,000
6．30,000	7．45,000	8．60,000	9．100,000	

解　説　　　　　　　チェック□□□

（ア）15,000 円
　配当割額（住民税）は税率5％。
　配当等の額×5％＝300,000 円×5％＝**15,000 円**

（イ）100,000 円
　⑯（③）譲渡損失の金額＝①2,800,000 円－②3,000,000 円＝▲200,000 円
　⑰差引金額＝⑨＋⑮－⑯＝300,000 円＋0円－200,000 円
　　　　　　　　＝**100,000 円**

（ウ）15,000 円
　（ウ）は損益通算後の配当等（⑰）に対して課された源泉徴収税額。上場株式等の配当等に係る申告分離課税における所得税の税率は15％。
　⑰（イ）×15％＝100,000×15％
　　　　　　　＝**15,000 円**

正　解　（ア）4　（イ）9　（ウ）4

問 38 裕子さんは、母親の春美さんが亡くなるまでの一定期間、春美さんを介護する
ために会社を休んでいた。こうした介護を理由に休業する場合に支給される介護休業
給付について、FP の駒田さんに質問をした。雇用保険制度の介護休業給付に関する
次の説明の空欄（ア）〜（エ）にあてはまる語句の組み合わせとして、最も適切なも
のはどれか。

「雇用保険の一般被保険者または高年齢被保険者が、配偶者や父母など対象となる家
族を介護するために会社を休業した場合、一定の要件を満たせば介護休業給付金を
受給することができます。
介護休業給付金は、（　ア　）について、通算（　イ　）を限度に支給されます。
また、この介護休業は（　ウ　）を限度に分割して取得することが可能で、そのた
びに給付金を受給することができます。
１日当たりの給付金の支給額は、該当する被保険者が休業を開始した日の前日に離
職したものとみなして計算する休業開始時賃金日額の（　エ　）となりますが、こ
の賃金日額には上限があるほか、対象期間中に会社から一定額以上の賃金が支給さ
れると、給付金が減額されたり不支給となったりする場合もあるので注意が必要で
す。」

1．（ア）該当する被保険者　　（イ）93日　　（ウ）3回　　（エ）50％
2．（ア）対象となる同じ家族　（イ）93日　　（ウ）3回　　（エ）67％
3．（ア）該当する被保険者　　（イ）6ヵ月　（ウ）6回　　（エ）67％
4．（ア）対象となる同じ家族　（イ）6ヵ月　（ウ）6回　　（エ）50％

　「雇用保険の一般被保険者または高年齢被保険者が、配偶者や父母など対象となる家族を介護するために会社を休業した場合、一定の要件を満たせば介護休業給付金を受給することができます。

　介護休業給付金は、（ア：**対象となる同じ家族**）について、通算（イ：**93 日**）を限度に支給されます。

　また、この介護休業は（ウ：**3回**）を限度に分割して取得することが可能で、そのたびに給付金を受給することができます。

　1日当たりの給付金の支給額は、該当する被保険者が休業を開始した日の前日に離職したものとみなして計算する休業開始時賃金日額の（エ：**67%**）となりますが、この賃金日額には上限があるほか、対象期間中に会社から一定額以上の賃金が支給されると、給付金が減額されたり不支給となったりする場合もあるので注意が必要です。」

正 解　2

第6問
高額療養費

問 39 裕子さんは、病気療養のため 2023 年 3 月、RA 病院に 6 日間入院し、退院後の同月内に同病院に 6 日間通院した。裕子さんの 2023 年 3 月の 1 ヵ月間における保険診療分の医療費（窓口での自己負担分）が入院について 18 万円、退院後の通院について 3 万円、さらに入院時の食事代が 9,000 円、差額ベッド代が 6 万円であった場合、下記＜資料＞に基づく高額療養費として支給される額として、正しいものはどれか。なお、裕子さんは全国健康保険協会管掌健康保険（協会けんぽ）の被保険者であって標準報酬月額は 44 万円であるものとする。また、RA 病院に「健康保険限度額適用認定証」の提示はしておらず、多数該当は考慮しないものとし、同月中に＜資料＞以外の医療費はないものとする。

＜資料＞

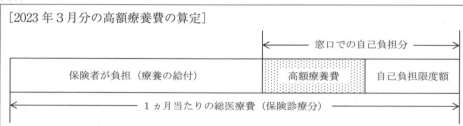

［2023 年 3 月分の高額療養費の算定］

［医療費の 1 ヵ月当たりの自己負担限度額（70 歳未満の人）］

標準報酬月額	自己負担限度額（月額）
① 83 万円以上	252,600 円 ＋（総医療費 − 842,000 円）× 1 ％
② 53 万〜 79 万円	167,400 円 ＋（総医療費 − 558,000 円）× 1 ％
③ 28 万〜 50 万円	80,100 円 ＋（総医療費 − 267,000 円）× 1 ％
④ 26 万円以下	57,600 円
⑤ 市区町村民税非課税者等	35,400 円

1. 96,570 円
2. 125,570 円
3. 163,270 円
4. 192,270 円

　高額療養費とは、同一月にかかった医療費の自己負担額が高額になった場合、一定の金額（自己負担限度額）を超えた分が、後日払い戻される制度。

　裕子さんは全国健康保険協会管掌健康保険の被保険者（70歳未満）なので、当該保険から、高額療養費の支給を受けることができる。

　高額療養費の対象について：保険診療分の医療費自己負担分は、入院18万円＋通院3万円＝21万円。保険外併用療養費の差額部分や入院時食事療養費、入院時生活療養費の自己負担額は対象にならないので、入院時の食事代と差額ベッド代は対象外。

＜自己負担限度額の計算＞

　裕子さんの標準報酬月額は44万円なので、＜資料＞［医療費の1ヵ月当たりに自己負担限度額（70歳未満の人）］から

　80,100円＋（総医療費－267,000円）×1％・・・①

・総医療費の計算

　裕子さんは全国健康保険協会管掌健康保険の被保険者（70歳未満）なので、自己負担割合は3割。

　総医療費＝自己負担額÷0.3＝21万円÷0.3＝70万円

・自己負担限度額の計算

　①に総医療費70万円を代入

　80,100円＋（700,000円－267,000円）×1％＝84,330円

　支給される高額療養費＝自己負担額－自己負担限度額

　　　　　　　　　　　＝210,000円－84,430円＝**125,570円**

ワンポイント

健康保険限度額適用認定証

　事前に、申請により「限度額適用認定証」の交付を受け、医療機関等の窓口で保険証とともに提示することで、窓口負担を自己負担限度額までとする方法

正　解　　2

事例総合問題

下記の 問40 ～ 問45 について解答しなさい。

<設例>

大久保和雄さんは、民間企業に勤務する会社員である。和雄さんと妻の留美子さんは、今後の資産形成や家計の見直しなどについて、FPで税理士でもある岡さんに相談をした。なお、下記のデータはいずれも2023年1月1日現在のものである。

[家族構成]

氏名	続柄	生年月日	年齢	備考
大久保　和雄	本人	1977年5月13日	45歳	会社員
留美子	妻	1979年7月28日	43歳	パート勤務
翔太	長男	2007年11月3日	15歳	中学生

[収入金額（2022年）]

和雄さん：給与収入450万円。給与収入以外の収入はない。

留美子さん：給与収入100万円。給与収入以外の収入はない。

[金融資産（時価）]

和雄さん名義

　　銀行預金（普通預金）：　50万円

　　銀行預金（定期預金）：250万円

留美子さん名義

　　銀行預金（普通預金）：100万円

　　個人向け国債（変動10年）：50万円

[住宅ローン]

　　契約者　　：和雄さん

　　借入先　　：TA銀行

　　借入時期：2013年3月（居住開始時期：2013年3月）

　　借入金額：2,200万円

　　返済方法：元利均等返済（ボーナス返済なし）

　　金利　　：固定金利選択型15年（年3.55％）

　　返済期間：30年間

［保険］
定期保険 A：保険金額 3,000 万円（リビング・ニーズ特約付き）。保険契約者（保険料負担者）および被保険者は和雄さん、保険金受取人は留美子さんである。
火災保険 B：保険金額 1,600 万円。保険の目的は建物、保険契約者（保険料負担者）は和雄さんである。
医療保険 C：入院給付金日額 5,000 円、保険契約者（保険料負担者）および被保険者は留美子さんであり、先進医療特約が付加されている。

問 **40** 和雄さんは、現在居住している自宅の住宅ローンの繰上げ返済を検討しており、FPの岡さんに質問をした。和雄さんが住宅ローンを 120 回返済後に、100 万円以内で期間短縮型の繰上げ返済をする場合、この繰上げ返済により短縮される返済期間として、正しいものはどれか。なお、計算に当たっては、下記＜資料＞を使用し、繰上げ返済額は 100 万円を超えない範囲での最大額とすること。また、繰上げ返済に伴う手数料等は考慮しないものとする。

＜資料：大久保家の住宅ローンの償還予定表の一部＞

返済回数（回）	毎月返済額（円）	うち元金（円）	うち利息（円）	残高（円）
120	99,404	48,778	50,626	17,064,318
121	99,404	48,923	50,481	17,015,395
122	99,404	49,067	50,337	16,966,328
123	99,404	49,212	50,192	16,917,116
124	99,404	49,358	50,046	16,867,758
125	99,404	49,504	49,900	16,818,254
126	99,404	49,650	49,754	16,768,604
127	99,404	49,797	49,607	16,718,807
128	99,404	49,945	49,459	16,668,862
129	99,404	50,092	49,312	16,618,770
130	99,404	50,241	49,163	16,568,529
131	99,404	50,389	49,015	16,518,140
132	99,404	50,538	48,866	16,467,602
133	99,404	50,688	48,716	16,416,914
134	99,404	50,838	48,566	16,366,076
135	99,404	50,988	48,416	16,315,088
136	99,404	51,139	48,265	16,263,949
137	99,404	51,290	48,114	16,212,659
138	99,404	51,442	47,962	16,161,217
139	99,404	51,594	47,810	16,109,623
140	99,404	51,747	47,657	16,057,876
141	99,404	51,900	47,504	16,005,976
142	99,404	52,053	47,351	15,953,923

1. 1年8ヵ月
2. 1年7ヵ月
3. 1年6ヵ月
4. 　10ヵ月

解　説

チェック□□□

　返済回数120回返済後に100万円以内で期間短縮型の繰上げ返済を行うと、残高が100万を限度に減額される。

　期間短縮型は、この残高の限度額までの間で、最も近い残高となる償還予定表（＜資料＞：大久保家の住宅ローンの償還予定表の一部＞）に示す回数まで返済を終わらせたことになる。

　17,064,318円 − 1,000,000円 = 16,064,318円・・・①

　①の額以上で最も近い残高は、16,109,623円　→　139回目

　次回の返済は140回目からとなり、121回目から139回目までが短縮される。

　以上から、短縮期間は19回分、**1年7ヵ月**。

正解 2

問41 和雄さんは、翔太さんの高校の授業料負担について FP の岡さんに質問をした。「高等学校等就学支援金制度」に係る下記＜資料＞に関する岡さんの説明のうち、最も不適切なものはどれか。

＜資料：全日制高校の場合の支給額（※定時制・通信制の場合、支給額が異なる）＞

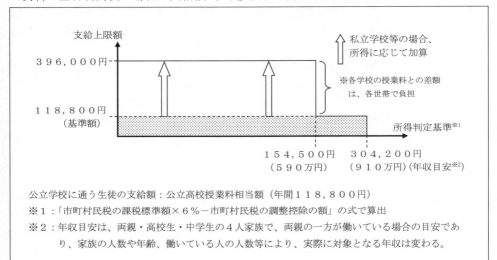

公立学校に通う生徒の支給額：公立高校授業料相当額（年間118,800円）

※1：「市町村民税の課税標準額×6％－市町村民税の調整控除の額」の式で算出

※2：年収目安は、両親・高校生・中学生の4人家族で、両親の一方が働いている場合の目安であり、家族の人数や年齢、働いている人の人数等により、実際に対象となる年収は変わる。

（出所：文部科学省「高等学校等就学支援金手続きリーフレット」）

1．「所得判定基準が304,200円未満の場合、国公立高校の授業料負担は実質0円になります。」
2．「高校入学時に高等学校等就学支援金の受給資格に該当しない場合、その後在学中に申請はできません。」
3．「高等学校等就学支援金は、学校設置者が生徒本人に代わって受け取り授業料に充てるしくみのため、生徒や保護者が直接お金を受け取るものではありません。」
4．「高等学校等就学支援金制度を利用するためには申請が必要で、原則として、保護者等の収入状況を登録する必要があります。」

解　説　　　　　　　　　チェック□□□

1. **適切**。所得判定基準額内の世帯の生徒に対して、授業料に充てるため、国において高等学校等就学支援金が支給される。支給額は、公立高校授業料相当額（118,800円）であり、該当世帯の国公立高校の授業料は実質0円になる。
2. **最も不適切**。就学支援金の支給額を判断するための収入状況の確認は、毎年度行われる。
3. **適切**。記述のとおりである。
4. **適切**。記述のとおりである。なお、申請された月から支給開始される。

ワンポイント

　学校の授業料と就学支援金の差額については、各世帯が負担する。

正　解　2

保険金等と税金

問 42 大久保家が契約している保険の保険金等が支払われた場合の課税に関する次の（ア）～（エ）の記述について、適切なものには○、不適切なものには×を解答欄に記入しなさい。

（ア）和雄さんが余命6ヵ月以内と診断され、定期保険Aからリビング・ニーズ特約の生前給付金を受け取った後、和雄さんが死亡した場合、相続開始時点における残額は、相続税の課税対象となる。

（イ）和雄さんが死亡したことにより、留美子さんが受け取る定期保険Aの死亡保険金は、相続税の課税対象となる。

（ウ）自宅が火災で全焼となり、和雄さんが受け取る火災保険Bの損害保険金は、所得税（一時所得）の課税対象となる。

（エ）留美子さんが、がんに罹患して陽子線治療を受けたことによって、留美子さんが受け取る医療保険Cからの先進医療給付金は、所得税（一時所得）の課税対象となる。

（ア）○　記述のとおりである。

（イ）○　保険契約者（保険料負担者）および被保険者が和雄さんで保険金受取人が留美子さんのケースでは、死亡保険金は相続税の対象となる。

ワンポイント

・死亡保険金の課税関係

保険契約者 （保険料負担者）	被保険者	保険金受取人	税金の種類
A	B	A	所得税（一時所得）
A	A	B	相続税
A	B	C	贈与税

（ウ）✕　個人宅に掛けられた火災保険から建物の損失を原因として受け取る保険金は非課税である（所得税法施行令第30条）。

（エ）✕　身体の傷害や疾病を原因として受け取る保険金には、原則として課税されない（所得税法施行令第30条）。

ワンポイント

主な非課税給付金

・入院給付金　・先進医療給付金　・高度障害保険金（給付金）　・手術給付金
・がん診断給付金　・就業不能（生活障害）保険金（年金）　・放射線治療給付金
・特定疾病（三大疾病）保険金　・特定損傷給付金　・通院給付金
・介護保険金（一時金・年金）　・リビング・ニーズ特約保険金

（出典：生命保険文化センターＨＰ）

正解　（ア）○　（イ）○　（ウ）✕　（エ）✕

第7問

雇用保険（基本手当）

問43 和雄さんは、現在勤めている会社を自己都合退職した場合に受給できる雇用保険の基本手当についてFPの岡さんに質問をした。雇用保険の基本手当に関する次の記述の空欄（ア）～（ウ）にあてはまる適切な語句を語群の中から選び、その番号のみを解答欄に記入しなさい。なお、和雄さんは2023年1月に自己都合退職するものと仮定し、現在の会社に22歳から勤務し、継続して雇用保険に加入しており、雇用保険の基本手当の受給要件はすべて満たしているものとする。また、和雄さんには、この他に雇用保険の加入期間はなく、障害者等の就職困難者には該当しないものとし、延長給付については考慮しないものとする。

- 基本手当を受け取るには、ハローワークに出向き、原則として（　ア　）に一度、失業の認定を受けなければならない。
- 和雄さんの場合、基本手当の所定給付日数は（　イ　）である。
- 和雄さんの場合、基本手当は、求職の申込みをした日以後、7日間の待期期間および待期期間満了後（　ウ　）の給付制限期間を経て支給が開始される。

＜語群＞
1．2週間　　2．4週間　　3．150日　　4．270日
5．330日　　6．1ヵ月　　7．2ヵ月　　8．3ヵ月

＜資料：基本手当の所定給付日数＞
［一般の受給資格者（特定受給資格者・一部の特定理由離職者以外の者）］

離職時の年齢	被保険者として雇用された期間			
全年齢	1年未満	1年以上 10年未満	10年以上 20年未満	20年以上
	－	90日	120日	150日

[特定受給資格者（倒産・解雇等による離職者）・一部の特定理由離職者]

離職時の年齢	被保険者として雇用された期間				
	1年未満	1年以上 5年未満	5年以上 10年未満	10年以上 20年未満	20年以上
30歳未満	90日	90日	120日	180日	－
30歳以上35歳未満		120日	180日	210日	240日
35歳以上45歳未満		150日		240日	270日
45歳以上60歳未満		180日	240日	270日	330日
60歳以上65歳未満		150日	180日	210日	240日

解　説　　　　　　　　　チェック□□□

（ア）**4週間**　基本手当を受け取るには、ハローワークに出向き、原則として（ア：**4週間**）に一度、失業の認定を受けなければならない。

（イ）**150日**　和雄さんの場合、被保険者として雇用された期間について、自己都合退職で障害者等の就職困難者には該当しないので、＜資料：基本手当の所定給付日数＞〔一般の受給資格者（特定受給資格者・一部の特定理由離職者以外の者）〕から所定給付日数を算定する。

　　現在の会社に22歳で就職した以後、継続して雇用保険に加入し、45歳で退職するので、被保険者として雇用された期間は、20年以上に該当。雇用保険の基本手当の受給要件はすべて満たしているので、所定給付日数は **150日**。

（ウ）**2ヵ月**　現在の会社に22歳で就職した以後、45歳の2023年1月に自己都合により退職するまで継続して雇用保険に加入しており、雇用保険の基本手当の受給要件はすべて満たしているので、給付制限期間は（ウ：**2ヵ月**）である。

<イメージ図>
3回目の離職と給付制限
　給付制限は原則2ヵ月であるが、5年以内に3回離職した場合、給付制限期間が3ヵ月となる。

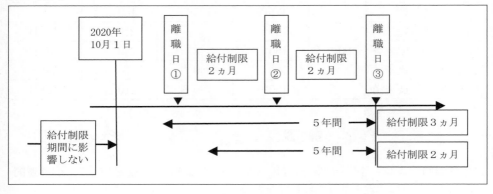

第7問　重要度 A

健康保険（保険料・保険給付）

問44 和雄さんの妹の枝里子さんは、民間企業に勤務する会社員であり、現在妊娠中である。和雄さんは、枝里子さんが出産のために仕事を休んだ場合に支給される出産手当金や、産前産後休業中の社会保険料の取扱いについて、FPの岡さんに質問をした。出産手当金および産前産後休業中の社会保険料に関する次の（ア）～（エ）の記述について、適切なものには○、不適切なものには×を解答欄に記入しなさい。なお、枝里子さんは、全国健康保険協会管掌健康保険（協会けんぽ）の被保険者であり、かつ厚生年金の被保険者であるものとする。

　協会けんぽの被保険者が出産のために仕事を休み、給料の支払いを受けられなかった場合、出産手当金が支給されます。支給されるのは、出産の日以前（＊＊＊）日から出産の翌日以後（　a　）までの間において、仕事を休んだ日数分となります。出産の日が出産予定日より遅れた場合は、その遅れた期間分も支給されます。一日当たりの出産手当金の額は、支払開始日が属する月以前の直近の継続した12ヵ月間が被保険者期間である場合は、その各月の標準報酬月額を平均した額の30分の1に相当する額の（　b　）相当額となります。

　産前産後休業期間中の健康保険および厚生年金保険の保険料については、事業主の申出により（　c　）が免除されます。この免除期間は、将来、被保険者の年金額を計算する際は、（　d　）として扱われます。

（注）問題の作成上、一部を＊＊＊としている。

（ア）空欄（　a　）にあてはまる語句は「42日」である。
（イ）空欄（　b　）にあてはまる語句は「3分の2」である。
（ウ）空欄（　c　）にあてはまる語句は「本人負担分および事業主負担分」である。
（エ）空欄（　d　）にあてはまる語句は「保険料を納めた期間」である。

　協会けんぽの被保険者が出産のために仕事を休み、給料の支払いを受けられなかった場合、出産手当金が支給されます。支給されるのは、出産の日以前（42）日（多胎妊娠の場合は98日）から出産の翌日以後（a：**56日**）までの間において、仕事を休んだ日数分となります。出産の日が出産予定日より遅れた場合は、その遅れた期間分も支給されます。一日当たりの出産手当金の額は、支払開始日が属する月以前の直近の継続した12ヵ月間が被保険者期間である場合は、その各月の標準報酬月額を平均した額の30分の1に相当する額の（b：**3分の2**）相当額となります。

　産前産後休業期間中の健康保険および厚生年金保険の保険料については、事業主の申出により（c：**本人負担分および事業主負担分**）が免除されます。この免除期間は、将来、被保険者の年金額を計算する際は、（d：**保険料を納めた期間**）として扱われます。

> **参考**
>
> **育児休業等期間中の保険料免除**
> 　育児休業期間中の健康保険料は事業主の申出により被保険者・事業主ともに免除される。「保険料が免除された期間」も年金額の算定には、保険料を納付したものとして受給額に反映される。
>
> **国民年金第1号被保険者の産前産後期間の国民年金保険料免除**
> 　出産予定日または出産日が属する月の前月※1から4ヵ月間※2（産前産後期間）の国民年金保険料が免除される。（多胎妊娠の場合は、※1：3ヵ月前　※2：6ヵ月間）
> 　「保険料が免除された期間」も保険料を納付したものとして老齢基礎年金の受給額に反映される。なお、届出を行う期間について、すでに国民年金保険料免除・納付猶予、学生納付特例が承認されている場合でも、届出が可能。
>
> **国民健康保険料**については、2024年1月から、出産する被保険者の産前産後期間中の保険料の内、均等割保険料と所得割保険料の免除が導入された。

正　解　（ア）×　（イ）○　（ウ）○　（エ）○

第7問

重要度 **A**

労災保険

問 **45** 和雄さんは、労働者災害補償保険(以下「労災保険」という)について、FP
の岡さんに質問をした。労災保険の概要に関する次の(ア)～(エ)の記述について、
適切なものには○、不適切なものには×を解答欄に記入しなさい。

(ア) 労災保険は、在宅勤務をする労働者を給付対象としない。

(イ) 労災保険における保険料率は、業種にかかわらず一律である。

(ウ) 労災保険の保険料は、その全額を事業主が負担する。

(エ) 労働者が業務上の災害により労災指定病院等において療養を受けた場合は、その
費用の1割を労働者が負担し、残る部分が療養補償給付となる。

解 説
チェック□□□

(ア) **×** 所定の要件を満たす在宅勤務の労働者に対しては、労災保険の適用がある。

(イ) **×** 労災保険における保険料率は、業種ごとにより異なる。

(ウ) **○** 労災保険の保険料は、全額事業主の負担である。

(エ) **×** 労働者が業務上の災害により病院等で療養を受けた場合は、その費用は全額
補償され、労働者負担はない。給付の方法は次の2とおり。

労災指定医療機関で治療を受けた場合(療養の給付):所定の手続きで労働者の負
担なし(無料)で治療を受けることができる。

労災指定医療機関以外で治療を受けた場合(療養の費用の支給):被災労働者が一
旦治療費を立て替え払いし、所定の手続きを経て(労災請求)、治療費等の支払い
を受けることができる。

正 解 (ア) × (イ) × (ウ) ○ (エ) ×

事例総合問題

【第8問】

2023年1月出題

下記の 問46 ～ 問51 について解答しなさい。

<設例>
国内の企業に勤務する伊丹浩二さんは、今後の生活のことなどに関して、FP で税理士でもある成田さんに相談をした。なお、下記のデータは 2023 年 1 月 1 日現在のものである。

Ⅰ. 家族構成（同居家族）

氏名	続柄	生年月日	年齢	備考
伊丹　浩二	本人	1963 年 11 月 18 日	59 歳	会社員
奈美	妻	1965 年 7 月 28 日	57 歳	会社員

Ⅱ. 伊丹家の親族関係図

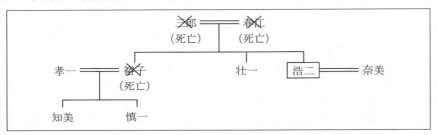

Ⅲ. 伊丹家（浩二さんと奈美さん）の財産の状況

[資料1：保有資産（時価）]　　　　　　　　　　　　　　　　　（単位：万円）

	浩二	奈美
金融資産		
現金・預貯金	3,060	830
株式・投資信託	710	320
生命保険（解約返戻金相当額）	［資料3］を参照	［資料3］を参照
不動産		
投資用マンション		2,000
土地（自宅の敷地）	3,400	
建物（自宅の家屋）	530	
その他（動産等）	100	20

[資料2：負債残高]
住宅ローン：1,200万円（債務者は浩二さん）
自動車ローン：70万円（債務者は浩二さん）

[資料3：生命保険]

(単位：万円)

保険種類	保険契約者	被保険者	死亡保険金受取人	保険金額	解約返戻金相当額
終身保険A	浩二	浩二	奈美	500	300
定期保険特約付終身保険B （終身保険部分） （定期保険部分）	浩二	浩二	奈美	200 2,000	120 －
個人年金保険C	浩二	浩二	奈美	－	350

注1：解約返戻金相当額は、現時点（2023年1月1日）で解約した場合の金額である。
注2：個人年金保険Cは、据置期間中に被保険者が死亡した場合には、払込保険料相当額が死亡保険金として支払われるものである。
注3：すべての契約において、保険契約者が保険料を全額負担している。
注4：契約者配当および契約者貸付については考慮しないこと。

Ⅳ．その他
上記以外の情報については、各設問において特に指示のない限り一切考慮しないこと。
また、復興特別所得税については考慮しないこと。

第8問

個人バランスシート

問 46 FPの成田さんは、まず現時点（2023年1月1日）における伊丹家（浩二さんと奈美さん）のバランスシート分析を行うこととした。下表の空欄（ア）に入る数値を計算しなさい。

＜伊丹家（浩二さんと奈美さん）のバランスシート＞　　　　　　（単位：万円）

[資産]		[負債]	
金融資産		住宅ローン	××××
現金・預貯金	××××	自動車ローン	××××
株式・投資信託	××××		
生命保険（解約返戻金相当額）	××××	負債合計	××××
不動産			
投資用マンション	××××		
土地（自宅の敷地）	××××		
建物（自宅の家屋）	××××	[純資産]	（ ア ）
その他（動産等）	××××		
資産合計	××××	負債・純資産合計	××××

解　説　　　　　チェック□□□

伊丹家（浩二さんと奈美子さん）のバランスシートを完成させる。

[資産]

＜設例＞Ⅲ.伊丹家（浩二さんと奈美さん）の財産の状況から、保有資産である金融資産、生命保険、事業用資産、不動産、その他（動産等）の時価が把握できる。

・**金融資産 [資料1：保有資産（時価）] から**

現金・預貯金：浩二さん3,060万円＋奈美さん830万円＝3,890万円

株式・投資信託：浩二さん710万円＋奈美さん320万円＝1,030万円

・**生命保険 [資料3：生命保険] から**

解約返戻金は、一般的に、契約者（保険料負担者）が受取る。

注3から、すべての契約において、保険契約者が保険料を全額負担しているので、保険契約者が浩二さんまたは奈美さんの保険契約を抽出し解約返戻金相当額を合算する。

注1から、資料3の解約返戻金相当額は、2023年1月1日で解約した場合の金額である。

生命保険（解約返戻金相当額）：300万円＋120万円＋350万円＝770万円

- ・不動産［資料1：保有資産（時価）］から
  投資用マンション：奈美さん2,000万円
  土地（自宅の敷地）：浩二さん3,400万円
  建物（自宅の家屋）：浩二さん530万円
- ・その他（動産等）［資料1：保有資産（時価）］から
  浩二さん100万円＋奈美さん20万円＝120万円
  以上から
  資産合計＝現金・預貯金＋株式・投資信託＋生命保険（解約返戻金相当額）＋投資用
  　　　　　マンション＋土地（自宅の敷地）＋建物（自宅の家屋）＋その他（動産等）
  　　　　＝3,890万円＋1,030万円＋770万円＋2,000万円＋3,400万円＋530万円
  　　　　＋120万円＝11,740万円

【負債】

［資料2：負債残高］から
　住宅ローン：浩二さん1,200万円
　自動車ローン：浩二さん70万円
　負債合計＝住宅ローン＋自動車ローン
　　　　　＝1,200万円＋70万円
　　　　　＝1,270万円
　純資産は、バランスシートの特徴である「資産＝負債＋純資産」から算定する。
　純資産＝資産－負債＝11,740万円－1,270万円＝**10,470万円**

<伊丹家（浩二さんと奈美さん）のバランスシート>　　　　　　（単位：万円）

［資産］		［負債］	
金融資産		住宅ローン	1,200
現金・預貯金	3,890	自動車ローン	70
株式・投資信託	1,030		
生命保険（解約返戻金相当額）	770	負債合計	1,270
不動産			
投資用マンション	2,000		
土地（自宅の敷地）	3,400		
建物（自宅の家屋）	530	［純資産］	（ア：**10,470**）
その他（動産等）	120		
資産合計	11,740	負債・純資産合計	11,740

第8問

総所得金額

重要度 **A**

問 47 下記＜資料＞は、浩二さんの 2022 年（令和 4 年）分の「給与所得の源泉徴収票（一部省略）」である。＜資料＞を基に、浩二さんの 2022 年分の課税総所得金額（所得控除を差し引いた後の金額）として正しいものはどれか。なお、浩二さんには、2022 年において給与所得以外に申告すべき所得はなく、年末調整の対象となった所得控除以外に適用を受けることのできる所得控除はない。

＜資料＞

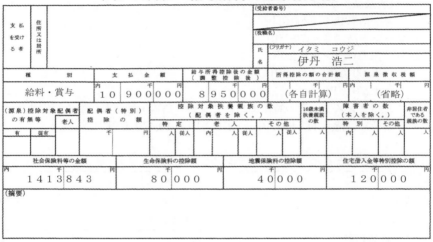

令和 4 年分　**給与所得の源泉徴収票**

		支払金額	給与所得控除後の金額（調整控除後）	所得控除の額の合計額	源泉徴収税額
種別	給料・賞与	内 10 900 000	8 950 000	（各自計算）	（省略）

社会保険料等の金額	生命保険料の控除額	地震保険料の控除額	住宅借入金等特別控除の額
内 1 413 843	80 000	40 000	120 000

1．6,816,157 円
2．6,936,157 円
3．7,036,157 円
4．7,416,157 円

＜資料＞令和４年分　給与所得の源泉徴収票からわかる数値

　給与収入金額：10,900,000 円　給与所得控除後（給与収入−給与所得控除（所得控除））の金額：8,950,000 円　社会保険料控除額（所得控除）：1,413,843 円　生命保険料控除額（所得控除）：80,000 円　地震保険料控除額（所得控除）：40,000 円　住宅借入金等特別控除額（税額控除）：120,000 円

　このほか、源泉徴収票に記載されていない控除：基礎控除

　浩二さんの合計所得金額は給与収入以外にないので、2,400 万円以下。

　よって、基礎控除額＝ 480,000 円

基礎控除額は、納税者本人の合計所得金額に応じてそれぞれ次のとおり

納税者本人の合計所得金額	控除額
2,400 万円以下	48 万円
2,400 万円超 2,450 万円以下	32 万円
2,450 万円超 2,500 万円以下	16 万円
2,500 万円超	0 円

　浩二さんの 2022 年分の課税総所得金額は、収入金額から各種所得控除額を差し引いた額。

（給与収入金額−給与所得控除額）−（社会保険料控除額＋生命保険料控除額＋地震保険料控除額）−基礎控除額＝ 8,950,000 円−（1,413,843 円＋ 80,000 円＋ 40,000 円）− 480,000 円＝ **6,936,157 円**

正　解　　2

第8問

相続税

問48 奈美さんは、2023年2月1日に浩二さんが死亡した場合、民法の規定に基づく法定相続分および遺留分に関して、FPで税理士でもある成田さんに相談をした。成田さんの次の説明の空欄（ア）〜（ウ）に入る適切な語句または数値を語群の中から選び、その番号のみを解答欄に記入しなさい。なお、同じ番号を何度選んでもよいこととする。

「仮に2023年2月1日に浩二さんが死亡した場合、浩二さんの姪である知美さんの法定相続分は（　ア　）です。浩二さんが妻の奈美さんに全財産を相続させる旨の遺言を作成した場合、知美さんの遺留分は（　イ　）です。また、相続税の申告が必要な場合、基礎控除の額は（　ウ　）です。」

1．ゼロ	2．1／8	3．1／12
4．1／16	5．1／24	6．1／32
7．3,600万円	8．4,800万円	9．5,400万円

（ア）**1／16**

　配偶者が存在し子がない場合の法定相続分は、配偶者3／4、兄弟姉妹1／4。

　兄弟姉妹は兄壮一さんと姉裕子さんであるが、姉裕子さんは死亡している。

　姉裕子さんには子供がおり、その子知美さんと慎一さんは、本来相続人となるはずの姉裕子さんの法定相続分を相続する（代襲相続）。

　以上から、兄弟姉妹が受け取る法定相続分1／4を兄壮一さんと姉裕子さん2人で按分し、各自1／8。

　姪知美さんの相続分は、姉裕子さんの相続分1／8を2人の子で按分し、1／8×1／2 = **1／16**

（イ）**ゼロ**

　兄弟姉妹には、法定遺留分はない。

（ウ）**5,400万円**

　相続税の基礎控除額は次の計算式で求める。

　3,000万円 + 600万円／人×法定相続人の数

　法定相続人の数は、相続人となる配偶者奈美さん、兄壮一さん、代襲相続により、姪知美さんと甥慎一さんの合計4人

　以上から、基礎控除額 = **5,400万円**

参考

　法定相続分と法定遺留分の取り分は下記の通り
（〇は存在する。×は存在しない。△は存在する場合としない場合の両者を意味する）

配偶者	子 （第1順位）	直系尊属 （父母） （第2順位）	兄弟姉妹 （第3順位）	法定相続分	各相続人の遺留分
〇	〇	△	△	配偶者　　1／2 子　　　　1／2	配偶者　　1／4 子　　　　1／4
〇	×	〇	△	配偶者　　2／3 直系尊属　1／3	配偶者　　1／3 直系尊属　1／6
〇	×	×	〇	配偶者　　3／4 兄弟姉妹　1／4	配偶者　　1／2 兄弟姉妹　なし
×	〇	△	△	子のみ	子　　　　1／2
〇	×	×	×	配偶者のみ	配偶者　　1／2
×	×	〇	△	直系尊属のみ	直系尊属　1／3
×	×	×	〇	兄弟姉妹のみ	兄弟姉妹　なし

正　解　（ア）4　（イ）1　（ウ）9

問 **49** 浩二さんは、国内の証券会社の特定口座（源泉徴収選択口座）で保有していた利付国債が 2022 年 12 月に満期を迎え、償還金を受け取った（下記＜資料＞参照）。この国債の償還金に課される所得税および住民税の合計額を計算しなさい。なお、解答に当たっては、償還の際に支払われる利子については考慮しないこと。また、解答用紙に記載されている単位に従うこととし、復興特別所得税については考慮しないこと。

＜資料：利付国債の明細＞

額面金額：800 万円
購入価格：額面 100 円につき 98.00 円（購入時の手数料およびその消費税等については考慮しない）
保有期間：3 年間

解　説　　　　チェック□□□

利付国債の利子、譲渡益及び償還差益については、税率 20％（所得税 15％、地方税 5 ％）が課される。

償還差益＝（額面－購入価格）×償還数量

額面 100 円　購入価格 98.00 円

償還差益＝（100 円－ 98.00 円）× 800 万円／ 100 円＝ 160,000 円

償還金に課される税金（所得税と住民税）の合計額＝償還差益×税率

= 160,000 円×（15％＋ 5 ％）

= **32,000 円**

正 解 　32,000 （円）

第8問

公的年金（老齢給付）

重要度 A

7

事例総合問題

問50 浩二さんは、自分の老齢年金の受取り方について考えており、FP の成田さんに質問をした。浩二さんの老齢年金に関する次の説明について、空欄（ア）〜（ウ）にあてはまる語句と数値の組み合わせとして、最も適切なものはどれか。

「浩二さんは、1963 年 11 月 18 日生まれの男性ですので、老齢基礎年金と老齢厚生年金を 65 歳から受給することになります。

ただし、65 歳より早く受給したい場合には、60 歳から 65 歳になるまでの間に支給繰上げの請求をすることができます。この場合、年金額は、0.4％に繰上げ請求月から 65 歳に達する月の前月までの月数を乗じた率に基づいて減額されます。

なお、支給繰上げの請求は、老齢基礎年金と老齢厚生年金について（ ア ）。

また、65 歳より遅く受給し年金額を増やしたい場合には、66 歳から（ イ ）歳になるまでの間に支給繰下げの申し出をすることができます。この場合、年金額は（ ウ ）％に 65 歳に達した月から繰下げ申出月の前月までの月数を乗じた率に基づいて増額されます。

なお、支給繰下げの申し出は、老齢基礎年金と老齢厚生年金について別々に行うことができます。」

---

1. （ア）別々に行うことができます　　（イ）70　　（ウ）0.7
2. （ア）別々に行うことができます　　（イ）75　　（ウ）0.5
3. （ア）同時に行わなくてはなりません　　（イ）70　　（ウ）0.5
4. （ア）同時に行わなくてはなりません　　（イ）75　　（ウ）0.7

「浩二さんは、1963 年 11 月 18 日生まれの男性ですので、老齢基礎年金と老齢厚生年金を 65 歳から受給することになります。

ただし、65 歳より早く受給したい場合には、60 歳から 65 歳になるまでの間に支給繰上げの請求をすることができます。この場合、年金額は、0.4％に繰上げ請求月から 65歳に達する月の前月までの月数を乗じた率に基づいて減額されます。

なお、支給繰上げの請求は、老齢基礎年金と老齢厚生年金について（ア：**同時に行わなくてはなりません**）。

また、65 歳より遅く受給し年金額を増やしたい場合には、66 歳から（イ：**75**）歳になるまでの間に支給繰下げの申し出をすることができます。この場合、年金額は（ウ：**0.7**）％に 65 歳に達した月から繰下げ申出月の前月までの月数を乗じた率に基づいて増額されます。

なお、支給繰下げの申し出は、老齢基礎年金と老齢厚生年金について別々に行うことができます。

ワンポイント

付加年金は老齢基礎年金同様、繰上げ・繰下げによる増減を受け、その割合は、老齢基礎年金と同じとなる。

参考　年金の繰上げによるデメリット
・一度決まった減額率による年金が支給され続ける（請求後に取消しや修正はできない）。付加年金も同じ率で減額される。
・老齢基礎年金と老齢厚生年金は、同時に繰上げとなる。
・繰上げ請求後は国民年金に任意加入、保険料免除や納付猶予を受けた期間の追納ができない。
・老齢基礎年金の繰上げを請求により、寡婦年金が終了する
・繰上げ請求後は、遺族厚生年金を 65 歳になるまで併給できない
・繰上げ請求後は、事後重症などによる障害基礎年金の請求ができない

第8問

公的介護保険

問51 奈美さんは、浩二さんや自分に介護が必要になった場合に備えて、公的介護保険制度について、FP の成田さんに質問をした。公的介護保険の被保険者区分に関する下表の空欄（ア）～（ウ）に入る適切な語句を語群の中から選び、その番号のみを解答欄に記入しなさい。

	第1号被保険者	第2号被保険者
保険者	（　ア　）	
被保険者	（　ア　）に住所を有する （　イ　）以上の者	40歳以上（　イ　）未満の 公的医療保険加入者
保険料の徴収	（　ア　）が、原則として年金からの天引きにより徴収	加入先の公的医療保険の保険者が医療保険料と一体的に徴収
保険給付（介護サービス）の対象者	原因を問わず、要介護（要支援）状態と認定された者	（　ウ　）

<語群>
1．国　　　　2．都道府県　　　3．市町村および特別区
4．60歳　　　5．65歳　　　　 6．75歳
7．保険給付の対象外
8．身体障害者手帳が交付された人のうち、要介護（要支援）状態と認定された者
9．老化に伴う特定疾病を原因として、要介護（要支援）状態と認定された者

	第1号被保険者	第2号被保険者
保険者	（ア：**市町村および特別区**）	
被保険者	（ア：**市町村および特別区**）に住所を有する（イ：**65歳**）以上の者	40歳以上（イ：**65**）未満の公的医療保険加入者
保険料の徴収	（ア：**市町村および特別区**）が、原則として年金からの天引きにより徴収	加入先の公的医療保険の保険者が医療保険料と一体的に徴収
保険給付（介護サービス）の対象者	原因を問わず、要介護（要支援）状態と認定された者	（ウ：**老化に伴う特定疾病を原因として、要介護（要支援）状態と認定された者**）

正　解　（ア）3　（イ）5　（ウ）9

事例総合問題

【第9問】

下記の 問52 ～ 問58 について解答しなさい。

<設例>
米田正人さんは、民間企業に勤務する会社員である。正人さんと妻の幸子さんは、今後の資産形成や家計の見直しなどについて、FPで税理士でもある浜松さんに相談をした。なお、下記のデータはいずれも 2022 年 9 月 1 日現在のものである。

[家族構成]

氏名	続柄	生年月日	年齢	備考
米田　正人	本人	1988 年 12 月 1 日	33 歳	会社員（正社員）
幸子	妻	1988 年 11 月 14 日	33 歳	会社員（正社員）
翼	長女	2017 年 9 月 26 日	4 歳	保育園児

[収入金額（2021 年）]
正人さん：給与 550 万円（手取り額）。給与収入以外の収入はない。
幸子さん：給与 450 万円（手取り額）。給与収入以外の収入はない。

[自宅]
賃貸マンションに居住しており、家賃は月額 10 万円（管理費込み）である。
マイホームとして販売価格 4,000 万円（うち消費税 180 万円）のマンションを購入する予定である。

[金融資産（時価）]
正人さん名義
　　銀行預金（普通預金）：150 万円
　　銀行預金（定期預金）：600 万円
幸子さん名義
　　銀行預金（普通預金）： 50 万円
　　銀行預金（定期預金）：500 万円

[負債]
正人さんと幸子さんに負債はない。

【保険】
収入保障保険 A：年金月額 15 万円。保険契約者（保険料負担者）および被保険者は
　　　　　　　　正人さん、年金受取人は幸子さんである。
団体定期保険 B（加入検討中）：保険金額 1,000 万円。保険加入者（保険料負担者）
　　　　　　　　および被保険者は幸子さんである。

第9問

重要度 A

不動産の販売価格と消費税

問 52 米田さん夫妻は、2022 年 11 月にマンションを購入する予定である。米田さん夫妻が＜設例＞のマンションを購入する場合の販売価格のうち、土地（敷地の共有持分）の価格を計算しなさい。なお、消費税の税率は 10％とし、計算結果については万円未満の端数が生じる場合は四捨五入すること。また、解答に当たっては、解答用紙に記載されている単位に従うこと。

解　説　　　　　チェック☐☐☐

消費税は、土地には課税されないので、消費税額から逆算により建物の価格を求めることができる。

消費税額 180 万円　消費税率 10％

建物価格 = 180 万円 ÷ 10％ = 1,800 万円

土地価格＝販売価格 − 建物価格 − 消費税額

　　　　 = 4,000 万円 − 1,800 万円 − 180 万円

　　　　 = **2,020 万円**

正　解　2,020（万円）

第9問

重要度 **A**

住宅ローン

問 **53** 米田さん夫妻はマンション購入に当たり、夫婦での借入れを検討している。夫婦が住宅ローンを借りる場合の主な組み方について、FPの浜松さんがまとめた下表における幸子さんの住宅借入金等特別控除(以下「住宅ローン控除」という)の適用について、空欄(ア)〜(ウ)にあてはまる語句の組み合わせとして、最も適切なものはどれか。なお、借入方法以外の住宅ローン控除の適用要件はすべて満たしていることとする。

		ペアローン	収入合算	
			連帯債務	連帯保証
借入人等	正人さん	借入人	借入人	借入人
	幸子さん	借入人	連帯債務者	連帯保証人
住宅ローン控除	正人さん	受けられる	受けられる	受けられる
	幸子さん	(ア)	(イ)	(ウ)

1. (ア)受けられない (イ)受けられない (ウ)受けられる
2. (ア)受けられない (イ)受けられる (ウ)受けられない
3. (ア)受けられる (イ)受けられない (ウ)受けられる
4. (ア)受けられる (イ)受けられる (ウ)受けられない

		ペアローン	収入合算	
			連帯債務	連帯保証
住宅ローン控除	正人さん	受けられる	受けられる	受けられる
	幸子さん	（ア：**受けられる**）	（イ：**受けられる**）	（ウ：**受けられない**）

ワンポイント

	借入人等		住宅ローン等控除		団体信用生命保険	
	本人	配偶者	本人	配偶者	本人	配偶者
ペアローン	借入人	借入人	受けられる	受けられる	加入可能	加入可能
収入合算 （連帯保証）	借入人	連帯保証人	受けられる	受けられない	加入可能	加入不可
収入合算 （連帯債務）	借入人	借入人	受けられる	受けられる	原則、一方の債務者のみ加入可能 （フラット35など可能なものもある）	

第9問

重要度 **A**

金融商品（総合）

問 54 正人さんは、公募投資信託や ETF（上場投資信託）、J − REIT（上場不動産投資信託）の購入を検討しており、一般 NISA（少額投資非課税制度）について FP の浜松さんに質問をした。浜松さんが金融商品等について説明する際に使用した下表の空欄（ア）〜（ウ）に入る適切な語句の組み合わせとして、最も適切なものはどれか。

	公社債投資信託	株式投資信託	ETF	J-REIT
一般 NISA による非課税の対象	対象にならない	対象になる	（　ア　）	対象になる
金融商品取引所への上場・非上場	非上場	（　イ　）	上場	上場
指値注文	（　ウ　）	できない	できる	できる

1．（ア）対象になる　　　（イ）上場　　（ウ）できる
2．（ア）対象になる　　　（イ）非上場　（ウ）できない
3．（ア）対象にならない　（イ）上場　　（ウ）できない
4．（ア）対象にならない　（イ）非上場　（ウ）できる

解　説

チェック□□□

	公社債投資信託	株式投資信託	ETF	J-REIT
一般 NISA[※] による非課税の対象	対象にならない	対象になる	（ア：**対象になる**）	対象になる
金融商品取引所への上場・非上場	非上場	（イ：**非上場**）	上場	上場
指値注文	（ウ：**できない**）	できない	できる	できる

※一般 NISA は、2024 年 1 月 1 日から制度改正により廃止された。旧制度で利用している商品は新制度の外枠で、2023 年まで適用された制度における非課税措置が適用される。

正 解　2

第9問

重要度 **A**

収入保障保険

問 55 正人さんは、契約中の収入保障保険 A の保障額について、FP の浜松さんに質問をした。浜松さんが説明の際に使用した下記<イメージ図>を基に、2022 年 10 月 1 日に正人さんが死亡した場合に支払われる年金総額として、正しいものはどれか。なお、年金は毎月受け取るものとする。

<イメージ図>

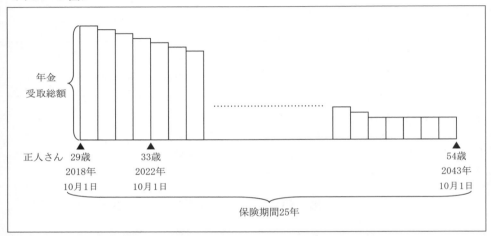

※正人さんは、収入保障保険 A を 2018 年 10 月 1 日に契約している。
※保険期間は 25 年、保証期間は 5 年である。

1．5,400 万円
2．4,500 万円
3．3,780 万円
4． 900 万円

　＜設例＞〔保険〕から、正人さんが契約した収入保障保険Aの内容は、年金月額15万円。保険契約者（保険料負担者）および被保険者は正人さん、年金受取人は幸子さん。

　保険期間内に正人さんが死亡した場合、年金が幸子さんに支払われる。

　＜イメージ図＞下の※から、収入保障保険Aの保険契約は2018年10月1日から、保険期間は25年、保証期間は5年。

　正人さんが2022年10月1日で死亡した場合、4年経過しており、年金が支払われる期間は、21年間（252ヵ月）＞保証期間5年。

　したがって、支払われる年金総額は、15万円／月 × 　252ヵ月 = **3,780万円**

ワンポイント

収入保障保険の保証期間

　保険金を最低保証するもので、保険期間満了後も保証された支払期間に至るまで保険金が受け取れる。

正　解　　3

第9問

健康保険（保険料・保険給付）

問56 正人さんは、2022年8月から病気（私傷病）療養のため休業したことから、健康保険から支給される傷病手当金についてFPの浜松さんに相談をした。正人さんの休業に関する状況は下記＜資料＞のとおりである。＜資料＞に基づき、正人さんに支給される傷病手当金に関する次の記述の（ア）～（ウ）に入る適切な語句を語群の中から選び、その番号のみを解答欄に記入しなさい。なお、正人さんは、全国健康保険協会管掌健康保険（協会けんぽ）の被保険者である。また、記載のない条件については一切考慮しないこと。

＜資料＞

［正人さんの8月の出勤状況］

5日 （金）	6日 （土）	7日 （日）	8日 （月）	9日 （火）	10日 （水）	11日 （木）	12日 （金）	13日 （土）
休業	休業	出勤	休業	出勤	休業	休業	休業	休業

▲
休業開始日

※上記の休業した日については、労務不能と認められている。

・正人さんへの傷病手当金は、（　ア　）より支給が開始される。
・正人さんへ支給される1日当たりの傷病手当金の額は、次の算式で計算される。
　［支給開始日の以前12ヵ月間の各標準報酬月額を平均した額］÷30日×（　イ　）
・傷病手当金が支給される期間は、支給を開始した日から通算して、最長で（　ウ　）である。

＜語群＞
1．8月10日　　　2．8月11日　　　3．8月13日
4．1／2　　　　5．2／3　　　　　6．3／4
7．1年間　　　　8．1年6ヵ月　　　9．2年間

- 444 -

（ア）**8月13日**

　傷病手当金の支給開始時期を求める

　休業した日が連続して3日間あり、4日目以降、休業した日に対して支給される。

　＜資料＞［正人さんの8月の出勤状況］から、傷病手当金の支給が開始されるのは、**8月13日**である。

（イ）**2／3**

　支給額の計算式

　支給開始日以前の継続した12ヵ月間の標準報酬月額の平均額÷30日（10円未満四捨五入）×**2／3**

（ウ）**1年6ヵ月**

　支給期間は、令和4年1月1日より、支給を開始した日から通算して最長**1年6ヵ月**に変更された。改正前は、支給を開始した日から最長1年6ヵ月。

ワンポイント

　休業期間についての給与の支払いがある場合、給与の日額が、傷病手当金の日額より少ない場合は、傷病手当金と給与の差額が支給される。なお、傷病手当金の額より多い報酬額の支給を受けた場合には、傷病手当金は支給されない。

正解　（ア）3　（イ）5　（ウ）8

第9問

退職後の公的医療保険（任意継続被保険者）

問 57 正人さんの兄の純也さん（38歳）は、これまで15年間勤務してきた会社を退職し、自営業者として飲食店を開業することを考えている。純也さんは現在、全国健康保険協会管掌健康保険（以下「協会けんぽ」という）の被保険者だが退職後の公的医療保険については、健康保険の任意継続被保険者になることを検討している。協会けんぽにおける任意継続被保険者に関する下図の空欄（ア）～（ウ）に入る適切な語句を語群の中から選び、その番号のみを解答欄に記入しなさい。

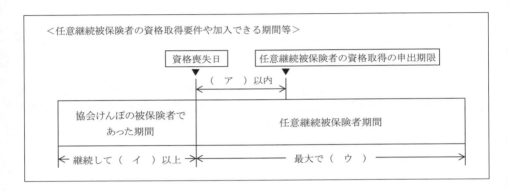

<語群>
1. 10日　　　2. 14日　　　3. 20日
4. 1ヵ月　　5. 2ヵ月　　6. 6ヵ月
7. 1年間　　8. 2年間　　9. 4年間

（ア）**20 日**　任意継続被保険者の資格取得の申出期限は、資格喪失日から **20 日以内**である。

（イ）**2 ヵ月**　任意継続被保険者の要件として、資格喪失日の前日までに「継続して **2 ヵ月以上の被保険者期間**」が必要。

（ウ）**2 年間**　任意継続被保険者期間は、任意継続被保険者となってから最大で **2 年間**。

ワンポイント

全国健康保険協会の任意継続保険

・保険料

　退職時の標準報酬月額× 9.35%〜 10.42%※（40 歳から 64 歳までの介護保険第 2 号被保険者に該当する者は、これに全国一律の介護保険料率 1.60%加算）。

　※保険料額は都道府県ごとに異なる。

　　退職時の標準報酬月額が 30 万円を超えていた場合は、標準報酬月額は 30 万円で計算する。

・任意継続被保険者の資格喪失

　①任意継続被保険者となった日から 2 年を経過したとき。

　②保険料を納付期日までに納付しなかったとき。（納付期日の翌日）

　③就職して、健康保険、船員保険、共済組合などの被保険者資格を取得したとき。

　④後期高齢者医療の被保険者資格を取得したとき。

　⑤任意継続被保険者でなくなることを希望する旨を申し出たとき。（申出が受理された日の属する月の翌月 1 日）

　⑥被保険者が死亡したとき。（死亡した日の翌日）

正　解　（ア）3　（イ）5　（ウ）8

問 **58** 正人さんの弟の秀和さん（30歳）は自営業者としてコンサルティング業を営んでおり、老後に備えた資産運用として個人型確定拠出年金（iDeCo）への加入を検討している。個人型確定拠出年金に関する次の（ア）～（エ）の記述について適切なものには〇、不適切なものには×を解答欄に記入しなさい。

（ア）加入者が支払った掛金は、その全額が社会保険料控除として、所得控除の対象となる。

（イ）国民年金の第1号被保険者が個人型確定拠出年金と国民年金基金に加入している場合の掛金は、両方を合算して月額68,000円が限度となる。

（ウ）老齢給付金を60歳から受給するためには、60歳に達した時点で通算加入者等期間が15年以上なければならない。

（エ）一時金として受け取った老齢給付金は、退職所得となり、退職所得控除額の適用を受けることができる。

（ア）✕　加入者が支払った掛金は、その全額が小規模企業共済等掛金控除として、所得控除の対象となる。

（イ）○　記述のとおりである

ワンポイント

加入資格		掛金
第1号被保険者・任意加入被保険者		月額6.8万円（国民年金基金または国民年金付加保険料との合算）
第2号被保険者	企業に企業年金がない会社員	月額2.3万円
	企業型確定拠出年金のみに加入している会社員	月額2.0万円※1（上限）
	確定給付企業年金と企業型確定拠出年金に加入している会社員	月額1.2万円※2（上限）
	確定給付企業年金のみに加入している会社員	月額1.2万円
	公務員	
第3号被保険者		月額2.3万円

※1　各月の企業型確定拠出年金の事業主掛金額との合計額が月額5.5万円まで
※2　各月の企業型確定拠出年金の事業主掛金額との合計額が月額2.75万円まで

（ウ）✕　老齢給付金を60歳から受給するためには、60歳に到達した時点で通算加入者等期間が10年以上必要。加入期間が短くなると漸次支給開始年齢が65歳（加入期間1月以上2年未満）まで繰り下がる。

（エ）○　記述のとおりである。また、老齢給付を年金で受け取る場合は、公的年金等控除の適用を受けることができる。

正　解　（ア）✕　（イ）○　（ウ）✕　（エ）○

事例総合問題

【第10問】

2022年9月出題

下記の 問59 ～ 問64 について解答しなさい。

<設例>

物品販売業（松尾商店）を営む自営業者（青色申告者）の松尾孝一さんは、今後の生活や事業などに関して、FPで税理士でもある沼田さんに相談をした。なお、下記のデータは2022年9月1日現在のものである。

Ⅰ．家族構成（同居家族）

氏名	続柄	生年月日	年齢	備考
松尾　孝一	本人	1966年7月21日	56歳	自営業
祥子	妻	1968年10月11日	53歳	パートタイマー（注1）
亜美	長女	2000年6月21日	22歳	大学生
和人	長男	2004年12月22日	17歳	高校生

注1：祥子さんは株式会社PW工業に勤務している。

Ⅱ．松尾家の親族関係図

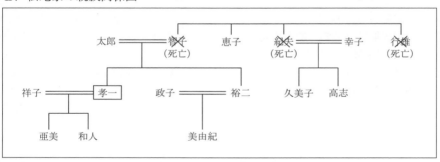

注2：智子さんと紀夫さんは数年前に、行雄さんは2022年8月に死亡している。

Ⅲ．松尾家（孝一さんと祥子さん）の財産の状況

［資料１：保有資産（時価）］　　　　　　　　　　　　　　　（単位：万円）

	孝一	祥子
金融資産 　現金および預貯金 　投資信託	2,850 220	360
生命保険（解約返戻金相当額）	［資料３］を参照	［資料３］を参照
事業用資産（不動産以外）（注３） 　商品・備品等	420	
不動産 　土地（店舗兼自宅の敷地） 　建物（店舗兼自宅の家屋）	2,300 3,680	
その他（動産等）	200	100

注３：記載以外の事業用資産については考慮しないこと。

［資料２：負債残高］

住宅ローン：380万円（債務者は孝一さん。団体信用生命保険付き）

事業用借入：3,820万円（債務者は孝一さん）

［資料３：生命保険］　　　　　　　　　　　　　　　　　　　（単位：万円）

保険種類	保険 契約者	被保険者	死亡保険金 受取人	保険金額	解約返戻金 相当額
定期保険A	孝一	孝一	祥子	1,000	－
定期保険特約付終身保険B 　（終身保険部分） 　（定期保険部分）	孝一	孝一	祥子	 200 2,000	 120 －
終身保険C	孝一	孝一	祥子	400	280
終身保険D	孝一	祥子	孝一	200	180
終身保険E	祥子	孝一	祥子	300	150

注４：解約返戻金相当額は、現時点（2022年9月1日）で解約した場合の金額である。

注５：終身保険Cには、主契約とは別に保険金額400万円の災害割増特約が付保されている。

注６：すべての契約において、保険契約者が保険料を全額負担している。

注７：契約者配当および契約者貸付については考慮しないこと。

Ⅳ．その他

上記以外の情報については、各設問において特に指示のない限り一切考慮しないこと。

第10問
個人バランスシート

重要度 A

問 59 FP の沼田さんは、まず現時点（2022年9月1日時点）における松尾家（孝一さんと祥子さん）のバランスシート分析を行うこととした。下表の空欄（ア）に入る数値を計算しなさい。

＜松尾家（孝一さんと祥子さん）のバランスシート＞　　　　　　（単位：万円）

[資産]		[負債]	
金融資産		住宅ローン	×××
現金および預貯金	×××	事業用借入	×××
投資信託	×××		
生命保険（解約返戻金相当額）	×××	負債合計	×××
事業用資産（不動産以外）			
商品・備品等	×××		
不動産			
土地（店舗兼自宅の敷地）	×××	[純資産]	（ ア ）
建物（店舗兼自宅の家屋）	×××		
その他（動産等）	×××		
資産合計	×××	負債・純資産合計	×××

　松尾家（孝一さんと祥子さん）のバランスシート（2022年9月1日現在）を完成させる。

[資産]

＜設例＞Ⅲ．松尾家（孝一さんと祥子さん）の財産の状況（2022年9月1日現在）から、保有資産である金融資産、生命保険、不動産、その他（動産等）の時価が把握できる。

・**金融資産［資料1：保有資産（時価）］から**
　預金および預貯金：孝一さん2,850万円＋祥子さん360万円＝3,210万円
　投資信託：孝一さん220万円

・**生命保険［資料3：生命保険］から**
　解約返戻金は、一般的に、契約者（保険料負担者）が受取る。注6から、全ての契約において、保険契約者が保険料を全額負担しているので、保険契約者が孝一さんまたは祥子さんの保険契約を抽出し解約返戻金相当額を合算する。
　注4から、資料3の解約返戻金相当額は、2022年9月1日で解約した場合の金額である。
　生命保険（解約返戻金相当額）：120万円＋280万円＋180万円＋150万円＝730万円

・**事業用資産（不動産以外）［資料1：保有資産（時価）］から**
　商品・備品等：孝一さん420万円

・**不動産［資料1：保有資産（時価）］から**
　土地（店舗兼自宅の敷地）：孝一さん2,300万円
　建物（店舗兼自宅の家屋）：孝一さん3,680万円

・**その他（動産等）［資料1：保有資産（時価）］から**
　孝一さん200万円＋祥子さん100万円＝300万円
　以上から
　資産合計＝現金および預貯金＋投資信託＋生命保険（解約返戻金相当額）＋商品・備品等＋土地（店舗兼自宅の敷地）＋建物（店舗兼自宅の家屋）＋その他（動産等）
　　　　＝3,210万円＋220万円＋730万円＋420万円＋2,300万円＋3,680万円＋300万円
　　　　＝10,860万円

[資料2：負債残高]から
　住宅ローン：孝一さん380万円
　事業用借り入れ：孝一さん3,820万円
　負債合計＝4,200万円
　純資産は、バランスシートの特徴である「資産＝負債＋純資産」から算定する。
　純資産＝資産－負債＝10,860万円－4,200万円＝**6,660万円**

<松尾家（孝一さんと祥子さん）のバランスシート>　　　　　　　　（単位：万円）

[資産]		[負債]	
金融資産		住宅ローン	380
現金および預貯金	3,210	事業用借入	3,820
投資信託	220		
生命保険（解約返戻金相当額）	730	負債合計	4,200
事業用資産（不動産以外）			
商品・備品等	420		
不動産			
土地（店舗兼自宅の敷地）	2,300	[純資産]	（ア：**6,660**）
建物（店舗兼自宅の家屋）	3,680		
その他（動産等）	300		
資産合計	10,860	負債・純資産合計	10,860

第10問

遺族補償（負債完済後の金融資産額）

問60 孝一さんは、現在加入している生命保険で十分な保障を得られているか不安を持っている。そこで、自分が交通事故等の不慮の事故で死亡したときに支払われる死亡保険金で負債を全額返済した場合、現金および預貯金がいくら残るのかについて、FPの沼田さんに試算してもらうことにした。この試算に関する沼田さんの次の説明の空欄（ア）に入る金額として、正しいものはどれか。なお、保有している投資信託は含めずに計算すること。

> 「現時点（2022年9月1日時点）で孝一さんが交通事故等の不慮の事故で死亡した場合、孝一さんの死亡により支払われる死亡保険金と松尾家（孝一さんと祥子さん）が保有する現金および預貯金の合計額から、返済すべき負債の全額を差し引いた金額は（　ア　）になります。」

1．3,290万円
2．3,310万円
3．3,690万円
4．3,890万円

　現時点（2022年9月1日）で孝一さんが交通事故等の不慮の事故で死亡した場合、孝一さんの死亡により支払われる死亡保険金と松尾家（孝一さんと祥子さん）が保有する現金および預貯金の合計額を求める。

・**死亡保険金について。**

　Ⅲ．松尾家（孝一さんと祥子さん）の財産の状況［資料3：生命保険］から、被保険者が孝一さんである生命保険を選択する。

保険種類		死亡保険金額（万円）
定期保険A		1,000
定期保険特約付終身保険B	（終身保険部分）	200
	（定期保険部分）	2,000
終身保険C		400
災害割増特約（注5から）		400
終身保険E		300
	合計	4,300 |・・・①

・**預貯金等および株式・投資信託の合計額について**

　Ⅲ．松尾家（孝一さんと祥子さん）の財産の状況　［資料1：保有資産（時価）］から

金融資産		金額（万円）
現金および預貯金	孝一さん	2,850
	祥子さん	360
	合計	3,210 |・・・②

問題の条件から、投資信託は含めない。

・**負債額について**

　Ⅲ．松尾家（孝一さんと祥子さん）の財産の状況〔資料2：負債残高〕から

　　住宅ローン：380万円（債務者は孝一さん。団体信用生命保険付き）

　　事業用借入：3,820万円

　　住宅ローンについては、団体信用生命保険によって完済されるので、負担はなし。

　　以上から、返済すべき負債の総額は3,820万円・・・③

　　（ア）＝①＋②－③

　　　　　＝4,300万円＋3,210万円－3,820万円＝**3,690万円**

第10問

重要度 **B**

相続税の課税価格

問 61 孝一さんの父である太郎さんが保有する土地 A および土地 B の明細は、下記
＜資料＞のとおりである。仮に孝一さんが土地 A および土地 B を相続により取得し
た場合、小規模宅地等に係る相続税の課税価格の計算の特例（小規模宅地等の特例）
の適用対象となる面積の上限として、最も適切なものはどれか。なお、太郎さんは、
土地 A および土地 B 以外に土地（借地権等を含む）は保有していない。

＜資料＞

土地 A
　面積：220㎡
　用途：太郎さんの自宅の敷地（自宅家屋も太郎さんが所有）。なお、同居者はい
　　　　ない。
　取得後の予定：相続税の申告後に売却する予定。
土地 B
　面積：300㎡
　用途：賃貸アパートの敷地（アパート（建物）も太郎さんが所有）
　取得後の予定：賃貸アパート経営を継続する予定

土地A ２２０m²	土地B ３００m²

1．ゼロ（適用なし）

2．200㎡

3．300㎡

4．420㎡

　仮に孝一さんが土地 A および土地 B を相続した場合、当該土地が小規模宅地等の特例の適用を受けられるかどうかを検討する。

・土地 A について

　　父太郎さんの自宅の敷地（自宅家屋も太郎さんが所有）なので、孝一さんが土地 A について特定居住用宅地等の特例の適用を受けられるかどうかを検討する。

　　孝一さんは＜設例＞Ⅲ．［資料 1：保有資産（時価）］から、自宅（敷地と家屋）を保有しているので、当該特例適用の相続人としての要件を満たさない。よって、土地 A は小規模宅地等の特例の適用を受けることはできない。

ワンポイント

　被相続人の居住の用に供されていた宅地等を同居していない親族（配偶者を除く）が相続する場合の相続人の要件

　次の①から⑥の要件をすべて満たすことが必要。

①居住制限納税義務者または非居住制限納税義務者のうち日本国籍を有しない者ではないこと。

②被相続人に配偶者がいないこと。

③相続開始の直前において被相続人の居住の用に供されていた家屋に居住していた被相続人の相続人（相続の放棄があった場合には、その放棄がなかったものとした場合の相続人）がいないこと。

④相続開始前 3 年以内に日本国内にある取得者、取得者の配偶者、取得者の三親等内の親族または取得者と特別の関係がある一定の法人が所有する家屋（相続開始の直前において被相続人の居住の用に供されていた家屋を除きます。）に居住したことがないこと。

⑤相続開始時に、取得者が居住している家屋を相続開始前のいずれの時においても所有していたことがないこと。

⑥その宅地等を相続開始時から相続税の申告期限まで有していること。

・土地 B について

　　父太郎さんの所有する賃貸アパートの敷地（アパート（建物）も太郎さんが所有）なので、孝一さんが土地 B について貸付事業用宅地等の特例の適用を受けられるかどうかを検討する。

　　相続する孝一さんは、引き続き賃貸アパート経営を継続する予定なので、その他の条件を満たしていると仮定すれば、土地 B は小規模宅地等の特例の適用を受けることができる。

　　適用対象となる面積の上限は、土地 B300㎡ ≧ 200㎡（適用限度面積）。よって、**200㎡**。

ワンポイント

貸付事業用宅地等の要件

区分		特例の適用要件
被相続人の貸付事業の用に供されていた宅地等	事業承継要件	その宅地等に係る被相続人の貸付事業を相続税の申告期限までに引き継ぎ、かつ、その申告期限までその貸付事業を行っていること。
	保有継続要件	その宅地等を相続税の申告期限まで有していること。

<相続税における小規模宅地等の評価減の特例>

宅地等の区分	適用限度面積	減額割合
特定事業用宅地等※	400㎡	80%
特定同族会社事業用宅地等		
特定居住用宅地等	330㎡	
貸付事業用宅地等※	200㎡	50%

※特定事業用宅地等と貸付事業用宅地等については、一定の場合に該当しない限り、相続開始前3年以内に新たに（貸付）事業の用に供された宅地等を除く。

正解　2

第10問

相続時精算課税制度

問62 孝一さんの弟である裕二さん（53歳）は、父の太郎さん（85歳）と叔母の恵子さん（78歳）から下記＜資料＞の贈与を受けた。裕二さんの2022年分の贈与税額を計算しなさい。なお、太郎さんからの贈与については、2021年から相続時精算課税制度の適用を受けている。また、解答に当たっては、解答用紙に記載されている単位に従うこと。

＜資料＞

> ［2021年中の贈与］
> ・太郎さんから贈与を受けた金銭の額：1,800万円
> ［2022年中の贈与］
> ・太郎さんから贈与を受けた金銭の額：1,500万円
> ・恵子さんから贈与を受けた金銭の額：500万円
>
> ※2021年中および2022年中に上記以外の贈与はないものとする。
> ※上記の贈与は、住宅取得等資金の贈与ではない。

＜贈与税の速算表＞

（イ）18歳以上の者が直系尊属から贈与を受けた財産の場合（特例贈与財産、特例税率）

基礎控除後の課税価格		税率	控除額
	200万円 以下	10%	－
200万円 超	400万円 以下	15%	10万円
400万円 超	600万円 以下	20%	30万円
600万円 超	1,000万円 以下	30%	90万円
1,000万円 超	1,500万円 以下	40%	190万円
1,500万円 超	3,000万円 以下	45%	265万円
3,000万円 超	4,500万円 以下	50%	415万円
4,500万円 超		55%	640万円

（ロ）上記（イ）以外の場合（一般贈与財産、一般税率）

基礎控除後の課税価格		税率	控除額
	200 万円 以下	10%	－
200 万円 超	300 万円 以下	15%	10 万円
300 万円 超	400 万円 以下	20%	25 万円
400 万円 超	600 万円 以下	30%	65 万円
600 万円 超	1,000 万円 以下	40%	125 万円
1,000 万円 超	1,500 万円 以下	45%	175 万円
1,500 万円 超	3,000 万円 以下	50%	250 万円
3,000 万円 超		55%	400 万円

解　説　　　　　　　チェック□□□

　　父からの贈与については、相続時精算課税制度の適用を 2021 年から受けている。
2022 年における贈与の累積額は、
　　1,800 万円（2021 年）＋ 1,500 万円（2022 年）＝ 3,300 万円
　　相続時精算課税制度の特別控除の限度額は 2,500 万円まで。限度額を超える額については贈与税が 20% の税率で課税される。2022 年贈与により限度額を超え、その額は、3,300 万円 － 2,500 万円 ＝ 800 万円
　　贈与税額：800 万円 × 20% ＝ 160 万円・・・①
　　叔母からの贈与については暦年課税による。基礎控除額は 110 万円。
　　500 万円 － 110 万円 ＝ 390 万円
　　叔母は直系尊属にならないので、贈与税額は、＜贈与税の速算表＞（ロ）を利用する。
税率 20%　控除額 25 万円
　　390 万円 × 20% － 25 万円 ＝ 53 万円・・・②
　　以上から 2022 年の贈与税額は、
　　① ＋ ② ＝ 160 万円 ＋ 53 万円 ＝ 213 万円　→　**2,130,000 円**

ワンポイント

相続時精算課税制度改正事項（2024 年 1 月以降の贈与から適用）

・相続時課税制度選択後の当事者間における 110 万円の非課税枠が認められる。

・この非課税枠については、申告不要で、生前贈与加算の対象外となる。

正 解　2,130,000（円）

問 63 孝一さんは国民年金の第1号被保険者であり、20歳から6年間、国民年金保険料の未納期間がある。このため、今後60歳になるまで国民年金保険料を納付し続けても老齢基礎年金は満額に達しないので、FPの沼田さんに年金額を増やす方法について相談をした。孝一さんの老齢年金に関する次の記述の空欄（ア）〜（ウ）にあてはまる数値の組み合わせとして、最も適切なものはどれか。

＜沼田さんの説明＞

> 「孝一さんが老齢年金の額を増やすには、まず60歳から（　ア　）歳になるまでの間、国民年金に任意加入し、保険料を納付する方法が考えられます。
> また、国民年金保険料に加えて付加保険料を納付すると、付加年金を受給することができます。付加年金の受給額は、（　イ　）円に付加保険料を納付した月数を乗じた額となります。
> さらに孝一さんが66歳に達した日以降、老齢年金の支給繰下げの申し出をすると、年金額を増やして受給することができます。支給繰下げを申し出た場合の年金額の増額率は、（　ウ　）％に繰り下げた月数を乗じた率となります。」

1．（ア）65　（イ）200　（ウ）0.7
2．（ア）65　（イ）400　（ウ）0.5
3．（ア）66　（イ）200　（ウ）0.5
4．（ア）66　（イ）400　（ウ）0.7

解 説

「孝一さんが老齢年金の額を増やすには、まず60歳から（ア：**65**）歳になるまでの間、国民年金に任意加入し、保険料を納付する方法が考えられます。また、国民年金保険料に加えて付加保険料を納付すると、付加年金を受給することができます。付加年金の受給額は、（イ：**200**）円に付加保険料を納付した月数を乗じた額となります。さらに孝一さんが66歳に達した日以降、老齢年金の支給繰下げの申し出をすると、年金額を増やして受給することができます。支給繰下げを申し出た場合の年金額の増額率は、（ウ：**0.7**）％に繰り下げた月数を乗じた率となります。」

ワンポイント

・老齢基礎（厚生）年金の繰上げによる減額率

　1ヵ月当たりの減額率は0.4%。年金制度改正により、従来の減額率0.5%／月から緩和された。対象者は、2022年4月1日以降、60歳に到達する者が対象。

・老齢基礎（厚生）年金の繰下げによる増額率

　1ヵ月当たりの増額率は0.7%。

・老齢基礎（厚生）年金の繰り下げ需給開始年齢の拡大

　受給開始年齢は75歳まで拡大。対象者は、2022年4月1日以降、70歳に到達する者が対象。これにより、年金受給額は最大84.0%（75歳開始）の増額となる。

・付加年金の繰上げ・繰下げ

　付加年金は、老齢基礎年金同様、繰上げ・繰下げによる増減を受け、その割合は、老齢基礎年金と同じ。

正解　**1**

第10問

雇用保険（加入・給付）

問 64 祥子さんは今の職場で長く働き続けたいと考えており、雇用保険制度について、FP の沼田さんに質問をした。沼田さんの次の説明について、空欄（ア）〜（ウ）に入る適切な語句を語群から選び、その番号のみを解答欄に記入しなさい。

「パートタイマーとして働いている人も、1 週間の所定労働時間が（　ア　）以上で、継続して 31 日以上雇用される見込みがある人は、雇用保険に加入しなければなりません。

雇用保険の加入年齢に上限はなく、（　イ　）未満の人は一般被保険者とされ、（　イ　）以上の人は高年齢被保険者とされます。

被保険者が失業した場合に支給される求職者給付も、離職したときの年齢により内容が異なります。（　イ　）に達する前に離職した一般被保険者には、離職理由や雇用保険の加入期間により原則として 90 日〜 330 日にわたる基本手当が支給され、（　イ　）以後に離職した高年齢被保険者には基本手当の 30 日分または 50 日分の（　ウ　）が一時金で支給されます。」

＜語群＞

1．8 時間	2．20 時間	3．30 時間
4．60 歳	5．65 歳	6．70 歳
7．高年齢求職者給付金	8．高年齢雇用継続基本給付金	
9．高年齢再就職給付金		

「パートタイマーとして働いている人も、1週間の所定労働時間が（ア：**20時間**）以上で、継続して31日以上雇用される見込みがある人は、雇用保険に加入しなければなりません。雇用保険の加入年齢に上限はなく、（イ：**65歳**）未満の人は一般被保険者とされ、（イ：**65歳**）以上の人は高年齢被保険者とされます。

被保険者が失業した場合に支給される求職者給付も、離職したときの年齢により内容が異なります。（イ：**65歳**）に達する前に離職した一般被保険者には、離職理由や雇用保険の加入期間により原則として90日〜330日にわたる基本手当が支給され、（イ：**65歳**）以後に離職した高年齢被保険者には基本手当の30日分または50日分の（ウ：**高年齢求職者給付金**）が一時金で支給されます。」

ワンポイント

　高年齢雇用継続給付は、次の2種類。

・高年齢雇用継続基本給付金

　対象者の要件

　①基本手当を受給していないこと。

　②原則として60歳時点の賃金と比較して、60歳以後の賃金が60歳時点の75%未満となっていること。

　③60歳以上65歳未満の一般被保険者であること。

　④被保険者であった期間が5年以上あること。

・高年齢再就職給付金

　対象者の要件

　①基本手当を受給し再就職した者で、基本手当を受給した後、60歳以後に再就職して、再就職後の各月に支払われる賃金が基本手当の基準となった賃金日額を30倍した額の75%未満となった者。

　②60歳以上65歳未満の一般被保険者であること。

　③基本手当についての算定基礎期間が5年以上あること。

　④再就職した日の前日における基本手当の支給残日数が100日以上あること。

　⑤1年を超えて引き続き雇用されることが確実であると認められる安定した職業に就いたこと。

　⑥同一の就職について、再就職手当の支給を受けていないこと。

参考 **3回目の離職と給付制限期間**

給付制限期間は原則2ヵ月であるが、5年以内に3回離職した場合、給付制限期間が3ヵ月となる。

＜イメージ図＞

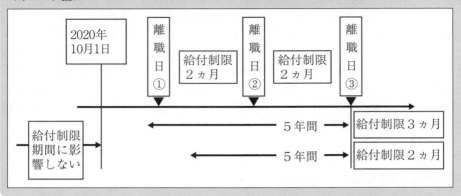

事例総合問題

【第11問】

下記の 問65 ～ 問70 について解答しなさい。

<設例>
香川篤志さんは、民間企業に勤務する会社員である。篤志さんと妻の由美子さんは、今後の資産形成や家計の見直しなどについて、FPで税理士でもある大津さんに相談をした。なお、下記のデータはいずれも2022年4月1日現在のものである。

[家族構成]

氏名	続柄	生年月日	年齢	職業等
香川　篤志	本人	1975年11月3日	46歳	会社員（正社員）
由美子	妻	1979年8月30日	42歳	パートタイマー
勇樹	長男	2007年2月22日	15歳	高校生

[収入金額（2021年）]
篤志さん　　：給与収入850万円。給与収入以外の収入はない。
由美子さん：給与収入95万円。給与収入以外の収入はない。

[金融資産（時価）]
篤志さん名義
　銀行預金（普通預金）：150万円
　銀行預金（定期預金）：400万円
由美子さん名義
　銀行預金（普通預金）：20万円
　銀行預金（定期預金）：200万円

[住宅ローン]
契約者　　：篤志さん
借入先　　：KM銀行
借入時期：2007年8月
借入金額：2,800万円
返済方法：元利均等返済（ボーナス返済なし）
金利　　：全期間固定金利型
返済期間：35年間

[保険]
定期保険A：保険金額2,500万円。保険契約者（保険料負担者）および被保険者は篤志さん、保険金受取人は由美子さんである。
火災保険B：保険金額2,000万円。地震保険付帯。保険の目的は自宅建物。保険期間は35年（地震保険は1年）。保険契約者（保険料負担者）および保険金受取人は篤志さんである。

問 65 篤志さんは下記<資料>のKM銀行の外貨定期預金キャンペーンに関心を持っている。この外貨定期預金について、満期時の外貨ベースの元利合計額を円転した金額として、正しいものはどれか。

<資料>

- ・預入額　　　　10,000 米ドル
- ・預入期間　　　1ヵ月
- ・預金金利　　　6.0%（年率）
- ・為替レート　　（1米ドル）

	TTS	TTM（仲値）	TTB
満期時	112.00 円	111.00 円	110.00 円

※利息の計算に際しては、預入期間は日割りではなく月単位で計算すること。

※為替差益・為替差損に対する税金については考慮しないこと。

※利息に対しては、米ドル建ての利息額の20%（復興特別所得税は考慮しない）相当額が所得税・住民税として源泉徴収されるものとすること。

※計算過程において、小数点以下の端数が発生した場合は、小数点以下第3位を四捨五入すること。

1．1,152,800 円
2．1,124,480 円
3．1,105,500 円
4．1,104,400 円

満期時の元利合計額を求める。

利息の計算：月単位で計算（※から）

＜資料＞から、預入額＝ 10,000 米ドル、預入期間＝ 1 ヵ月、預金金利 6.0％（年率）

税引後利息は次のとおり。

10,000 米ドル× 6.0％（年率）× 1 月／ 12 月＝ 50 米ドル

利息への課税は、米ドル建ての利息額に源泉分離課税で 20％（※から）

税引後受取利息＝ 50 米ドル×（1 － 0.2）＝ 40 米ドル

当外貨預金の満期時の元利合計額（米ドル）は、

10,000 米ドル＋ 40 米ドル＝ 10,040 米ドル

円転のために利用する為替レートは、TTB レート（対顧客電信買相場）

満期時レートは、TTB＝110.00 円

円転した金額：10,040 米ドル× 110.00 円／米ドル＝ **1,104,400 円**

正　解　4

第11問

住宅ローン（繰上げ返済）

重要度 **A**

問 66 篤志さんは、現在居住している自宅の住宅ローン（全期間固定金利型、返済期間35年、元利均等返済、ボーナス返済なし）の繰上げ返済を検討しており、FPの大津さんに質問をした。篤志さんが住宅ローンを180回返済後に、100万円以内で期間短縮型の繰上げ返済をする場合、この繰上げ返済により短縮される返済期間として、正しいものはどれか。なお、計算に当たっては、下記＜資料＞を使用し、繰上げ返済額は100万円を超えない範囲での最大額とすること。また、繰上げ返済に伴う手数料等は考慮しないものとする。

＜資料：香川篤志さんの住宅ローンの償還予定表の一部＞

返済回数（回）	毎月返済額（円）	うち元金（円）	うち利息（円）	残高（円）
180	103,125	59,998	43,127	19,107,829
181	103,125	60,133	42,992	19,047,696
182	103,125	60,268	42,857	18,987,428
183	103,125	60,404	42,721	18,927,024
184	103,125	60,540	42,585	18,866,484
185	103,125	60,676	42,449	18,805,808
186	103,125	60,812	42,313	18,744,996
187	103,125	60,949	42,176	18,684,047
188	103,125	61,086	42,039	18,622,961
189	103,125	61,224	41,901	18,561,737
190	103,125	61,362	41,763	18,500,375
191	103,125	61,500	41,625	18,438,875
192	103,125	61,638	41,487	18,377,237
193	103,125	61,777	41,348	18,315,460
194	103,125	61,916	41,209	18,253,544
195	103,125	62,055	41,070	18,191,489
196	103,125	62,195	40,930	18,129,294
197	103,125	62,335	40,790	18,066,959
198	103,125	62,475	40,650	18,004,484

1．1年6ヵ月
2．1年5ヵ月
3．1年4ヵ月
4．　9ヵ月

　返済回数 180 回返済後に 100 万円以内で期間短縮型の繰上げ返済を行うと、残高が 100 万を限度に減額される。

　期間短縮型は、この残高の限度額までの間で、最も近い残高となる償還予定表（＜資料＞：香川篤志さんの住宅ローンの償還予定表の一部＞）に示す回数まで返済を終わらせたことになる。

　19,107,829 円 － 1,000,000 円 ＝ 18,107,829 円・・・①

　①の額以上で最も近い残高は、18,129,294 円　→　196 回目

　次回の返済は 197 回目からとなり、181 回目から 196 回目までが短縮される。

　以上から、短縮期間は 16 回　→　**1 年 4 ヵ月**

正　解　　3

第11問
つみたて NISA と iDeCo

重要度 A

問 **67** 篤志さんは、つみたて NISA（非課税累積投資契約に係る少額投資非課税制度）と iDeCo（個人型確定拠出年金）について FP の大津さんに質問をした。大津さんがつみたて NISA と iDeCo の概要を説明する際に使用した下表の空欄（ア）～（エ）に入る適切な数値を語群の中から選び、その番号のみを解答欄に記入しなさい。

＜つみたて NISA と iDeCo の概要＞

	つみたて NISA	iDeCo
年間投資・拠出限度額	新規投資額で毎年（　ア　）万円	企業年金がない会社員 27.6 万円、自営業者（　イ　）万円（国民年金基金掛金等との合算）など、加入者の区分によって異なる
税制	・所得控除の適用はない ・最長（　ウ　）年間、運用益が非課税	・掛金全額が所得控除の対象となる ・運用益は非課税 ・受取方法により、退職所得控除または公的年金等控除の対象となる
運用資金の引出し	いつでも引出し可	原則（　エ　）歳までは引出しができない
運用対象	長期の積立・分散投資に適した一定の投資信託、ＥＴＦ	定期預金、生命保険、投資信託等

```
＜語群＞
1. 20      2. 24      3. 30      4. 40
5. 60      6. 65      7. 70      8. 80
9. 81.6    10. 100    11. 120
```

（ア）40万円　（イ）81.6万円　（ウ）20年間　（エ）60歳

ワンポイント

つみたて投資枠（新NISA[※]）とiDeCoの主な概要

	つみたて投資枠 NISA	iDeCo
制度の概要	NISA口座での金融商品の運用益・配当金等の収益が非課税となる制度	自分専用の年金口座に加入者が選択した金融商品で年金原資を積み立て、将来受け取る制度
利用可能者（加入資格）	日本に居住する18歳以上の者（口座を開設する年の1月1日現在）（つみたて枠と成長投資枠の併用可）	国民年金第1号・2号・3号被保険者及び任意加入被保険者
年間投資限度額および年間拠出限度額（保有限度額）	毎年120万円（保有限度額は、成長投資枠（上限1,200万円）と併せて累計1,800万円（簿価）まで。商品を売却した場合、翌年以降売却した商品の簿価（取得金額）の分だけ非課税投資枠が復活し、再利用が可能。）	原則として自営業者81.6万円、公務員14.4万円、専業主婦27.6万円、サラリーマン（加入する企業型年金により、27.6万円、24.0万円、14.4万円）など、加入者の区分によって異なる（参考参照）
運用資金の引出	いつでも引出し可	原則60歳までは資産の引出しができない
税制	・所得控除の適用はない ・運用益が非課税（無期限）	・掛金全額が所得控除の対象となる（小規模企業共済等掛金控除） ・運用益は非課税 ・受取方法により、退職所得控除または公的年金等控除の対象となる ・事業主が上乗せして拠出した掛金は全額損金算入
運用対象	長期の積立・分散投資に適した一定の投資信託、ＥＴＦに限定	定期預金、生命保険、投資信託等
その他	1人1口座 金融機関は、年単位で変更可能。	・加入者掛金の拠出方法は、原則月単位（年単位も可能） ・所定の要件を満たす中小事業主が従業員の加入者掛金に対して、中小事業主掛金を上乗せ（追加）拠出することが可能 ・脱退一時金有 ・老齢給付金の受取開始時期の年齢上限は75歳

※　2024年から新制度に変わったため、注意して下さい。　　　　（出典：金融庁HP等から作成）

税制改正

NISA

・2024（令和6）年からNISAの制度が新制度に変更（2024年1月1日施行）

　旧制度で保有している商品はNISAの口座とは別枠で管理され、引き続き商品ごとに予定された期間まで（ジュニアNISAは18歳になるまで）非課税扱い。旧制度での新規購入はできないが、売却は自由にできる。期間終了後のロールオーバーはできない。

確定拠出年金（企業型DC・iDeCo）

・受給開始時期の選択肢の拡大（2022年4月1日施行）

　確定拠出年金（企業型DC・iDeCo）における老齢給付金の受給開始の上限年齢を70歳から75歳に引き上げ。

　これによって、確定拠出年金における老齢給付金は、60歳（加入者資格喪失後）から75歳までの間で受給開始時期を選択することができるようになる。

・企業型DC・iDeCoの加入可能年齢の拡大（2022年5月1日施行）

企業型DC

・原則60歳未満（所定の要件を満たせば65歳未満）から70歳未満の厚生年金被保険者であれば加入者とすることができる。ただし、企業によって加入できる年齢などが異なる。

iDeCo

・加入可能年齢が60歳未満から65歳未満までに拡大。

・国民年金の第2号被保険者又は国民年金の任意加入被保険者であれば加入可能となる。

企業型DC加入者のiDeCo加入の要件緩和（2022年10月1日施行）

　これまで企業型DC加入者のうちiDeCoに加入できるのは、iDeCo加入を認める労使合意に基づく規約の定めがあり、かつ事業主掛金の上限を引き下げた企業の従業員に限られたが、企業型DCの加入者は規約の定めや事業主掛金の上限の引き下げがなくても、iDeCoに原則加入できるようになる。ただし、企業型DCの加入者掛金の拠出（マッチング拠出）を選択している場合や、企業型DCの事業主掛金が月単位ではなく年単位の拠出となっている場合などは、iDeCoには加入できない。

・掛金について

	企業型DC加入者がiDeCoに加入する場合	企業型DCと確定給付型両方に加入する者がiDeCoに加入する場合
企業型DCの事業主掛金	55,000円以内	27,500円以内
iDeCoの掛金	20,000円以内	12,000円以内
両者合計	55,000円以内	27,500円以内

2024年12月に、掛金についての変更があるので注意してください。

（出典：厚生労働省HP　税制改正から作成）

正解　（ア）4　（イ）9　（ウ）1　（エ）5

第11問

重要度 **A**

地震保険

問 68 下記<資料>を基に、篤志さんの自宅に係る年間の地震保険料を計算しなさい。篤志さんの自宅は大阪府にある口構造の一戸建てで、地震保険の保険金額は、2022年4月1日現在の火災保険の保険金額に基づく契約可能な最大額である。なお、地震保険料の割引制度は考慮外とする。また、解答に当たっては、解答用紙に記載されている単位に従うこと。

<資料：年間保険料例（地震保険金額100万円当たり、割引適用なしの場合）>

建物の所在地（都道府県）	建物の構造区分	
	イ構造※	ロ構造※
北海道・青森県・岩手県・秋田県・山形県・栃木県・群馬県・新潟県・富山県・石川県・福井県・長野県・岐阜県・滋賀県・京都府・兵庫県・奈良県・鳥取県・島根県・岡山県・広島県・山口県・福岡県・佐賀県・長崎県・熊本県・鹿児島県	740 円	1,230 円
福島県	970 円	1,950 円
宮城県・山梨県・愛知県・三重県・大阪府・和歌山県・香川県・愛媛県・大分県・宮崎県・沖縄県	1,180 円	2,120 円
茨城県	1,770 円	3,660 円
埼玉県	2,040 円	3,660 円
徳島県・高知県	1,770 円	4,180 円
千葉県・東京都・神奈川県・静岡県	2,750 円	4,220 円

※イ構造：主として鉄骨・コンクリート造の建物、ロ構造：主として木造の建物

篤志さんの自宅と保険に関するデータ（＜設例＞・問題文から整理）

所在地	大阪府
建物の構造区部分	ロ構造の一戸建て
火災保険の保険金額	2,000 万円
地震保険保険金額	契約可能な最大額　→　1,000 万円 最大額は 5,000 万円を限度に契約する火災保険の保険金額の 50％（地震保険の保険金は、契約する火災保険の支払限度額（保険金額の 30％〜50％の範囲内で、原則として、建物は 5,000 万円、家財は 1,000 万円が限度））。
割引適用	なし
契約日	2022 年 4 月 1 日

・地震保険料の計算

　地震保険料（地域別・建物の構造区分別単価）×地震保険保険金額×（1−割引率）

　篤志さんの自宅と保険に関するデータから、

　地震保険の保険金額：2,000 万円× 50％ = 1,000 万円

　建物の所在地は大阪府、建物の構造区分ロ構造

　割引適用なし

　＜資料：年間保険料例（地震保険金額 100 万円当たり、割引適用なしの場合）＞から、

　地震保険金額 100 万円当たり 2,120 円

　以上から

　2,120 円／ 100 万円× 1,000 万円 = **21,200 円**

ワンポイント

・地震保険は火災保険とセットでなければ契約できない。（単体で契約できない）。

参考

損害状況	補償割合
全損	契約金額の 100％（限度額：時価）
大半損	契約金額の　60％（限度額：時価の 60％）
小半損	契約金額の　30％（限度額：時価の 30％）
一部損	契約金額の　 5％（限度額：時価の 5％）

正解　21,200 円

第11問

重要度 **A**

公的年金（遺族給付）

問 69 　篤志さんが仮に 2022 年 5 月に 46 歳で在職中に死亡した場合、篤志さんの死亡時点において由美子さんが受け取ることができる公的年金の遺族給付の組み合わせとして、正しいものはどれか。なお、篤志さんは、大学卒業後の 22 歳から死亡時まで継続して厚生年金保険の被保険者であったものとする。また、家族に障害者に該当する者はなく、記載以外の遺族給付の受給要件はすべて満たしているものとする。

1．遺族基礎年金＋遺族厚生年金
2．遺族基礎年金＋遺族厚生年金＋中高齢寡婦加算
3．遺族厚生年金＋中高齢寡婦加算
4．遺族厚生年金

＜記載されている遺族給付の受給要件に関する事項＞

　保険料納付要件：篤志さんは、大学卒業後の22歳から死亡時まで継続して厚生年金保険に加入していたので、公的遺族年金が支給される保険料納付要件は満たしている。

・遺族基礎年金

　遺族基礎年金は死亡した者によって生計維持されていた[※]、子のある配偶者または子に支給される。子とは、18歳到達年度末（所定の障害がある場合は20歳未満）までの未婚者であり、長男の勇樹さん15歳が対象となる。

　以上から、妻の由美子さん（健常者なので障害基礎年金との併給の検討は不要）は子のある配偶者に該当し、遺族基礎年金が支給される。

・遺族厚生年金

　遺族厚生年金は、厚生年金被保険者の死亡により支給される。支給される遺族は、死亡した人によって生計を維持されていた[※]配偶者、子、父母、孫、祖父母。

　妻の由美子さんは、篤志さんによって生計を維持されていたと認められ、遺族厚生年金（篤志さんの報酬比例部分の年金額の4分の3相当額）が支給される。

　※生計維持関係：前年の収入が年額850万円未満（または、前年の所得が655万5千円未満）であれば生計維持関係は有とされる。由美子さんの収入金額は給与収入のみの95万円なので、生計維持関係が認められる。

・中高齢寡婦加算

　遺族厚生年金が支給される妻には、所定の要件を満たすと中高齢寡婦加算が加算される。要件は次の通り。

　①夫が亡くなったとき、40歳以上65歳未満で、生計を同じくしている子がいない。

　②40歳に達した当時、遺族厚生年金と遺族基礎年金を受けていた子のある妻が、子が18歳到達年度の末日に達した（障害の状態にある場合は20歳に達した）ため、遺族基礎年金が受給できなくなった。

　死亡時点で、由美子さんは中高齢寡婦加算支給の要件を満たさないので、遺族厚生年金に中高齢寡婦加算は加算されない。

　以上から、死亡時点で由美子さんが受け取ることのできる公的年金の遺族給付の組み合わせは、遺族基礎年金（子の加算1人分あり）と遺族厚生年金である。

正　解　1

第11問 重要度 A

健康保険（保険料・保険給付）

問70 篤志さんの健康保険料に関する（ア）～（ウ）の記述について、適切なものには○、不適切なものには×を解答欄に記入しなさい。なお、篤志さんは全国健康保険協会管掌健康保険（協会けんぽ）の被保険者である。また、健康保険料の計算に当たっては、下記＜資料＞に基づくこととする。

＜資料＞

［篤志さんに関するデータ］
　給与：毎月 600,000 円（標準報酬月額 590,000 円）
　賞与：1回につき 650,000 円
　※賞与は年2回支給される。

［健康保険の保険料率］
　介護保険第2号被保険者に該当しない場合：10.00%（労使合計）
　介護保険第2号被保険者に該当する場合　：11.80%（労使合計）

（ア）毎月の給与に係る健康保険料のうち、篤志さんの負担分は 30,000 円である。

（イ）年2回支給される賞与について、健康保険料は徴収されない。

（ウ）篤志さんが負担した健康保険料は、所得税の計算上、全額が社会保険料控除の対象となる。

（ア）✕　毎月の保険料を求める。篤志さんは協会けんぽの被保険者46歳なので、介護保険第2号被保険者。健康保険の保険料率は、＜資料＞［健康保険の保険料率］から、介護保険第2号被保険者に該当する場合：11.80％（労使合計）、給与：毎月600,000円（標準報酬月額590,000円）

　　納付する保険料は、標準報酬月額×保険料率＝590,000円×11.80％＝69,620円。保険料負担は、労使折半なので、篤志さんの負担分は、69,620円×1／2＝34,810円

（イ）✕　賞与については、年3回以下の支給については、賞与ごとに健康保険料が徴収される。

　　標準賞与額の上限は、健康保険は年間累計額（毎年4月1日から翌年3月31日までの累計額）573万円。

ワンポイント

　厚生年金保険については、支給1回（同じ月に2回以上支給されたときは合算）につき、150万円が上限。

（ウ）◯　記述のとおりである。

参考	
	介護保険制度
保険者（運営主体）	市町村および特別区
被保険者	第1号被保険者：65歳以上の者
	第2号被保険者：40歳以上65歳未満の医療保険加入者
保険料の徴収	第1号被保険者：市町村および特別区が徴収
	第2号被保険者：医療保険者が医療保険料と併せて徴収
自己負担割合	被保険者の所得等に応じサービス利用料の1割または2割あるいは3割

正　解　（ア）✕　（イ）✕　（ウ）◯

事例総合問題

【第 12 問】

下記の 問 71 ～ 問 76 について解答しなさい。

<設例>
国内の企業に勤務する工藤文恵さんは、2022 年 4 月 2 日に死亡した夫（達朗さん）の相続に関することや今後の生活のことなどについて、FP で税理士でもある宮本さんに相談をした。なお、下記データのうち「Ⅰ．家族構成（同居家族）」および「Ⅱ．工藤家の親族関係図」は達朗さん死亡後のものであり、「Ⅲ．工藤家（達朗さんと文恵さん）の財産の状況」は 2022 年 4 月 1 日現在のものである。

Ⅰ．家族構成（同居家族）

氏名	続柄	生年月日	年齢	備考
工藤　文恵	本人	1970 年 11 月 22 日	51 歳	会社員
隼	長男	2005 年 7 月 28 日	16 歳	高校生
美江	長女	2008 年 8 月 18 日	13 歳	中学生

Ⅱ．工藤家の親族関係図

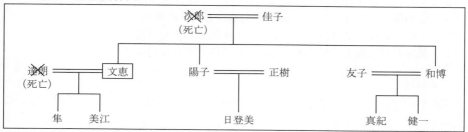

注 1 ：文恵さんの夫の達朗さんは、国内の企業に勤務していたが、2022 年 4 月 2 日に交通事故で死亡している。

Ⅲ．工藤家（達朗さんと文恵さん）の財産の状況
［資料 1 ：保有資産（時価）］

（単位：万円）

	達朗（注 2）	文恵
金融資産		
預貯金等	1,200	1,160
株式・投資信託	210	280
生命保険（解約返戻金相当額）	［資料 3］を参照	［資料 3］を参照
不動産		
土地（自宅の敷地）	2,690	
建物（自宅の家屋）	620	
その他（動産等）	80	150

注 2 ：達朗さんが所有していた財産に関する遺産分割はまだ行われていない。

[資料2：負債残高]
住宅ローン：1,250万円（債務者は達朗さん。団体信用生命保険付き）

[資料3：生命保険]　　　　　　　　　　　　　　　　　　　　（単位：万円）

保険種類	保険契約者	被保険者	死亡保険金受取人	保険金額	解約返戻金相当額
定期保険A（グループ保険）	達朗	達朗	文恵	1,000	－
定期保険特約付終身保険B	達朗	達朗	文恵		
（終身保険部分）				300	120
（定期保険部分）				3,000	－
終身保険C	達朗	達朗	文恵	300	80
終身保険D	文恵	文恵	達朗	200	50
終身保険E	文恵	達朗	文恵	250	240

注3：2022年4月1日以後、新たに締結された契約はない。また、解約、更新、変更および保険金の請求等が行われた契約もない。
注4：解約返戻金相当額は、2022年4月1日で解約した場合の金額である。
注5：定期保険Aには、災害割増特約（1,000万円）が付保されている。
注6：すべての契約において、保険契約者が保険料を全額負担している。
注7：契約者配当および契約者貸付については考慮しないこと。

Ⅳ．その他
上記以外の情報については、各設問において特に指示のない限り一切考慮しないこと。

第12問

個人バランスシート

重要度 A

問71 FP の宮本さんは、2022 年 4 月 1 日時点における工藤家（達朗さんと文恵さん）のバランスシート分析を行うこととした。下表の空欄（ア）に入る数値を計算しなさい。

＜工藤家（達朗さんと文恵さん）のバランスシート＞ （単位：万円）

[資産]		[負債]	
金融資産		住宅ローン	×××
預貯金等	×××		
株式・投資信託	×××		
生命保険（解約返戻金相当額）	×××	負債合計	×××
不動産			
土地（自宅の敷地）	×××		
建物（自宅の家屋）	×××	[純資産]	（ ア ）
その他（動産等）	×××		
資産合計	×××	負債・純資産合計	×××

解 説

チェック□□□

　工藤家（達郎さんと文恵さん）のバランスシート（2022 年 4 月 1 日現在）を完成させる。

[資産]

＜設例＞Ⅲ．工藤家（達郎さんと文恵さん）の財産の状況（2022 年 4 月 1 日現在）から、保有資産である金融資産、生命保険、不動産、その他（動産等）の時価が把握できる。

・金融資産［資料 1：保有資産（時価）］から

　預貯金等：達郎さん 1,200 万円＋文恵さん 1,160 万円＝ 2,360 万円

　株式・投資信託：達郎さん 210 万円＋文恵さん 280 万円＝ 490 万円

・生命保険［資料 3：生命保険］から

　解約返戻金は、一般的に、契約者（保険料負担者）が受取る。注 6 から、すべての契約において、保険契約者が保険料を全額負担しているので、契約者が達郎さんまたは文恵さんの保険契約を抽出し解約返戻金相当額を合算する。

　注 4 から、資料 3 の解約返戻金相当額は、2022 年 4 月 1 日で解約した場合の金額である。

　生命保険（解約返戻金相当額）：120 万円＋ 80 万円＋ 50 万円＋ 240 万円＝ 490 万円

・不動産［資料 1：保有資産（時価）］から

土地（自宅の敷地）：達郎さん 2,690 万円

建物（自宅の家屋）：達郎さん 620 万円

・**その他（動産等）[資料1：保有資産（時価）] から**

達郎さん 80 万円 + 文恵さん 150 万円 = 230 万円

以上から

資産合計 = 預貯金等 + 株式・投資信託 + 生命保険（解約返戻金相当額）+ 土地（自宅
の敷地）+ 建物（自宅の家屋）+ その他（動産等）

= 2,360 万円 + 490 万円 + 490 万円 + 2,690 万円 + 620 万円 + 230 万円

= 6,880 万円

[資料2：負債残高] から

住宅ローン：達郎さん 1,250 万円

負債合計 = 1,250 万円

純資産は、バランスシートの特徴である「資産 = 負債 + 純資産」から算定する。

純資産 = 資産 - 負債 = 6,880 万円 - 1,250 万円 = **5,630 万円**

＜工藤家（達郎さんと文恵さん）のバランスシート＞　　　　　　　　　（単位：万円）

[資産]		[負債]	
金融資産		住宅ローン	1,250
預貯金等	2,360		
株式・投資信託	490		
生命保険（解約返戻金相当額）	490	負債合計	1,250
不動産			
土地（自宅の敷地）	2,690		
建物（自宅の家屋）	620	[純資産]	（ア：**5,630**）
その他（動産等）	230		
試算合計	6,880	負債・純資産合計	6,880

正　解　5,630（万円）

第12問

重要度 **A**

相続開始後のスケジュール

問72 達朗さんの相続に係る原則的な手続きに関する次の（ア）～（エ）の記述のうち、適切なものには○、不適切なものには×を解答欄に記入しなさい。

（ア）相続放棄をする場合には、自己のために相続の開始があったことを知った時から、3ヵ月以内に家庭裁判所に申述しなければならない。

（イ）限定承認をする場合には、自己のために相続の開始があったことを知った時から、4ヵ月以内に家庭裁判所に申述しなければならない。

（ウ）遺産分割協議により遺産分割を行う場合には、相続の開始があったことを知った日から10ヵ月以内に遺産分割協議書を作成し、家庭裁判所に提出しなければならない。

（エ）相続税の納税義務がある場合には、相続の開始があったことを知った日の翌日から10ヵ月以内に申告書を提出しなければならない。

解 説　　チェック□□□

（ア）○　記述のとおりである。なお、相続放棄は単独でできる。

（イ）×　限定承認をする場合には、自己のために相続の開始があったことを知った時から3ヵ月以内に家庭裁判所に相続人全員が共同して申述しなければならない。

ワンポイント

相続人が相続を知った日から3ヵ月以内に限定承認又は相続の放棄の申し立てを行わなかったときは、単純承認したこととなり、被相続人のすべての権利義務を承継する。

（ウ）×　遺産分割協議により遺産分割を行う場合、法律上の期限はない。

（エ）○　記述のとおりである。相続税の納税義務がある場合には、相続の開始があったことを知った日の翌日から10ヵ月以内に申告書を提出し、納税しなければならない。

正 解　（ア）○（イ）×（ウ）×（エ）○

第12問

重要度 B

総所得金額

問 73 文恵さんの母である佳子さん（75歳）が2021年中に受け取った公的年金および終身保険の解約返戻金の明細は下記＜資料＞のとおりである。2021年分の所得税の確定申告に際して、佳子さんが申告すべき合計所得金額（所得控除を差し引く前の金額）として、正しいものはどれか。なお、佳子さんには下記以外に申告すべき所得はない。また、前年以前から繰り越された純損失の金額等はないものとする。

＜資料：公的年金および終身保険の解約返戻金の明細＞

	金額（収入金額）	税務上の必要経費等の額
老齢基礎年金	70万円	各自計算
遺族厚生年金	120万円	各自計算
終身保険の解約返戻金 (注)2010年に契約した保険 　　契約に係るものである。	800万円	払込保険料（一時払いで佳子さんが全額負担 している）550万円

＜公的年金等控除額の速算表＞

納税者区分	公的年金等の収入金額（A）			公的年金等控除額
				公的年金等に係る雑所得以外の所得に係る合計所得金額1,000万円以下
65歳未満の者			130万円　以下	60万円
	130万円　超		410万円　以下	（A）× 25％ + 27.5万円
	410万円　超		770万円　以下	（A）× 15％ + 68.5万円
	770万円　超		1,000万円　以下	（A）× 5％ + 145.5万円
	1,000万円　超			195.5万円
65歳以上の者			330万円　以下	110万円
	330万円　超		410万円　以下	（A）× 25％ + 27.5万円
	410万円　超		770万円　以下	（A）× 15％ + 68.5万円
	770万円　超		1,000万円　以下	（A）× 5％ + 145.5万円
	1,000万円　超			195.5万円

1．1,000,000 円
2．1,100,000 円
3．1,800,000 円
4．2,000,000 円

・老齢基礎年金について

　老齢基礎年金（および遺族厚生年金）は雑所得であり、公的年金等控除を受けることができる。

　公的年金等控除額は、＜公的年金等控除額の速算表＞を利用して、納税者区分 65 歳以上の者から、

　公的年金等の収入額 70 万円 ≦ 330 万円　したがって、公的年金等控除額は、110 万円。

　公的年金の雑所得金額 = 70 万円 ≦ 110 万円

$$= 0 \text{万円} \cdots ①$$

・遺族厚生年金について

　遺族厚生年金は、非課税所得なので、雑所得に該当しない。

・終身保険の解約返戻金

　支払った保険料の総額より解約払戻金が多い場合、その差額に対して課税される。

　解約払戻金を一時金として受け取った場合は、「一時所得」として所得税の対象となる。

　一時所得の金額を計算する。

　一時所得の金額 = 総収入金額 − 収入を得るために支出した金額 − 特別控除額（最高 50 万円）

＜資料：公的年金および終身保険の解約返戻金の明細＞から

　・総収入金額は終身保険の解約返戻金 800 万円

　・収入を得るために支出した金額

　　終身保険の解約返戻金に係る税務上の必要経費等の額は 550 万円

　　一時所得の金額 = 800 万円 − 550 万円 − 50 万円 = 200 万円 ・・・②

　　一時所得の課税計算は、他の所得に一時所得の金額の 1 ／ 2 を合算して計算する。

　　以上から、合計所得金額 = ① + ② × 1 ／ 2 = 100 万円　→　**1,000,000 円**

正解　1

第12問

株式（総合）

重要度 B

問74 文恵さんが取引をしているＳＺ証券会社から送付された2021年分の特定口座年間取引報告書（一部）が下記＜資料＞のとおりである場合、次の記述の空欄（ア）～（ウ）に入る最も適切な語句または数値を語群の中から選び、その番号のみを解答欄に記入しなさい。なお、同じ番号を何度選択してもよいこととする。また、復興特別所得税については考慮しないこと。

＜資料＞

（単位：円）

①譲渡の対価の額（収入金額）	②取得費及び譲渡に要した費用の額等	③差引金額（譲渡所得等の金額）（①－②）
1,500,000	1,800,000	（各自計算）

	種類	配当等の額	源泉徴収税額（所得税）	配当割額（住民税）	特別分配金の額
特定上場株式等の配当等	④株式、出資又は基金	100,000	（各自計算）	（各自計算）	
	⑤特定株式投資信託				
	⑥投資信託又は特定受益証券発行信託（⑤、⑦及び⑧以外）				
	⑦オープン型証券投資信託	60,000	（各自計算）	（各自計算）	80,000
	⑧国外株式又は国外投資信託等				
	⑨合計（④＋⑤＋⑥＋⑦＋⑧）	160,000	（各自計算）	（ ア ）	80,000
上記以外のもの	⑩公社債				
	⑪社債的受益権				
	⑫投資信託又は特定受益証券発行信託（⑬及び⑭以外）				
	⑬オープン型証券投資信託				
	⑭国外公社債等又は国外投資信託等				
	⑮合計（⑩＋⑪＋⑫＋⑬＋⑭）				
	⑯譲渡損失の金額	（各自計算）			
	⑰差引金額（⑨＋⑮－⑯）	（各自計算）			
	⑱納付税額		（各自計算）	（各自計算）	
	⑲還付税額（⑨＋⑮－⑱）		（ イ ）	（各自計算）	

・文恵さんが2021年中に受け取った上場株式等の配当等から源泉徴収された住民税額は（　ア　）円である。
・この特定口座で生じた譲渡損失とこの特定口座で受け入れた上場株式等の配当等とが損益通算された結果、還付された所得税額は（　イ　）円である。
・2022年分に繰り越すことのできる譲渡損失の額は、（　ウ　）円である。

<語群>
1．ゼロ　　　　2．8,000　　　　3．12,000
4．16,000　　　5．24,000　　　6．32,000
7．36,000　　　8．60,000　　　9．140,000

解　説　　　　　　　　チェック□□□

　特定上場株式等の配当等に係る税率は、所得税15％（復興特別所得税を含まない）、住民税5％。
（ア）**8,000円**　特定上場株式等の配当等に係る住民税の税率は5％なので、④株式、出資又は基金においては、100,000円×5％＝5,000円　⑦オープン型証券投資信託においては、60,000円×5％＝3,000円　⑨合計欄は、5,000円＋3,000円＝**8,000円**
（イ）**24,000円**　特定上場株式等の配当等に係る所得税の税率は15％なので、④株式、出資又は基金においては、100,000円×15％＝15,000円　⑦オープン型証券投資信託においては、60,000円×15％＝9,000円　⑨合計欄は、15,000円＋9,000円＝**24,000円**

　　⑯譲渡損失の金額は、③差引金額（①−②）▲300,000円
　　損益通算の結果生じた配当等（「⑰差引金額」欄0円）に対して課された源泉徴収税の額（⑱納付税額）は0円。⑲還付税額（⑨＋⑮−⑱＝24,000円−0円）24,000円
（ウ）**140,000円**　譲渡損失の金額は、③差引金額（①−②）▲300,000円
　損益通算の計算　⑨＋⑮−⑯＝160,000円−300,000円＝**▲140,000円**＜0円
　　当期において損益通算してもなお控除しきれない損失の金額については、翌年以後3年間にわたり、確定申告により、上場株式等に係る譲渡所得等の金額および上場株式等に係る配当所得等の金額から繰越控除することができる。

正解　（ア）2　（イ）5　（ウ）9

公的年金（老齢給付）

問75 文恵さんは、自分の老齢年金の受給について、FP の宮本さんに質問をした。宮本さんの次の説明の空欄（ア）～（ウ）に入る適切な語句を語群から選び、その番号のみを解答欄に記入しなさい。なお、文恵さんは、夫の達朗さんの死亡に基づく遺族年金の受給権者であり、また、老齢基礎年金および老齢厚生年金の受給資格期間を満たしているものとする。

「文恵さんは現在受給している遺族年金に加えて、老後は老齢年金を受給できるようになりますが、（　ア　）になるまでは本人が選択するどちらか一方の年金しか受給できません。（　ア　）からの遺族厚生年金は、老齢厚生年金および老齢基礎年金と併給されますが、遺族厚生年金は老齢厚生年金を上回る額しか受給できません。なお、文恵さんは（　イ　）繰下げ受給することはできません。また、文恵さんが老齢厚生年金を受給できるときに（　ウ　）である場合、在職老齢年金として老齢厚生年金の支給額の調整が行われることがあります。」

```
<語群>
1．60 歳              2．64 歳              3．65 歳
4．老齢基礎年金および老齢厚生年金とも
5．老齢基礎年金に限り                      6．老齢厚生年金に限り
7．一定以上の事業所得を得ている者          8．雇用保険の被保険者
9．厚生年金の被保険者または 70 歳以上被用者
```

解　説　　　　　　　　　**チェック**□□□

「文恵さんは現在受給している遺族年金に加えて、老後は老齢年金を受給できるようになりますが、（ア：**65 歳**）になるまでは本人が選択するどちらか一方の年金しか受給できません。（ア：**65 歳**）からの遺族厚生年金は、老齢厚生年金および老齢基礎年金と併給されますが、遺族厚生年金は老齢厚生年金を上回る額しか受給できません。なお、文恵さんは（イ：**老齢基礎年金および老齢厚生年金とも**）繰下げ受給することはできません。また、文恵さんが老齢厚生年金を受給できるときに（ウ：**厚生年金の被保険者または 70 歳以上被用者**）である場合、在職老齢年金として老齢厚生年金の支給額の調整が行われることがあります。」

正　解　（ア）3　（イ）4　（ウ）9

第12問

健康保険（保険料・保険給付）

問76 文恵さんは、2022年3月中に業務外の事由による病気の療養のため休業した日がある。FPの宮本さんが下記＜資料＞に基づいて計算した文恵さんに支給される傷病手当金の額として、正しいものはどれか。なお、文恵さんは全国健康保険協会管掌健康保険（協会けんぽ）の被保険者であり、記載以外の受給要件はすべて満たしているものとする。

＜資料＞

［文恵さんの3月中の勤務状況］　休業：休業した日

14日（月）	15日（火）	16日（水）	17日（木）	18日（金）	19日（土）	20日（日）	21日（月）	22日（火）	23日（水）	24日（木）
出勤	休業	出勤	休業	休業	休業	休業	休業	出勤	休業	出勤

▲休業開始日　　　　　　　　　　　　　　　　　　　　　　　　▲休業終了日

［文恵さんのデータ］
・標準報酬月額：2021年4月～2021年8月　280,000円
　　　　　　　　2021年9月～2022年3月　300,000円
・上記の休業した日について、給与の支給はない。
・上記以外に休業した日はない。

［傷病手当金の1日当たりの支給額（円未満を四捨五入）］

支給開始日以前の継続した12ヵ月間の各月の標準報酬月額の平均額÷30日×2／3

（下線部分）10円未満を四捨五入

1．12,960円
2．19,440円
3．25,920円
4．45,360円

・傷病手当金の支給開始時期を求める
　休業した日が連続して３日間あり、４日目以降、休業した日に対して支給される。
　＜資料＞［文恵さんの３月中の勤務状況］から、傷病手当金が支給される対象日は、１月20日、21日、23日の３日間。

・支給額の計算
　＜資料＞〔傷病手当金の１日当たりの支給額（円未満四捨五入）〕から、
　支給開始日以前の継続した12ヵ月間の標準報酬月額の平均額÷30日（10円未満四捨五入）×２／３
　支給開始日以前の継続した12ヵ月間の標準報酬月額（2021年４月〜2022年３月）の平均額は次のとおり
　＜資料＞〔文恵さんのデータ〕から
　2021年４月〜2021年８月　280,000円　（５ヵ月間）
　2021年９月〜2022年３月　300,000円　（７ヵ月間）
　標準報酬月額の平均額
　（280,000円×５ヵ月＋300,000円×７ヵ月）÷12ヵ月
　支給開始日以前の継続した12ヵ月間の標準報酬月額の平均額÷30日
　＝ 9,722.2……円　→　9,720円（10円未満四捨五入）
　支給される傷病手当金の額＝9,720円×２／３
　　　　　　　　　　　　　＝6,480円
　休業した日に対して、給与の支給はないので、傷病手当金は全額支給される。
　休業日数　３日
　以上から、6,480円／日×３日＝ **19,440円**

ワンポイント
　休業期間についての給与の支払いがある場合、給与の日額が、傷病手当金の日額より少ない場合は、傷病手当金と給与の差額が支給される。なお、傷病手当金の額より多い報酬額の支給を受けた場合には、傷病手当金は支給されない。

正　解　2

2024年5月実施試験
問　題

実 技 試 験

――☆☆☆解答に当たっての注意事項☆☆☆――

- 問題数は 40 問、解答はすべて記述式です。
- 択一問題の場合、選択肢の中から正解と思われるものを 1 つ選んでください。
- 語群選択問題の場合、語群の中からそれぞれの空欄にあてはまると思われる語句・数値を選び、語群に記されたとおりに解答用紙の所定の欄に記入してください。また、語群の語句・数値にそれぞれ番号が付してある場合は、その番号のみを記入してください。
- 語群のない問題の場合、指示に従い解答用紙の所定の欄に直接正解と思われる語句・数値・記号を記入してください。
- 試験問題については、特に指示のない限り、2023 年 10 月 1 日現在施行の法令等に基づいて解答してください。なお、東日本大震災の被災者等に対する各種特例については考慮しないものとします。
- 解答は楷書、算用数字（1、2、3…）ではっきりと正しく記入してください（誤字・脱字・略字は不可）。
- 計算問題については、計算結果を解答として所定の欄に記入してください。その際、解答用紙に記載されている単位を使用し、漢字や小数点、上付き数字を使用しないでください。正しく記入されなかった場合、採点されませんのでご注意ください。なお、カンマのあり・なしについては採点には影響しません。
  - ［例1］解答用紙に記載の単位「万円」の場合
    可の例：105 万円／不可の例：1,050,000 円
  - ［例2］解答用紙に記載の単位「円」の場合
    可の例：1,005,000 円／不可の例：100 万 5,000 円、100.5 万円、100.^{5} 万円

※解答用紙は 532 ページに掲載しています。

【第1問】 下記の 問 **1** 、問 **2** について解答しなさい。

問 **1** ファイナンシャル・プランナー（以下「FP」という）は、ファイナンシャル・プランニング業務を行ううえで関連業法等を順守することが重要である。FP の行為に関する次の（ア）〜（エ）の記述について、適切なものには○、不適切なものには×を解答欄に記入しなさい。

（ア）社会保険労務士の登録を受けていない FP が、有料の年金セミナーを開催し、社会保険制度の概要と公的年金の受給額に関する一般的な説明を行った。

（イ）弁護士の登録を受けていない FP が、自治体主催の無料相談会において債務整理に関する一般的な内容について説明をした。

（ウ）税理士の登録を受けていない FP が、自治体主催の無料相談会において相談者の収入に基づく具体的な税額の計算を行い、税務申告書を作成した。

（エ）弁護士または司法書士の登録を受けていない FP が、顧問契約をしている顧客に対し、不動産の所有権移転登記申請時に法務局に提出する書類を無償で作成した。

問 **2** 「個人情報の保護に関する法律（個人情報保護法）」および著作権法に関する次の記述のうち、最も不適切なものはどれか。

1．個人情報取扱事業者が個人情報を取得する場合、あらかじめ自社のホームページで個人情報の利用目的を公表しているときは、原則として、改めて本人に利用目的を通知する必要はない。

2．個人情報取扱事業者は、不正アクセスにより個人情報が1件でも漏えいした場合、原則として、個人情報保護委員会に報告しなければならない。

3．背景にキャラクターなどの著作物が写り込んでいる写真は、その著作物が本来の被写体との分離が困難で、軽微な構成部分となるものであれば、著作権者の利益を不当に害する場合を除き、ブログに掲載することができる。

4．他人の著作物を家族などの限られた範囲で使用するために複製する場合であっても、原則として著作権者の許諾が必要である。

【第2問】 下記の 問 3 ～ 問 6 について解答しなさい。

問 3 大下さんは、保有している RT 投資信託（追加型国内公募株式投資信託）の収益分配金を 2024 年 4 月に受け取った。RT 投資信託の運用状況が下記＜資料＞のとおりである場合、収益分配後の個別元本として、正しいものはどれか。

＜資料＞

> ［大下さんが保有する RT 投資信託の収益分配金受取時の状況］
> 収益分配前の個別元本：11,720 円
> 収益分配前の基準価額：11,760 円
> 収益分配金：200 円
> 収益分配後の基準価額：11,560 円

1．11,560 円
2．11,600 円
3．11,680 円
4．11,720 円

大津さんは、投資信託への投資を検討するに当たり、FP の細井さんから候補である3ファンドの過去3年間の運用パフォーマンスについて説明を受けた。FP の細井さんが下記<資料>に基づいて説明した内容の空欄（ア）～（ウ）にあてはまる語句および数値の組み合わせとして、最も適切なものはどれか。

<資料>

ファンド名	収益率	標準偏差
KX ファンド	5.70%	6.50%
KY ファンド	3.00%	2.00%
KZ ファンド	4.50%	10.00%

※無リスク金利は 0.50%とする。

<FP の細井さんの説明>

・「資料の過去3年間の実績から比較すると、一番リスクが高いのは（　ア　）といえます。」
・「シャープレシオにより投資効率を考えると、最も効率的なのは（　イ　）で、そのシャープレシオの値は（　ウ　）です。」

1．（ア）KX ファンド　　　（イ）KY ファンド　　　（ウ）1.50
2．（ア）KY ファンド　　　（イ）KZ ファンド　　　（ウ）0.45
3．（ア）KZ ファンド　　　（イ）KX ファンド　　　（ウ）0.80
4．（ア）KZ ファンド　　　（イ）KY ファンド　　　（ウ）1.25

問 5 下記＜資料＞は、有馬さんが同一の特定口座内で行った RA 株式会社の株式の取引等に係る明細である。有馬さんが 2024 年 3 月 4 日に売却した 5,000 株について、譲渡所得の取得費の計算の基礎となる 1 株当たりの取得価額として、正しいものはどれか。なお、消費税その他記載のない事項については一切考慮しないものとする。

＜資料＞

取引日等	取引種類等	株数（株）	約定単価（円）
2022 年 4 月 5 日	買付	1,000	4,000
2023 年 2 月 1 日	買付	2,000	5,200
2023 年 9 月 30 日	株式分割 1：5	－	－
2024 年 3 月 4 日	売却	5,000	1,200

1．　800 円
2．　920 円
3．　960 円
4．1,040 円

問 6 下記＜資料＞は、香川さんが購入を検討している個人向け国債の商品概要の一部である。個人向け国債に関する次の（ア）～（エ）の記述について、適切なものには〇、不適切なものには×を解答欄に記入しなさい。なお、問題作成の都合上、一部を「＊＊＊」にしてある。

＜資料＞

商品名	変動 10 年	固定 5 年	固定 3 年
満期	10 年	5 年	3 年
金利タイプ	変動金利	固定金利	固定金利
利子の受け取り	半年ごとに年 2 回		
購入単価（販売価格）	＊＊＊		
償還金額	額面金額 100 円につき 100 円		
中途換金	＊＊＊		

（ア）変動 10 年国債は、金利がゼロ％となることがある。
（イ）個人向け国債の購入単価（販売価格）は、最低 1 万円から 1 万円単位である。
（ウ）個人向け国債は、発行後 6 ヵ月経過すれば、いつでも中途換金することができる。
（エ）個人が募集時に購入できる日本国債は、個人向け国債のみである。

【第3問】 下記の 問7 ～ 問10 について解答しなさい。

問7 建築基準法に従い、下記<資料>の土地に建築物を建てる場合の延べ面積（床面積の合計）の最高限度を計算しなさい。なお、記載のない事項は一切考慮しないものとする。また、解答に当たっては、解答用紙に記載されている単位に従うこと。

<資料>

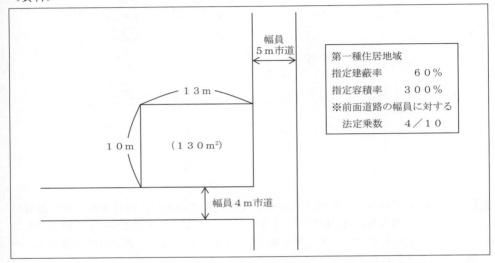

問 8 増田さんは、土地の有効活用をするに当たり、FP の松尾さんに、借地借家法に定める普通借地権について質問をした。下記の空欄（ア）～（エ）にあてはまる適切な語句を語群の中から選び、その番号のみを解答欄に記入しなさい。なお、同じ番号を何度選んでもよいこととする。また、「普通借地権」とは、借地借家法第22条から第24条の定期借地権等以外の借地権をいうものとする。

増田さん：「普通借地権の設定契約について教えてください。」
松尾さん：「普通借地権の設定契約で、期間の定めがない場合の存続期間は（　ア　）です。契約でこれより長い期間を定めることは（　イ　）。」
増田さん：「契約の更新について教えてください。地主から契約の更新を拒絶するに当たって、正当事由は必要でしょうか。」
松尾さん：「正当事由は（　ウ　）です。また、借地権設定後に最初の更新をする場合、その期間は原則として、更新の日から（　エ　）です。」

＜語群＞
1．10年　　　　2．20年　　　　3．30年　　　4．50年
5．できます　　6．できません　　7．必要　　　8．不要

下記＜資料＞は、岡さんが購入を検討している物件の登記事項証明書の一部である。この登記事項証明書等に関する次の記述のうち、最も不適切なものはどれか。なお、記載のない事項については一切考慮しないものとする。

＜資料＞

権利部（×××）（所有権に関する事項）			
順位番号	登記の目的	受付年月日・受付番号	権利者その他の事項
1	所有権移転	平成24年11月15日 第×6224号	原因　平成24年11月15日売買 所有者　××市××二丁目3番4号 　　　　大久保敏夫

権利部（A）（所有権以外の権利に関する事項）			
順位番号	登記の目的	受付年月日・受付番号	権利者その他の事項
1	抵当権設定	平成24年11月15日 第×6225号	原因　平成24年11月15日金銭 　　　消費貸借同日設定 債権額　金3,500万円 利息　年×××％（年365日日割 　　　計算） 損害金　年×××％（年365日日 　　　割計算） 債務者　××市××二丁目3番4号 　　　　大久保敏夫 抵当権者　××区××一丁目2番 　　　3号 　　　　株式会社TN銀行

1．所有権以外の権利に関する事項が記載されている欄（A）は、権利部の乙区である。
2．大久保敏夫さんが株式会社TN銀行への債務を完済した場合の当該抵当権の登記は、自動的には抹消されない。
3．岡さんが本物件を購入し、所有権移転登記が完了した場合、原則として、岡さんに対して登記識別情報が通知される。
4．不動産登記には公信力があり、その内容が真実であると信じて取引した場合、原則として、法的に保護される。

問 **10**　安西さんは、宅地建物取引業者 KR 社の媒介により、売主である井上さんから中古マンションを購入した。下記＜資料＞は、購入時に交わした売買契約書の一部である。次の（ア）～（エ）の記述について、適切なものには〇、不適切なものには×を解答欄に記入しなさい。なお、記載のない事項については一切考慮しないものとする。

＜資料＞

区分所有建物売買契約書

売主：井上一郎と買主：安西典子は、以下の内容で 2023 年 10 月 17 日付売買契約を締結した。

売買の目的物の表示（登記簿の記録による）

建物	名称	ロイヤルヒルガーデンマンション				
	所在	××県△△市中央 7 番地				
	構造	鉄筋コンクリート造陸屋根　8 階建			延床面積	1,600㎡
	家屋番号	中央 7 番の 301	建物の名称	301	種類	居宅
	構造	鉄筋コンクリート造　1 階建			床面積	55.70㎡
敷地権	所在	××県△△市中央	地番	7 番	地目	宅地
	種類	所有権	土地面積合計		600㎡	
	敷地権の割合		300000 分の 14317			

売買代金、手付金の額および支払日

売買代金総額		金 25,000,000 円
手付金	2023 年 10 月 17 日までに	金 2,000,000 円
残代金	2023 年 12 月 13 日までに	金 23,000,000 円

その他約定事項

所有権移転・引渡し・登記手続きの日	2023 年 12 月 13 日

（ア）この不動産売買契約書について、契約金額にかかわらず、一律に定められた金額の印紙税を納める必要がある。

（イ）民法の規定によれば、井上さんが、安西さんから解約手付としての手付金 200 万円を受領後、安西さんが契約の履行に着手するまでに手付金 200 万円を返還した場合、この売買契約を解約することができる。

（ウ）2023 年度分の固定資産税は、原則として、安西さんに納税義務がある。

（エ）安西さんへの売買契約書の交付は、宅地建物取引業者 KR 社の宅地建物取引士が行わなければならない。

【第4問】 下記の 問 **11** ～ 問 **14** について解答しなさい。

問 **11** 宮本亜紀さん（37歳）は医療保険への加入を検討しており、下記＜資料１＞
＜資料２＞の２つの商品内容を比較している。次の記述の空欄（ア）～（ウ）にあて
はまる適切な語句を語群の中から選び、その番号のみを解答欄に記入しなさい。なお、
各々の記述はそれぞれ独立した問題であり、相互に影響を与えないものとする。

＜資料１＞

保険提案書 医療治療保険Ａ （無解約返戻金型）

保険契約者：宮本亜紀　様　　被保険者：宮本亜紀　様　　年齢・性別：37歳・女性

入院治療一時金
手術給付金
先進医療給付金・先進医療一時金

予定契約日：2024年6月1日
保険料：×,×××円（月払い、口座振替）

保険期間・保険料払込期間終身

▲
37歳契約

◇ご提案内容

	主なお支払事由	給付金額
入院治療一時金	病気やケガにより１日以上入院したとき（日帰り入院から保障）	１回につき５万円
手術給付金	公的医療保険制度の対象となる所定の手術を受けたとき	手術の種類に応じて１回につき入院治療一時金の５倍・２倍・１倍
先進医療給付金	先進医療による療養を受けたとき	１回の療養につき先進医療にかかる技術料と同額
先進医療一時金	先進医療給付金のお支払事由に該当する療養を受けたとき	１回の療養につき10万円

◇ご留意事項（抜粋）
　入院治療一時金について、お支払事由に該当する入院を２回以上した場合は、それぞれ
の入院が同一の原因であるか、別の原因であるかにかかわらず、１回の入院とみなします。
ただし、入院治療一時金が支払われることとなった最後の入院の退院日の翌日から180
日を経過して開始した入院については、別の入院としてお取り扱いします。

保険提案書 終身医療保険B （無解約返戻金型）

保険契約者・被保険者：宮本亜紀　様　　年齢：37歳　　性別：女性

入院給付金
手術給付金
先進医療給付金

予定契約日：2024年6月1日
保険料：×,×××円（月払い、口座振替）

保険期間・保険料払込期間終身

▲
37歳契約

◇ご提案内容

	主なお支払事由	給付金額
入院給付金	病気やケガにより1日以上入院したとき（日帰り入院から保障）	入院給付金日額5,000円×入院日数（入院日数が5日以内の場合は入院給付金日額5,000円×5）
手術給付金	公的医療保険制度の対象となる所定の手術を受けたとき	・入院中に受けた手術　入院給付金日額5,000円×10　・入院を伴わない場合　入院給付金日額5,000円×5
先進医療給付金	先進医療による療養を受けたとき	1回の療養につき　先進医療にかかる技術料と同額

◇ご留意事項（抜粋）

入院給付金の支払限度日数は、1回の入院について60日です。入院を2回以上した場合で、それぞれの入院が同一の原因または医学上重要な関係があるときは、それらの入院を1回の入院とみなします。ただし、入院給付金が支払われることとなった最後の入院の退院日の翌日から180日を経過して開始した入院については、別の入院としてお取り扱いします。

・宮本さんが、交通事故により事故当日から4日間継続して入院し、その間に約款に定められた所定の手術（公的医療保険制度の対象となる所定の手術であり、医療治療保険Aにおける給付倍率は2倍）を受けた場合、保険会社から支払われる給付金の合計は、終身医療保険Bより医療治療保険Aの方が（　ア　）。
・宮本さんが、骨折により8日間継続して入院し、退院から1ヵ月後に肺炎で5日間継続して入院した場合、保険会社から支払われる保険金・給付金の合計は、終身医療保険Bより医療治療保険Aの方が（　イ　）。
・宮本さんが、肺がんと診断確定され、先進医療に該当する重粒子線治療（技術料314万円）を受けた。7日間継続して入院し、重粒子線治療以外の治療は行わなかった場合、保険会社から支払われる保険金・給付金の合計は、終身医療保険Bより医療治療保険Aの方が（　ウ　）。

〈語群〉

1．15,000円多い　　　2．35,000円多い　　　3．75,000円多い
4．80,000円多い　　　5．115,000円多い　　　6．15,000円少ない
7．30,000円少ない　　8．45,000円少ない

広尾吉弘さんが契約している下記＜資料＞の生命保険に関する次の（ア）～（エ）の記述について、適切なものには〇、不適切なものには×を解答欄に記入しなさい。なお、吉弘さんの家族構成は以下のとおりであり、課税対象となる保険金はいずれも基礎控除額を超えているものとする。

＜吉弘さんの家族構成＞

氏名	続柄	年齢	備考
広尾　吉弘	本人	52歳	会社員（正社員）
真紀	妻	50歳	パートタイマー
香菜	長女	17歳	高校生

＜資料：吉弘さんが契約している生命保険契約の一覧＞

	保険契約者 （保険料負担者）	被保険者	死亡保険金等受取人※
終身保険A	吉弘さん	吉弘さん	真紀さん
特定疾病保障保険B	吉弘さん	真紀さん	吉弘さん
収入保障保険C	吉弘さん	吉弘さん	香菜さん
医療保険D	吉弘さん	吉弘さん	－

※収入保障保険Cにおける死亡保険金等受取人とは、被保険者の死亡時に年金形式で受け取ることができる収入保障年金の受取人をいうものとする。

（ア）終身保険Aから真紀さんが受け取る死亡保険金は、相続税の課税対象となる。

（イ）特定疾病保障保険Bから吉弘さんが受け取る死亡保険金は、相続税の課税対象となる。

（ウ）収入保障保険Cから香菜さんが受け取る収入保障年金は、吉弘さんの死亡時に年金受給権として相続税の課税対象となり、2年目以降に受け取る収入保障年金は非課税部分と課税部分に分かれ、課税部分は所得税（雑所得）および住民税の課税対象となる。

（エ）医療保険Dから吉弘さんが受け取る入院給付金・手術給付金は、所得税（一時所得）および住民税の課税対象となる。

問 13 下記＜資料＞は、藤原さんが契約した生命保険の契約の流れを示したものである。この保険契約の責任開始日（保障が開始する日）として、最も適切なものはどれか。なお、責任開始日（期）に関する特約等はない契約であり、保険料は月払いとする。

＜資料＞

申込日	2024 年 3 月 8 日
第1回保険料払込み（保険会社に直接払込み）	2024 年 3 月 17 日
告知日	2024 年 3 月 23 日
保険会社の審査完了（引き受けの承諾）	2024 年 3 月 27 日
保険証券に記載の契約日（保険期間の始期）	2024 年 4 月 1 日

1．2024 年 3 月 8 日
2．2024 年 3 月 17 日
3．2024 年 3 月 23 日
4．2024 年 4 月 1 日

問 **14** 吉田さん（46歳）が自身を記名被保険者として契約している下記＜資料＞の自動車保険に関するFPの馬場さんが行った次の（ア）〜（エ）の説明のうち、適切なものには〇、不適切なものには×を解答欄に記入しなさい。なお、＜資料＞に記載のない特約については考慮しないものとする。

＜資料＞

自動車保険証券

保険契約者	記名被保険者
住所　××××　〇−〇〇 氏名　吉田　重則　様	（表示のない場合は契約者に同じ）

運転者年齢条件	３５歳以上補償／ ３５歳以上の方が運転中の事故を補償します。

証券番号　××−×××××

保険期間　２０２３年８月１４日　午後４時から 　　　　　２０２４年８月１４日　午後４時まで 　　　　　１年間	合計保険料　△△,△△△円

補償種目・免責金額（自己負担額）など		保険金額
車両保険	免責金額　　１回目　　　　０円 　　　　　　２回目　　１０万円	エコノミー補償（車対車＋Ａ） ２５０万円
対人賠償（１名につき）		無制限
対物賠償	免責金額　　０円	無制限
人身傷害（１名につき）	搭乗中のみ担保	無制限
搭乗者傷害（１名につき）		１,０００万円
その他の条件・特約等		
個人賠償責任特約		最高１億円
ファミリーバイク特約		補償されます（対人・対物に同じ）

（ア）「台風による飛来物が衝突して被保険自動車が損害を被った場合、その車両損害は補償の対象になりません。」

（イ）「吉田さんが被保険自動車を運転中に、同乗していた友人が事故で死傷した場合、人身傷害保険から支払われる保険金とは別に、搭乗者傷害保険からも保険金を受け取ることができます。」

（ウ）「実家を出て一人暮らしをしている吉田さんの長女（未婚、18歳）が、帰省中に被保険自動車を運転して対物事故を起こした場合、補償の対象になります。」

（エ）「吉田さんが、所有する自動二輪車（総排気量250cc）を運転中に事故を起こして他人にケガを負わせてしまった場合、ファミリーバイク特約の補償の対象となります。」

【第5問】 下記の 問15 ～ 問18 について解答しなさい。

問15 伊丹さん（66歳）の2023年分の収入および経費は以下のとおりである。伊丹さんの2023年分の所得税における総所得金額を計算しなさい。なお、記載のない事項については一切考慮しないものとし、総所得金額が最も少なくなるように計算すること。また、解答に当たっては、解答用紙に記載されている単位に従うこと。

<収入および経費>

内容	金額
老齢基礎年金	75万円
遺族厚生年金	125万円
駐車場収入	120万円
駐車場収入に係る経費	20万円

※伊丹さんは、駐車場経営を始めた2020年から青色申告者となっており、帳簿書類の備え付け等により、10万円の青色申告特別控除の適用を受けるための要件は満たしている。なお、この駐車場経営は、事業的規模に該当しない。

<公的年金等控除額の速算表>

納税者区分	公的年金等の収入金額（A）		公的年金等控除額
			公的年金等に係る雑所得以外の所得に係る合計所得金額 1,000万円以下
65歳以上の者		330万円以下	110万円
	330万円超	410万円以下	（A）× 25％ + 27.5万円
	410万円超	770万円以下	（A）× 15％ + 68.5万円
	770万円超	1,000万円以下	（A）× 5％ + 145.5万円
	1,000万円超		195.5万円

問 16 会社員の関根さんが 2023 年中に支払った医療費等が下記＜資料＞のとおりである場合、関根さんの 2023 年分の所得税の確定申告における医療費控除の金額として、正しいものはどれか。なお、関根さんの 2023 年分の所得は給与所得 850 万円のみであり、関根さんは妻、長女および長男と生計を一にしているが、長男は大学進学のため、別居している。また、保険金等により補てんされる金額はないものとし、その年分の医療費控除の金額が最も多くなるように計算するものとする。

＜資料＞

支払年月	医療等を受けた人	医療機関等	内容	支払金額
2023 年 1 月	本人	A病院	人間ドック（注1）	60,000 円
			通院治療	20,000 円
2023 年 2 月	妻	B薬局	薬の購入（注2）	90,000 円
2023 年 4 月	長男	C薬局	薬の購入（注2）	10,000 円
	長女	D歯科医院	歯科治療（注3）	70,000 円

（注1）関根さんは人間ドックにより重大な疾病が発見されたため、引き続き通院をして治療を行った。
（注2）特定一般医薬品（スイッチ OTC 医薬品）に該当するものである。
（注3）歯科治療は健康保険適用の治療である。
（注4）関根さんは、2023 年中に健康の保持増進および疾病の予防への取組みとして一定の取組みを行っており、セルフメディケーション税制の適用要件を満たしている。

1． 88,000 円
2． 100,000 円
3． 150,000 円
4． 250,000 円

問 17 会社員の北村さんの 2023 年分の所得等が下記＜資料＞のとおりである場合、北村さんが 2023 年分の所得税の確定申告を行う際に、給与所得と損益通算できる損失に関する次の記述のうち、最も適切なものはどれか。なお、記載のない事項については一切考慮しないものとし、▲が付された所得の金額は、その所得に損失が発生していることを意味するものとする。

＜資料＞

所得の種類	所得金額	備考
給与所得	550 万円	勤務先からの給与で年末調整済み
不動産所得	▲ 150 万円	必要経費：510 万円 必要経費の中には、土地の取得に要した借入金の利子の額 60 万円が含まれている。
譲渡所得	▲ 50 万円	上場株式の売却に係る損失
雑所得	▲ 7 万円	執筆活動に係る損失

1．不動産所得▲ 150 万円が控除できる。
2．不動産所得▲ 90 万円が控除できる。
3．不動産所得▲ 150 万円と雑所得▲ 7 万円が控除できる。
4．不動産所得▲ 90 万円と譲渡所得▲ 50 万円が控除できる。

問 18 個人住民税（所得割）に関する次の記述のうち、最も不適切なものはどれか。

1．個人住民税の所得割額は、所得税の所得金額の計算に準じて計算した前々年中の所得金額から所得控除額を控除し、その金額に税率を乗じて得た額から税額控除額を差し引くことにより算出される。
2．2023 年以前から居住している Y 市から 2023 年 7 月に Z 市に転居した場合でも、2023 年度分の個人住民税の納付先は引き続き Y 市である。
3．所得税の確定申告書を提出した者は、住民税についても申告書を提出したものとみなされる。
4．給与所得者に係る個人住民税については、原則として 6 月から翌年 5 月までの 12 回に分割されて毎月の給与から徴収される。

【第6問】 下記の 問19 ～ 問22 について解答しなさい。

問19 下記＜親族関係図＞の場合において、民法の規定に基づく法定相続分および遺留分に関する次の記述の空欄（ア）～（ウ）にあてはまる適切な語句または数値を語群の中から選び、その番号のみを解答欄に記入しなさい。なお、同じ番号を何度選んでもよいこととする。

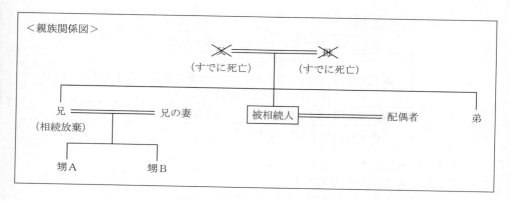

[各人の法定相続分および遺留分]
・被相続人の配偶者の法定相続分は（ ア ）である。
・被相続人の弟の法定相続分は（ イ ）、遺留分は（ ウ ）である。

＜語群＞
1．ゼロ　　　　2．1／2　　　3．1／3　　　4．1／4　　　5．1／6
6．1／8　　　　7．1／12　　 8．1／16　　 9．2／3　　 10．3／4

問 20

阿久津さん（58歳）は、2023年11月に夫から居住用不動産（財産評価額2,650万円）の贈与を受けた。阿久津さんが贈与税の配偶者控除の適用を受けた場合の2023年分の贈与税額として、正しいものはどれか。なお、2023年においては、このほかに阿久津さんが受けた贈与はないものとする。また、納付すべき贈与税額が最も少なくなるように計算すること。

<贈与税の速算表>
（イ）18歳以上の者が直系尊属から贈与を受けた財産の場合（特例贈与財産、特例税率）

基礎控除後の課税価格		税率	控除額
	200万円以下	10%	－
200万円超	400万円以下	15%	10万円
400万円超	600万円以下	20%	30万円
600万円超	1,000万円以下	30%	90万円
1,000万円超	1,500万円以下	40%	190万円
1,500万円超	3,000万円以下	45%	265万円
3,000万円超	4,500万円以下	50%	415万円
4,500万円超		55%	640万円

（ロ）上記（イ）以外の場合（一般贈与財産、一般税率）

基礎控除後の課税価格		税率	控除額
	200万円以下	10%	－
200万円超	300万円以下	15%	10万円
300万円超	400万円以下	20%	25万円
400万円超	600万円以下	30%	65万円
600万円超	1,000万円以下	40%	125万円
1,000万円超	1,500万円以下	45%	175万円
1,500万円超	3,000万円以下	50%	250万円
3,000万円超		55%	400万円

1.　　4万円
2.　 78万円
3.　 97万円
4. 135万円

＜資料＞

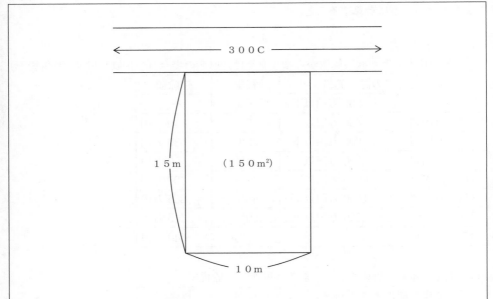

注1：奥行価格補正率（14m 以上 16m 未満）　1.00
注2：借地権割合　70％
注3：借家権割合　30％
注4：その他の記載のない事項は一切考慮しないこと。

1．300 千円 × 1.00 × 150㎡
2．300 千円 × 1.00 × 150㎡ × 70％
3．300 千円 × 1.00 × 150㎡ ×（1 − 70％）
4．300 千円 × 1.00 × 150㎡ ×（1 − 70％ × 30％ × 100％）

下記の相続事例（2023 年 12 月 10 日相続開始）における各人の相続税の課税価格の組み合わせとして、正しいものはどれか。なお、記載のない事項については一切考慮しないものとする。

＜課税価格の合計額を算出するための財産等の相続税評価額＞
土地：3,000 万円（小規模宅地等の特例適用後）
建物：500 万円
現預金：800 万円
死亡保険金：1,800 万円（生命保険金等の非課税限度額控除前）
債務および葬式費用：200 万円

＜親族関係図＞

※土地の評価額は、小規模宅地等の特例適用後の金額であり、死亡保険金は、非課税限度額控除前の金額である。
※土地および建物は配偶者が相続する。
※現預金は、配偶者と長男が 2 分の 1 ずつ受け取っている。
※死亡保険金は、配偶者、長男および長女がそれぞれ 3 分の 1 ずつ受け取っている。
※相続開始前に被相続人からの贈与により財産を取得した相続人はおらず、相続時精算課税制度を選択した相続人もいない。また、長女は相続を放棄している。
※債務および葬式費用は、被相続人の配偶者と長男がそれぞれ 2 分の 1 ずつ負担している。

1．配偶者：3,800 万円　　長男：300 万円　　長女：600 万円
2．配偶者：3,900 万円　　長男：400 万円　　長女：100 万円
3．配偶者：3,900 万円　　長男：400 万円　　長女：600 万円
4．配偶者：4,000 万円　　長男：500 万円　　長女：600 万円

【第7問】 下記の 問 23 ～ 問 25 について解答しなさい。

＜小山家の家族データ＞

氏名	続柄	生年月日	備考
小山　仁司	本人	1972 年 10 月 14 日	会社員
えり子	妻	1978 年 8 月 24 日	会社員
直哉	長男	2010 年 9 月 27 日	中学生
奈々	長女	2012 年 4 月 15 日	小学生

＜小山家のキャッシュフロー表＞　　　　　　　　　　　　　　　　（単位：万円）

経過年数			基準年	1 年	2 年	3 年	4 年
西暦（年）			2024 年	2025 年	2026 年	2027 年	2028 年
家族構成／年齢	小山　仁司	本人	52 歳	53 歳	54 歳	55 歳	56 歳
	えり子	妻	46 歳	47 歳	48 歳	49 歳	50 歳
	直哉	長男	14 歳	15 歳	16 歳	17 歳	18 歳
	奈々	長女	12 歳	13 歳	14 歳	15 歳	16 歳
ライフイベント		変動率		奈々中学校入学	直哉高校入学		奈々高校入学
収入	給与収入（本人）	1 %	684				
	給与収入（妻）	1 %	380				
	収入合計	－	1,064				
支出	基本生活費	2 %	384		（　ア　）		
	住居費	－	216	216	216	216	216
	教育費	1 %				（　イ　）	
	保険料	－	78	78	78	78	78
	一時的支出	－					
	その他支出	1 %	42	42	43	43	44
	支出合計	－	848				
年間収支		－					
金融資産残高		1 %					

※年齢および金融資産残高は各年 12 月 31 日現在のものとする。

※給与収入は可処分所得で記載している。

※記載されている数値は正しいものとする。また、問題作成の都合上、一部を空欄としている。

問 23 小山家のキャッシュフロー表の空欄（ア）にあてはまる数値を計算しなさい。なお、計算過程においては端数処理をせず計算し、計算結果については万円未満を四捨五入すること。

問 24 小山家が考えている進学プランは下記＜資料＞のとおりである。下記＜資料＞に基づく小山家のキャッシュフロー表の空欄（イ）にあてはまる教育費の予測数値を計算しなさい。なお、計算過程においては端数処理をせずに計算し、計算結果については万円未満を四捨五入すること。また、記載のない事項については一切考慮しないものとする。

＜資料＞

[小山家の進学プラン]

| 直哉 | 公立小学校→公立中学校　→私立Ｂ高等学校→国立大学 |
| 奈々 | 公立小学校→私立Ａ中学校→私立Ｃ高等学校→私立大学 |

[検討している学校の学費（1人当たりの年間総額）]

	私立Ａ中学校	私立Ｂ高等学校	私立Ｃ高等学校
学費総額	1,466,909 円	1,243,500 円	1,106,433 円

[計算に際しての留意点]
　上記の学費総額は 2024 年の金額とし、変動率を 1 ％として計算すること。

問 25 小山さん夫婦はマイホームの購入に当たり、夫婦での住宅ローンの借入れを検討しており、FP で税理士でもある橋口さんに質問をした。橋口さんの説明の空欄（ア）～（ウ）にあてはまる語句の組み合わせとして、最も適切なものはどれか。なお、住宅ローン契約者は団体信用生命保険に加入するものとし、住宅借入金等特別控除（以下「住宅ローン控除」という）の適用を受けるための要件はすべて満たしているものとする。

[橋口さんの説明]
「ペアローンは、夫と妻それぞれが契約者となる住宅ローンであり、収入合算の住宅ローンと比べて、事務手数料や契約の印紙代などの諸経費は（　ア　）なります。また、住宅ローン控除は、（　イ　）が受けることができ、夫婦のいずれかが死亡した場合、団体信用生命保険により、（　ウ　）の住宅ローン残高が保険金として支払われます。」

1．（ア）高く　　（イ）主たる債務者　　（ウ）ペアローンすべて
2．（ア）高く　　（イ）夫と妻それぞれ　（ウ）亡くなった人のみ
3．（ア）安く　　（イ）主たる債務者　　（ウ）亡くなった人のみ
4．（ア）安く　　（イ）夫と妻それぞれ　（ウ）ペアローンすべて

【第8問】 下記の 問 26 ～ 問 28 について解答しなさい。

下記の係数早見表を乗算で使用し、各問について計算しなさい。なお、税金は一切考慮しないものとし、解答に当たっては、解答用紙に記載されている単位に従うこと。

[係数早見表（年利率1.0%）]

	終価係数	現価係数	減債基金係数	資本回収係数	年金終価係数	年金現価係数
1 年	1.010	0.990	1.000	1.010	1.000	0.990
2 年	1.020	0.980	0.498	0.508	2.010	1.970
3 年	1.030	0.971	0.330	0.340	3.030	2.941
4 年	1.041	0.961	0.246	0.256	4.060	3.902
5 年	1.051	0.951	0.196	0.206	5.101	4.853
6 年	1.062	0.942	0.163	0.173	6.152	5.795
7 年	1.072	0.933	0.139	0.149	7.214	6.728
8 年	1.083	0.923	0.121	0.131	8.286	7.652
9 年	1.094	0.914	0.107	0.117	9.369	8.566
10 年	1.105	0.905	0.096	0.106	10.462	9.471
15 年	1.161	0.861	0.062	0.072	16.097	13.865
20 年	1.220	0.820	0.045	0.055	22.019	18.046
25 年	1.282	0.780	0.035	0.045	28.243	22.023
30 年	1.348	0.742	0.029	0.039	34.785	25.808

※記載されている数値は正しいものとする。

問 26 米田さんは、自身の将来の老後資金として新たに積立てを開始する予定である。毎年年末に12万円を積み立てるものとし、25年間、年利1.0%で複利運用しながら積み立てた場合、25年後の合計額はいくらになるか。

問 27 目黒さんは、孫の大学入学資金として、15年後に200万円を準備したいと考えている。15年間、年利1.0%で複利運用する場合、現在いくらの資金があればよいか。

問 28 浜松さんは、大学院まで進学することを検討している下宿中の子どもの生活費を援助するための資金として、毎年年末に60万円を受け取りたいと考えている。受取期間を6年間とし、年利1.0%で複利運用する場合、受取り開始年の初めにいくらの資金があればよいか。

<設例>
小田孝義さんは、民間企業に勤務する会社員である。孝義さんと妻の真由利さんは、今後の資産形成や家計の見直しなどについて、FP で税理士でもある東さんに相談をした。なお、下記のデータはいずれも 2024 年 4 月 1 日現在のものである。

[家族構成]

氏名	続柄	生年月日	年齢	備考
小田　孝義	本人	1983 年 12 月 1 日	40 歳	会社員（正社員）
真由利	妻	1986 年 4 月 30 日	37 歳	パートタイマー
菜々美	長女	2017 年 6 月 3 日	6 歳	小学生
大雅	長男	2020 年 10 月 3 日	3 歳	保育園児

[収入金額（2023 年）]
孝義さん　　：給与収入 540 万円（手取り額）。給与収入以外の収入はない。
真由利さん：給与収入 100 万円（手取り額）。給与収入以外の収入はない。

[金融資産（時価）]
孝義さん名義
　銀行預金（普通預金）：140 万円
　銀行預金（定期預金）：280 万円
　上場株式　　　　　　：140 万円
　投資信託　　　　　　：60 万円
　企業型確定拠出年金　：120 万円
真由利さん名義
　銀行預金（普通預金）：40 万円
　銀行預金（定期預金）：60 万円
　銀行預金（外貨預金）：40 万円
　投資信託　　　　　　：120 万円
　個人型確定拠出年金　：30 万円

[住宅ローン]
契約者　　：孝義さん
借入先　　：YX 銀行
借入時期：2016 年 6 月（居住開始時期：2016 年 6 月）
借入金額：3,200 万円
返済方法：元利均等返済（ボーナス返済なし）
金利　　：全期間固定金利型（年 1.3％）
返済期間：30 年間

［保険］
・定期保険特約付終身保険A：保険金額（終身保険部分）500万円、（定期保険部分）
　　　　　　　　　　　　　　2,800万円。保険契約者（保険料負担者）および被保
　　　　　　　　　　　　　　険者は孝義さん、保険金受取人は真由利さんである。
・火災保険B：保険金額2,000万円。地震保険付帯。保険の目的は自宅建物。保険契
　　　　　　　約者（保険料負担者）および保険金受取人は孝義さんである。
・学資保険C：満期保険金200万円。保険契約者（保険料負担者）および保険金受
　　　　　　　取人は孝義さん、被保険者は菜々美さんである。18歳満期。
・学資保険D：満期保険金200万円。保険契約者（保険料負担者）および保険金受
　　　　　　　取人は孝義さん、被保険者は大雅さんである。18歳満期。

［その他］
　上記以外の情報については、各設問において特に指示のない限り一切考慮しない
こと。

問29

孝義さんは、現在居住している自宅の住宅ローンの繰上げ返済を検討しており、FP の東さんに質問をした。孝義さんが住宅ローンを 96 回返済後に、100 万円以内で期間短縮型の繰上げ返済をする場合、この繰上げ返済により短縮される返済期間として、正しいものはどれか。なお、計算に当たっては、下記<資料>を使用し、繰上げ返済額は 100 万円を超えない範囲での最大額とすること。また、繰上げ返済に伴う手数料等は考慮しないものとする。

<資料：小田家の住宅ローンの償還予定表の一部>

返済回数（回）	毎月返済額（円）	うち元金（円）	うち利息（円）	残高（円）
96	107,393	80,606	26,787	24,646,445
97	107,393	80,693	26,700	24,565,752
98	107,393	80,781	26,612	24,484,971
99	107,393	80,868	26,525	24,404,103
100	107,393	80,956	26,437	24,323,147
101	107,393	81,043	26,350	24,242,104
102	107,393	81,131	26,262	24,160,973
103	107,393	81,219	26,174	24,079,754
104	107,393	81,307	26,086	23,998,447
105	107,393	81,395	25,998	23,917,052
106	107,393	81,483	25,910	23,835,569
107	107,393	81,572	25,821	23,753,997
108	107,393	81,660	25,733	23,672,337
109	107,393	81,748	25,645	23,590,589
110	107,393	81,837	25,556	23,508,752
111	107,393	81,926	25,467	23,426,826
112	107,393	82,014	25,379	23,344,812
113	107,393	82,103	25,290	23,262,709
114	107,393	82,192	25,201	23,180,517

1. 9 ヵ月
2. 11 ヵ月
3. 12 ヵ月
4. 13 ヵ月

問 30 下記<資料>は、小田さん夫婦（孝義さんと真由利さん）の預金保険制度の対象となる YQ 銀行の国内支店における金融資産（時価）である。下記<資料>に基づく YQ 銀行が破綻した場合の預金保険制度によって保護される金融資産の額に関する次の記述の空欄（ア）、（イ）にあてはまる数値を解答欄に記入しなさい。なお、預金の利息等の記載のない事項については一切考慮しないものとする。

<資料>

	孝義さん	真由利さん
普通預金	30 万円	10 万円
定期預金（固定金利）	50 万円	－
定期預金（変動金利）	－	60 万円
外貨預金	－	40 万円
投資信託	60 万円	－
学資保険（満期保険金の額）	400 万円	－

※孝義さんおよび真由利さんはともに、YQ 銀行からの借入れはない。
※普通預金は決済用預金ではない。

・孝義さんの金融資産のうち、預金保険制度によって保護される金額は（　ア　）万円である。
・真由利さんの金融資産のうち、預金保険制度によって保護される金額は（　イ　）万円である。

下記<資料>の孝義さんが契約している学資保険Cおよび学資保険Dに関する
次の記述のうち、最も不適切なものはどれか。

<資料:学資保険Cおよび学資保険Dの「契約のしおり」(一部抜粋)>

支払事由	学資祝金	被保険者が満14歳8ヵ月に達した日の直後の12月1日に生存していたとき、契約者にお支払いします。
	満期祝金	被保険者が保険期間満了時まで生存していたとき、契約者にお支払いします。
	こども死亡保険金	被保険者が死亡したとき、もしくは所定の重度障害状態に該当されたとき、契約者にお支払いし、契約は消滅します。
	育英年金	契約者が死亡したとき、育英年金受取人にお支払いします。
保険料の払込免除事由		次の場合、将来の保険料の払込みを免除します。 ・契約者が保険期間中に死亡したとき ・契約者が病気またはケガにより重度障害の状態になったとき
学資保険の消滅		次の場合、学資保険は消滅します。 ・保険期間が満了したとき ・被保険者が死亡したとき ・次のいずれかにより契約者が死亡したとき ※責任開始の日から3年以内の契約者の自殺 ※育英年金受取人の故意 ※戦争その他の変乱

※育英年金をお支払いしている場合でも、学資祝金・満期祝金・こども死亡保険金は、育英年金受取人にお支払いします。

1. 菜々美さんが15歳になった年の12月1日に生存していた場合、孝義さんに学資保険Cの学資祝金が支払われる。
2. 大雅さんが18歳まで生存していた場合、孝義さんに学資保険Dの満期祝金が支払われる。
3. 学資保険Cおよび学資保険Dの契約期間中に孝義さんが病気により重度障害の状態になった場合、以後の保険料は払込み免除となる。
4. 学資保険Cおよび学資保険Dの契約期間中に孝義さんが死亡した場合、相続人にこども死亡保険金が支払われる。

問 32 会社員である孝義さんの父の秀和さん（64歳）は、現在の勤務先で、65歳の定年を迎えた後も継続雇用制度を利用し、厚生年金保険に加入しつつ、70歳まで働き続ける場合の在職老齢年金について、FPの東さんに質問をした。下記<資料>に基づく条件で支給調整された老齢厚生年金の受給額（月額）として、正しいものはどれか。

<資料>

［秀和さんに関するデータ］	
65歳以降の給与（標準報酬月額）	34万円
65歳以降の賞与（1年間の標準賞与額）	72万円 ※6月と12月にそれぞれ36万円
老齢厚生年金の受給額（月額）	15万円
老齢基礎年金の受給額（月額）	6万円

［在職老齢年金に係る計算式］
総報酬月額相当額：その月の標準報酬月額＋その月以前の1年間の標準賞与額の合計÷12
支給停止額：（基本月額＋総報酬月額相当額－48万円）×1／2

※記載以外の老齢年金の受給要件はすべて満たしているものとする。
※老齢厚生年金の受給額は、加給年金額および経過的加算額を考慮しないものとする。

1. 35,000円
2. 65,000円
3. 85,000円
4. 115,000円

問 33 孝義さんの妹の真佐美さんは、民間企業に勤務する会社員であり、現在妊娠中である。孝義さんは、真佐美さんが出産のために仕事を休んだ場合に支給を受けることができる出産手当金について、FP の東さんに質問をした。出産手当金に関する次の記述の空欄（ア）〜（ウ）にあてはまる語句の組み合わせとして、最も適切なものはどれか。なお、真佐美さんは、会社に就職してから継続して全国健康保険協会管掌健康保険（協会けんぽ）の被保険者であるものとする。また、問題作成の都合上、一部を「＊＊＊」としてある。

出産手当金は、原則として、被保険者が出産のため会社を休み、その間に給与の支払いを受けることができなかった場合に支給される。支給されるのは、出産の日以前（　ア　）（多胎妊娠の場合は＊＊＊日）から出産の日後＊＊＊日までのうち、労務に服さなかった期間であり、出産の日が出産予定日より遅れた場合、その遅れた期間分（　イ　）。
出産手当金の額は、休業１日につき、支給開始日以前の直近の継続した 12 ヵ月間の各月の標準報酬月額を平均した額の 30 分の１に相当する額の（　ウ　）相当額となる。

1．（ア）42 日　　（イ）も支給される　　　（ウ）3 分の 2
2．（ア）42 日　　（イ）は支給されない　　（ウ）4 分の 3
3．（ア）56 日　　（イ）も支給される　　　（ウ）4 分の 3
4．（ア）56 日　　（イ）は支給されない　　（ウ）3 分の 2

問 34 孝義さんは、労働者災害補償保険（以下「労災保険」という）について、FP の東さんに質問をした。労災保険の概要に関する次の（ア）〜（エ）の記述について適切なものには〇、不適切なものには×を解答欄に記入しなさい。

（ア）労災保険が適用される労働者には、アルバイトおよびパートタイマーは含まれるが、在宅勤務労働者は含まれない。

（イ）労災保険の給付には、脳血管疾患や心臓疾患の発症の予防等を目的とする二次健康診断等給付がある。

（ウ）休業補償給付は、労働者が業務上の負傷または疾病による療養のため、労働することができず、賃金を受けない日の１日目から支給される。

（エ）労働者が業務上の災害により、労災指定病院等において療養を受けた場合、その費用の１割を労働者が負担し、残る部分が療養補償給付とされる。

【第10問】 下記の 問35 ～ 問40 について解答しなさい。

<設例>
国内の上場企業に勤務する安藤雅之さんは、今後の生活のことなどに関して、FP で税理士でもある飯田さんに相談をした。なお、下記のデータは 2024 年 4 月 1 日現在のものである。

Ⅰ．家族構成（同居家族）

氏名	続柄	生年月日	年齢	備考
安藤　雅之	本人	1966 年 8 月 26 日	57 歳	会社員（正社員）
裕子	妻	1969 年 11 月 28 日	54 歳	専業主婦
真希	長女	2003 年 10 月 10 日	20 歳	大学生
隆平	長男	2006 年 12 月 12 日	17 歳	高校生

Ⅱ．安藤家の親族関係図

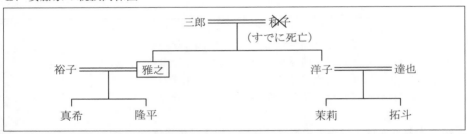

Ⅲ．安藤家（雅之さんと裕子さん）の財産の状況
[資料1：保有資産（時価）]
(単位：万円)

	雅之	裕子
金融資産		
現金・預貯金	2,400	820
株式・投資信託	2,100	250
生命保険（解約返戻金相当額）	［資料3］を参照	［資料3］を参照
不動産		
土地（自宅の敷地）	4,300	
建物（自宅の家屋）	820	
投資用マンション		3,000
その他（動産等）	300	100

[資料2：負債残高]
住宅ローン：980万円（債務者は雅之さん。団体信用生命保険が付保されている）
自動車ローン：170万円（債務者は雅之さん）

[資料3：生命保険]
（単位：万円）

保険種類	保険契約者	被保険者	死亡保険金受取人	保険金額	解約返戻金相当額
定期保険特約付終身保険A	雅之	雅之	裕子		
（終身保険部分）				200	120
（定期保険部分）				2,000	－
個人年金保険B	雅之	雅之	裕子	－	500
医療保険C	雅之	雅之	－	－	－
終身保険D	雅之	裕子	雅之	500	180
終身保険E	裕子	裕子	雅之	300	280

注1：解約返戻金相当額は、2024年4月1日現在で解約した場合の金額である。
注2：個人年金保険Bは、据置期間中に被保険者が死亡した場合、払込保険料相当額が死亡保険金として支払われるものである。
注3：すべての契約において、保険契約者が保険料を全額負担している。
注4：契約者配当および契約者貸付については考慮しないこと。

Ⅳ．その他
上記以外の情報については、各設問において特に指示のない限り一切考慮しないこと。また、復興特別所得税については考慮しないこと。

問 35 FP の飯田さんは、まず 2024 年 4 月 1 日現在における安藤家（雅之さんと裕子さん）のバランスシート分析を行うこととした。下表の空欄（ア）にあてはまる数値を計算しなさい。

＜安藤家（雅之さんと裕子さん）のバランスシート＞　　　　　　　（単位：万円）

[資産]		[負債]	
金融資産		住宅ローン	×××
現金・預貯金	×××	自動車ローン	×××
株式・投資信託	×××		
生命保険（解約返戻金相当額）	×××	負債合計	×××
不動産			
土地（自宅の敷地）	×××		
建物（自宅の家屋）	×××	[純資産]	（　ア　）
投資用マンション	×××		
その他（動産等）	×××		
資産合計	×××	負債・純資産合計	×××

問 **36** 下記＜資料＞は、雅之さんの 2023（令和５）年分の「給与所得の源泉徴収票（一部省略）」であり、雅之さんは、所得控除の額について、FP で税理士でもある飯田さんに質問をした。下記＜資料＞に基づく雅之さんの 2023 年分の所得控除の額に関する次の記述の空欄（ア）～（ウ）にあてはまる適切な数値を語群の中から選び、その番号のみを解答欄に記入しなさい。なお、雅之さんには、2023 年中において給与所得以外に申告すべき所得はなく、年末調整の対象となった所得控除以外に適用を受けることのできる所得控除はない。また、記載のない事項については一切考慮しないものとする。

＜資料＞

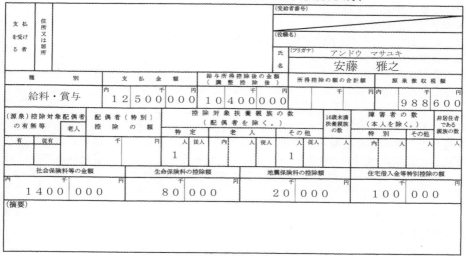

「源泉徴収票に記載はありませんが、所得控除の額の計算上、基礎控除（　ア　）万円を控除することができます。また、真希さんおよび隆平さんは扶養控除の対象となるため、扶養控除の額は（　イ　）万円となります。そのため、ほかの控除額も考慮したうえでの雅之さんの所得控除の合計額は（　ウ　）万円となります。」

＜語群＞

1. 38	2. 48	3. 76	4. 101
5. 126	6. 274	7. 299	8. 309

問 37 雅之さんの父の三郎さんは老人ホームへの入居を検討しているため、FP で税理士でもある飯田さんに所有する自宅の売却について相談をした。下記＜資料＞に基づく三郎さんの自宅の売却に係る所得税および住民税に関する次の記述の空欄（ア）～（ウ）にあてはまる語句の組み合わせとして、最も適切なものはどれか。なお、「居住用財産を譲渡した場合の 3,000 万円の特別控除」および「居住用財産を譲渡した場合の長期譲渡所得の軽減税率の特例」の適用要件は満たしており、これらの適用を受けるものとする。また、所得控除その他記載のない事項については一切考慮しないものとする。

＜資料＞

土地・建物の所在地：○○県××市△△町３－１－１
取得年月：2001 年 1 月
譲渡年月：2024 年 7 月
取得費：3,000 万円（減価償却費相当額を控除後の金額）
譲渡価額：6,600 万円
譲渡費用：400 万円
※譲渡費用は譲渡年において、現金で支払ったものである。

三郎さんが自宅を売却し、居住用財産を譲渡した場合の 3,000 万円の特別控除の適用を受けたときの課税長期譲渡所得の金額は（　ア　）であり、居住用財産を譲渡した場合の長期譲渡所得の軽減税率の特例の適用を受けたときは、課税譲渡所得に対して所得税（　イ　）、住民税（　ウ　）の税率が適用される。

1．（ア）200 万円　　（イ）10％　　（ウ）4 ％
2．（ア）200 万円　　（イ）15％　　（ウ）5 ％
3．（ア）600 万円　　（イ）10％　　（ウ）5 ％
4．（ア）600 万円　　（イ）15％　　（ウ）4 ％

問38 雅之さんが取引をしている国内の証券会社から送付された2023年分の特定口座年間取引報告書（抜粋）が下記＜資料＞のとおりである場合、2024年に繰り越すことのできる上場株式等の譲渡損失の金額（上限）を計算しなさい。なお、雅之さんはこの他に有価証券取引は行っておらず、2022年以前から繰り越された上場株式等の譲渡損失はないものとする。また、解答に当たっては、解答用紙に記載されている単位に従うこと。

＜資料＞

（単位：円）

①譲渡の対価の額（収入金額）	②取得費及び譲渡に要した費用の額等	③差引金額（譲渡所得等の金額）（①－②）
3,561,897	5,366,845	＊＊＊

	種類	配当等の額	源泉徴収税額（所得税）	配当割額（住民税）	特別分配金の額
特定上場株式等の配当等	④株式、出資又は基金	100,000	15,315	5,000	
	⑤特定株式投資信託				
	⑥投資信託又は特定受益証券発行信託（⑤、⑦及び⑧以外）				
	⑦オープン型証券投資信託	200,000	30,630	10,000	60,000
	⑧国外株式又は国外投資信託等				
	⑨合計（④＋⑤＋⑥＋⑦＋⑧）	＊＊＊	＊＊＊	＊＊＊	＊＊＊
上記以外のもの	⑩公社債	10,000	1,531	500	
	⑪社債的受益権				
	⑫投資信託又は特定受益証券発行信託（⑬及び⑭以外）				
	⑬オープン型証券投資信託				
	⑭国外公社債等又は国外投資信託等				
	⑮合計（⑩＋⑪＋⑫＋⑬＋⑭）	＊＊＊	＊＊＊	＊＊＊	＊＊＊

※問題作成の都合上、一部を「＊＊＊」にしてある。

問 39 裕子さんは、老齢年金の繰上げ受給を検討しており、FP の飯田さんに質問をした。裕子さんの老齢基礎年金の繰上げ受給に関する次の記述のうち、最も不適切なものはどれか。

1. 「老齢基礎年金の繰上げ請求を行った場合の年金額は、0.4％に繰上げ請求月から65歳に達する月の前月までの月数を乗じた率に基づき減額されます。」
2. 「老齢厚生年金の繰上げ請求を行うことができる人が老齢基礎年金の繰上げ請求をする場合、老齢厚生年金も同時に繰上げ請求しなければなりません。」
3. 「老齢基礎年金と併せて付加年金を受給できる人が老齢基礎年金の繰上げ請求をした場合、付加年金も減額されて繰上げ支給されます。」
4. 「20歳から60歳になるまでの間に保険料を納めていなかった期間がある人については、老齢基礎年金の繰上げ請求をした後であっても、国民年金に任意加入することができます。」

問 **40** 雅之さんの妹の洋子さんは、2024年2月中に病気（私傷病）療養のため休業した日がある。FPの飯田さんが下記＜資料＞に基づいて計算した洋子さんに支給される傷病手当金の額として、正しいものはどれか。なお、洋子さんは全国健康保険協会管掌健康保険（協会けんぽ）の被保険者であるものとする。また、記載のない事項については一切考慮しないものとする。

＜資料＞

［洋子さんの2024年2月の勤務状況］

9日 （金）	10日 （土）	11日 （日・祝）	12日 （月・振休）	13日 （火）	14日 （水）	15日 （木）	16日 （金）	17日 （土）	18日 （日）	19日 （月）
出勤	休業	休業	休業	出勤	休業	休業	休業	休業	休業	出勤

▲休業開始日　　　　　　　　　　　　　　　　　　　　　　　▲休業終了日

［洋子さんのデータ］
・標準報酬月額：2023年3月～2023年8月　380,000円
　　　　　　　　2023年9月～2024年2月　410,000円
・洋子さんが勤める企業の公休日は、毎週土曜日、日曜日および祝日である。
・上記の休業した日について、給与の支給はない。
・上記以外に休業した日はなく、上記の休業した日については、労務不能と認められている。

［傷病手当金の1日当たりの支給額（円未満四捨五入）］

$$\underbrace{\text{支給開始日以前の継続した12ヵ月間の各月の標準報酬月額の平均額} \times \frac{1}{30} \times \frac{2}{3}}_{\text{10円未満四捨五入}}$$

1. 17,560円
2. 26,340円
3. 43,900円
4. 70,240円

日本ファイナンシャル・プランナーズ協会

| 問1 | (ア) | (イ) | (ウ) | (エ) | 問2 | |

| 問3 | | 問4 | |

| 問5 | | 問6 | (ア) | (イ) | (ウ) | (エ) |

| 問7 | (㎡) | 問8 | (ア) | (イ) | (ウ) | (エ) |

| 問9 | | 問10 | (ア) | (イ) | (ウ) | (エ) |

| 問11 | (ア) | (イ) | (ウ) |

| 問12 | (ア) | (イ) | (ウ) | (エ) |

| 問13 | | 問14 | (ア) | (イ) | (ウ) | (エ) |

| 問15 | (万円) | 問16 | | 問17 | | 問18 | |

| 問19 | (ア) | (イ) | (ウ) | 問20 | | 問21 | |

| 問22 | | 問23 | (万円) | 問24 | (万円) | 問25 | |

| 問26 | (円) | 問27 | (円) | 問28 | (円) |

| 問29 | | 問30 | (ア) | (万円) | (イ) | (万円) |

| 問31 | | 問32 | | 問33 | |

| 問34 | (ア) | (イ) | (ウ) | (エ) |

| 問35 | (万円) | 問36 | (ア) | (イ) | (ウ) |

| 問37 | | 問38 | (円) | 問39 | | 問40 | |

※ この解答用紙は2024年5月実施試験の模範解答を基に再現したもので、実際の解答用紙のデザインとは異なります。

2024年5月実施試験
解答・解説

解答・解説

【第1問】

問 1　正解　（ア）○　（イ）○　（ウ）×　（エ）×

（ア）○　社会保険労務士の資格が必要となる業務（社会保険労務士の独占業務）は、原則として、報酬を得て労働社会保険諸法令に基づく申請書等の作成や届出、労働社会保険諸法令に基づく帳簿書類の作成などの業務である。

　　顧客の公的年金の受給見込み額の計算を行うことや、年金制度改正、社会保障制度などについて説明を行うことには社会保険労務士資格は不要である。

（イ）○　弁護士資格を有しない FP は、一般的な法令などの説明を行うにとどめ、個別具体的な法律事務の取扱いについては、弁護士等司法の専門家に委ねなければならない。報酬を得る目的で法律判断に基づく判断を伴う業務は、原則として弁護士のみに限定された業務（弁護士の独占業務）である。

（ウ）×　税理士資格を有しない FP は、営利目的の有無、有償・無償にかかわらず、税務書類の作成または税務相談（例えば、顧客の個別具体的な相続税納付額の計算）を反復継続して行うことはできないが、仮定の事例に基づき、一般的な税の解説を行うことには税理士資格は問われない。

（エ）×　専門資格を有しない者が、業務として登記申請手続を代理して行うことや書類の作成、相談を受けることはできない。

参考

・生命保険の募集

　生命保険の募集には、所定の資格並びに登録が必要である。ただし、顧客に一般的な生命保険商品の説明、必要保障額の試算やその結果に基づき保険商品を組み入れたライフプランの提案等を行うことについて、有償・無償に係らず資格要件は不要である。なお、変額保険の募集には更に、生命保険協会に変額保険を募集する者として登録が必要である。

・宅地建物取引法

　宅地建物取引業とは、宅地または建物を自ら「売買」「交換」する取引や他人の宅地建物の売買・交換・貸借の「代理」「媒介」をする取引をいう。貸借の媒介は、宅地建物取引業の免許を受けなければできないが、自ら貸主になる不動産賃貸業は、宅地建物取引業に該当しない。

・金融商品取引法

　投資助言・代理の登録をしていない FP が、顧客に対し、特定企業について具体的な株式の投資時期の判断や金額について助言を行うことはできない。ただし、過去の有価証券の価値に関するデータ等を提供する業務については、登録を受ける必要はない。

・任意後見人の資格要件

　任意後見人には、弁護士資格や司法書士資格などの資格要件は不要である。ただし、法律で定められた制限がある。

・公正証書遺言の証人

　公正証書遺言の証人になるために弁護士資格や司法書士資格などの資格要件は不要である。また、手数料や報酬の収受は認められている。なお、資格の制限については、未成年者や利害関係者は証人になることはできないなど、法律で定められた制限がある。

問 2 正解 4

1. **適切**。記述のとおりである。(個人情報保護法第十八条)
2. **適切**。記述のとおりである。情報漏洩の報告が義務化された。(個人情報保護法第26条)

ワンポイント

【個人情報保護法】

　対象となる情報は、氏名、生年月日、住所、顔写真などにより特定の個人を識別できる情報。情報単体では特定の個人を識別できないような情報でも複数の情報を組み合わせることで特定の個人を識別できる場合は、個人情報に該当する場合があるので注意が必要。

3. **適切**。記述のとおりである。映り込みが正当な範囲内であれば著作権侵害に当たらない。
4. **最も不適切**。他人の著作物を自分一人または家族や数人程度の親しい友人等の範囲内で使用するために複製する場合は「私的使用目的」に当たり、原則として著作者の許諾は不要である。

ワンポイント

【著作権】

　新聞の一般記事には、著作権があるが、単なる事実の報道には著作権は発生しない。

・著作権の例外

　私的使用(自分自身や家族など限られた範囲内での使用)や学校教育での利用は、著作権の侵害に該当しない例外規定が設けられている。

・著作権がない事例(著作権法13条)

　憲法そのほかの法令(地方公共団体の条例、規則も含む)。

　国や地方公共団体または独立行政法人の告示、訓令、通達など。

　裁判所の判決、決定、命令など。

【第2問】

問 3 正解 1

　収益分配後の個別元本は 11,560 円(イメージ図参照)。

　収益分配前の基準価額:11,760 円　収益分配前の個別元本:11,720 円

　値上がり益＝収益分配前の基準価額(11,760 円)－収益分配前の個別元本(11,720 円)

　　　　　　＝ 40 円 ≦ 200 円 (収益分配金)

　収益分配金 200 円のうち 40 円(1 万口当たり)は値上がり益からの分配金(普通分配金)。

　残額 160 円は特別分配金として、元本の払い戻しとなり、収益分配後の個別元本は、11,720 円 － 160 円 ＝ 15,560 円

<イメージ図>

11,760円

収益分配前の基準価額

11,720円

収益分配前の個別元本

収益分配後の基準価額

11,560

収益分配後の個別元本

収益分配金 200円

課税 普通分配金 40円

非課税 特別分配金 160円

ワンポイント

普通分配金：収益分配前の基準価額が収益分配前の個別元本を上回る場合、上回る部分は値上がり益であり、その部分に対する分配金を普通分配金といい、収益の分配として課税される。

特別分配金：収益分配後の基準価額が収益分配前の個別元本を下回る場合、その差額は収益の分配ではなく元本の払い戻しとして扱われ、その部分に対する分配金を特別分配金といい非課税である。

問 4　正解　4

（ア）**KZ ファンド**

リスクの高低は、標準偏差の値で判断する。標準偏差が大きいほどリスクが高い。

リスクの高い順から　KZ ファンド（10.00％）＞ KX ファンド（6.50％）＞ KY ファンド（2.00％）

（イ）**KY ファンド**　（ウ）**1.25**

シャープレシオの数値の大きいものほど効率的である。

各ファンドのシャープレシオを求める

$$シャープレシオ＝\frac{平均リターン－安全資産利子率}{標準偏差（リスク）}$$

KX ファンドのシャープレシオ

平均リターン：5.70％　安全資産利子率（無リスク金利）：0.50％　標準偏差：6.50％

KX ファンドのシャープレシオ＝（5.70％ － 0.50％）／ 6.50％

$$= 0.80$$

KY ファンドのシャープレシオ

平均リターン：3.00%　安全資産利子率（無リスク金利）：0.50%　標準偏差：2.00%

KY ファンドのシャープレシオ＝（3.00% − 0.50%）／ 2.00%

$$= 1.25$$

KZ ファンドシャープレシオ

平均リターン：4.50%　安全資産利子率（無リスク金利）：0.50%　標準偏差：10.00%

KZ ファンドのシャープレシオ＝（4.50% − 0.50%）／ 10.00%

$$= 0.40$$

以上から、

KY ファンド（1.25）＞ KX ファンド（0.80）＞ KZ ファンド（0.40）

最も率的なファンドは、KY ファンド

問 5　正解　3

特定口座の取得単価は、総平均法に準ずる方法で求める。

取引日等	取引種類等	買付（受入）			売却（払出）			残高		
		株数（株）	約定単価（円）	金額（千円）	株数（株）	約定単価（円）	金額（千円）	株数（株）	約定単価（円）	金額（千円）
2022年4月5日	買付	1,000	4,000	4,000				1,000	4,660	① 4,000
2023年2月1日	買付	2,000	5,200	10,400				3,000	4,800	② 14,400
2023年9月30日	株式分割							③ 15,000	⑤ 960	④ 14,400
2024年3月4日	売却				5,000	⑥ 960		10,000		

各項目の求め方

① 4,000 千円　4月5日買付金額4,000円／株× 1,000 株＝ 4,000 千円

② 14,400 千円　4月5日残高金額① 4,000 千円に2月1日買付金額10,400 千円を加算 = 1,440 千円

③ 15,000 株　株式分割1：5が行われたので、残高株式数が5倍になる。2月1日残高株数 3,000 株× 5 ＝ 15,000 株

④ 14,400 千円　株式分割のみなので、残高金額は2月1日の金額に変更ない。

⑤ 960 円　9月30日残高金額④ 14,400 千円÷9月30日残高株数③ 15,000 株＝ 960 円／株

⑥ 960 円　売却時約定単価（取得価額）は直前の残高約定単価⑤で払出される。

問 6 正解 （ア）× （イ）○ （ウ）× （エ）×

（ア）×　個人向け国債は金利に最低保証がされている。現在は 0.05％（年率）。

（イ）○　記述のとおりである。

（ウ）×　原則として、発行から1年経過すれば中途換金可能。ただし、直前2回分の各利子（税引前）相当額 × 0.79685 が差し引かれる。

（エ）×　個人向けの国債以外にも個人投資家に向けて国債は発行されている。代表的なものは、個人投資家向けの新窓販国債（新型窓口販売方式国債）。そのほかの種の国債も個人が購入できるものがある。

ワンポイント

新窓販国債（新型窓口販売方式国債）

　満期が 10 年・5年・2年の固定金利型の3種類

　発行は原則毎月（発行されない月もある）。購入単位は最低5万円から5万円単位

　中途換金は、個人向け国債のような国が元本で買取る中途換金制度がなく、市場で売却するため、売却益や売却損（元本利割れリスクがある）が出る可能性がある。売却は市場でいつでも可能。

　購入は、証券会社や銀行などの金融機関や郵便局。

参考

個人向け国債

	変動 10 年	固定5年	固定3年
発行体	日本国		
購入対象者	個人		
利払い	6ヵ月ごと		
金利の見直し	6ヵ月ごと	なし	
金利設定方法	基準金利 × 0.66％	基準金利 − 0.05％	基準金利 − 0.03％
金利の下限	0.05％（年率）		
購入単価	1万円以上1万円単位		
中途換金	原則として、発行から1年経過すれば可能。ただし、直前2回分の各利子（税引前）相当額 × 0.79685 が差し引かれる		
発行月（発行頻度）	毎月（年 12 回）		

【第3問】

問 7 正解 260（㎡）

　延べ面積の最高限度の計算式は、「敷地面積 × 容積率」

　前面道路幅員による制限を検討する（容積率は、前面道路幅員が 12 m未満の場合、制限を受ける）。

　前面道路が2つ以上ある場合は、幅員の広い方の道路が基準となるので、前面道路の幅員は5m、法定乗数：4／10

以上から、前面道路幅員による容積率の制限値は、5 × 4 ／ 10 = 20 ／ 10

与えられた容積率（30 ／ 10）と前面道路幅員による容積率の制限値（20 ／ 10）を比較して厳しい方が容積率として適用されるので 20 ／ 10 が適用される。

したがって、延べ面積の最高限度は、130㎡ × 20 ／ 10 = **260㎡**

参考

建蔽率の緩和

①特定行政庁の規定する角地等	10%加算
②防火地域・準防火地域の建築物 イ）防火地域内における耐火建築物及び耐火建築物と同等以上の延焼防止機能を有する建築物 ロ）準防火地域内における耐火建築物、準耐火建築物及びこれらの建築物と同等以上の延焼防止機能を有する建築物	10%加算
①②に該当する場合	20%加算
指定建蔽率が80%で②イ）に該当する場合	制限なし（100%）

問 8 　正解 （ア）3 （イ）5 （ウ）7 （エ）2

増田さん：「普通借地権の設定契約について教えてください。」

松尾さん：「普通借地権の設定契約で、期間の定めがない場合の存続期間は（ア：**30年**）です。契約でこれより長い期間を定めることは（イ：**できます**）。」

増田さん：「契約の更新について教えてください。地主から契約の更新を拒絶するに当たって、正当事由は必要でしょうか。」

松尾さん：「正当事由は（ウ：**必要**）です。また、借地権設定後に最初の更新をする場合、その期間は原則として、更新の日から、（エ：**20年**）です。」

ワンポイント

・普通借地権の概要

更新	契約当初	初回	2回目以降
期間	30年以上	20年以上	10年以上

参考

・定期借地権の概要

種類 項目	定期借地権 （第22条）	事業用定期借地権等 （第23条）	建物譲渡特約付借地権 （第24条）
存続期間	50年以上	10年以上50年未満	30年以上
利用目的	制限なし	事業用 （一部でも居住用があってはならない）	制限なし
契約方式	公正証書等の書面	公正証書	制限なし
借地関係の終了	期間の満了	期間の満了	建物の譲渡

1. **適切**。記述のとおりである。

権利部甲区・乙区欄に記載される事項

権利部（甲区）	所有権に関する事項が記載される。 所有権保存登記、所有権移転登記、買戻し特約、差押えなど
権利部（乙区）	所有権以外の権利に関する事項が記載される。 抵当権設定、地上権設定、地役権設定など

2. **適切**。債務が弁済されても設定されている抵当権は自動的には抹消されない。抵当権を抹消するためには「抵当権抹消登記」を行う必要がある。設定された内容の債務を弁済したときに債権者から交付される完済の証明書を添付して、抵当権の抹消登記の手続きをすることで抹消される。

3. **適切**。記述のとおりである。登記識別情報は、不動産登記を行うと、所有者に発行される。登記識別情報は、12桁のアラビア数字とその他の符号の組み合わせからなる文字列。従来の権利証にかわるもので、その不動産の登記名義人本人であることを公的に証明する情報。不動産の売買時に必要となる。

4. **最も不適切**。不動産登記には公信力がない。不動産登記の内容を信じて取引しても、登記簿上の所有者と実際の所有者が異なる場合、法的に保護されない。

問 10 正解　（ア）×　（イ）×　（ウ）×　（エ）×

（ア）**×**　不動産契約書に記載された契約金額が1万円未満のものは非課税。また、契約金額が10万円を超える場合、印紙税率が軽減される。なお、電子契約においては、印紙税は非課税。

（イ）**×**　解約手付を交付した契約を解除する場合、買主（安西さん）は、その手付金を放棄することで、また、売主（井上さん）は、受領した手付金の倍額を交付することで契約を解除できる。いずれも相手方が契約の履行に着手する前までに限られる。

（ウ）**×**　固定資産税は、課税される物件について、1月1日現在の所有者に課税されるので、井上さんに納税義務がある。

ワンポイント

　不動産売買時の固定資産税については、実務上は、売主と買主の話し合いで決まる。一般的には、固定資産税を所有期間で日割りにより清算する。

（エ）**×**　不動産売買契約書の交付については、宅地建物取引士が交付するという規定はない。また、宅地建物取引業法第37条に定められる書面（37条書面：これを契約書ということもある）には宅地建物取引士の記名が必要であるが、交付は宅地建物取引士に限定されていない。

ワンポイント

　重要事項の説明（宅地建物取引業法第35条）は、宅地建物取引士が書面を交付し説明する義務を負う。

【第4問】

問 11 正解 （ア）3 （イ）6 （ウ）5

（ア）75,000 円多い

・医療治療保険Aについて

　宮本さんが、交通事故により事故当日から4日間継続して入院し、その間に契約に定められた所定の手術（公的医療保険制度の対象となる所定の手術であり、給付倍率2倍）を受けた場合、支払われる給付金は次のとおり。

＜資料1＞保険提案書　医療治療保険A（無解約返戻金型）ご提案内容から、

＜入院について＞

　事故当日から4日間継続して入院しているので、入院治療一時金が支払われる。5万円・・・①

＜手術について＞

　入院中に約款所定の公的医療保険の対象となる手術（給付倍率2倍）を受けたので、手術給付金が支払われる。5万円×2＝10万円・・・②

　以上から、入院について医療治療保険Aから支払われる給付金の合計＝①＋②＝15万円・・・③

・終身医療保険Bについて

＜資料2＞保険提案書　終身医療保険B（無解約返戻金型）ご提案内容から、

＜入院について＞

　事故当日から4日間継続して入院しているので、入院給付金が支払われる。

　入院給付金：日額5,000円、入院期間4日間。5,000円／日×5※＝2.5万円・・・④

　※4日≦1入院限度日数60日（以下）なので全期間支給対象。入院日数が5日以内の場合は5,000円×5

　入院中に約款所定の公的医療保険の対象となる手術を受けたので、手術給付金が支払われる。5,000円×10＝5万円・・・⑤

　以上から、入院について終身医療保険Bから支払われる給付金の合計＝④＋⑤＝7.5万円・・・⑥

　以上から、③（医療治療保険A）＞⑥（終身医療保険B）

　その差額は、③（医療治療保険A）－⑥（終身医療保険B）＝15万円－7.5万円＝7.5万円

（イ）15,000 円少ない

・医療治療保険Aについて

　宮本さんが、骨折により8日間継続して入院し、退院から1ヵ月後に肺炎で5日間継続して入院した場合、支払われる給付金は次のとおり。

＜資料1＞保険提案書　医療治療保険A（無解約返戻金型）ご提案内容から、

＜入院について＞

　骨折により8日間継続の入院と肺炎での5日間継続の入院は、退院から1ヵ月＜180日のため、ご留意事項（抜粋）から、2回の入院は1回の入院となる。

　以上から、入院について医療治療保険Aから支払われる給付金の合計＝5万円・・・①

・終身医療保険Bについて

＜資料２＞保険提案書　終身医療保険B（無解約返戻金型）ご提案内容から、

＜入院について＞

　骨折と肺炎は同一の原因ではないので、留意事項（抜粋）から、入院給付金がそれぞれ支払われる。

　骨折について、入院日数8日＞5日なので、8日間。5,000円／日×8日＝4万円・・・②

　肺炎について、入院日数5日≦5日なので、5日間。5,000円／日×5日＝2.5万円・・・③

　以上から、入院について終身医療保険Bから支払われる給付金の合計＝②＋③＝6.5万円・・・④

　※骨折、肺炎共に1入院限度日数60日（以下）なので全期間支給対象。入院日数が5日以内の場合は5,000円×5

　以上から、①（医療治療保険A）＜④（終身医療保険B）

　その差額は、①（医療治療保険A）－④（終身医療保険B）＝5万円－6.5万円＝▲1.5万円

（ウ）115,000円多い

・医療治療保険Aについて

　先進医療に該当する重粒子線治療を受けて7日間継続して入院した場合、支払われる給付金は次のとおり。

＜資料１＞保険提案書　医療治療保険A（無解約返戻金型）ご提案内容から、

＜入院について＞

・医療治療保険Aについて

　治療で7日間継続して入院しているので、入院治療一時金が支払われる。5万円・・・①

＜先進医療について＞

　重粒子線治療は、先進医療に該当するので、先進医療給付金と先進医療一時金が支給される。

　先進医療給付金は、1回の療養につき、先進医療にかかる技術料と同額が給付されるので、314万円・・・②

　先進医療一時金は、1回の療養につき、10万円・・・③

　以上から、当該入院について医療治療保険Aから支払われる給付金の合計＝①＋②＋③＝329万円・・・④

・終身医療保険Bについて

＜資料２＞保険提案書　終身医療保険B（無解約返戻金型）ご提案内容から、

＜入院について＞

　治療で7日間継続して入院しているので、入院給付金が支払われる。入院日数7日＞5日なので、7日間。5,000円／日×7日＝3.5万円・・・④

＜先進医療について＞

　重粒子線治療は、先進医療に該当するので、先進医療給付金と先進医療一時金が支給される。

　先進医療給付金は、1回の療養につき、先進医療にかかる技術料と同額が給付される

ので、314 万円・・・⑤

　以上から、当該入院について終身医療保険Bから支払われる給付金の合計＝④＋⑤＝
317.5 万円・・・⑥

　以上から、④（医療治療保険A）＞⑥（終身医療保険B）

　その差額は、④（医療治療保険A）－⑥（終身医療保険B）＝ 329 万円－ 317.5 万円
＝ 11.5 万円

問12　正解　（ア）○　（イ）×　（ウ）○　（エ）×

（ア）○　記述のとおりである。保険契約者が吉弘さん、被保険者が吉弘さん、死亡保
　険金受取人が真紀さんの場合、相続税が課される。

ワンポイント

・死亡保険金の課税関係

保険契約者 （保険料負担者）	被保険者	保険金受取人	税金の種類
A	B	A	所得税（一時所得）
A	A	B	相続税
A	B	C	贈与税

（イ）×　保険契約者が吉弘さん、被保険者が真紀さん、保険金受取人が吉弘さんの場合、
　吉弘さんの受け取る死亡保険金は一時所得となる。

（ウ）○　記述のとおりである。

（エ）×　保険を掛けていた者が身体の傷害や疾病を原因として受け取る保険金には、
　原則として課税されない。

ワンポイント

　主な非課税給付金

　・入院給付金　・先進医療給付金　・高度障害保険金（給付金）　・手術給付金
　・がん診断給付金　・就業不能（生活障害）保険金（年金）　・放射線治療給付金
　・特定疾病（三大疾病）保険金　・特定損傷給付金　・通院給付金
　・介護保険金（一時金・年金）　・リビング・ニーズ特約保険金

（出典：生命保険文化センター HP）

問13　正解　3

　責任開始日

　保険会社の「承諾」を前提として、「申し込み」「告知・検査」「第 1 回保険料の払込み」
が完了した時点

「告知」によって完了するので、2024 年 3 月 23 日

<生命保険の契約の流れイメージ図>

▲	▲	▲
2024年3月8日 申込日	2024年3月17日 第1回保険料払込み （保険会社に直接払込み）	2024年3月23日 告知日

問 14　正解　（ア）×　（イ）○　（ウ）○　（エ）×

（ア）×　＜資料＞自動車保険証券から、車両保険　エコノミー補償（車対車＋Ａ）が
付いている。

　台風による飛来物が衝突して被保険自動車が損害を被った場合、その車両損害は補
償の対象になる。

　車両保険は、単独事故もカバーするフルカバーのものから、補償範囲を狭めて保険
料を抑えたエコノミー補償（車対車＋Ａ）といわれるものがある。両保険は共に天災
（台風、高潮、津波、竜巻）に対する補償がある。

（イ）○　＜資料＞自動車保険証券から、人身傷害と搭乗者傷害が付いているので、補
償対象となる事故について補償を受けることができる。

（ウ）○　＜資料＞自動車保険証券から、運転者年齢条件35歳以上が付いている。この
年齢制限の適用を受けるのは、記名被保険者、記名被保険者の配偶者、同居の親族、
使用人。

　別居の未婚の家族は年齢に制限されることはない。

（エ）×　ファミリーバイクは総排気量125ccのバイクまで。総排気量250ccはファミ
リーバイクに該当しないので、ファミリーバイク特約の補償を受けることはできな
い。

ワンポイント

　ファミリーバイク特約は、記名被保険者とその配偶者や未婚の子供など所定の範囲の家族が
原動機付自転車等を運転中の事故について保険金が支払われる。

　主契約（自動車保険）に運転者年齢制限や運転者家族限定が設定されていても、その限定に
かかわらず、ファミリーバイク特約の補償範囲で補償される。

【第5問】

問 15　正解　90（万円）

・雑所得（公的年金等収入）

　老齢基礎年金は雑所得であり、公的年金等控除を受けることができる。なお、遺族厚
生年金は非課税。

　公的年金等控除後の収入額を計算する。

　年金額（老齢基礎年金）＝ 75万円

　公的年金等控除額を求める。

　伊丹さんは66歳なので納税者区分は65歳以上の者。＜収入および経費＞から、公的

年金等に係る雑所得以外の所得に係る合計所得金額は 1,000 万円以下なので、与えられた＜公的年金等控除額の速算表＞を利用する。

　公的年金等の収入額 75 万円 ≦ 330 万円　したがって、公的年金等控除額は、110 万円。

　雑所得 = 75 万円 − 110 万円　→　0 万円（公的年金等の収入金額の合計額が 110 万円までの場合は所得金額はゼロ）・・・①

・不動産所得

　不動産所得 = 総収入金額 − 必要経費

　＜収入および経費＞から

　総収入金額 = 駐車場収入 = 120 万円

　必要経費 = 駐車場に係る経費 = 20 万円

　不動産所得 = 120 万円 − 20 万円

　　　　　　 = 100 万円・・・②

・青色申告特別控除

　＜収入および経費＞表下※から、当該駐車場経営は事業的規模には該当しないため青色申告特別控除額は 10 万円となる（事業的規模の不動産所得の場合は、55 万円（電子申告の場合は 65 万円））・・・③

　以上から伊丹さんの 2023 年分の所得税における総所得金額

　= （不動産所得 − 青色申告特別控除）+ 雑所得

　= （② − ③）+ ①

　= （100 万円 − 10 万円）+ 0 万円

　= **90 万円**

問 16　正解　3

　関根さんが 2023 年中に支払った医療費が、医療費控除の対象になるかを検討する。

　医療費控除は、通常の医療費控除と特例のセルフメディケーション税制のどちらか一方を選択して受けることができる。

　セルメディケーション税制の適用を受けるためには、控除を受ける本人が、健康や疾病予防に一定の取組みをする必要がある。

　関根さんは、（注 4）から、セルフメディケーション税制の適用を受けることができる。

　関根さんは妻、長女および長男と生計を一にしているので、妻、長女および長男にかかる医療費は、関根さんの医療費控除の対象となる。長女は別居しているが、同居は要件ではない。要件は、自己または自己と生計を一にする配偶者やその他の親族のために支払った医療費であること。

　以上から、関根さんが受けることのできる医療費控除は、通常の医療費控除とセルフメディケーション税制の選択となるので、その優劣を検討する。

<関根さんの医療費控除について>

支払年月	医療等を受けた人	医療機関等	内容	支払金額	医療費控除適用	セルフメディケーション適用
2023 年 1 月	①本人	A 病院	人間ドック（注 1 ）	60,000 円	可能	
			通院治療	20,000 円	可能	
2023 年 2 月	②妻	B 薬局	薬の購入（注 2 ）	90,000 円	可能	可能
2023 年 4 月	③長男	C 薬局	薬の購入（注 2 ）	10,000 円	可能	可能
	④長女	D 歯科医院	歯科治療（注 3 ）	70,000 円	可能	

①人間ドックなどの健康診断や特定健康診査の費用は控除の対象とならないが、健康診断の結果、重大な疾病が発見された場合で、引き続き治療を受けたとき、又は特定健康診査を行った医師の指示に基づき一定の特定保健指導を受けたときには、健康診断や特定健康診査の費用は医療費控除の対象となる。

（注 1 ）から、当該費用は医療費控除の対象となる。

②③（注 2 ）から、特定一般医薬品（スイッチ OTC 医薬品）に該当するので、セルフメディケーション税制適用の対象にもなる。

④（注 3 ）から歯科治療費は健康保険適用の治療なので、医療費控除の対象となる。

・通常の医療費控除を受けたときの計算

医療費控除額の算定式

医療費控除額（最高200万円）	=	その年中に支払った医療費	−	保険金などで補てんされる金額	−	10万円又は所得金額の 5 ％の少ない額

その年中に支払った医療費：上記<関根さんの医療費控除について>の表から、医療費控除適用の項目を合算する。

60,000 円 + 20,000 円 + 90,000 円 + 10,000 円 + 70,000 円 = 250,000 円

保険金などで補てんされる金額：0 円

所得金額の 5 ％：給与所得 850 万円× 5 ％ = 42.5 万円> 10 万円

医療費控除額 = 250,000 円 − 0 円 − 10 万円 = 150,000 円

セルフメディケーション税制による医療費控除額は、最高 8.8 万円< 15 万円（通常の医療費控除の金額）

以上から、**150,000 円**

ワンポイント

セルフメディケーション税制を受けたときの計算

セルフメディケーション税制による医療費控除額（最高 8.8 万円）	=	その年中に支払った一般用医薬品等購入費	−	保険金などで補てんされる金額	−	12,000 円

その年中に支払った一般用医薬品等購入費：上記＜関根さんの医療費控除について＞の表から、医療費控除適用の項目を合算する。

90,000円＋10,000円＝100,000円

保険金などで補てんされる金額：0円

セルフメディケーション税制による医療費控除額＝100,000円－0円－12,000円＝88,000円

問 17 正解 2

損益通算の対象となる所得は、不動産所得、事業所得、山林所得、譲渡所得であるが、一部対象とならない所得がある。

＜損益通算の対象とならない部分＞

不動産所得	土地等を取得するために要した負債の利子に相当する部分の金額 別荘等の生活に通常必要でない資産の貸付けに係るもの
譲渡所得	土地建物等の譲渡所得の計算上生じた損失（所定の要件を満たす居住用財産の買換え並びに譲渡により生じる譲渡損失は可能） 株式等の譲渡に係る譲渡所得等の金額の計算上生じた損失

＜資料＞から、損益通算できる所得を抽出する。

所得の種類	所得金額	備考	損益通算の可否
給与所得	550万円	勤務先からの給与で年末調整済み	－
不動産所得	▲150万円	必要経費：510万円 必要経費の中には、土地の取得に要した借入金の利子の額60万円が含まれている。	一部不可
譲渡所得	▲50万円	上場株式の売却に係る損失	不可
雑所得	▲7万円	執筆活動に係る損失	－

不動産所得について　不動産所得の計算上生じた損失は、給与所得と損益通算できるが、損失の中に含まれる土地の取得に要した借入金の利子は除かれる。北村さんの2023年分の所得における不動産所得の損失額には土地の取得に要した借入金の利子60万円が含まれているので、当該費用を損失から控除した損失額が損益通算の対象となる。

損失額－土地の取得に要した借入金の利子＝▲150万円－▲60万円

＝▲90万円

参考

上場株式等に係る譲渡損失は、その年分の上場株式等の配当等に係る利子所得の金額及び配当所得の金額（上場株式等に係る配当所得については、申告分離課税を選択したものに限る）と損益通算できる。

上場株式等に係る譲渡損失について損益通算してもなお控除しきれない損失の金額については、翌年以後3年間にわたり、確定申告により上場株式等に係る譲渡所得等の金額及び上場株式等に係る配当所得等の金額から繰越控除することができる。

1．最も不適切。個人住民税の所得割額は、所得税の所得金額の計算に準じて計算した前年中の所得金額であり、前々年中の所得金額ではない。

ワンポイント

　　個人住民税は、一般的に、住民に定額の負担を求める「均等割」と所得金額に応じて算出される「所得割」で構成される。

2．適切。個人住民税は、1月1日に住所を有する自治体（都道府県・市区町村）が個人に課す税で、前年中の所得がベースのため、転居にかかわらず、旧住所地の自治体に納付する。

3．適切。所得税の確定申告により、自動的に住民税の申告が行われる。

4．適切。記述のとおりである。

ワンポイント

個人住民税の徴収方法

・特別徴収：給与所得者は、勤務先から給与天引きで徴収される。

・普通徴収：市区町村から送付される納付書により個人で納税する。

【第6問】

問 19　正解　（ア）10　（イ）4　（ウ）1

（ア）3／4　＜親族関係図＞から、相続人は、配偶者と兄弟姉妹のケースであるので、配偶者の法定相続分は3／4。（【参考】参照）

（イ）1／4　当該ケースでは、兄弟姉妹の法定相続分は1／4（【参考】参照）。兄は相続放棄しており、兄は初めから相続人ではなかったことになるので、兄の子どもへの代襲相続原因も消滅し、甥A、甥Bが相続する財産はない。以上から、兄弟姉妹の法定相続分は弟のみが相続するので、1／4。

（ウ）ゼロ　当該ケースでは、兄弟姉妹に遺留分はない（【参考】参照）。

参考

法定相続分と法定遺留分の取り分は下記のとおり（○は存在する。×は存在しない。△は存在する場合としない場合の両者を意味する）

配偶者	子 （第1順位）	直系尊属 （第2順位）	兄弟姉妹 （第3順位）	法定相続分	各相続人の遺留分
○	○	△	△	配偶者　1／2 子　　　1／2	配偶者　1／4 子　　　1／4
○	×	○	△	配偶者　2／3 直系尊属　1／3	配偶者　1／3 直系尊属　1／6
○	×	×	○	配偶者　3／4 兄弟姉妹　1／4	配偶者　1／2 兄弟姉妹　なし
×	○	△	△	子のみ	子　　　1／2
○	×	×	×	配偶者のみ	配偶者　1／2
×	×	○	△	直系尊属のみ	直系尊属　1／3
×	×	×	○	兄弟姉妹のみ	兄弟姉妹　なし

問 20　正解　3

　阿久津さんは贈与税の配偶者控除の適用を受けるので、贈与財産の2,000万円までは課税されない。したがって、2,000万円を超える部分について贈与税が課税される。

　また、暦年課税の基礎控除110万円を併用して受けることができる。

　居住用不動産の財産評価額は2,650万円なので、課税される額は、2,650万円 − 2,000万円 − 110万円 = 540万円

　阿久津さんが受けた贈与は、夫からなので、利用する贈与税の速算表は、（ロ）。基礎控除後の課税価格540万円は400万円超600万円以下に該当するので、税率30％、控除額65万円

　以上から、540万円 × 30％ − 65万円 = **97万円**

参考

　贈与税の配偶者控除の特例を受けているまたは受けようとする財産のうち、その配偶者控除額に相当する金額は、相続開始前7※年以内であっても贈与財産の加算の対象とならない。

　上記以外の相続開始前7※年以内の贈与財産の加算の例外は次のとおり。

・直系尊属から贈与を受けた住宅取得等資金のうち、非課税の適用を受けた金額
・直系尊属から一括贈与を受けた教育資金のうち、非課税の適用を受けた金額
・直系尊属から一括贈与を受けた結婚・子育て資金のうち、非課税の適用を受けた金額

※令和6年から、3年が7年に延長された。

問 21　正解　2

普通借地権の評価額 = 自用地評価額 × 借地権割合

まず、自用地評価額を求める。

・自用地評価額＝路線価×奥行価格補正率×地積

＜資料＞から

　路線価：300千円／㎡

　奥行価格補正率：1.00（注1から）

　地積：150㎡

　自用地評価額＝300千円／㎡×1.00×150㎡

・普通借地権の評価額

＜資料＞から

　借地権割合＝70％（注2から）

　以上から、普通借地権の相続税評価額の計算式は、次のとおり。

　300千円／㎡×1.00×150㎡×70％

　各選択肢の計算式（路線価方式による）は、次のとおり。

　1．自用地評価額

　3．貸宅地（底地）の評価額＝自用地評価額×（1－借地権割合）

　4．貸家建付地の評価額＝自用地評価額×（1－借地権割合×借家権割合×賃貸割合）

問 22 　正解 　1

相続税の課税価格の計算

相続または遺贈により取得した財産の価額	＋	みなし相続等により取得した財産の価額	－	非課税財産の価額	＋	相続時精算課税適用財産の価額※1

－	債務および葬式費用の額	＝	純資産価額（赤字の時は0）

相続税の課税価格	＝	純資産価額	＋	相続開始前7年以内※2の暦年課税に係る贈与財産の価額

※1※2　2023（令和5）年度税制改正事項。＜ワンポイント＞参照。

・本来の相続財産の時価額

　土地および建物は被相続人の配偶者が相続する。

　土地：「小規模宅地等の特例」適用後の金額　3,000万円。

　建物：500万円

・現預金は、配偶者と長男が2分の1ずつ受け取っている。現預金：800万円

　各人の受取額＝800万円÷2＝400万円

・みなし相続等により取得した財産の価額

　死亡保険金：被相続人の配偶者、長男および長女がそれぞれ3分の1ずつ受け取って
　　　　　　　いる。

　相続人が受け取る死亡保険金は、法定相続人1人当たり500万円まで非課税。死亡保
険金は1,800万円（非課税限度額控除前）、法定相続人の数は、配偶者・長男・長女の3人。

各人の課税価格の計算

　長女については、相続放棄しているので、非課税の扱いはないため、1,800万円÷3 ＝ 600万円

　配偶者と長男の課税価格の計算については

| その相続人が受け取った生命保険金の金額 | − | 非課税限度額 | × | $\dfrac{\text{その相続人が受け取った生命保険金の金額}}{\text{すべての相続人が受け取った生命保険金の合計額}^{※}}$ | = | その相続人の課税される生命保険金の金額 |

　配偶者と長男各人の受け取った生命保険金額：1800万円÷3 ＝ 600万円

　非課税限度額：500万円／人×3人 ＝ 1,500万円

　※長女が相続放棄しているので、配偶者と長男の受け取った生命保険金の合計額

　以上から、

　600万円 − 1,500万円×600万円／1200万円 ＝ ▲150万円　→　0円

・債務および葬式費用は、被相続人の配偶者と長男がそれぞれ2分の1ずつ負担している。

　債務および葬式費用：200万円

　200万円÷2 ＝ 100万円

　以上を一覧表にまとめると次のとおりとなる

（単位：万円）

	土地	建物	現預金	死亡保険金	債務及び葬式費用	合計
配偶者	3,000	500	400	0	▲100	3,800
長男			400	0	▲100	300
長女				600		600

ワンポイント

＜相続時精算課税制度に係る基礎控除の創設＞

　2024年1月1日以後の贈与により取得した相続時精算課税適用財産の価額は、暦年課税の基礎控除とは別に、贈与を受けた年分ごとに、相続時精算課税に係る基礎控除額110万円を控除した残額。

　また、2024年1月1日以降に災害によって一定の被害を受けた場合は、その贈与時の価額から、その災害による被災価額を控除できる。

＜暦年課税による生前贈与の加算対象期間等の見直し＞

　相続又は遺贈により財産を取得した者が、その相続開始前7年以内（改正前は3年以内）にその相続に係る被相続人から暦年課税による贈与により財産を取得したことがある場合には、その贈与により取得した財産の価額を相続税の課税価格に加算する。

暦年課税による生前贈与の加算対象期間の延長と経過措置

贈与の時期	贈与者の相続開始日	加算対象期間と加算額の調整
2024年1月1日〜	2024年1月1日〜 2026年12月31日	相続開始前3年間 調整：なし
	2027年1月1日〜 2030年12月31日	2024年1月1日〜相続開始日 調整：相続開始前3年以内に贈与により取得した財産以外の財産については、その財産の価額の合計額から100万円を控除した残額を加算
	2031年1月1日〜	相続開始前7年間 調整：なし

参考
<遺産総額から差し引くことが通常認められる葬式費用>
・葬式や葬送に際し、またはこれらの前において、火葬や埋葬、納骨をするためにかかった費用（仮葬式と本葬式を行ったときにはその両方にかかった費用が認められる）
・遺体や遺骨の回送にかかった費用
・葬式の前後に生じた費用で通常葬式に欠かせない費用（例えば、お通夜などにかかった費用）
・葬式にあたりお寺などに対して読経料などのお礼をした費用
・死体の捜索または死体や遺骨の運搬にかかった費用
<遺産総額から差し引く葬式費用には該当しない費用>
・香典返しのためにかかった費用
・墓石や墓地の買入れのためにかかった費用や墓地を借りるためにかかった費用
・初七日や法事などのためにかかった費用

【第7問】

問 23 正解 400（万円）

キャッシュフロー表の金額は、次のように求めるのが原則である。

給与収入＝基準年の給与収入×（1＋変動率）^{経過年数}

基準年の給与収入＝384万円　変動率＝0.02

経過年数＝2年

給与収入＝384万円×（1＋0.02）^{2}

　　　　　＝399.5……万円　→　**400万円**（問題の指示により万円未満四捨五入）

問 24 正解 279（万円）

キャッシュフロー表の金額は、次のように求めるのが原則である。

教育費＝基準年の教育費×（1＋変動率）^{経過年数}

・直哉さんの教育費

2027年は＜条件＞［小山家の進学プラン］から、私立B高等学校の高校生。

教育費は、＜資料：検討している学校の学費（1人当たりの年間総額）＞から、

2024年の教育費＝1,243,500円　変動率＝0.01

経過年数＝3年

教育費：1,243,500円×（1＋0.01）^{3}・・・①

・奈々さんの教育費

2027年は＜条件＞［小山家の進学プラン］から、私立A中学校の中学生。

教育費は、＜資料：検討している学校の学費（1人当たりの年間総額）＞から、

2024年の教育費＝1,466,909円　変動率＝0.01

経過年数＝3年

教育費：1,466,909円×（1＋0.01）^{3}・・・②

小山家の教育費の総額（2027年）＝①＋②＝2,792,537.1…円　→　**279万円**

（問題の指示により万円未満四捨五入）

問25　正解　2

「ペアローンは、夫と妻それぞれが契約者となる住宅ローンであり、収入合算の住宅ローンと比べて、事務手数料や契約の印紙代などの諸経費は（ア：**高く**）なります。また、住宅ローン控除は、（イ：**夫と妻それぞれ**）が受けることができ、夫婦のいずれかが死亡した場合、団体生命保険により、（ウ：**亡くなった人のみ**）の住宅ローン残高が保険金として支払われます。

【第8問】

問26　正解　3,389,160（円）

毎年年末に積み立てた金額が複利運用で数年後にいくらになるか（元利合計額）を求めるときに利用する係数は、年金終価係数。

積立金額　12万円

利　率　　年利1.0%（複利運用）

期　間　　25年間

利用する年金終価係数は25年の28.243

25年後の合計額は、12万円×28.243＝338.9160万円　→　**3,389,160円**

問27　正解　1,722,000（円）

複利運用で将来予定する額を確保するためには現在いくらあればよいかを求めるときに利用する係数は、現価係数。

目標額　　200万円

利　率　　年利1.0%（複利運用）

期　間　　15年間

利用する現価係数は15年の0.861

現在必要な資金は、200万円×0.861＝172.2万円　→　**1,722,000円**

問 28 正解 3,477,000（円）

将来所定の期間一定額（年金）を受け取るために受取り開始年にいくらあればよいか、複利運用で必要な額を求めるときに利用する係数は、年金現価係数。

将来受け取る金額　60 万円

利　率　年利 1.0%（複利運用）

期　間　6 年間

利用する年金現価係数は 6 年の 5.795

初めに必要な資金は、60 万円 × 5.795 = 347.7 万円　→　**3,477,000 円**

【第9問】

問 29 正解　3

返済回数 96 回返済後に 100 万円以内で期間短縮型の繰上げ返済を行うと、残高が 100 万を限度に減額される。

期間短縮型は、この残高の限度額までの間で、最も近い残高となる償還予定表（＜資料＞：小田家の住宅ローンの償還予定表の一部＞）に示す回数まで返済を終わらせたことになる。

24,646,445 円 − 1,000,000 円 = 23,646,445 円・・・①

①の額以上で最も近い残高は、23,672,337 円　→　108 回目

次回の返済は 109 回目からとなり、97 回目から 108 回目までが短縮される。

以上から、短縮期間は 12 回分、12 ヵ月。

問 30 正解　（ア）80（万円）（イ）70（万円）

YQ 銀行は、問題の条件から預金保険制度の対象となる金融機関である。

預金保険制度で保護される預金は、決済用預金は全額。決済用預金以外の一般預金等については、1 金融機関ごとに預金者 1 人当たり元本 1,000 万円（最高限度額）までと破綻日までの利息等が保護される。外貨預金は対象とならない。また、投資信託は預金保険の対象商品ではない。

破綻した金融機関から借入れがある場合、預金者の申出により預金と相殺することができる。孝義さんおよび真由利さんは、YQ 銀行からの借入がない（資料※から）ので、当問では考慮する必要がない。

＜資料から＞

名義	孝義	真由利	保護対象の有無
普通預金	① 30 万円	⑤ 10 万円	有
定期預金（固定金利）	② 50 万円	−	有
定期預金（変動金利）	−	⑥ 60 万円	有
外貨預金	−	⑦ 40 万円	無
投資信託	③ 60 万円	−	無
学資保険（満期保険金の額）	④ 400 万円	−	無

（ア）**80（万円）**

以上から預金保険制度により保護の対象（上限1千万円）となる孝義さんの預金
は、①②

①＋② ＝ 30万円＋50万円 ＝ 80万円 ≦ 1,000万円　→　全額保護　80万円

（イ）**70（万円）**

以上から預金保険制度により保護の対象（上限1千万円）となる孝義さんの預金
は、⑤⑥

⑤＋⑥ ＝ 10万円＋60万円 ＝ 70万円 ≦ 1,000万円　→　全額保護　70万円

ワンポイント

　個人事業主の場合、事業用の預金は、事業主本人の預金に名寄せされるので、個人の預金名
義のものとして合算される。また、預金保険の保護対象となる同一銀行複数支店の口座につい
ては、名寄せ（合算）される。

＜預金保険制度により保護の対象となる預金＞

預金等の種類		
預金保険による 保護の対象となる 預金等	決済用預金	当座預金、無利息型普通預金等
	一般預金等	有利息型普通預金、定期預金、通知預金、貯蓄預金、納税準備預金、定期積金、掛金、元本補てん契約のある金銭信託、金融債（保護預り専用商品に限る）等
預金保険の対象外の預金等		外貨預金、譲渡性預金、金融債（募集債及び保護預り契約が終了したもの）等

（預金機構HPから転載）

＜預金保険の対象金融機関＞

　日本国内に本店のある銀行、信用金庫、信用組合、労働金庫、信金中央金庫、全国信用協
同組合連合会、労働金庫連合会、商工組合中央金庫。ただし、海外の支店は対象外。

　日本国内に本店のある金融機関であれば、外国金融機関の子会社であっても対象となるが、
外国銀行の在日支店は対象外。　　　　　　　　　　　　　　　　（預金機構HPから作成）

問31　正解　4

1．**適切。**　＜資料：学資保険Cおよび学資保険Dの「契約のしおり」（一部抜粋）＞
支払事由「学資祝金」から、被保険者が満14歳8ヵ月に達した日の直後の12月1日
に生存していたとき、学資祝金が契約者に支払われる。被保険者の菜々美さんの生年
月日は【設例】〔家族構成〕から、6月3日生まれなので、菜々美さんが15歳になっ
た年の12月1日に生存していれば孝義さんに学資保険Cの学資祝金が支払われる。

2．**適切。**　＜資料：学資保険Cおよび学資保険Dの「契約のしおり」（一部抜粋）＞
支払事由「満期祝金」から、被保険者が保険期間満了時まで生存していたとき、満期
祝金が契約者に支払われる。【設例】〔保険〕から、契約されている学資保険Dの満期
は、被保険者大雅さん18歳。大雅さんが18歳まで生存していた場合、学資保険Dの
満期祝金が孝義さんに支払われる。

3．**適切。** ＜資料：学資保険Cおよび学資保険Dの「契約のしおり」（一部抜粋）＞保険料の払込み免除事由「契約者が病気またはケガにより重度障害の状態になったとき」に該当するので、それ以後の保険料は払込み免除となる。

4．**最も不適切。** ＜資料：学資保険Cおよび学資保険Dの「契約のしおり」（一部抜粋）＞保険料の支払事由「こども死亡保険金」から、被保険者が死亡したとき、もしくは所定の重度障害状態に該当されたとき、こども死亡保険金が契約者に支払われる。孝義さんが死亡した場合は、＜資料：学資保険Cおよび学資保険Dの「契約のしおり」（一部抜粋）＞保険料の支払事由「育英年金」から、育英年金が育英年金受取人に支払われる。また、保険料の払込免除事由に該当し、保険料払込が免除される。

問 32　正解　4

[在職老齢年金に係る計算式]

基本月額：老齢厚生年金（報酬比例部分）15万円

総報酬月額相当額：その月の標準報酬月額＋その月以前の1年間の標準賞与額の合計
÷ 12 ＝ 34万円＋72万円÷ 12 ＝ 40万円

支給停止額：（基本月額＋総報酬月額相当額− 48万円）× 1／2 ＝（15万円＋ 40円 − 48万円）× 1／2 ＝ 3万5千円

支給調整後の老齢厚生年金の受給額（年額）：基本月額−支給停止額＝ 15万円− 3万5千円＝ 11万5千円　→　**115,000 円**

問 33　正解　1

出産手当金は、原則として、被保険者が出産のため会社を休み、その間に給与の支払いを受けることができなかった場合に支給される。支給されるのは、出産の日以前（ア：**42 日**）（多胎妊娠の場合は 98 日）から出産の日後 56 日までのうち、労務に服さなかった期間であり、出産の日が出産予定日より遅れた場合、その遅れた期間分（イ：**も支給される**）。出産手当金の額は、休業 1 日につき、支給開始日以前の直近の継続した 12 ヵ月間の各月の標準報酬月額を平均した額の 30 分の 1 に相当する額の（ウ：**3分の2**）相当額となる。

ワンポイント

出産育児一時金

協会けんぽ

	令和 5 年 4 月 1 日以降の出産の場合
産科医療補償制度に加入の医療機関等で妊娠週数 22 週以降に出産した場合	1 児につき 50 万円
産科医療補償制度に未加入の医療機関等で出産した場合	1 児につき 48.8 万円
産科医療補償制度に加入の医療機関等で妊娠週数 22 週未満で出産した場合	

・産前産後の国民健康保険料の減免（令和6年1月から減額制度が導入）

多胎妊娠	出産（予定）月の前月から4ヵ月間の所得割額と均等割額
多胎妊娠 （双子等）	出産（予定）月の3ヵ月前から6ヵ月間の所得割額と均等割額

問 34 正解 （ア）× （イ）○ （ウ）× （エ）×

（ア）× 在宅勤務であっても業務中に発生する事故については、労災保険が適用される。

（イ）○ 記述のとおりである。

（ウ）× 休業（補償）等給付は、次の3要件を満たすことで、休業4日目※から支給される。

①業務上の事由または通勤による負傷や疾病による療養

②労働することができない（①が原因）

③賃金を受けていない。

※休業は連続する必要はない。一方、健康保険から支給される傷病手当金は、連続した休業3日の後、4日目から支給される。

（エ）× 労働者が業務上の災害により、労災指定病院等において療養を受けた場合、自己負担はない。

参考

通勤災害

通勤災害とは、労働者が通勤により被った負傷、疾病、障害又は死亡をいう。

この場合の「通勤」とは、就業に関し、次に掲げる移動を、

（1）住居と就業の場所との間の往復

（2）就業の場所から他の就業の場所への移動

（3）住居と就業の場所との間の往復に先行し、又は後続する住居間の移動

合理的な経路及び方法により行うことをいい、業務の性質を有するものを除くものとされているが、移動の経路を逸脱し、又は移動を中断した場合には、逸脱又は中断の間及びその後の移動は「通勤」とはならない。

ただし、逸脱又は中断が日常生活上必要な行為であって、厚生労働省令で定めるやむを得ない事由により行うための最小限度のものである場合は、逸脱又は中断の間を除き「通勤」となる。 （出典：東京労働局HPから作成）

【第10問】

問 35 正解 14,020（万円）

安藤家（雅之さんと裕子）のバランスシートを完成させる。

[資産]

＜設例＞Ⅲ．安藤家（雅之さんと裕子さん）の財産の状況から、保有資産である金融資産、生命保険、不動産（投資物件）、その他（動産等）の時価が把握できる。

・金融資産［資料1：保有資産（時価）］から

現金・預貯金：雅之さん2,400万円＋裕子さん820万円＝3,220万円

株式・投資信託：雅之さん2,100万円＋裕子さん250万円＝2,350万円

- **生命保険 [資料3：生命保険] から**

解約返戻金は、一般的に、契約者（保険料負担者）が受取る。

注3から、すべての契約において、保険契約者が保険料を全額負担しているので、契約者が雅之さんまたは裕子さんの保険契約を抽出し解約返戻金相当額を合算する。

注1から、資料3の解約返戻金相当額は、2024年1月1日で解約した場合の金額である。

生命保険（解約返戻金相当額）：120万円＋500万円＋180万円＋280万円＝1,080万円

- **不動産 [資料1：保有資産（時価）] から**

土地（自宅の敷地）：雅之さん4,300万円

建物（自宅の家屋）：雅之さん820万円

投資用マンション：裕子さん3,000万円

- **その他（動産等）[資料1：保有資産（時価）] から**

雅之さん300万円＋裕子さん100万円＝400万円

以上から

資産合計＝現金・預貯金＋株式・投資信託＋生命保険（解約返戻金相当額）
　　　　　＋土地（自宅の敷地）＋建物（自宅の家屋）＋投資用マンション
　　　　　＋その他（動産等）
　　　　＝3,220万円＋2,350万円＋1,080万円＋4,300万円＋820万円＋3,000万円
　　　　　＋400万円
　　　　＝15,170万円

【負債】

[資料2：負債残高] から

住宅ローン：雅之さん980万円

自動車ローン：雅之さん170万円

負債合計＝住宅ローン＋自動車ローン
　　　　＝980万円＋170万円
　　　　＝1,150万円

純資産は、バランスシートの特徴である「資産＝負債＋純資産」から算定する。

純資産＝資産－負債＝15,170万円－1,150万円＝**14,020万円**

<安藤家（雅之さんと裕子さん）のバランスシート>　　　　　　　　（単位：万円）

[資産]		[負債]	
金融資産		住宅ローン	980
現金・貯金	3,220	自動車ローン	170
株式・投資信託	2,350		
生命保険（解約返戻金相当額）	1,080		
不動産		負債合計	1,150
土地（自宅の敷地）	4,300		
建物（自宅の家屋）	820		
投資用マンション	3,000	[純資産]	（ア：**14,020**）
その他（動産等）	400		
資産合計	15,170	負債・純資産合計	15,170

問 36　正解　（ア）2　（イ）4　（ウ）7

（ア）**48万**

　所得控除の合計額（給与所得控除以外）

　納税者本人の基礎控除、年末調整で控除された扶養控除や配偶者特別控除、給与から天引きされた社会保険料の合計額。

基礎控除について

　納税者本人の合計所得金額が 2,400 万円以下なので、控除額は 48 万円・・・①

ワンポイント

基礎控除

納税者本人の合計所得金額	控除額
2,400 万円以下	48 万円
2,400 万円超 2,450 万円以下	32 万円
2,450 万円超 2,500 万円以下	16 万円
2,500 万円超	0 円

（イ）**101 万円**

　扶養控除の合計額

　源泉徴収票の控除対象扶養親族の数の欄から

　特定扶養控除 1 人：63 万円／人× 1 人＝ 63 万円

　その他 1 人：38 万円／人× 1 人＝ 38 万円

　扶養控除の額＝ 63 万円＋ 38 万円＝ 101 万円・・・②

ワンポイント

控除対象扶養親族と扶養控除額

区分		控除額
一般の控除対象扶養親族 (※1)		38 万円
特定扶養親族 (※2)		63 万円
老人扶養親族 (※3)	同居老親等以外の者	48 万円
	同居老親等	58 万円

※1　年齢要件　その年 12 月 31 日現在の年齢が 16 歳以上

※2　年齢要件　その年 12 月 31 日現在の年齢が 19 歳以上 23 歳未満。

※3　年齢要件　その年 12 月 31 日現在の年齢が 70 歳以上。

参考

扶養親族の主な要件（その年の 12 月 31 日現在）
①配偶者以外の親族（6 親等内の血族及び 3 親等内の姻族）
②納税者と生計を一にしていること。
③年間の合計所得金額が 48 万円以下（給与のみの場合は給与収入 103 万円以下）。
④青色申告者の事業専従者としてその年を通じて一度も給与の支払を受けていないこと又は
　白色申告者の事業専従者でないこと。

（ウ）**299 万円**

ほかの控除額を源泉徴収票から拾う

社会保険料等の金額：源泉徴収票の下段から、1,400,000 円・・・③

生命保険料の控除額：源泉徴収票の下段から、80,000 円・・・④

地震保険料の控除額：源泉徴収票の下段から、20,000 円・・・⑤

以上から

所得控除の合計額＝①＋②＋③＋④＋⑤＝ 2,990,000 円・・・⑥

住宅借入金等特別控除は、税額控除。源泉徴収票に記載されているので、年末調整で行われていることがわかる。

問 **37**　正解　**1**

（ア）**200 万円**

取得費：3,000 万円

譲渡価額（合計）＝ 6,600 万円

譲渡費用＝ 400 万円

居住用財産の譲渡として 3,000 万円の特別控除を受ける。

課税長期譲渡所得＝譲渡価額 −（取得費＋譲渡費用）−特別控除

　　　　　　　　＝ 6,600 万円 −（3,000 万円＋ 400 万円）− 3,000 万円

　　　　　　　　＝ 200 万円

（イ）**10%**　（ウ）**4 %**

・居住用不動産の軽減税率の特例

　課税長期譲渡所得 200 万円 ≦ 6,000 万円なので、所得税率は 10 %、住民税率は 4 %

【軽減税率】

課税長期譲渡所得金額	所得税	住民税
６千万円まで	10%	4 %
６千万円を超	15%	5 %

　譲渡した居住用不動産の所有期間が、譲渡した年の 1 月 1 日現在で 10 年を超える場合、軽減税率の適用を受けることができる。所有期間は＜資料＞から、取得年 2001 年、譲渡年 2024 年なので、所有期間は 10 年超。

ワンポイント

譲渡所得の長期・短期

　譲渡した不動産の所有期間が、譲渡した年の 1 月 1 日現在で 5 年を超える場合、長期譲渡所得となり、5 年以下の場合が短期譲渡所得となる。

【税率】

区分	所得税	住民税
長期譲渡所得	15%	5 %
短期譲渡所得	30%	9 %

問 38 　正解　1,494,948（円）

　上場株式等に係る譲渡損失は、その年分の上場株式等の配当等に係る利子所得の金額及び配当所得の金額（上場株式等に係る配当所得については、申告分離課税を選択したものに限る）と損益通算できる。上場株式等に係る譲渡損失について損益通算してもなお控除しきれない損失の金額については、翌年以後 3 年間にわたり、確定申告により上場株式等に係る譲渡所得等の金額及び上場株式等に係る配当所得等の金額から繰越控除することができる。

　特定口座内で発生している上場株式等に係る譲渡損失を繰越控除する特例の適用を受ける場合には、確定申告によって可能（他の口座での譲渡損益と相殺する場合も同様）。

　雅之さんはこの他に有価証券取引を行っておらず、2022 年以前から繰り越された上場株式等の損失はないので、＜資料＞の範囲で損益通算する。（下記①②等の数字は＜資料＞に付されているもの）

　上場株式等に係る譲渡損失＝①－②＝▲ 1,804,948 円・・・（ア）

　その年分の上場株式等の配当等に係る利子所得の金額及び配当所得の金額

　④⑦⑩の配当等額の合計額＝ 100,000 円＋ 200,000 円＋ 10,000 円＝ 310,000 円・・・（イ）

　損益通算（ア）＋（イ）＝▲ 1,494,948 円　→　確定申告により繰越控除（損益通算してもなお控除しきれない損失の額）

1. **適切**。記述のとおりである。なお、1962 年 4 月 1 日以前に生まれた者の場合は、減額率は 0.5％となる。繰下げの場合、65 歳に達した月から繰下げ申出月の前月までの月数×0.7％、最高 75 歳（1952 年 4 月 1 日以前に生まれた者は 70 歳）まで繰下げると増額率は最大 84.0％。

2. **適切**。記述のとおりである。繰下げについては、老齢基礎年金と老齢厚生年金はそれぞれ単独でできる。なお、特別支給の老齢厚生年金を受給しても老齢厚生年金の繰下げは可能。

3. **適切**。記述のとおりである。付加年金も繰上げや繰下げを行うと老齢基礎年金同様、増減される。増減の割合は老齢基礎年金と同じ。

4. **最も不適切**。繰上げ請求すると、国民年金の任意加入や、保険料の追納はできなくなる。

　健康保険の傷病手当金は、休業した日が連続して 3 日間あり、4 日目以降、休業した日に対して支給される。＜資料＞〔洋子さんの 2024 年 2 月の出勤状況〕から、傷病手当金の支給が開始されるのは、2 月 14 日である。

　支給される傷病手当金の額は、＜資料＞〔傷病手当金の 1 日当たりの額の計算式〕を利用して計算する。

　支給開始月以前の直近の継続した 12 ヵ月間の各月の標準報酬月額の平均額×1／30（10 円未満四捨五入）×2／3

　支給開始月以前の直近の継続した 12 ヵ月間の各月の標準報酬月額の平均額

＜資料＞〔洋子さんのデータ〕から

　2023 年 3 月〜2023 年 8 月　380,000 円

　2023 年 9 月〜2024 年 2 月　410,000 円

　（380,000 円×6 ＋ 410,000 円×6）÷12 ＝ 395,000 円

　以上から、傷病手当金の 1 日当たりの額は、

　395,000 円×1／30 ＝ 13166.6…円　→　13,170 円（10 円未満四捨五入）

　13,170 円×2／3 ＝ 8,780 円

　支給される傷病手当金は 2 月 14 日〜18 日までの 5 日間

　8,780 円／日×5 日 ＝ **43,900 円**

ワンポイント

　休業期間中、給与の支払いがある場合は、傷病手当金は、支払われる給与額より傷病手当金が多い場合に、傷病手当金と給与の差額が支給される。

　支給期間は、支給した日から通算して最長 1 年 6 ヵ月。

日建学院のFP2級講座

各コースの詳細は 日建学院 FP 検索

基礎からしっかり学び、2級FP+AFPを目指す!

FP2級／AFP講座カリキュラム

AFPフルパック

AFP重点[日本FP協会認定研修]

AFP重点講義[全28回] 日本FP協会認定研修

回数	内 容
第1回	ガイダンス、FP基礎（FP総論）
第2回	ライフプランニング
第3回	リタイアメントプランニング①
第4回	リタイアメントプランニング②
第5回	リタイアメントプランニング③
第6回	中間試験1
第7回	リスク管理①
第8回	リスク管理②
第9回	リスク管理③
第10回	中間試験2
第11回	金融資産運用①
第12回	金融資産運用②
第13回	金融資産運用③
第14回	金融資産運用④

回数	内 容
第15回	中間試験3
第16回	提案書の作成方法
第17回	タックスプランニング①
第18回	タックスプランニング②
第19回	タックスプランニング③
第20回	中間試験4
第21回	不動産①
第22回	不動産②
第23回	不動産③
第24回	中間試験5
第25回	相続・事業承継①
第26回	相続・事業承継②
第27回	相続・事業承継③
第28回	中間試験6

AFP学科答練

直前講義 学科試験対策[全8回]

回数	内 容
第1回	項目別演習①（ライフ・リタイア）
第2回	項目別演習②（リスク管理）
第3回	項目別演習③（金融資産運用）
第4回	模擬試験A
第5回	項目別演習④（タックス）
第6回	項目別演習⑤（不動産）
第7回	項目別演習⑥（相続・事業承継）
第8回	学科試験 合格模擬試験

AFP実技答練

実技講義 実技試験対策[全8回]

回数	内 容
第1回	実技試験対策①
第2回	実技試験対策②
第3回	実技試験対策③
第4回	実技試験対策④
第5回	実技試験対策⑤
第6回	実技試験対策⑥（本試験問題の解き方1）
第7回	実技試験対策⑦（本試験問題の解き方2）
第8回	実技試験 合格模擬試験

本 試 験

※カリキュラムは変更になる場合があります

FP講師からのアドバイス

菱田 雅生 講師　Masao Hishida

1969年東京生まれ。早稲田大学法学部卒業後、山一證券株式会社を経て独立系FPに。2008年にライフアセットコンサルティング株式会社を設立。現在は、相談業務や原稿執筆、セミナー講師などに従事するとともに、TVやラジオ出演などもこなす。

→ 金融資産運用

金融資産運用は、特に債券や株式、投資信託などの商品について、興味を持って商品の仕組みやマーケットの特徴などをしっかり覚えることが重要です。可能であれば、自分のお金でそれらの商品を買ってみることでより興味が湧くと思います。自分の資産運用のためだと思って、実践しながら覚えていくのが早道でしょう。

横山 延男 講師　Nobuo Yokoyama

保険業界を経てFPとして独立。個人向け相談業務を中心に企業セミナーやFP資格学校、大学、ビジネス専門学校等で数多く講師を務める。また、新聞、マネー誌等執筆活動も広く行い、ライフプラン総合アプリケーションの監修をするなど活動は多方面にわたる。

→ ライフプランニングと資金計画・リスク管理・提案書の作成方法

FPの学習で大切なのは、「横断的学習をすること」です。便宜上縦割りの課目になっていますが、学習すればわかる通り、全て関連性があるもの。暗記ではなく、横断的に学習をして関連性を確認することで「理解」が進みます。また、インプット学習に時間を割き過ぎず、問題演習など数多くこなすことがより効率のよい学習に繋がります。

吉田 幸一 講師　Kouichi Yoshida

税理士、ファイナンシャル・プランナー。税理士業務の傍ら税理士向けの税務研修、各種銀行・生命保会社・証券会社のFP研修や税務研修、その他セミナー等の講師等を行う。著書多数、「相続税・贈与税のポイントと実務対策」（共著、税務研究会出版局）、「借地権課税の実務」（共著、新日本法規出版）、「税務疎明事典＜資産税編＞」（共著、ぎょうせい）、「個人の税金ガイドブック」（共著、金融財政事情研究会）等。

→ タックスプランニング

タックスプランニングは税金に関する法律を覚えることが全てです。ただ、ボリュームがあるので単純に覚えるのは大変です。特にポイントとなる所得税・法人税について、①所得税は全体の計算の流れ（土台）をしっかり把握し、その土台を作った上で各個別の規定を学習し、また全体の流れを確認するように学習してください。②法人税は申告調整（特に損金項目）を中心に学習してください。税金に関する知識は他の分野でも活かせますので是非克服してください。

髙畠 祐二 講師　Yuji Takabatake

不動産鑑定士。専門の不動産鑑定だけでなく、不動産売買や賃貸など、不動産全般に精通する不動産のスペシャリスト。国土交通省地価公示鑑定評価員など、数々の公職も務める。豊富な知識・経験を活かし、個人向け・企業向けの研修やセミナーも多数手がけている。

→ 不動産

FPの不動産では、不動産に関わる法規や税金、その有効活用について学習します。特に不動産と税務については、別の科目である「タックスプランニング」の理解がとても大切になります。不動産という大きな財産を、法規や税務、投資活用など様々な視点から理解できるようになりましょう。

三宅 謙志 講師　Kenji Miyake

1967年生まれ。CFP・税理士・フィナンシャルコーチ。IT系コンサルティング会社で5年間コンサルタントを経験した後、会計事務所勤務を経て1997年ファイナンシャル・プランナーとして独立。法人・個人に対するファイナンシャル・プランニングや講演活動を行う。2001年税理士三宅事務所開設。本来の税理士業務に加え、ビジネスコーチングによるビジネスプラン・ライフプラン設計の実行援助を得意とする。著書多数。

→ 相続・事業承継

相続・事業承継は、「民法」「税金①相続税」「税金②贈与税」「財産評価」「自社株評価と事業承継」以上の5つのテーマに大きく分けることができます。この中でも基礎かつ最も大切といえるのが民法です。まず民法の内容をしっかり習得することを心がけてください。また、税金は相続税、贈与税ともに特例計算、財産評価は宅地が重要です。

※担当講師は変更となる場合があります。

【法改正・正誤等の情報について】

　本書の発行後に発生しました法改正・正誤等の情報については、下記ホームページ内でご確認いただけます。なお、ホームページでの情報掲載期間は、本書の販売終了時、または本書の改訂版が発行されるまでとなります。

https://www.kskpub.com ➡ 訂正・追録

※掲載内容は予告なく変更する場合があります。

【記載内容に関するお問合せについて】

　本書の記載内容に万一、誤り等が疑われる箇所がございましたら、**郵送・FAX・Eメール等の文書**で以下の連絡先までお問合せください。その際には、お問合せされる方のお名前・連絡先等を必ず明記してください。また、お問合せの受付け後、回答には時間を要しますので、あらかじめご了承いただきますようお願い申し上げます。

　なお、上記以外のご質問、**受検指導等は一切受け付けておりません**。そのようなお問合せにはご回答いたしかねますので、あらかじめご了承ください。

[郵送先] 〒171-0014　東京都豊島区池袋2-38-1　日建学院ビル３階
　　　　　㈱建築資料研究社 出版部
　　　　　「FP２級・AFP 過去問題集　実技試験編」正誤問合せ係
[FAX] 03-3987-3256
[Eメール] seigo@mx1.ksknet.co.jp

お電話によるお問合せは、お受けできません。

※装　　丁／齋藤 知恵子（sacco）

'24—'25年版
FP2級・AFP過去問題集　実技試験編

2024 年 7 月 30 日　初版第 1 刷発行
編　著　日建学院
発行人　馬場 栄一
発行所　株式会社建築資料研究社
　　　　〒171-0014　　東京都豊島区池袋 2-38-1　日建学院ビル３階
　　　　　　　　　　TEL：03-3986-3239　　FAX：03-3987-3256
印刷所　株式会社ワコー

© 建築資料研究社 2024　　　　ISBN978-4-86358-942-1　C0033
〈禁・無断転載〉